U0633867

本书获教育部人文社科基金项目
"节能减排政策压力下资源富集区产业转型发展的研究
——以桂西地区为例(12YJA790148)"

广西高校协同创新中心
"海陆经济一体化与海上丝绸之路建设研究协同中心"
出版资助

节能减排政策压力下
资源富集区产业转型发展研究

——以桂西地区为例

夏 飞 王业斌 唐红祥 著

中国社会科学出版社

图书在版编目（CIP）数据

节能减排政策压力下资源富集区产业转型发展研究：以桂西地区为例/夏飞，王业斌，唐红祥著．—北京：中国社会科学出版社，2015.12

ISBN 978 - 7 - 5161 - 7406 - 7

Ⅰ.①节…　Ⅱ.①夏…②王…③唐…　Ⅲ.①节能—产业发展—研究—广西　Ⅳ.①F127.67

中国版本图书馆 CIP 数据核字（2015）第 309501 号

出　版　人	赵剑英
责任编辑	王　曦
责任校对	周晓东
责任印制	戴　宽

出　　版	中国社会科学出版社
社　　址	北京鼓楼西大街甲 158 号
邮　　编	100720
网　　址	http：//www.csspw.cn
发 行 部	010 - 84083685
门 市 部	010 - 84029450
经　　销	新华书店及其他书店

印刷装订	三河市君旺印务有限公司
版　　次	2015 年 12 月第 1 版
印　　次	2015 年 12 月第 1 次印刷

开　　本	710×1000　1/16
印　　张	22.25
插　　页	2
字　　数	366 千字
定　　价	82.00 元

凡购买中国社会科学出版社图书，如有质量问题请与本社营销中心联系调换
电话：010 - 84083683
版权所有　侵权必究

序

资源富集区是我国重要的能源资源战略保障基地，是国民经济持续健康发展的重要支撑。改革开放以来，我国资源富集区经济社会发展取得了巨大成就。但由于地理位置、自然条件和历史等原因，资源富集区产业发展普遍存在着产业结构单一、技术水平较低、资源利用效率不高等诸多发展中的问题。随着我国经济进入"新常态"，国内要素比较优势和资源环境约束发生重大趋势性变化，支撑经济高速增长的传统动力逐步弱化，经济发展进入新旧动力转化期。资源富集区产业发展面临着前所未有的挑战，相较于其他地区，其结构调整阵痛表现得将更加明显。因此，加快产业转型，转变经济发展方式，培育发展新动力，实现经济保持中高速增长和产业迈向中高端水平，是资源富集区当前乃至今后一段时期的紧迫任务。

资源富集区如何进行产业转型？理论界从"资源诅咒"的角度进行探讨的研究较多，但从节能减排政策视角分析资源富集区产业转型的研究并不多见。由夏飞教授等著的《节能减排政策压力下资源富集区产业转型发展研究——以桂西地区为例》，在已有研究的基础上，对资源富集区产业转型发展问题进行了全面系统的探索，并在以下几个方面形成了自己的特色和创新：（1）研究视角上，充分考虑到资源富集区产业发展特征和新常态下资源环境约束越来越严重的基本现实，将节能减排政策与资源富集区产业转型紧密结合起来，分析其产业转型的有效路径与对策。（2）研究内容上，从理论和实证两个方面对现有研究进行了有力的扩展和深化，既构建了自然资源和环境约束下资源富集区的内生增长模型、分析了节能减排政策对资源富集区产业转型的传导机制，还对资源富集区的"环境倒 U 形曲线"、产业转型对节能减排的影响、新经济地理学视角下产业转型的影响因素等问题进行了大量的实证研究工作。（3）研究对象上，与既有研究或是基于跨国数据，或是基于行政区划划分从省级或城市层面进行分析不同，本书选择了包含跨若干城市的资源富集区进行研究，从而考虑到了资源富集区由于能源矿产分布基本上横跨多个行政区域的属性。（4）研究方法上，应用产业转型系数、面板回归分析等多种实证方法，从而使提出的促进资源富集区产业转型的对策建议更具科学性和可操作性。

当前，我国发展仍处于可以大有作为的重要战略机遇期，也面临诸多矛盾叠加、风险隐患增多的严峻挑战。促进节能减排政策约束压力下的资源富集区产业转型，是贯彻"创新、协调、绿色、开放、共享"五大发展理念的必然要求，是加快转变经济发展方式、构建产业新体系、实现全面建成小康社会目标的重要任务。该书的研究成果准确把握了我国发展环境的基本特征与动向，凝结了作者对资源富集区产业发展现实的高度关切与理论思考，对加快我国资源富集区产业转型发展具有重要的理论意义和现实价值。

热切期待本书的研究结论和对策能更多地转化为现实方案，为加快桂西地区乃至全国的资源富集区产业转型实践发挥出积极的推动作用。

是为序。

刘尚希

财政部中国财政科学研究院院长、博士生导师

前　言

　　新常态下，中国经济进入了经济增长速度换挡期、结构调整阵痛期、前期刺激政策消化期"三期叠加"的发展阶段。随着要素红利的减少以及资源价改等制度性改革的推进，资源富集区的经济社会问题显化。2015 年以来，东北、山西等地的资源富集区经济增速显著下滑，引起了社会各界的普遍关注。除了本身的经济增速放缓之外，资源富集区还面临着国家节能减排政策越来越严厉的外在现实。事实上，为应对日益严重的环境污染问题，中国政府近年来提出要加大节能减排力度。2009 年，中国提出到 2020 年，单位 GDP 二氧化碳排放要比 2005 年下降 40％—45％。国家"十二五"规划也提出了"十二五"期间，单位 GDP 能源消耗降低 16％、单位 GDP 二氧化碳排放下降 17％、化学需氧量和二氧化硫排放分别减少 8％的约束性指标。特别要指出的是，2015 年 11 月，中央提出要推进"供给侧结构性改革"，这意味着未来我国将加大力度淘汰高污染排放等过剩产能产业。在节能减排约束性指标和相关政策不断出台的背景下，作为以资源型产业为主导产业的资源富集区，面临着节能减排的巨大压力，相较于其他地区，其结构调整阵痛表现得将更加明显。因此，节能减排政策压力下资源富集区如何加快产业转型，是摆在各资源富集区面前的一个亟待解决的重要问题。当前，国家将广西定位为"构建面向东盟的国际大通道，打造西南中南地区开放发展新的战略支点，形成 21 世纪海上丝绸之路与丝绸之路经济带有机衔接的重要门户"，作为广西区域发展格局中的重要一环——桂西地区，节能减排政策压力下的产业转型同样是其面临的焦点难题。因此，以桂西地区为例研究节能减排政策压力下资源富集区产业转型发展具有重要的理论意义和实践价值。

　　围绕节能减排政策压力下桂西资源富集区的产业转型发展，本书遵循理论分析、实证分析与对策分析层层递进的研究思路，系统介绍了与资源富集区产业转型的相关理论，并对资源富集区产业发展的一般特征、产业结构的形成机理等问题进行了详细的理论分析，探讨了在自然资源、环境约束下资源富集区实现产业转型与可持续发展的路径，以及节能减排政策对资源富集区产业转型的传导机制。在理论分析的基础上，本书以桂西资源富集区为分析对象，详细分析了桂西资源富集区产业发展和节能减排的基本现状，验证了桂西资源富集区是否存在环境库兹涅茨曲线，研究了桂西资源富集区产业转型的主要做法和产业转型效果、桂西资源富集区产业转型对节能减排的影响、桂西资源富集区产业转型的影响因素。最后，在理论分析、实证分析和国内外经验借鉴的基础上，提出了节能减排政策压力下加快桂西资源富集区产业转型发展的对策建议。

本书由三大部分，共十四章组成。

第一大部分为理论篇，从理论的角度来分析资源富集区的产业转型，共包含第一章至第六章。其中，第一章为导言部分，主要阐述本书的研究背景和研究意义、相关概念的界定以及研究内容、研究方法和主要创新点。第二章为文献综述，从资源富集区的"资源诅咒"问题、资源富集区的经济转型等方面对国内外研究现状进行了梳理和评述。第三章为理论基础部分，系统介绍了与资源富集区产业转型相关的比较优势与资源禀赋理论、可持续发展理论、环境库兹涅茨理论、产业结构理论、经济增长、制度经济学理论。第四章对资源富集区的产业转型进行了详细的理论分析，深入分析了资源型产业的经济学属性、资源富集区产业发展的一般特征和资源富集区产业结构形成的内在机理，并探讨了资源富集区产业转型的分类、基本模式与模式选择的关键因素。第五章则是探讨了在自然资源与环境约束条件下，资源富集区如何实现产业转型和可持续发展。第六章进一步从需求供给机制、技术创新机制和国际贸易机制分析了节能减排政策是如何影响资源富集区产业转型的。

第二大部分为实证篇，以桂西资源富集区为分析对象，共包含第七章至第十二章。其中，第七章为桂西资源富集区产业发展的现状分析，对桂西资源富集区各市产业发展的基本情况、资源型产业基本情况、资源型产业集群发展情况等进行了详细的分析。第八章为桂西资源富集区节能减排的现状分析，系统分析了桂西资源富集区的能源消费情况、工业污染物排放情况和桂西资源富集区节能减排的政策压力与主要手段。

第九章则是通过探讨桂西资源富集区是否存在环境库兹涅茨曲线，从节能减排的角度来分析桂西资源富集区所处的经济发展阶段，并验证其污染物排放是否越过了环境库兹涅茨曲线拐点。第十章在对桂西资源富集区产业转型的主要做法进行初步分析的基础上，应用产业转型系数方法对桂西资源富集区产业转型效果进行了度量与评价。第十一章进一步从实证的角度，分析了桂西资源富集区产业转型对其节能减排的影响。第十二章从新经济地理学的角度实证分析了桂西资源富集区产业转型的影响因素。

　　第三大部分为对策篇，由第十三章和第十四章组成。其中，第十三章对国内外资源富集区产业转型经验进行了深入分析。第十四章在理论分析和实证分析的基础上，结合国内外经验借鉴，提出节能减排政策压力下加快桂西资源富集区产业转型发展的对策建议。

　　与既有研究相比，本书主要的创新点在于：（1）研究视角上，考虑到资源富集区产业发展特征和新常态下资源富集区经济社会发展受资源环境的制约越来越严重的基本现实，从节能减排政策视角来分析资源富集区的产业转型，探讨节能减排政策压力下资源富集区产业转型的路径与对策。（2）研究内容上，与现有研究集中于分析资源富集区的"资源诅咒"问题和其经济转型对策不同，本书不仅构建了一个内生增长模型来分析在自然资源和环境约束下，资源富集区的产业转型和可持续发展路径；还从需求供给传导机制、技术创新传导机制、国际贸易传导机制等方面，深入分析了节能减排政策对资源富集区产业转型的传导机制；并以桂西资源富集区为研究对象，对其产业转型效果进行了度量和评价；此外，对桂西资源富集区的环境库兹涅茨曲线进行验证，实证分析了桂西资源富集区产业转型对其节能减排的影响，还从新经济地理学的角度实证分析了桂西资源富集区产业转型的影响因素。（3）研究对象上，与国外研究主要基于跨国数据的角度进行分析、国内研究主要基于行政区划划分从省级或城市层面进行分析不同，本书对包含跨若干城市层面的资源富集区进行了研究，从而考虑到了资源富集区由于能源矿产分布基本上横跨多个行政区域的属性。此外，国内研究在分析资源富集区时，一般以山西、内蒙古、贵州等地的资源富集区为研究对象，本书则选择了具有资源富集、生态脆弱、沿边开放、扶贫开发、西南出海大通道支撑点等鲜明特征的桂西资源富集区为研究对象。（4）研究方法上，与现有研究对资源富集区产业转型路径的定性描述不同，本书应用了大量的实证分析方法，从而使提出的加快桂西资源富集区产业转型的对策建议更具科学性和可操作性。如应用产业转型系数方法对桂西资源富集区产业转型效果进行度量和评价，应用面板回归分析方法考察了桂西资源富集区是否存在环境库兹涅茨曲线，以及实证分析了产业转型对桂西资源富集区节能减排的影响和新经济地理视角下桂西资源富集区产业转型的影响因素。

本书的主要结论和基本观点包括：

（1）桂西资源富集区拥有丰富的资源，但现有的资源优势并没有得到充分利用和较好发挥，尚未真正转化为经济发展优势。桂西资源富集区三个市的三次产业结构基本形成了呈现出"二三一"的产业结构特点，各市工业发展呈现出典型的重工业化特征，高耗能产业在工业结构中占据了较高比重，资源型产业"一枝独秀"，资源利用效率低，产业链条短，产品附加值低；产业结构层次不高，深加工与高新技术产业比重偏小，现代服务业发展缓慢；桂西地区的河池和百色在有色金属冶炼及压延加工业、崇左在以锰为核心的黑色金属冶炼业和以制糖业为主的农副食品加工业等产业上已经具备了较高的专业化水平，但资源型产业集群在产业网络和服务体系方面还存在不少短板；区域内产业同构现象较为严重，区域分工不清晰。

（2）桂西资源富集区近年来经济发展迅速，但能源消费情况没有得到应有的重视，能源消费形势依然很严峻。从时间维度来看，从2013年开始，百色市的能源消费弹性系数又开始上升；从2010年至2013年，河池市的能源消费情况趋于不断恶化；此外，崇左市的能源消费情况也不容乐观。从横向比较来看，桂西资源富集区的百色、崇左、河池三市在广西14个市的能耗情况中一直处于前列。从产业特征来看，桂西资源富集区三个市产业结构中占据主导地位的黑色金属冶炼及压延加工业、有色金属冶炼及压延加工业、电力热力的生产和供应业、农副食品加工业等带来了高能耗的负面效应。

（3）桂西资源富集区三个市在2010年、2011年前后，都存在着一定程度的工业污染物排放增加现象。在较强的节能减排压力下，桂西资源富集区三个市都采取了相应的政策手段，但行政性的管制手段较多，而对产业转型的重视还有待加强。

（4）桂西资源富集区三个市在工业二氧化硫排放和工业废水排放方面确实存在环境库兹涅茨曲线。而在工业烟尘方面，则不存在环境库兹涅茨曲线。同时，虽然在工业二氧化硫排放和工业废水排放方面，桂西资源富集区存在环境库兹涅茨曲线，但百色、河池、崇左市还处在环境库兹涅茨曲线的拐点左侧，这意味着桂西资源富集区还不能完全通过经济自身的动力来实现节能减排。

（5）从三次产业转型来看，第一，2002年以来，桂西资源富集区三次产业转型不是很理想，且处于减速过程。2002年以来，桂西资源富集区中的百色、河池、崇左市三次产业转型系数和年均产业转型系数基本呈下降的趋势。虽然桂西三市都提出要加速产业转型，但其产业转型却处于减速过程，这一现象值得充分重视。第二，桂西资源富集区三次产业转型具有明显的周期性，2008年正值全球金融危机爆发之际，各市为确保经济增长，产业转型的速度也随之减缓。第三，2002—2012年，在桂西资源富集区三个市的三次产业转型过程中，河池市的平均产业转型速度最快，其次为百色市，最后为崇左市。从三次产业内部产业转型来看，桂西三市三次产业内部产业转型情况也不是很理想，崇左服务业内部产业转型不是很稳定，而河池、百色的工业内部产业转型甚至处于转型速度下降的状态。

（6）桂西资源富集区的产业转型与工业污染物排放确实存在显著的负相关关系，产业转型有利于降低工业污染物排放进而有利于工业减排。同时，人口密集度和代表技术进步的滞后一期人均GDP对工业污染物排放强度具有显著的负向影响，即人口密集度的提高和技术进步均有利于降低工业污染物的排放。

（7）资源富集区要实现产业转型，必须重视新经济地理因素的重要作用。企业的前后向联系、信息化程度的提高、交通运输条件的改善、城市化水平的提高、对外开放和减少政府对经济活动的参与，都是有利于桂西资源富集区的节能减排的。

（8）为促进桂西资源富集区产业转型发展，应树立全新发展理念，进一步增强产业转型措施的有效性、连续性和平稳性；要理顺产业升级优化机制，推动"企业—园区—产业"互动发展；要培育区域创新能力，推动新技术、新产业、新业态蓬勃发展；发挥环境倒逼机制，大力发展生态经济；依托区域优势，提升对外开放合作水平；加强人力资本投资，为桂西资源富集区产业转型发展提供强有力的人才支持；加大基础设施建设力度，增强产业转型发展支撑能力；加快新型城镇化进程，提高城市的产业集聚能力；加强金融支持力度，健全桂西资源富集区投融资体系；优化区域政策环境，提升软环境的竞争力。

本书在研究过程中，得到了许多同行的大力支持和帮助，并参考了众多国内外学者的研究成果，在此一并表示谢意。

目　　录

第一篇　理论篇

第二篇　实证篇

图表目录

第一篇　理论篇

第一章 导论

第一节 问题的提出及研究意义

一 问题的提出

为应对日益严重的工业污染问题，中国政府提出要加大节能减排力度，将粗放型增长模式向集约型增长模式转变。2009 年，中国政府提出到 2020 年，单位 GDP 二氧化碳排放要比 2005 年下降 40%—45%。国家"十二五"规划也提出了"十二五"期间，单位 GDP 能源消耗降低 16%、单位 GDP 二氧化碳排放下降 17%、化学需氧量和二氧化硫排放分别减少 8% 的约束性指标。

在国家节能减排约束性目标下，资源富集区面临着较强的节能减排压力，一个重要原因是资源富集区往往以资源型产业为主导产业，而资源型产业又大多是高能耗、高排放的产业，这使得资源富集区产业转型迫在眉睫。

桂西资源富集区，地处广西壮族自治区西部，包含河池、百色、崇左三市所辖的 30 个县（市、区），占地 8.71 万平方公里，占广西总面积的 37.8%。至 2010 年年末总人口已达 1017 万人，占广西总人口的 19.7%，主要为广西少数民族人口。该地区囊括革命老区，集边疆、民族、连片特困地区，大石山区和水库库区等地区于一体，是沿边开放、扶贫开发、西南出海大通道支撑点等重要战略区域，体现出资源丰富、生态脆弱的自然特点，是国家西部大开发"十二五"规划提出需重点扶持的八个能源资源富集地区之一。区域内含有丰富的金属矿产、水能、旅游、生态农林和民族文化等资源，其中铝、锰、锡等十多种有色金属矿产储量居全区首位，铝土矿远景储量超过 10 亿吨，是我国生产优质砂状氧化铝的主要基地；锰矿储量 1.49 亿吨，在全国名列前茅。

在国家、广西壮族自治区政府对节能减排政策的高压态势下，桂西资源富集区面临着较大的节能减排压力。目前，桂西资源富集区已全面完成 2014 年度污染减排目标，但减排形势依然严峻。如截至 2014 年年底，百色、河池氨氮排放量比"十二五"控制目标分别超出了 128%、141%，给广西氨氮减排造成极为不利的被动局面。在新形势下，桂西资源富集区面临严峻挑战，一方面要平衡资源型产业发展、资源转化率快速提高与节能减排、生态保护之间的矛盾；另一方面全国产能过剩、市场的激烈竞争和国内宏观政策调控等影响制约了资源型产业的发展。这些，都迫使桂西资源富集区必须进一步加快产业转型发展。

当前，国内外对资源富集区的研究已取得了较为丰富的成果，但现有研究还存在以下不足之处：第一，现有文献关于"资源诅咒"的实证研究较多，而对如何解决资源富集区的经济困境、产业转型的理论分析还不够系统，系统理论研究滞后于资源富集区产业转型需要。第二，国外研究主要基于跨国数据的角度进行研究，国内研究主要基于行政区划划分从省级或城市层面进行研究，而包含跨若干城市层面的资源富集区的研究相对较少。资源富集区由于能源矿产分布基本上都横跨多个行政区域，因此国内现有研究在研究对象上往往也割裂了资源富集区的独立性和完整性。第三，虽然现有研究对资源富集区的产业转型路径与对策方面进行了不少研究，但对资源富集区产业转型的度量与评价的研究还较为欠缺。第四，虽然现有不少研究也讨论了资源富集区的生态文明模式构建问题，但较少研究将资源富集区的产业转型置于节能环保政策压力框架下。由于我国资源富集区面临的节能环保政策压力日益严重，上述讨论更显重要。第五，国内研究在分析资源富集区时，一般以山西、内蒙古、贵州等地的资源富集区为例进行讨论，对桂西资源富集区的分析讨论较少，而桂西资源富集区聚居着大量少数民族，集革命老区、边疆地区、民族地区、连片特困地区、大石山区和水库库区于一体，具有资源富集、生态脆弱、沿边开放、扶贫开发、西南出海大通道支撑点等鲜明特征，因此，以桂西资源富集区为研究对象，分析其产业转型很有必要。

二 研究意义

本书以桂西资源富集区为分析对象，研究节能减排政策压力下资源富集区的产业转型，不仅有利于进一步深化和扩展现有关于资源富集区、区域经济学、环境经济学等相关理论研究，也能为节能减排政策压力下资源富集区产业转型模式、路径与政策研究提供科学思路和对策，为国内其他资源富集区特别是欠发达地区资源富集区的转型提供有益的经验借鉴。

第二节　相关概念界定

一　资源型产业

资源型产业概念当前并未被严格定义，通常被认为是一种对自然资源进行开发利用并以此作为基础和依托的产业。按照陆大道（1995）的界定①，资源型产业主要包括资源的开采和初加工，涵盖电力、冶金、化学、石油、煤炭、纺织、建材、食品、森林和造纸等工业行业。但是，这一定义与国内外通用的标准产业分类方法不一致。笔者认同张米尔（2004）对资源型产业内涵的界定②，将开发利用固、液、气体矿藏等不可再生资源的产业定义为资源型产业，包括国际标准产业分类中的第二大项矿业和中国国民经济行业分类中的 B 类采矿业，即煤炭、石油和天然气、有色金属、黑色金属和其他采选业。

资源型产业的发展有一般产业的发展规律，但也具有鲜明的个性特征。

（一）资源型产业的一般发展规律

资源型产业属于产业链的上游产业。以资源型产业为主导产业的地

---

① 按照这一定义，资源型产业包括原材料加工工业和采掘业。原材料加工工业包括化学原料及化学制品制造业、石油加工、有色金属冶炼及压延加工、非金属矿物制品业、黑色金属冶炼及压延加工五种原材料加工业；采掘业包括石油天然气开采业、煤炭开采与洗选业、黑色金属矿采选业、非金属矿采选业、有色金属矿采选业以及其他开采业六种行业。参见陆大道《区域发展与空间结构》，科学出版社 1995 年版。

② 张米尔认为，将初级加工归为资源型产业不合适：首先，初级加工的内涵与外延难以准确界定；其次，初级加工可以远离资源产地；最后，资源初级加工业类别多，且隶属于不同的产业，近似特征太少。不可再生资源的开发具有明显的共同特征：依赖不可再生资源，必须和资源产地相结合。参见张米尔《市场化进程中的资源型城市产业转型》，机械工业出版社 2004 年版。

区在市场分工中通常只能处于提供初级资源产品的地位。这主要是由于资源型产业较低的产品附加值和利润值，导致这些地区长期存在着利润流出的现象，进而使其积累能力相对不足，市场地位偏低，进一步发展受限。

资源型产业链较短。资源开采与采掘是我国资源型产业的主要业务，产业生产表现出品种单一、产业链较短的特征。例如，煤炭城市主要生产煤炭、电力等几种资源型产品，品种单一。产业链较短则反映了单一化的产业结构，也体现了较低的资源开发利用程度。

资源型产业表现出较弱的前向、后向关联。就前向关联而言，资源型产业的产品可分为生产原料和能源产品两种，其中本地消费较少，多为直接销售到其他地区，为其提供生产原料和能源。从后向关联来看，为资源型产业生产、生活服务的产业基本依附于资源型产业，受资源型产业的直接拉动，这使得这些产业很难发展起来。

（二）资源型产业的特殊性

从资源型产业的形成和发展来看，其阶段性较为明显，必然经历勘探开发、建设、兴盛、停滞直至衰落的阶段。美国地质学家胡贝特认为资源产业发展可划分为四个阶段：预备期，开展发掘资源前的准备时期；成长期，开发设施设计规模达到全面投产的阶段；成熟期，开发生产持续发展，发展主导产业的关联产业，逐步增大规模，提升区域发展程度；转型期，矿产的主体地位下降，产生新兴产业。

资源型产业生产具有边际收益递减的规律。持续的开发和不断加大的开采深度，使得开采难度不断增加，开采将从易采区转到难采区，开采成本越来越高，直到成本高于收益，尽管还有储量，但这时的资源开采已经不必要了。

资源型产业衰退的必然性。当资源不断被开采并直至枯竭，资源型产业会随之发展直至消亡，无法永远存在。相较而言，其他产业由于市场需求的变化，可通过技术创新与改进，重新兴旺发展起来，虽然资源型产业也可以采用技术进步的方式提高资源的开采和利用程度，通过增加经济效益而延长产业的生命周期，但不能改变其必然衰退的趋势。我国不少地区就是忽略了资源型产业发展衰退的必然性，缺乏科学长远的规划，对产量盲目追求，使得资源型产业的生命期大大缩短。

二　资源富集区

目前，资源富集区的概念没有一致且确定的定义，国外对资源富集区的专业称谓有以下几种，比如"矿业城镇"、"资源城镇"等，主要是指以采掘业为主的、资源含量丰富的地区。

国内关于资源富集区概念的认识也不统一，主要有席群（2009）、李炎亭（2008）、赵景海（2006）、郑伯红（1999）、黄沛（2007）等。郑伯红（1999）认为，所谓资源富集区就是指由于资源开发而产生，或者其发展过程中伴随着资源的大量开发利用，进而实现更为繁荣发展的地区或城市。狭义的资源富集区仅包括自然资源，例如石油、有色金属、煤炭、黑色金属等；广义的资源富集区具有更为广泛的外延，包括自然资源与人文资源。黄沛（2007）认为，资源富集区是指该区域是以开采、加工不可再生资源（如煤炭、石油、天然气等）为主导产业的，并分别做了定性和定量描述。从定性角度看，资源富集区必须是有资源开采业的区域，而且该区域的经济和社会发展高度依赖资源型产业的发展；从量化角度确定资源富集区，当总产值10%以上是资源型产业时，该区可被认为是资源富集区。

综合国内现有提法，笔者认为，资源富集区具有以下几个特征：（1）主导产业为该区域自然资源的开采和加工；（2）资源耗费具有规模大、数量多的特点；（3）长期内，该地区的国民经济高度依赖资源型产业的发展，资源型产业地位较高。从外延上讲，它区别于加工型地区、农业型地区和服务型地区等地区类型。该地区的优势和主导产业是不是资源型产业是判断一个地区是不是资源富集区的标准。资源富集区还可根据地区的优势资源型产业的种类作进一步的划分，具体可分为矿产原材料资源富集区、石油资源富集区、煤炭资源富集区等不同类型的资源富集区。

判断资源富集区可以从定性和定量两方面来分析。

（1）定性分析。根据资源富集区的定义，我们可以从被判定地区的资源型产业在国民经济中的地位、地域范围、功能定位三个方面来进行定性判定。从资源型产业在地区国民经济中的地位判定：资源型产业在地区产业结构中是否具有优势地位，该地区税收与财政收入来源是否主要为资源型产业，全社会劳动力中是否有较高比例的资源型产业劳动力；从地域范围上判定：资源富集区面积可小可大，根据资源现实问题出现的严重程度和解决问题的需要，可以将地域涵盖国家、省、地区、市、县；从功能定位上判定：资源富集区以丰富的矿产储存量为产品依托，并将矿产品或初级矿产加工品提供给其他地区和国家。

（2）定量分析。定量判定通常是运用数理统计的方法来判断该地区的优势产业，通过区位熵指数来判定该地区的主导产业是否为资源型产业。区位熵指数是从总体上来反映产业比较优势和生产能力的一个综合指标，它具有区域间可比性、可剔除经济规模因素对主导产业评价的影响，因而一般运用该指标来判定该地区是否为资源富集区。区位熵指标由资源型产业劳动力区位熵 S_1、资源型产业地区生产总值区位熵 S_2 两个熵值组成。

资源型产业地区的劳动力区位熵 S_1，可以反映相对其他行业，劳动力是否集中在该地区资源型产业上，可以用下式来表达：

$S_1 = P_1 / Q_1$

其中，P_1 代表某区域资源型产业所用劳动力与全区总劳动力的比值；Q_1 代表全国资源型产业所用劳动力与全国总劳动力的比值。

根据劳动力区位熵指标的临界值，我们可以判断该地区是否为区域典型资源性产业优势部门，当指标值达到某一数值以上就可确定其归属类型。临界值的确定用美国地理学界的纳尔逊（N. J. Nelson）方法，即计算出全国所有地区的资源型产业的劳动力区位熵的算术平均值（M）和标准差（$S.D$），以高于（$M + S.D$）作为区域典型优势经济部门的标准。

资源型产业地区生产总值区位熵 S_2，可以反映资源型产业在地区间的相对优势。可用下式表达：

$S_2 = P_2 / Q_2$

其中，P_2 代表地区资源型产业产值与该地区全区地区生产总值的比值；Q_2 代表全国资源型产业产值与全国国内生产总值的比值。指标临界值仍采用纳尔逊方法。即计算出全国所有地区的资源型产业地区生产总值区位熵，然后求出它们的算术平均值（M）和标准差（$S.D$），以高于（$M + S.D$）作为区域主导经济部门的标准。

三　产业转型

转型的实质是一种转变，这种转变与简单的量变不同，更多的是一种阶段性的质变。从广义上讲随着社会的进步和发展，社会、经济、政治、文化、观念等诸多领域都存在转型的问题，具体比如增长方式转型、经济体制转型、社会形态转型等。产业转型是经济转型的一个重要部分，其与技术转型、增长方式转型、金融及经济体制转型等合成变动而构成经济转型。

产业转型的方向或是旧产业退出、新产业替代，或是通过技术升级以完成产业升级。产业转型实质是原有生产要素在新环境下重新配置与使用的过程。产业转型的主要内容包括产业结构、产业发展和产业政策等方面。

（一）产业结构

产业结构是指国民经济中各产业部门之间的相互组合关系。随着经济的发展，总体上，产业结构不断地向协调化和高度化方向优化升级。产业结构协调化是指在产业部门之间合理协调地配置生产要素，使得产业在发展过程中能有效利用各项生产要素。产业结构高度化是指产业结构向高技术化、高知识化、高资本密集化、高加工度化和高附加值化发展的动态过程。

1. 从工业化发展来看

从发达国家产业结构演变历程看，工业化可以分成前期、中期、后期三个阶段。在前期，三次产业中产值比重最大的为第一产业，第三产业的比重很小，而第二产业内部呈轻型化，轻纺业起主导作用，劳动密集型和资源密集型产业占有绝对优势；在中期，第一产业地位下降，第三产业逐渐上升，第二产业逐步取代第一产业在三次产业中占有主要地位，产业结构明显重型化，在经济发展中起主导作用的为电力、钢铁、机械制造业等资金密集型产业；在后期，第一产业为三次产业中产值最低的产业，第二产业地位稍有下降，三次产业中占据主要地位的为第三产业，高度化的产业结构出现，以技术密集型产业为主导产业，而微电子技术、航天技术、生物工程、新能源和新材料等高新技术产业也迅猛发展。经济增长和产业结构间的关系早就被相关经济学家注意到，威廉·配第、克拉克、霍夫曼和钱纳里都对产业结构的发展演变规律进行了研究。克拉克在收集和整理若干国家随年代变化劳动力在三次产业之间转移的统计资料，得出结论：随着人均国民收入水平提高，劳动力首先由第一产业向第二产业转移；随着人均国民收入水平进一步提高，劳动力便向第三产业转移。而经济发展中产业相对收入的差异构成了劳动力在不同产业分配的动力，这一结论叫作"配第—克拉克定理"。1931年，德国经济学家霍夫曼在著作《工业化的阶段和类型》中提出"霍夫曼定理"，开创性地对工业化中产业结构发展规律进行了研究，并提出在工业化过程中，消费资料工业的净产值与资本工业的净产值的比值不断下降。钱纳里提出了"发展模式"理论，规范了开放型产业结构的理论。经济学家们对该理论进行了扩展，分析了各国的产业结构变化，得出产业结构会随着人均收入增长而发生变化的结论，即当人均收入增长时，工业产值占比逐步上升，农业产值比重下降，而当按不变价计算时服务业会缓慢上升；对就业结构而言，劳动力在农业的比重下降，在工业的比重变动较小，而大量的农业劳动力则转移到第三产业。

2. 从主导产业转换来看

美国经济学家罗斯托认为一国或地区的主导产业起到推动经济增长的作用。主导产业是指在一个国家或地区的产业总体中处于核心的主导支配地位的产业，无论经济如何发展，社会如何分工，产业品种如何，新兴产业如何发展，总会存在主导产业。罗斯托认为主导产业有三个特征：（1）以科技进步为基础获得新生产函数；（2）具有持续的高增长率；（3）具有较强的扩散效应，对其他产业乃至产业整体的增长起着决定性的影响。这些产业部门技术先进，管理科学，产品市场广阔，增长速度远远高于其他行业的发展，通过一段时间的发展，在地方经济中利税多，吸纳就业多，并且通过与其他企业的前向、后向、侧向关联带动一系列相关产业的发展，从而成为当地的经济支柱。主导产业的发展情况是一个国家或地区经济发展趋势和整体情况的写照，整个经济的增长速度会随主导产业增长速度同向变化。罗斯托认为，产业结构性质与特点的决定性因素是主导产业。经济发展过程就是主导产业演变过程，即在不同的经济发展阶段，会出现不同的主导产业，而产业结构也会随之改变。主导产业的转换引起产业结构的转换，产业结构演进的路线是：农业为主导→轻纺工业为主导→重化工业为主导→低度加工型为主导→高度加工型为主导→第三产业为主导→信息产业为主导。

（二）产业发展

产业发展理论包括产业发展周期理论、产业发展机制与途径、产业选择理论、产业调整理论等。产业的发展是指产业的产生、成长、繁荣到衰亡的过程。产业的发展既包括单个产业的进化，也包括产业总体的演化，从不合理到合理、从不协调到协调、从低级到高级的过程，也就是产业结构优化。

（三）产业政策

产业政策是由政府针对产业发展规律和特定时期的发展趋势而制定的经济政策总和，目的是制定产业部门间的资源分配方式、产业间及部门间的比例协调手段，以使产业发展呈现协调化和高度化。市场机制无法使产业自发地完成结构优化、比例协调、合理布局、组织完善、健康发展等产业目标，从而需要政府运用科学的产业政策实现正当合理的干预。产业政策的内容包括产业结构政策、产业组织政策和产业发展政策。

四　资源富集区的产业转型

综合资源富集区和产业转型的概念，我们认为，资源富集区产业转型指的是资源富集区摆脱对原有资源型产业的依赖，使转型后的主导产业多元化并具有较强竞争力、为促进区域可持续发展所做出的一种大规模产业发展战略，不仅包含资源富集区的产业结构调整，还包括产业发展优化升级、产业政策等方面内容。

第三节　研究思路与主要内容

一　研究思路

本书遵循理论分析、实证分析与对策分析层层递进的研究思路。首先，在对相关概念进行界定和对国内外研究文献进行评述的基础上，系统介绍了与资源富集区产业转型相关的比较优势与资源禀赋理论、可持续发展理论、环境库兹涅茨理论、产业结构理论、经济增长等理论，并对资源富集区产业转型进行了详细的理论分析，同时通过构建一个内生增长模型探讨了在自然资源、环境约束下资源富集区实现产业转型与可持续发展的路径，并进一步阐述了节能减排政策对资源富集区产业转型的传导机制。在理论分析的基础上，本书以桂西资源富集区为分析对象，详细分析了桂西资源富集区产业发展的基本现状、节能减排的事实特征，对桂西资源富集区的环境库兹涅茨曲线进行了验证，进而详细分析了桂西资源富集区产业转型的主要做法和产业转型效果，紧接着又实证分析了桂西资源富集区产业转型对节能减排的影响，并从新经济地理学的角度探讨了桂西资源富集区产业转型的影响因素。最后，本书还深入分析了国内外资源富集区产业转型的经验启示，并在理论分析、实证分析和国内外经验借鉴的基础上，提出了节能减排政策压力下加快桂西资源富集区产业转型的对策建议。

二　研究内容

本书由三大部分，共十四章组成。

第一大部分为理论篇，从理论的角度来分析资源富集区的产业转型，共包含第一章至第六章。其中，第一章为导言部分，主要阐述本书的研究背景和研究意义、相关概念的界定以及研究内容、研究方法和主要创新点。第二章为文献综述，从资源富集区的"资源诅咒"问题、资源富集区的经济转型等方面对国内外研究现状进行了梳理和评述。第三章为理论基础部分，系统介绍了与资源富集区产业转型相关的比较优势与资源禀赋理论、可持续发展理论、环境库兹涅茨理论、产业结构理论、经济增长、制度经济学理论和新经济地理理论。第四章对资源富集区的产业转型进行了详细的理论分析，深入分析了资源型产业的经济学属性、资源富集区产业发展的一般特征和资源富集区产业结构形成的内在机理，并探讨了资源富集区产业转型的分类、基本模式与模式选择的关键因素。第五章则是探讨了在自然资源与环境约束条件下，资源富集区如何实现产业转型和可持续发展。第六章进一步从需求供给机制、技术创新机制和国际贸易机制分析了节能减排政策是如何影响资源富集区产业转型的。

第二大部分为实证篇，以桂西资源富集区为分析对象，共包含第七章至第十二章。其中，第七章为桂西资源富集区产业发展的现状分析，对桂西资源富集区各市产业发展的基本情况、资源型产业基本情况、资源型产业集群发展情况等进行了详细的分析。第八章为桂西资源富集区节能减排的现状分析，系统分析了桂西资源富集区的能源消费情况、工业污染物排放情况和桂西资源富集区节能减排的政策压力与主要手段。第九章则是通过探讨桂西资源富集区是否存在环境库兹涅茨曲线，从节能减排的角度来分析桂西资源富集区所处的经济发展阶段，并验证桂西资源富集区污染物排放是否越过了环境库兹涅茨曲线拐点。第十章在对桂西资源富集区产业转型的主要做法进行初步分析的基础上，应用产业转型系数对桂西资源富集区产业转型效果进行了度量与评价。第十一章进一步从实证的角度，分析了桂西资源富集区产业转型对节能减排的影响。第十二章从新经济地理学的角度实证分析了桂西资源富集区产业转型的影响因素。

第三大部分为对策篇，其由第十三章和第十四章组成。其中，第十三章对国内外资源富集区产业转型经验进行了深入分析。第十四章在理论分析和实证分析的基础上，结合国内外经验借鉴，提出节能减排政策压力下加快桂西资源富集区产业转型的对策建议。

第四节　研究方法

本书使用的主要研究方法如下：

1. 应用比较分析方法，从纵向时间变化与横向地区比较的角度，分析了桂西资源富集区的产业发展现状与产业转型特征；应用比较分析的方法，对国内外资源富集区产业转型模式与路径进行深入的比较研究。如从纵向的角度分析了桂西资源富集区 2002—2012 年的产业转型变化情况；从横向比较的角度，分析了桂西资源富集区产业转型差异。

2. 应用面板回归的分析方法，实证考察了桂西资源富集区的环境库兹涅茨曲线，分析了桂西资源富集区产业转型对节能减排的影响，并从新经济地理学的角度实证分析了桂西资源富集区产业转型的影响因素。

3. 从本书整体上看，应用理论分析与实证分析相结合的分析方法，不仅详细分析了资源富集区产业转型的理论基础，而且分析资源富集区产业转型的一般理论和节能减排政策压力对资源富集区产业转型的作用机理。在理论分析的基础上，还较大篇幅地应用了实证分析的研究方法，不仅对桂西资源富集区产业转型进行了评价，还考察了桂西资源富集区的"环境库兹涅茨曲线"拐点以及产业转型的影响因素与其节能减排效应。

第五节　创新之处

与既有文献相比，本书主要的创新点如下：

1. 研究视角上，考虑到资源富集区产业发展特征和新常态下资源富集区经济社会发展受资源环境的制约越来越严重的基本现实，从节能减排政策视角来分析资源富集区的产业转型，探讨节能减排政策压力下资源富集区产业转型的路径与对策。

2. 研究内容上，与现有研究集中于分析资源富集区的"资源诅咒"问题和其经济转型对策不同，本书不仅构建了一个内生增长模型来分析在自然资源和环境约束下，资源富集区的产业转型和可持续发展路径；还从需求供给传导机制、技术创新传导机制、国际贸易传导机制等方面，深入分析了节能减排政策对资源富集区产业转型的传导机制；并以桂西资源富集区为研究对象，对其产业转型效果进行了度量和评价；此外，对桂西资源富集区的环境库兹涅茨曲线进行验证，实证分析了桂西资源富集区产业转型对其节能减排的影响，还从新经济地理学的角度实证分析了桂西资源富集区产业转型的影响因素。

3. 研究对象上，与国外研究主要基于跨国数据的角度进行分析、国内研究主要基于行政区划划分从省级或城市层面进行分析不同，本书对包含跨若干城市层面的资源富集区进行了研究，从而考虑到了资源富集区由于能源矿产分布基本上横跨多个行政区域的属性。此外，国内研究在分析资源富集区时，一般以山西、内蒙古、贵州等地的资源富集区为研究对象，本书则选择了具有资源富集、生态脆弱、沿边开放、扶贫开发、西南出海大通道支撑点等鲜明特征的桂西资源富集区为研究对象。

4. 研究方法上，与现有研究对资源富集区产业转型路径的定性描述不同，本书应用了大量的实证分析方法，从而使提出的加快桂西资源富集区产业转型的对策建议更具科学性和可操作性。如应用产业转型系数方法对桂西资源富集区产业转型效果进行度量和评价，应用面板回归分析方法考察了桂西资源富集区是否存在环境库兹涅茨曲线，以及实证分析了产业转型对桂西资源富集区节能减排的影响和新经济地理视角下桂西资源富集区产业转型的影响因素。

第二章　文献综述

第一节　国外研究现状

20 世纪五六十年代，国外多数地区出现了滞缓和衰退的经济发展，这些地区均为资源富集区，从而引发了经济学者对资源富集区的关注，具体来说，这些研究主要集中在以下两个方面：一是资源富集区的"资源诅咒"问题；二是资源富集区的经济转型问题。

一　资源富集区的"资源诅咒"问题

"资源诅咒"指的是那些有丰富自然资源的国家（或地区）经济慢速增长，而一些自然资源匮乏的国家或地区反而经济增长速度较快，也就是经济增长速度与自然资源丰裕度之间存在负相关的经济现象。国外关于"资源诅咒"问题的研究主要包括两个方面：一是研究"资源诅咒"的存在性，即研究是否存在"资源诅咒"；二是研究"资源诅咒"的传导机制。

1. "资源诅咒"的存在性研究

关于"资源诅咒"是否存在，国外研究者主要存在三种观点：一些研究者认为自然资源丰裕度的变化方向与经济增长速度方向呈负相关关系，也就是"资源诅咒"是存在的；一些研究者则认为两者之间并不存在负相关关系，即没有所谓的"资源诅咒"现象；还有一些学者认为"资源诅咒"虽然存在，但其存在是有条件的，即有条件的"资源诅咒"论。上述三种观点中，支持第一种观点的研究者占据了绝大多数，也就是绝大部分研究者都认为"资源诅咒"是存在的，经济发展的动力并不一定受益于自然资源；相反，可能会受自然资源的拖累。

在第一种观点中，主要研究成果有 Gelb（1988）、Auty（1990）、

Matsuyama（1992）、Auty（1993）、Sachs 和 Warner（1995；1997；1999；2001）、Gylfason 和 Zoega（2006）、Cooke（2006）、Papyrakis 和 Gerlagh（2006）等。

Gelb（1988）[①] 和 Auty（1990）[②] 较早分析了经济发展速度与资源丰裕度负相关及其原因，为后来的研究提供了假说检验的基础。Matsuyama（1992）[③] 则将经济体分解为制造业部门和资源部门，并认为制造业部门具有"干中学"的特征，资源部门则只是反映了自然资源的作用，研究发现，资源产业的利润削弱了具有学习效应的制造业的成长从而不利于整体经济的增长。Auty（1993）[④] 首次提出了"资源诅咒"（Resource Curse）的概念，通过分析产矿国经济发展与资源开采之间的关系，研究表明，自然资源丰裕度不一定有利于一国经济发展，有时甚至会对经济发展产生限制作用。Sachs 和 Warner（1995）[⑤] 选取 1970—1989 年 95 个国家的样本数据进行实证分析，结果显示无论是单纯地分析自然资源富集度与经济增长间的关系，还是将制度安排、经济一体化、经济开放度、价格波动性等变量加入计量模型，结果均显示存在"资源诅咒"的结论。Sachs 和 Warner（1997）[⑥]、Sachs 和 Warner（1999）[⑦] 采用与 Sachs 和 Warner（1995）类似的方法，以拉丁美洲和非洲国家为研究对象，发现这些国家经济发展落后的直接原因可能是过度地进行了资源开发，同样验证了"资源诅咒"现象。Sachs 和 Warner（2001）[⑧] 则在以上三项研究的基础上，进一步在模型中控制气候和地

---

① Gelb, A. H., *Windfall Gains：Blessing or Curse?* Oxford University Press, 1988.

② Auty, R. M., *Resource – Based Industrialization：Sowing the Oil in Eight Developing Countries*, Oxford University Press, 1990.

③ Matsuyama, K., Agricultural Productivity, Comparative Advantage, and Economic Growth, *Journal of Economic Theory*, 1992（58）：317 – 334.

④ Auty, R. M., *Sustaining Development in Mineral Economics：The Resource Curse Thesis*, Routledge, 1993.

⑤ J. D. Sachs, A. M. Warner. Natural Resource Abundance and Economic Growth, NBER working paper, 1995.

⑥ J. D. Sachs, A. M. Warner. Sources of Slow Growth in African Economies, *Journal of African Economics*, 1997（6）：335 – 376.

⑦ J. D. Sachs, A. M. Warner. The Big Push, Natural Resource Booms and Growth, *Journal of Development Economics*, 1999（59）：43 – 76.

⑧ J. D. Sachs, A. M. Warner, Natural Resources and Economic Development：The Curse of Natural Resources, *European Economic Review*, 2001（45）：827 – 838.

理等变量，研究表明，"资源诅咒"现象依然存在。Gylfason 和 Theorvaldur（2001）[①] 以 22 个转轨国家为研究对象，对经济发展速度和自然资源丰裕情况进行分析，得出这些转轨国家与其他国家一样存在"资源诅咒"效应。Gylfason 和 Zoega（2006）[②] 通过实证也发现经济发展效率与自然资源确实呈反方向关系。

上述研究基本上运用的是跨国数据，但跨国数据无法回避国与国之间存在的制度差异等个体异质性特征而导致的估计问题，因此部分研究者将研究视角深入一个国家内部，由于同一国家内部不同地区之间存在的制度差异相对较少，从而使得实证研究结果具有更高的可信度。如Papyrakis 和 Gerlagh（2006）、Cooke（2006）等运用美国数据，将同一国家内的不同地区纳入"资源诅咒"的考察范围。Papyrakis 和 Gerlagh（2006）[③] 运用美国不同州的横截面数据，研究发现负相关关系确实存在于自然资源丰裕度与经济增长之间，证明了"资源诅咒"现象在美国各州之间的存在性。Cooke（2006）[④] 同样运用美国国内不同地区的截面数据，实证检验结果表明，在美国国内"资源诅咒"确实成立。

在第二种观点中，主要研究成果有 Papyrakis 和 Gerlagh（2004）、Ding 和 Field（2005）、Wright 和 Czehista（2007）、Lederman 和 Moloney（2008）等。这些研究认为"资源诅咒"可能是计量方法和指标选取的问题造成的，经济增长与自然资源开发之间并不存在简单的反向或正向关系。

Papyrakis 和 Gerlagh（2004）[⑤] 运用 Sachs 和 Warner（1995）的分析框架进行实证分析，认为如果将人力资本作为控制变量加入分析框架中，研究结果并没有发现"资源诅咒"现象。当然，他们的研究结论

[①] Gylfason, Theorvaldur, Natural Resources, Education and Economic Development, *European Economic Review*, 2001（45）: 847 – 869.

[②] Gylfason, Zoega, Natural Resources and Economic Growth: The Role of Investment, *The World Economy*, 2006（10）: 1091 – 1115.

[③] Papyrakis, Gerlagh, Resource Abundance and Economic Growth in United States, *European Economic Review*, 2006（4）: 253 – 282.

[④] C. Cooke, Does the Natural Resource Curse Apply to the United States? Working Paper. University of Wyoming, 2006.

[⑤] Papyrakis, Elisaios and Gerlagh, Reyer, The Resource Curse Hypothesis and Its Transmission Channels, *Journal of Comparative Economies*, 2004.

受到了持第一种观点的研究者的质疑。一般地认为"资源诅咒"归根结底还是存在的，而不是他们所谓的"资源诅咒"消失了，因为在他们的研究中，虽然自然资源与经济增长之间直接的负相关关系消失了，但自然资源却通过影响教育变量，间接地影响着经济增长速度。Ding和 Field（2005）① 认为所谓的"资源诅咒"现象可能是由于不合理的自然资源丰裕度指标选取导致了"资源诅咒"现象的存在，当自然资源丰裕度用自然资本占总资本的比重来表示时，"资源诅咒"成立；而当自然资源丰裕度用人均自然资源存量来表示时，"资源诅咒"现象又不存在了。Wright 和 Czelusta（2001）② 发现在进行跨国回归研究"资源诅咒"时，存在较为严重的计量回归的内生性问题如选择性偏误等，因此，验证是否存在"资源诅咒"现象，还需在计量方法上进行一定突破。Lederman 和 Maloney（2008）③ 认为由于数据可得性的限制，自然资源与长期经济增长之间的关系并不能说明"资源诅咒"这一现象；同时，由于一般计量方法均缺乏稳健性，"资源诅咒"也并不是现实经济的真实反映。

在第三种观点中，主要研究成果有 Holder 和 Roland（2006）、Collier 和 Goderis（2008）等。这些学者认为单调关系并不是自然资源开发与经济增长之间的实际关系。Collier 和 Goderis（2008）认为自然资源与经济增长之间的关系具有阶段性，长期来看自然资源对经济增长具有负面影响，而短期则具有正面影响。Holder 和 Roland（2006）④ 认为一个国家的政治结构对"资源诅咒"存在性有较大的影响，如果一个国家是集权式体制，"资源诅咒"很有可能不存在；相反，若一个国家是分权式体制或竞争性体制，则自然资源与经济增长之间的负相关关系则可能是存在的。Auty（2001）⑤ 则发现资源诅咒现象在矿产资源富裕的国家更加严重，在农业资源丰富的国家则较轻。Murshed 和 Perala

---

① Ding, Field, Natural Resource Abundance and Economic Growth, *Land Economics*, 2005 (4): 496 – 502.

② Wright, Czelusta, Resource – Based Growth Past and Present, World Bank, 2001.

③ Lederman, Maloney, In Search of the Missing Resource Curse, *Economica*, 2008 (9): 1 – 56.

④ Holder, Roland, The Curse of Natural Resources in Fractional Countries, *European Economic Review*, 2006 (12): 1367 – 1386.

⑤ Auty R. M., *Resource Abundance and Economic Development*, Oxford University Press, 2001.

（2002）、Ishajn（2002）也认为不同国家拥有不同的自然资源，而不同的自然资源类别会使各国遭受不同程度的"资源诅咒"。根据不同地理环境下具有不同的资源分布集中度，分散型资源和集中型资源便是自然资源的划分成分。对于拥有的分散性资源如农业耕地的国家，其财政收入只有依靠从个人或企业的征税中获得，因而国家不容易遭受"资源诅咒"；而对于拥有的是集中型资源如矿产资源的国家，因为集中开采可为政府直接提供大量的收入，进而使得政府变得腐败化并且具有掠夺性，因此更容易遭受资源的诅咒。Stijns 和 Philippe（2005）[①] 认为，由于不同的资源行业产品特性、流通方式均不同，资源产业各细分行业具有影响经济发展的不同特性，研究发现，正向关系显著存在于矿物储量和经济增长之间，而负向关系则主要存在于石油和天然气资源禀赋与经济增长之间，土地资源丰裕度与经济增长呈负相关关系，而煤储量与经济增长之间的相关性则不明显。

2. "资源诅咒"的传导机制的研究

虽然已有研究中还有部分学者认为并不存在所谓的"资源诅咒"现象，但到目前为止，大多数的研究者都承认，20 世纪下半叶以来，"资源诅咒"已经成为世界范围内广泛存在的经济现象，那么"资源诅咒"又是如何形成的？因此，除了验证"资源诅咒"是否存在外，不少研究者也分析了"资源诅咒"的成因和传导机制，对"资源诅咒"的解释主要有以下几种观点。

一是认为资源型产业作为一种初级产品产业，与制造业相比，其前后向关联程度较低，专业化分工程度简单，一个国家的资源过度投入在资源型产业中，则难以拉动整体经济的发展（Seers，1964；Baldwin，1966；Botta，2010）。Botta（2010）认为一个国家或地区如果倚重于资源型行业的发展，则不但无法有效拉动关联行业，反而可能会发生"去工业化"现象。

二是认为存在"荷兰病"效应。"荷兰病"效应，即指繁荣发展的资源产业，会改变一个国家或者地区的要素使用成本，进而改变各个产业的生产要素分配情况，使资源开采产业流入更多的人力资源和资本，

---

① Stijns, J. Philippe, Natural Resource Abundance and Economic Growth Revisited, *Resources Policy*, 2005（30）：107 – 130.

而使制造业的生产要素流入减少，进而导致产业结构发生变化，并不利于经济增长。最早提出"荷兰病"效应的经典模型的是 Corden 和 Neary (1982)①，其将一个国家的经济分为可贸易的资源出口部门、可贸易的制造业部门与不可贸易的部门（主要是国内的零售贸易和服务业以及建筑业部门），假定经济最初处于充分就业状态，如果自然资源的价格意外上涨或突然发现了某种自然资源，那么经济体将出现两方面的后果：一是资源转移效应；二是支出效应。资源转移效应指由于自然资源的价格意外上涨或突然发现了某种自然资源，资本和劳动等生产要素将向资源出口部门转移，进而使得可贸易的制造业部门只能以更高的代价来吸引劳动力，以至于制造业的竞争力由于其劳动力成本上升而趋于减弱；与此同时，可贸易的制造业部门的出口竞争力受到自然资源出口的间接打击，因为外汇收入增加导致的本币升值会降低制造业出口的竞争力，而自然资源出口正是外汇收入增加的重要原因。支出效应指自然资源出口带来的收入增加，会增加对不可贸易部门和可贸易的制造业部门产品的需求，由于不可贸易部门产品的需求增加只能依赖国内生产而无法通过进口来满足，因此自然资源出口会重新繁荣包括服务业在内的国内不可贸易部门；而可贸易的制造业部门产品的需求的增加却往往是依赖进口国外制成品来满足（国外同类价格相对更便宜），这对国内制造业又将产生不利影响。综合两种效应，Corden 和 Neary（1982）提出的"荷兰病"效应模型表明，对于发展中国家而言，服务业的繁荣与制造业的衰弱通常发生在自然资源富集的国家。而制造业体现出的鲜明特征为"干中学"和技术外溢，这说明其对组织变革、技术创新甚至培养企业家具有重要的作用，是保证国民经济增长的关键产业；相反，自然资源开采部门对人力资本的要求相当低、缺乏联系效应以及外部性。因此，制造业一旦衰落，则会降低总体经济的发展速度。Matsuyama（1992）② 利用以"干中学"来反映制造业的模型，分析了人力资本从制造业转入农业的原因，并得出结论：制造业自身的学习效应是导致人

---

① Corden, W. Max and J. Peter Neary, Booming Sector and De – Industrialisation in a Small Open Economy, *The Economic Journal*, 1982（368）：825 – 848.

② Matsuyama, K., Agrieultural Productivity, Comparative Advantage, and Economic Growth, *Journal of Economic Theory*, 1992（58）：317 – 334.

力资本向农业转移的主要原因，进而阻碍了自身的发展，在此基础上使得经济增长率降低。Sachs 和 Warner（1995）正式使用"荷兰病"模型来概括 Matsuyama 模型，在将经济体划分为三个经济部门——非贸易部门、可贸易的非资源部门、可贸易的自然资源部门之后，他们得出结论：一个国家的非贸易品需求受到资源丰裕度的影响并且呈正相关关系，而流入制造业资本和劳动力等生产要素的数量越少，制造业的增长速度越缓慢，经济增长率也随之下降。Hausman 和 Rigobon（2002）①提出了一个"荷兰病"效应的运行机制。该机制有两个基础，即金融市场的不完备性和非贸易部门的专业化。他们认为，一个国家或地区，即使当资源部门对非贸易部门的需求发生重大变化时，只要其有一个足够大的可贸易的非资源部门，相关价格也可能是稳定的；但当可贸易的非资源部门消失时，由于对不可贸易品需求的波动将无法与劳动分配的变化相适应，则会使经济变得不稳定。这就要求相对更高的价格变化，而利率又和相对价格的变化相关。这两个效应相互作用，使得一个国家或地区的经济产生无效率的专业化：可贸易的非资源部门产品生产得越少，相对价格的不稳定性就越大，可贸易的非资源部门面临的利率就越高，其生产规模又将进一步萎缩直至消失。因此，资源性收入增加导致的资源性部门专业化，使得整体经济福利水平大幅下降，即引发了所谓的"资源诅咒"。利用"荷兰病"效应模型，Harrison（1993）以尼日利亚为例，发现石油产业发展确实使得货币升值，进一步论证了尼日利亚制造业、国民经济发展和其石油产业发展间的关系为负相关关系；Beine 等（2009）②对加拿大的研究发现，在加元升值的情况下，制造业出口下降，制造业运行效率降低，而其主要原因是自然资源出口。

三是认为存在挤出效应，即资源产业会将本可流入教育和政府公共服务以及其他有竞争力产业等的经济资源挤出，特别是影响一个国家或地区竞争力的关键因素（Matsuyama，1992），因此挤出效应的存在使经济体对资源的依赖不利于经济增长。"资源诅咒"挤出效应的相关研究

① Hausman, R. and R. Rigobon, An Alternative Interpretation of the Resource Curse: Theory and Implications of Stabilization, Saving and Beyond, Paper Prepared for the Conference On Fiscal Policy Formulation and Implementation in Oil Producing Couniries, 2002.

② Beine, Bos, Serge, Does the Canadian Economy Suffer From Dutch Disease, Tinbergen Institute Working paper, 2009.

可分为以下几种：第一种是挤出储蓄，Gylfason 和 Zoega（2006）认为，丰富的自然资源相当于持续性财富，人们一旦拥有大量自然资源，就会减少储蓄的比例，因此，会发生储蓄被自然资源挤出的效应。第二种是挤出制造业等其他产业的投资，Papyrakis 和 Gerlagh（2004）、Gylfason（2001）认为丰富的自然资源会引致资本流入资源型部门，使得流入制造业部门的资本减少，进而导致不可贸易部门的扩张和制造业的萎缩，对制造业部门产生挤出效应进而不利于整体经济的经济发展。Taylor（1983）[①] 认为，相对其他部门而言，自然资源部门具有更高的边际生产率，较高的汇率和通货膨胀率促使资本只能留在自然资源行业，而挤出对制造业的投资。第三种是挤出企业家创新行为，Sachs 和 Warner（2001）、Papyrakis 和 Gerlagh（2006）认为从事初级产品生产的自然资源部门和制造业等其他部门相比，自然资源部门需要的企业家才能和创新能力较低，而制造业等其他部门则更需要企业家才能和创新能力，因此，大量的资源被投入自然资源部门，从整体来看会挤出企业家精神，而这正是保证经济活力的重要因素。第四种是挤出人力资本投资，Murphy 等（1991）[②]、Gylfason 等（1999）[③] 通过建立两部门的随机内生增长模型，从人力资本挤出视角探讨了"资源诅咒"的形成机理，他们认为教育和研究的投资会因资源型行业吸收大量资本而下降，从而降低了创新能力在该经济体的发展，难以实现技术升级，进而对经济增长产生不利影响。

四是认为自然资源价格的易波动性会加大投资者风险，抑制了投资的增长从而不利于整体经济。由于自然资源具有低供给弹性和低价格弹性，因而其价格具有较强的波动性。这会使汇率和利率的波动变得更为剧烈，把更多的风险加之于投资者，使得经济增长所必需的社会投资受到抑制（Herbertssoon et al.，2000），也使整体经济高度不稳定（Davis & Tilton，2005；Auty，2001）。此外，这种波动性还给自然资源丰裕国

---

① Taylor L. , *Structuralist Macroeconomics*: *Applicable Models for the Third World*, Basic Books Publishers, 1983.

② Murphy et al. , The Allocation of Talent; Implications for Growth, *Quarterly Journal of Economics*, 1991（106）: 503 – 530.

③ Gylfason, Herbertsson, Zoega, A Mixed Blessing: Natural Resources and Economic Growth, *Macroeconomic Dynamics*, 1999（3）: 204 – 225.

家或地区的宏观经济政策制定带来了困难，造成一定的经济损失。如当
自然资源出口繁荣时，资源型国家或地区的政府财政收入也会迅速增
加，这将刺激政府急于上马一些投资金额大、周期长的项目，甚至不惜
增加外债负债率。但一旦初级产品（如石油等）价格迅速回落，这些
国家或地区又将陷入财政危机。Hausmann 和 Rigobon（2003）[1] 发现，
过度依赖自然资源的资源型国家或地区，其可贸易部门的投资风险的增
加确实来自不可贸易部门和可贸易部门的相对价格变化幅度的增加。
Mikesell（1997）[2] 研究表明，与产成品出口比重高的国家或地区相比，
初级产品出口占比较高的国家或地区，其贸易波动情况要大 2—3 倍。
Sachs 和 Warner（2001）认为，由于自然资源价格的易波动性，自然资
源丰裕国家采用的出口导向型的增长模式往往容易失败。Manzano 和
Rigobon（2001）[3] 的研究表明，很多自然资源丰裕度较高的国家只是在
20 世纪 80 年代后才遭遇低增长问题，而之前，这些国家增长迅速，也
就是说，自然资源丰裕国家的低增长现象并不是一直存在的，Manzano
和 Rigobon（2001）认为，石油危机后，由于调整不完全和局部不均
衡，世界能源价格出现周期性波动，进而导致资源型国家低增长现象的
出现。

　　五是认为存在"贸易条件恶化论"，即初级产品出口国将不可避免
地遭受贸易条件恶化的命运，从而对国民经济产生拖累。Prebisch
（1950）[4] 最先从"中心—外围"角度，将世界经济分为进行工业品生
产的"中心"与进行初级产品生产的"外围"两个部分，分析了初级
产品出口国贸易条件恶化的机理与后果。由于在中心—外围体系中，初
级产品的生产具有报酬递减的趋势，劳动生产率低，技术落后，因此其
价格较低；而工业品的价格通常较高，因为其具有较高的劳动生产率，
受益于技术进步和规模经济，存在规模报酬递增的现象。于是，相对工

---

① Hausmann, Rigobon, An Alternative Interpretation of the Resource Curse: Theory and Policy Implications, NBER Working Paper, 2003.

② Mikesell, Explaining the Resource Curse, with Special Reference to Mineral – Exporting Countries, *Resource Policy*, 1997 (23): 191 – 199.

③ Manzano, Rigobon, Resource Curse or Debt Overhang?, NBER Working Paper, 2001.

④ Prebisch, The Economic Development of Latin America and Its Principal Problems, World Bank, 1950.

业品而言，国际市场上外围国家的初级产品的价格呈现出下降趋势。随着时间的推移，贸易条件的恶化使"外围"国家的经济发展越来越受到挤压和打击。同时，由于初级产品的低收入弹性和需求弹性，导致初级产品出口国的出口需求或是国内需求并没有增加，进而使依靠自然资源的初级产品出口国更为贫穷，与富有工业化国家的经济差距不断增加。与 Prebisch（1950）一样，Singer（1950）根据发展中国家趋向出口劳动密集型制成品的实际情况，进一步拓展了"贸易条件恶化论"，其将"贸易条件恶化论"拓宽为以下三个方面的内容：（1）相对于发达国家制成品出口的价格而言，发展中国家制成品出口的价格比下降得更快；（2）相对于发达国家初级产品贸易条件的恶化比率而言，发展中国家初级产品贸易条件的恶化比率更高；（3）相对于发达国家而言，发展中国家初级产品出口占总出口的较高比重，使其初级产品贸易条件恶化对国民经济的影响更大。由此，Singer（1950）得出结论，发展中国家虽然从出口初级产品的模式中摆脱出来，出口劳动密集型制成品，但这只是改变了出口的导向，转换了贸易条件恶化的内容，而没有从根本上解决其贸易条件的恶化问题。

六是认为存在制度的弱化现象，即丰裕的自然资源会使一个国家或地区的制度质量弱化。Krueger（1974）最先研究了资源型国家的寻租现象。资源型产业内部通常会产生一定的寻租利益集团来攫取自然资源中所蕴含的大量经济租金。这些寻租集团通常会贿赂执政机构或对其提供资金支持，以寻求对资源的控制权。而一旦占有自然资源后，他们会通过一系列阻碍竞争的手段来维护自己的既得利益，这使得公共利益被牺牲，同时市场残缺、官僚化、腐败等现象将与许多存在寻租行为的资源型国家密切联系。Torvik（2002）建立了寻租模型，认为资源丰裕度、制度变量与收入水平间存在线性关系，自然资源的丰裕会导致寻租行为的产生，进而引起了资源配置的无效率。Leite 和 Weidmann（2002）也发现资源丰富的国家更易滋生腐败，进而抑制了经济的增长。Ross（2001）[①] 研究发现，一个国家对出口矿物或石油较强的依赖将会导致其有较少的民主，原因在于：一是"消费效应"，即巨大的石油财富会导致巨大的保护人消费（强者充当弱者消费的保护人），进而

---

① Ross, M. L., Does Oil Hinder Democracy?, *World Politics*, 2001, 53: 325 – 361.

对民主造成一定压力；二是"税收效应"，即石油丰富的政府倾向于通过使用税收以减轻社会压力来显示政府权威；三是"集团形成效应"，当石油带来巨额财富时，政府便会使用这些财富去阻止成立一些独立的社会团体；四是"现代化效应"，巨额的石油财富，可以消弭社会对于城市化、职业专门化以及高水平教育化的压力，从而减少了以契约为导向的公共部门的产生。Angrist 和 Kugler（2008）认为出于对资源的控制，丰富的自然资源，甚至还可能会引起政治动荡和战争。Martin 和 Subramanian（2003）认为对于一个资源型国家而言，政治利益集团通常容易滋生，并且使得腐败和寻租行为大幅度增加，与经济增长呈现负的非线性关系。Sokoloff 和 Engerman（2003）认为经济的长期发展受到资源禀赋的间接影响，制度因素是两者之间的作用媒介，Stiglitz（2006）也认为一个国家的政治社会结构决定了"资源诅咒"现象的存在性。另外，也有一些学者运用门槛效应研究，对制度质量与"资源诅咒"之间的关系进行了分析。Mehlum 等（2002）[1] 和 Mahmoud 等（2004）[2] 的研究都证明了制度因素对"资源诅咒"的影响存在门槛值，当制度质量低于一定值时，自然资源与经济增长之间呈现负相关关系。

二　资源富集区的经济转型问题

除了对资源富集区的"资源诅咒"问题进行研究外，国外学者还对资源富集区的经济转型问题进行了大量的研究。

20 世纪 50 年代，一些典型资源型地区经济出现放缓和衰退迹象后，对这些地区如何转型发展就成了重要的研究课题。实际上，加拿大学者早在 20 世纪 30 年代就开始研究资源型地区的经济转型问题，并对经济发展模式进行探讨。Innis 就针对资源型地区实现经济基础多元化的能力进行研究，并提出了"地区特色模式"（Local Modelling）。但是，20 世纪 70 年代之前，国外学者重点研究资源富集区产业转型的角度主要有城镇生命周期、人口学、社会学等。具有代表性的有美国学者 M. K. Hubert 提出了矿业城市表现为"铃"形分布生命周期的观点。

---

① Mehlum, Moene, Torvik, Institutions and the Resource Curse, Working Paper. University of Oslo, 2002.

② J. Lay, T. O. Mahmoud, Bananas, Oil and Development：Examining the Resource Curse and Its Transmission Channels by Resource Type, Kiel Working Paper, 2004.

R. A. Lucas（1971）以加拿大资源富集区为例，提出了单产业城镇或地区的四个发展阶段理论，这四个阶段分别为建设阶段、雇用阶段、过渡阶段、成熟阶段。Bradbury（1983）在 Lucas 理论的基础上，将矿区发展分为六个阶段，即建设、雇用人员、过渡、成熟、衰退、废弃，他认为资源型地区的产业结构因极度依赖单一的经济活动而变得极度脆弱，而这种经济活动随时都可能被停止。O'Faircheallaigh（1988）以澳大利亚为例，详细阐述了人口学角度下资源富集区。除此之外，还有学者从社会学角度研究资源富集区在经济发展过程中存在的社会现象，力图研究资源型城镇生活对当地居民的影响。

　　而 20 世纪 80 年代后，经济衰退和停滞在西方不少资源富集区逐渐严重，国外学者开始将研究重点转向资源富集区产业转型的路径方法和转型原因等领域。

　　对于产业转型的路径方法，产业多元化是一条重要路径。但是以 O'Faireheallaigh（1992）、Molloy 和 Bradbu（1983）等为代表的许多学者认为产业多元化很难在资源富集区进行，尤其是在边远的资源富集区进行。不过 O'Faireheallaigh（1992）通过两个案例也说明只要满足一定的条件，可以在资源富集区实现多元化，他同时也提出一个指导政策选择的分析框架，将矿山关闭城镇衰亡、政府补贴维持矿山与城镇继续存在，作为资源富集区产业多元化的可替代政策选择。

　　而对于资源富集区经济转型的原因，有学者认为经济转型是一种被迫调整行为，主要受内外部经济环境的巨大变化影响，比如全球化、经济周期和经济危机通常是其主要原因。Bradbury 和 St. Martin（1983）、Bradbury（1984，1985）在讨论钢铁产业转型的文献中说明了经济周期和经济危机是转型的一种压力。Randall 和 Ironside（1993）认为 20 世纪 80 年代资源型地区不断加快的变革速度和多样化的产业与劳动力市场主要受到全球化、经济危机和变化的公司策略的影响。Clemenson（1992）认为 20 世纪 80 年代开始，许多资源型城镇的经济衰退促使其向产业多元化方向发展。Ross 和 Usher（1986）认为一些地区的经济危机由过度专业化造成，而这却促成了正式经济活动和非正式经济活动之间根本性的重组。可以说，国外研究基本上认为，资源富集区产业转型是一种在经济全球化和经济危机的压力下产生的被迫调整行为。

　　20 世纪 80 年代中后期，在许多资源富集区完成产业转型的基础上，国外学者将研究重点又转向资源富集区的可持续发展问题。Colla-dos 和 Duane（1999）构建了一个研究资源型地区自然资源和生活质量之间关系的模型。Blakely（2001）则在网络经济的大背景下，研究资源控制与当地经济发展的关系。David（1992）认为可通过一定的规则制定使环境成本内在化，避免资源浪费，从而实现可持续发展。

第二节　国内研究现状

国内对资源富集区的研究主要集中在以下几个方面：一是资源富集区的界定与特征的研究；二是资源富集区的"资源诅咒"问题；三是资源富集区的经济转型问题。

1. 资源富集区的界定与特征的研究

谷树忠等（2011）对欠发达资源富集区的界定、特征与功能定位进行了分析，认为欠发达资源富集区集经济落后性、社会复杂性、生态脆弱性、环境敏感性、资源富集性、致富迫切性等特点于一体，同时，"资源诅咒"在部分欠发达资源富集区明显，已经严重影响到经济持续发展、社会和谐稳定、生态环境保护和资源合理开发，因此应建立"资源诅咒"预警系统，采取包括资源措施、生态措施、产业措施等在内的系列措施，有效规避"资源诅咒"是欠发达资源富集区实现可持续发展的必由之路。王建康（2009）以陕北为例，认为资源富集区在高速发展之下，存在利益关系失衡、生态环境与经济发展失衡、产业结构失衡、所有制结构失衡等一系列突出矛盾。资源富集区只有积极转变增长方式，以优化结构为主线，才能充分利用资源开发红利期，实现区域经济社会的全面跨越、和谐跨越、高效跨越、持续跨越式发展。

2. 我国"资源诅咒"问题的研究

近年来，我国学者开始逐渐重视"资源诅咒"的研究，他们结合中国特有的问题，从区域层面探讨了我国"资源诅咒"的存在性乃至成因与对策。

较早对中国"资源诅咒"问题进行研究的是徐康宁和王剑（2006），他们研究了我国采掘业的相对投资规模与经济增长之间的影响关系，其将能源产量平均比重视为衡量各省资源富集度的指标，通过构建计量模型，对中国 1985—2003 年的省际面板数据进行计量分析，结果显示确实存在"资源诅咒"现象，并认为"荷兰病"效应、制度弱化和削弱人力资本积累等是这种现象发生的主要原因。胡援成和肖德勇（2007）运用一个两部门的内生增长模型，基于中国 1999—2005 年的数据，得出了与徐康宁和王剑（2006）一致的结果。邵帅和齐中英（2008）研究了我国西部能源开发与经济增长的相关性，发现"资源诅咒"确实存在，并且对创新与人力资本产生了一定的基础效应，阻碍了经济增长。邵帅和杨莉莉（2010）利用我国地级煤炭城市的数据，发现我国煤炭城市存在"资源诅咒"现象。Zhang（2008）通过研究 1985—1995 年的样本发现，"资源诅咒"在中国同样存在，但 1995—2005 年却没有发现"资源诅咒"，这说明我国在不同阶段表现出不同的产业发展特征。

与此同时，一些学者认为我国并不存在"资源诅咒"现象。丁菊红等（2007）发现当控制港口距离和政府干预两个变量后，中国省际层面并不存在"资源诅咒"。靖学青（2012）研究了资源丰裕度与经济增长率之间的关系，选取的资源丰裕度指标为采掘业固定资产投资占全社会固定资产投资比例，并对我国 2004—2009 年的省际面板数据进行回归分析，发现"资源诅咒"在我国并不存在。方颖等（2011）另辟蹊径，通过研究中国地级市的横截面数据发现"资源诅咒"不存在。

另外，还有一些学者对我国特定地区的资源开发与经济发展情况进行了研究。胡健和焦兵（2007）、邵帅（2010）、徐盈之和胡永舜（2010）、任丹妮（2011）发现我国陕西、内蒙古、贵州和东北等地区存在较为明显的"资源诅咒"现象。王保忠等（2012）发现西部大开发战略和中部崛起战略对我国晋陕蒙的煤炭开发产生了一定影响，这三个省、区存在不同程度的"资源诅咒"现象。胡华（2012）认为一个地区经济发展不同阶段会存在不同程度的"资源诅咒"现象，通过研究自然资源开发与经济增长的关系，发现东北地区存在显著的"资源诅咒"现象，华北和华中的"资源诅咒"现象并不明显，而华东、华南、西北和西南地区自然资源开发与经济增长呈正相关关系。殷俐娟（2011）认为，就国家层面而言，我国还不存在"资源诅咒"的问题，但在我国自然资源丰富的地区存在类似"资源诅咒"的现象。鲁金萍（2009）研究了欠发达资源富集区的"资源诅咒"的存在性，以贵州省毕节地区1996—2005年的数据为样本，对采掘业和制造业产值、从业人员数、科学事业费、科技三项费用等指标与经济增长的关系分别进行了初步的经验判断，结果表明该类地区具有陷入"资源诅咒"困境的可能性。郑长德（2006）认为我国西部地区自然资源富集，但发展不足，就人均地区生产总值而论，存在着所谓"自然资源的诅咒"。陈闻君和胡序勇（2011）以新疆为例，分析了资源富集区资源开发的挤出效应，通过比较新疆资源产业的发展变化，发现新疆资源产业发展的结构失衡导致第一、第三产业和轻工业产值份额的下降，对就业拉动作用减弱，揭示了资源富集区域资源开发产业快速发展对其他产业及相应经济活动的挤出效应，并指出了这种挤出效应对新疆经济社会长期发展的不利影响。

一些学者也尝试对我国"资源诅咒"问题进行解释，其解释主要可分为以下几类：一是利用内生增长理论，考察资源开发对创新和人力资本投资的挤出效应。邵帅和齐中英（2008）建立了一个三部门内生经济增长模型对我国资源富集区进行分析，认为"资源诅咒"产生的主要原因是自然资源开发对地区创新投资的挤出效应。二是认为"资源诅咒"会导致单一的地区产业结构。孙永平和叶初升（2012）从产业结构的角度分析了过度发展的资源产业对经济的影响，认为这样不仅会阻碍多元化和高级化的产业结构的形成，而且会进一步制约整体经济发展。刘海洋（2008）从"干中学"的角度对"资源诅咒"现象进行了解释，证明了资源丰裕国家经济发展缓慢的原因在于主导产业是"干中学"效应较小的资源部门。因此，一个国家或地区应当主动将"干中学"效应大的产业培育为主导产业，而不是被动地接受要素禀赋所确定的分工。任歌和李治（2009）根据"荷兰病"经典的三部门模型，用数理模型推证得到资源富集区严重依赖采掘业，而制造业萎缩的原因是其劳动力大量流入采掘业，说明资源禀赋可通过人才、资本流动等内生因素和制度等外生因素限制当地产业的转型，"资源诅咒"的现实表现也论证了这一结论。为此，应转变经济增长方式、加快工业结构调整、矿权制度创新和积极的财税政策等举措，减轻"资源诅咒"的不利影响。施祖麟和黄治华（2009）构建了一个纳入资源、制造业和服务业三部门的动态经济模型，通过模型推导，结论显示，当外部资源价格突然上升会使资源型地区的居民收入提高，此时家庭会增加对制造产品和服务产品的消费。一方面制造业具有贸易性，收入效应会扩展到区域外部；另一方面服务业具有非贸易性和强大的劳动力吸纳能力，从而收入效应会使服务业在本地扩张，并且吸纳大量来自制造业的劳动与资本，这会使得制造业发展受阻，进而使经济增长受到损害。三是从地理区位的角度探讨空间位置与"资源诅咒"的关系。孙永平（2009）从空间区位的角度分析了中国"资源诅咒"问题的形成原因，认为"资源诅咒"存在的一个重要条件是地理位置；孙永平和叶初升（2011）认为区域经济增长受到地理位置和资源依赖的联合影响，较好的地理区位条件能够减轻"资源诅咒"的影响。四是从制度的层面研究"资源诅咒"的成因。汪戎和朱翠萍（2008）论证了不同制度条件下，经济增长受资源影响的作用机制，认为当生产者在有利的制度条件下时，生产活动会因丰富资源的流入而增加产出，当攫取者在有利的制度条件下时，生产活动会因资源流入非生产性活动而减少产出。王学斌等（2011）认为自然资源反向作用于经济增长的主要途径是制度因素。陈仲常等（2012）认为我国具有特殊的体制，比如产权双轨制和价格双轨制，因而从这两种制度角度对省际层面的数据进行了研究，得出"资源诅咒"在我国具有特殊表现的结论。

除降低经济发展速度外，"资源诅咒"研究的一个重要课题是区域经济的不平衡发展是否受到自然资源的影响。邵帅和齐中英（2008）认为"资源诅咒"可能是我国东中西部经济发展差距的一个原因，并反思了我国将能源开发作为西部大开发主导战略的思路，提出不能只强调开发西部资源，而要注重协调发展经济社会。孙永平和叶初升（2011）研究了资源型产业发展与地区间收入差距间的关系，他们对西部地区的面板数据进行分析，发现当期资源产量与价格的提高会加剧当期的收入差距，而上期资源价格的提高反而缓解了本期的收入不平等。也有一些学者认为"资源诅咒"与地区收入差距并无关系，如张亮亮和张晖明（2009）认为地区经济发展不平衡与"资源诅咒"无关，反而是地理区位、人口、制度等因素导致了发展差距。还有一些文献分析了资源富集区的贫困问题，如徐蕾（2011）认为经济欠发达的资源富集区普遍存在农民贫困的问题，为此，她对陕西省榆林市进行了实地调研，分析了农民收入和产业之间的关系，结论显示"资源优势陷阱效应"是造成当地农业落后、非农产业经济贡献低等问题的根源，并相应地提出优化生态补偿机制、用"教育移民"促成劳动力转移、调整产业结构等经济政策。

3. 关于我国资源富集区经济转型的研究

20 世纪 80 年代前后，我国许多资源富集区开始出现资源型经济的特殊表现。对于"如何办"的问题，李文彦于 1978 年率先提出如何对煤炭城市进行工业综合发展的问题。整个 80 年代，研究主要集中在矿区、资源类城市工业的综合发展上。如魏心镇（1981）、梁仁彩（1985）进一步拓展了煤炭城市综合发展工业的线路，研究了煤炭基地的种类与综合发展、如何形成和发展煤矿地区工业综合体等现实问题。90 年代后，资源富集区的产业结构状况开始受到一些学者的关注。如樊杰（1993）对煤炭地区经济效益进行了分析，首先运用聚类分析方法划分了煤炭城市的工业结构，在分类基础上进行经济效益的比较，得到部分地区经济效益低下的主要因素是该地区产业结构单一的结论。刘洪（1992）、程绪平（1994）等学者着重提出了产业结构调整对于资源型城市的必要性。沈镭（1998，1999）提出了如何实现资源型地区可持续发展的方案构想，包括掌握采矿地区的生命周期、把握经济结构转型、增强城市功能、深化外向度、增加政企分离、提升环境保护等。杨荫凯（2002）提出转型需要足够的时间准备，因此要尽可能地延长资源型产品的生产链和发掘周期。张复明（2002）提出产业链延伸的想法，在此基础上得出"产业序动升级"的模式；同时提出培养新兴支柱产业的关键性，从而得出用"多元叠合发展模式"实现转型，但在培养新兴主导产业时仍要注重区域的稳定发展，因为新培育的产业与原有资源产业存在协调和支撑方面的难题。崔庆云（2007）提出我国资源型区域的三种转型模式：产业延伸模式、产业替代模式和综合型模式。刘语轩（2009）从四个角度对资源型地区经济发展的转型路径进行了详细的阐述，分别为政府与市场的功能差异、产业形态、转型时机、转型方式。叶蔓（2010）认为应当通过植入新兴的产业从根本上改变资源型地区以资源型产业为主导的现象。祁泉淞（2010）则提出对于有些拥有多种优势产业的资源型地区，可选择培育其他优势产业的内生转型方式，或者是通过引入新兴产业，实现外生式的经济转型。

但是进入 20 世纪 90 年代以后，我国不少资源富集区的经济发展和环境逐步显现出一系列问题，从而使我国学者开始重视资源富集区的产业转型和经济可持续发展的研究。大多数国内学者均是通过分析若干个资源富集区的实际状况，就此提出这些地方共同存在的问题，并借鉴国外的路径和方法，以此来解决我国资源富集区经济转型。胡春生和蒋永穆（2011）从发展序的角度分析了资源富集区的产业转型困境，认为资源富集区往往具有相对落后的科技、人力资本，其根本原因在于其相对较低的生产力发展水平以及脆弱的财政能力。胡春生（2011）明确了资源富集区产业转型促进体系的原则、目标、手段和组织架构，并指出在资本推动模式下促进资源富集区产业转型的进一步研究重点是探究享有"天然红利"的资源富集区为何面临资金困境。钟赛香和谷树忠（2009）分析了欠发达资源富集区产业结构演进及其目标取向与主体效应，研究发现，发展中国家和发达国家间产业结构演进与主体收入水平差异显著；欠发达资源富集省域与沿海经济发达省域产业结构差异显著；案例区（贵州省毕节地区）产业结构演进中目标取向及结构效应呈阶段性特征，且经济发展已到转型临界点。崔雯和穆东（2007）以耗散理论为分析工具，阐述了资源富集区的发展演变，并对当地的产业转型方向和转型模式进行了初步研究。史俊宏和赵立娟（2008）认为资源富集区经济发展是国家工业化进程的重要保障，但其自身发展的制约因素使得在发展中引起了生态环境破坏、资源枯竭、经济增长缓慢的不可持续性。他们以内蒙古为例，通过对内蒙古产业现状的分析，运用区位熵测量模型得出内蒙古产业的不可持续发展问题，在此基础上认为可通过培育循环经济、对资源型产业实行产业集群的战略、拓展产业链等方法来实现可持续发展。郑谦（2010）认为长期来看，资源富集区在发展过程中都存在着资源耗竭问题。对于将资源型产业作为主导产业的区域而言，其产业转型的关键是培育新型产业以持续发展当地经济。而新型产业发展与技术创新有协同相互促进的作用，具备技术创新驱动新产业发展，新产业发展激励技术创新的耦合机理。付贵林（2004）以贵州黔西南州作为具体研究对象，以模块化理论和产业集群理论的思维重新审视欠发达资源富集区域的经济发展战略，认为应该把欠发达资源富集区域经济发展战略的重点放到如何实施产业集群上，走产业集群式的新型工业化道路。彭健伯（2005）认为在资源富集区的综合开发和战略选择上，应特别重视通过组合创新模式来推进资源富集区综合开发与经济社会全面协调持续发展。

总结国内关于资源富集区产业转型路径、方法研究，主要包括以下几方面内容：

第一，延伸产业链，培育循环经济。刘云刚（2000）认为大庆以资源型产业作为单一主导产业的产业结构缺乏科学性，应当通过繁荣加工业、拓展产业链等增加产品附加值的方式来改变产业结构。高志刚（2005）以休斯敦的成功转型经验说明了延伸产业链的重要性。田苗和武友德（2006）提出循环经济发展的思路为政府推动、企业主导、法律约束、公众参与的综合机制。王建平（2006）同样提出延伸产业链和培育循环经济的重要性。发现产业结构"短链"、范围经济"短缺"、资源开发"短腿"是我国资源富集区所陷入的产业结构难题，认为只有通过发展高新技术产业、逐渐退化资源型产业的主导地位等措施来实现产业转型。肖莉和高峰（2009）认为坚持科学发展观，产业、实施技术、制度的创新，发展循环经济，可以成功实现资源型产业转型。淮蔚（2011）运用定量和定性分析的方法研究了煤炭产业在山西的竞争力和主导性，并提出山西产业转型的路径是通过延伸煤炭产业链和增加产业竞争力来充分发挥煤炭产业的经济带动作用。

第二，寻找接续产业。孙雅静（2006）总结得出寻找接续产业绿色产业来替代煤炭产业的方法是阜新市以煤炭资源主导的产业结构转型升级的成功经验。宋文娟（2008）构建了煤炭资源城市选择主导产业的模型，使用山西大同的实际数据计算了主导产业选择的指标体系，由此选择得到该城市的主导产业。

第三，发展多元产业。曲丹（2002）经过分析，认为资源富集区应重点发展第三产业。周娟美（2006）认为我国资源富集区应当将构建创新政策服务平台作为工作重点，用科技创新促进产业结构转型，不断完善科技创新人才培养政策、税收政策、金融政策和科技中介政策。任勇、史耀波（2007）以铜川市为例，提出了产业转型的复合型多元化的模式，即将产业延续、接替产业、新区城乡综合一体化结合起来。曹西墙（2010）认为，晋城市资源型地区产业转型可以采用多元化、专业化、创新化、系统化策略。当然，还有部分文献研究认为要借鉴国外经验来进行产业转型。周勇（2007）通过对德国鲁尔区和美国洛杉矶的产业转型研究以及辽宁抚顺的产业结构调整的案例分析，认为资源富集区应当综合发挥市场和政府的功能职责，从空间和时间上，分阶段性地进行产业结构的转型。余晖、欧建峰（2007）总结了国外资源富集区的三种转型模式，并对其适用条件进行了分析，使得我国资源富集区的产业结构转型有了更好的借鉴途径。吴冲（2008）通过分析德国、日本煤炭产业的转型经验，将因地制宜、政策规范、产业转型时机选择、区域比较优势重塑和职工转岗培训等作为我国进行资源型产业转型的方式。钱勇（2011）通过对比美国、英国、日本、德国、乌克兰、南非和瑙鲁的资源富集区产业转型经验，总结了四类情况下的产业转型，以期为我国资源型产业转型提供借鉴。

除了从产业转型的角度，国内还有不少文献从生态文明构建的角度来分析了资源富集区的经济转型。沈镭（2011）以贵州省黔东南为例，分析了欠发达资源富集区和山区资源开发的一些基本特征，提出了发展生态农业、生态工业循环经济、生态旅游、生态城镇和政府绿色管理等具体发展模式，并从宣传教育、科技创新、特色经济、生态产业链和低碳经济等方面提出了若干对策建议。陈祖海（2012）分析了支持西部资源富集区发展的矿产资源税费制度，认为应该对我国西部资源富集区的支持政策进行调整：合并资源税与矿产资源补偿，统一征收资源税，实行从价定率；开征环境税，西部试点先行；建立资源耗竭补贴制度，提升资源所在地生存竞争能力。谢美娥和谷树忠（2006）分析了资源税对欠发达资源富集区发展的有关影响，进而以榆林市为例，剖析了现有资源税缺陷对欠发达资源富集区发展的负面作用，并提出了促进这类区域发展的若干资源税改革建议。李玮、薛惠锋、杨栋（2010）针对环境污染日益成为中国经济发展中的制约因素，以中国西部资源富集省份陕西省为例，采用库兹涅茨曲线理论，对陕西省1996—2006年面板数据进行分析，认为陕西省作为资源富集省份，正处于工业化快速发展阶段，仍将面临巨大的环境压力，必须深入探索经济增长方式转变路径，通过穿越"新型工业化隧道"，施行生态经济发展模式。

而关于桂西资源富集区的研究较少，庞娟（2012）基于区位熵法和 RIS 模型对地处广西资源富集区的百色、河池和崇左三市的资源型产业集群进行识别和分析发现，广西资源富集区资源型产业中的有色金属、黑色金属和制糖产业集群的发展仍处于初级阶段，需要在推动产业结构调整、延长产业链、提高深加工水平、增加产品附加值、提高产品技术含量及增强市场竞争力等方面进行培育，不断推动广西资源富集区资源型产业集群进一步发展。安钧鉴（2011）从生态创新的角度初步探讨了桂西地区矿产资源可持续开发利用模式，分析了桂西资源富集区矿产资源特点、开发利用现状及产生的一系列生态环境效应，并基于生态创新理论思想，结合桂西矿产资源的开发利用实际，提出桂西资源富集区矿产资源可持续开发利用模式及发展战略。温其辉（2014）通过利用灰色关联度分析法对影响桂西资源富源区民族文化产业发展因素进行关联度的实证分析，从政府主导、人才科技支撑、资源依托、产业融合带动四个方面探讨了该地区民族文化产业的合理发展模式。

第三节　国内外研究述评

国内外对资源富集区的研究已取得了较为丰富的研究成果，这些研究成果主要集中于资源富集区的"资源诅咒"问题和资源富集区的经济转型问题。具体来看，这些研究又主要讨论资源富集区是否存在"资源诅咒"、"资源诅咒"的产生机理、资源富集区经济转型的路径方法与产业转型模式等。从国内外研究比较来看，现有研究存在如下特点：第一，虽然国内外学者均从不同角度对资源富集区进行了研究，但最后都会将落脚点放在经济转型问题上。而这也是解决资源富集区存在问题的根本所在。第二，国内外的研究重点因各国的发展趋势和生命阶段不同而不同。国外的研究范围较为广泛，包含了经济发展、人口学、社会学等问题，而我国资源富集区的研究主要集中于经济发展领域，对产业结构调整的研究占到绝对优势数量。第三，对于发展路径的研究，国外学者着重考察资源富集区和城市、中心区域和城市之间的关系，而国内学者的研究侧重点较为单一，即只考察资源富集区本身。

综合来看，虽然现有研究成果较为丰硕，但还存在以下不足之处：第一，现有文献关于"资源诅咒"的实证研究较多，而对如何解决资源富集区的经济困境、产业转型的理论分析还不够系统，系统理论研究滞后于资源富集区产业转型需要。第二，国外研究主要基于跨国数据的角度进行研究，国内研究主要基于行政区划划分从省级或城市层面进行研究，而包含跨若干城市层面的资源富集区的研究相对较少。资源富集区由于能源矿产分布基本上都横跨多个行政区域，因此国内现有研究在研究对象上往往也割裂了资源富集区的独立性和完整性。第三，虽然现有研究对资源富集区的产业转型路径与对策方面进行了不少研究，但对资源富集区产业转型的度量与评价的研究还较为欠缺。第四，虽然现有不少研究也讨论了资源富集区的生态文明模式构建问题，但较少研究将资源富集区的产业转型置于节能环保政策压力框架下。由于我国资源富集区面临的节能环保政策压力日益严重，上述讨论更显重要。第五，国内研究在分析资源富集区时，一般以山西、内蒙古、贵州等地的资源富集区为例进行讨论，对桂西资源富集区的分析讨论较少，而桂西资源富集区聚居着大量少数民族，集革命老区、边疆地区、民族地区、连片特困地区、大石山区和水库库区于一体，具有资源富集、生态脆弱、沿边开放、扶贫开发、西南出海大通道支撑点等鲜明特征，因此，以桂西资源富集区为研究对象，分析其产业转型很有必要。

第三章 理论基础

研究资源富集区的产业转型，首先要了解国内外关于资源富集区和产业转型的相关概念与理论，在此基础上深入认识资源富集区的特点、资源富集区产业转型的规律、方式和时机，才能最终得出可供参考的经验和教训。

由于我国对资源富集区问题的研究相对较晚，加上国内多数资源富集区的人口基数大、建成时间相近、计划经济时间长等原因，使得国内关于资源富集区理论及其产业转型的实践，均不能完全照搬国外的经验与规律。至今，国内对资源富集区的理论研究仍不成熟，关于解决资源富集区转型的问题也尚未形成一套行之有效的方法。

本章主要从比较优势与要素禀赋理论、产业结构理论等方面，对相关的基础理论进行分析。

一 比较优势与要素禀赋理论

1776 年英国古典经济学家亚当·斯密（Adam Smith）提出的绝对优势理论是比较优势理论的基础，他认为生产过程当中生产效率的差异造成的产品成本的绝对差异是两国贸易发生的根本原因。斯密的理论中隐含着贸易双方至少有一种产品是具有绝对的生产技术优势，由此产生的问题是如果一个国家在生产过程当中，任何产品都不具备绝对优势，贸易还会发生吗？如果发生贸易，参与国还会获得贸易利益吗？

1817 年大卫·李嘉图（David Ricardo）提出的比较优势理论有效地解决了这一问题，李嘉图指出：国际劳动生产率的不同是国际贸易产生的唯一决定因素，即使一个国家在任何产品的生产中都不具有绝对优势，但只要该国专注于生产劣势当中相对具有优势的产品，那么该国在该种产品的生产上就拥有比较优势，而且"如果各国都出售本国具有比较优势的产品，那么双方都能从两国的贸易中受益"。比较优势的理论精髓可以概括为两害相权取其轻，两利相权取其重。比较优势理论在理论上证明了落后国家也能参与国际贸易并由此获得利益，从而为在世界范围内开展国际贸易奠定了理论基础。

但是李嘉图的理论未能解释一国比较优势的来源问题，20世纪20年代和30年代，瑞典经济学家赫克歇尔和俄林提出了要素禀赋理论，该理论认为，国家之间要素（资源）是有差异的，不同商品在生产过程当中所使用的要素的密集度也存在着不同，一国要素（资源）禀赋是构成一国比较优势的基础，各国在从事贸易的过程中，应当生产并出口密集使用本国相对丰裕要素的产品，进口密集使用本国相对稀缺要素的产品，这样每个国家都能从这个分工和贸易当中获利，他们的理论也称H—O模型。

二　可持续发展理论

（一）可持续发展的内涵

可持续发展是发展与可持续的有机结合，两者相辅相成，相互影响。没有发展，就没有可持续可说，而只考虑到发展却没有考虑可持续，那么长远发展就像房子没有地基一样不牢靠。发展不仅要求短期目标与长远目标的相互协调，也追求长期利益和远期利益的相互协调，更是人口、经济、资源环境的全面兼顾。从目前理论界普遍认可的概念中，可持续发展的内涵主要有以下几个方面。

1. 共同发展

每个国家或地区都是地球这个庞大系统的一个组成部分，每个部分之间相互紧密联系并相互发生着影响，也就是说，只要一个部分发生问题，都会影响到其他部分，甚至会导致整个系统的突变。所以，可持续发展本质上强调的是整体共同发展。

2. 协调发展

可持续发展不仅需要统筹经济、社会、环境三大系统的发展，也需要世界、国家和地区三个层面的相互配合，另外还需要兼顾一个国家经济与人口、资源、环境、社会以及内部各个阶层的协作，所以，协调发展是持续发展的必要条件。

3. 公平发展

世界经济的发展呈现出一定程度的差异性，而这种差异性如果是因为不公平、不平等的原因产生或纵容其发展，就会从点扩大到面，从局部上升到整体，从而影响到整个世界的发展。

4. 高效发展

可持续发展一定是建立在对社会相对稀缺资源的高效利用基础之上的，而公平也是可持续发展的本质要求，所以，公平和效率是可持续发展的两个重要因素。因此，可持续发展是强调在公平与效率前提下的协调高效率发展。

5. 多维发展

人类社会的发展越来越趋于全球化。由于每个国家的发展不相同，而且文化、地理环境、体制、国际环境等在每个国家与地区又不一样，但可持续发展又是一个整体的概念，所以可持续发展本身包含了多样性与多维发展的理念。

（二）可持续发展的主要内容

可持续发展是可持续经济、可持续生态和可持续社会三个方面的协调统一，这需要人类在发展过程中不仅要讲究经济效率，同时也要关注生态和谐和社会公平，从而实现人的全面发展。这就表明，可持续发展虽然一开始的落脚点是环境保护问题，但是在 21 世纪，它要求的已经不仅仅是单纯的环境保护了。它统一将环境和发展问题结合起来，已经是一个全面性战略了。具体来说：

（1）在经济可持续发展方面：它是以鼓励经济增长为出发点，而不是用环境保护的名义而不顾经济增长，这是由于经济发展才是社会财富的重要基础。但是可持续发展不光重视经济发展的数量，它更追求经济增长的质量。可持续发展要求人们改变传统的低效率的生产消费模式，提倡清洁生产和文明消费，从而提高经济活动中的效益，同时节约资源和减少废物。

（2）在生态可持续发展方面：它需要经济增长和社会发展与自然承载能力相适应，即要求在发展的同时必须力求保护和改善地球生态环境，保证在这种方式下，使用自然资源和环境成本是在环境所能承受的限度之内。因此，可持续发展提出了发展是有一定限制的，没有限制的发展就不会有发展的可持续。生态可持续发展与其他发展一样，也强调环境保护，唯一不同的是可持续发展要求着手于转变发展模式，从人类发展的根本问题入手来解决问题。

（3）在社会可持续发展方面：它提出环境保护是实现社会公平的基础。可持续发展指出不同的地区其发展阶段可以不同，发展的具体目标也可以不一样，但发展的本质应该是一样的，应包括人类的生活质量得以改善、健康水平得以提高，从而创造出一个平等、自由、和谐的社会环境。所以在可持续发展系统当中，经济的可持续发展是基础，生态的可持续发展是条件，社会的可持续发展是最终目的。

（三）可持续发展的基本原则

1. 公平性原则

可持续发展强调公平包括三层意思：一是代内平等，就是说相同一代人之间要平等。可持续发展首先要满足社会大众的一些基本需求，并给全体人民希望，使他们相信他们是有机会去过较好的生活的。但是现在的社会是一部分人先富裕起来了，另外一些人甚至占全世界人口 1/5 的人口还处在贫困阶段。这样的贫富悬殊、两极分化相当严重的社会，是根本不会实现可持续发展的。所以，当今世界一定要把消除贫困作为可持续发展的优先问题来对待，以使得人类社会享有公平的分配以及公平的发展权。二是世代平等，就是不同代人之间的纵向公平。要知道人类赖以生存的资源条件是有限的，总有一天会用尽的，所以当代人不能为了自己的过度发展与需求而抢夺用来满足后代需求的资源环境。所以这就要求给代际公平公正地享用自然资源的权利。三是分配有限资源要公平。目前的状况是，只占世界总人口 26% 的发达国家却消耗了世界 80% 的能源。富裕国家在大肆利用资源的情况下，阻碍了发展中国家想利用原本属于他们的一部分资源以达到他们自己经济的增长。

2. 持续性原则

持续性原则是指人类的经济建设和社会发展必须控制在自然资源和生态环境所能承受的限度之内。地球上的资源是有限的，如果过度地滥用资源，发展也就停止了，而且还有可能导致经济的衰退。所以资源的运用一定要控制好那个度，只有在一定的限度内，发展才是实际的。资源和环境是人类得以生存与发展的基石，没有资源与环境，人类就没有生存与发展之说。保持生态系统的可持续性是人类得以发展的必要条件。而可持续发展也强调自己的生活方式要适应可持续发展的相关条件。因此，人类的经济和社会发展不能超越资源与环境的承受限度与范围，没有限制发展也就不可能持续。

3. 共同性原则

由于可持续发展的整体性要求与差异性现实的矛盾，必须促进人类之间以及人类与自然之间的和谐才能真正实现可持续发展。真诚地按共同性原则办事，是实现可持续发展的内在要求。虽然每个国家历史文化水平以及发展水平会不一样，其可持续发展实施的步骤不一样，但是，每个国家追求可持续发展的目标是共同的，其过程中所遵循的公平性和可持续性是相同的。所以，要实现全世界的可持续发展这样一个总目标，全球各国必须联合行动。从另一个角度来说，可持续发展的过程是人与人之间和人类与大自然之间相互协调的过程，如果每个人在做自己事情的时候，都能想到自己的行为会对别人及生态环境的影响，能真诚地遵循共同性原则，那么人与人之间以及人与自然之间就可以保持一种可持续发展的关系。

虽然可持续发展与产业转型是经济领域内的两个不同概念，但是二者具有天然的内在联系性，可持续发展理论为资源富集区产业转型问题提供了坚实的理论依据。资源富集区的最根本性特征在于，其发展一方面高度依赖自身的资源禀赋，但是另一方面资源的可耗竭性又导致了其无法可持续发展。如果当资源富集区资源耗竭之时，新的替代产业的创建与工业结构调整滞后，则其区域经济发展的衰败就不可避免，其可持续发展能力必然会大打折扣。因此，经济转型是资源富集区实现可持续发展的必然选择。

从工业化发展进程角度来看，在工业化早期，资源是经济发展的根本动力，动用资源的数量与规模很大程度上代表着当时经济发展的总体水平，但是现代经济已经发展到资本、技术、管理和人力资源等要素成为经济增长的根本动力阶段。因此，资源丰裕国家或地区工业化进程中，资源型经济发展到一定程度，必须通过某种政策或制度安排，重新寻找以现代经济增长要素为动力的源泉，以保持区域经济的可持续发展。

三　环境库兹涅茨理论

20世纪50年代中期，西蒙·库兹涅茨（Kuznets，1955）提出了关于经济增长与收入差异的一个假说：在经济增长的早期，收入差异会随经济增长而加大，但是当经济增长到达某一点时，这种差异开始缩小，也就是说经济增长和收入差距存在一个倒"U"形的关系。这一关系为后来大量实证研究所证实，我们通常将这个关于经济增长和收入差距之间的倒"U"形曲线称为库兹涅茨曲线。

Grossman 和 Krueger（1991）在分析 NAFTA 协议的环境效应时，首次实证考察了环境和收入之间也存在着倒"U"形的关系，这与库兹涅茨所提出的经济增长与收入差距关系的倒"U"形曲线特征相似，Panayotou（1993）将这种经济增长与环境污染水平的倒"U"形曲线称为环境库兹涅茨曲线。

环境经济学家在大量实证研究的基础上，提出了主要包括五个方面的环境库兹涅茨理论假说：（1）在经济起飞阶段，环境污染伴随着经济的增长不断加剧。（2）经济的快速增长使环境质量进一步恶化，环境资源对经济增长的制约性随之凸显，对环境保护的投资会因之而增大，当经济发展到一定阶段时，经济增长为环境质量的改善创造条件。（3）环境污染水平与经济增长的关系呈倒"U"形曲线特征揭示的是两者之间存在的一个相对长期的变化规律。（4）政府的环境经济政策等制度安排对改变环境库兹涅茨曲线的走势和形状有重要影响。（5）环境库兹涅茨理论假说，揭示了经济增长与环境之间的一种联系或一种转化规律，但并不意味着一个国家的环境质量到一定经济增长阶段必然会改善，因为像森林、渔业、土壤等许多重要的资源存在着环境的阈值，如果在经济增长的起飞阶段造成严重环境退化并超过了阈值，环境枯竭或退化就成为不可逆，因此，采取相应的政策措施防止倒"U"形曲线超出生态阈值十分关键。

环境库兹涅茨曲线所揭示的重要政策含义是：（1）一国家在发展过程中尤其是在工业化的起飞阶段，环境质量在一定程度上的恶化难以避免。（2）当经济持续增长，并在人均收入达到一定水平以后，环境质量开始得到一定程度的改善。当然，我们需要特别警醒一些学者关于环境库兹涅茨曲线的误解，他们认为可以通过实现经济增长以超越对环境不利的发展阶段，抵达环境库兹涅茨曲线中对环境有利的发展阶段以解决环境问题。这种观点的错误之处在于：（1）使环境恶化的上升区域可能需要很长的时间才能越过，一旦多数环境资源的阈值被超越，任何后来的努力都难以弥补之前对现实环境的破坏。（2）从经济上讲，在经济发展的早期阶段致力于控制污染排放和资源枯竭显然比后期的防治和治理更节省费用。（3）在发展的较早阶段放任环境污染，环境质量所允许的某些环境退化有可能支撑不到后期经济发展的阶段而使得环境改善无从谈起。

四　产业结构理论

作为经济结构的中心内容，产业结构是经济增长质量与速度的重要决定因素。赛尔奎因的研究表明，产业结构转变是经济发展过程最重要的特征和经济增长速度和模式最重要的因素。如果结构转变的频率太慢或方向无效率，它将阻碍增长；但如果产业结构转变促进各个产业部门之间要素回报的均衡发展或提升了规模经济的水平，即能够改善经济增长中的资源配置状况，那么它也能从这个角度促进经济的增长。

一般来说，产业结构调整优化在经济发展过程中有其自身的基本规律。产业结构理论所揭示的产业结构变化与经济增长的关系、产业间的关联效应及产业选择、产业间数量比例变化的演变规律、产业变化的影响因素、结构变化效应、结构优化等问题，可以为一个国家或地区制定合理的产业政策以促进结构调整进而促进经济增长提供依据。

（一）配第定律

17 世纪，英国经济学家威廉·配第（William Petty，1623—1687）在其名著《政治算术》中通过描述当时英格兰一个海员一周的收入是农民收入的 3 倍的状况，并得出了结论，即一国产业当中，制造业比农业的收入高，商业比制造业收入高。另外，配第也从国别的角度观察到了当时荷兰的人均收入要大大高于欧洲其他国家的原因恰恰是因为其大部分人口从事制造业和商业的事实。

配第进而总结出了在经济发展不同阶段中，由于三次产业间收入的相对差异，促进了劳动力向高收入的部门转移，进而产生三次产业间的不同比例关系，即产业结构的一般演进规律，这被后人称为配第定律。

（二）配第—克拉克定理

1940 年，英国经济学家克拉克（John Bates Clark）在其《经济进步的条件》一书中，以配第的研究为基础，对 40 多个国家和地区不同时期三次产业的劳动投入产出的数据进行了归纳和研究。其研究有三个重要前提：一是将全部产业的经济活动归属为第一、第二和第三产业当中；二是以劳动力在各产业的分布变动来分析产业结构的演进；三是以人均收入的不断提高作为劳动力分布指标变动的依据。最终克拉克的结论是，随着经济发展和人均国民收入水平的提高，劳动力呈现由第一产业向第二产业转移，进而再向第三产业转移的演进趋势。

由于这种规律是对配第所揭示的产业间收入相对差异性规律的印

证，所以人们把配第定律及其"印证"的结论合称为配第—克拉克定理，该定理是研究经济发展中的产业结构演变规律的重要原理。

配第—克拉克定理不仅可以从一个国家经济发展的纵向时间角度分析中得到印证，而且可以从处于同一时点当中横向不同发展水平国家的角度得到类似的结论，即人均国民收入水平越高的国家，农业劳动力在全部劳动力中的比重相对越小，而第二、第三产业的劳动力所占比重相对越大。

（三）库兹涅茨产业结构演变理论

美国经济学家西蒙·库兹涅茨（Simon Kuznets）根据克拉克研究的基本结论，在收集和整理 20 多个国家庞大数据的基础上，从生产效率角度对产业结构演进问题做进一步的动因分析与探讨。库兹涅茨通过分析认为：大多数国家的第一产业的比较劳动生产率都低于 1，第二产业的比较劳动生产率则呈上升趋势，第三产业的比较劳动生产率虽然呈下降趋势，但因为它在国民收入中的比重保持不变，所以吸收的劳动力比重却不断上升。基于上述分析，库兹涅茨认为，经济发展中各产业部门"比较劳动生产率"的差异必然造成各产业部门相对收入的差异，而相对收入的差异导致产业结构的演变，所以，库兹涅茨把产业结构演变问题的研究推演到了发生产业结构演变的主要原因的深度。

（四）霍夫曼的工业化阶段论

1931 年，德国经济学家霍夫曼（W. G. Hoffman）在他的代表作《工业化的阶段与类型》一书中，根据工业化早期和中期制造业发展中的经验数据推算出，资本资料工业在制造业中所占比重不断上升并超过消费资料工业所占比重，这就是著名的"霍夫曼定理"。霍夫曼定理开创了对工业化阶段产业内结构变迁理论研究的先河，该理论揭示了一个国家或区域的工业化进程中工业结构存在着由以轻工业为主转向以重工业为主的演变规律与阶段。英国在其工业发展过程中，首先是纺织工业的大发展，进而重工业在工业中的比重不断上升的事实与霍夫曼工业化阶段论相吻合。目前，发达工业国家用工业所实现的国民收入中重工业所占的比例来衡量的重工业化率大都在 60%—65%。经济发展的事实与霍夫曼关于工业化过程中工业结构演变规律以及工业化阶段理论基本一致，使得霍夫曼理论在产业结构理论研究当中具有广泛的影响。

（五）马克思的产业结构理论

马克思在《资本论》中，阐述了生产价格规律在调节和平衡社会各生产部门的比例关系（生产结构）中发挥作用的过程即价值规律发展形态问题。他认为，价值规律以生产价格规律的形式发生作用，生产价格规律通过部门之间的竞争使得市场价格围绕生产价格波动，自发地调节生产要素在不同部门之间的流入和流出，促进各个部门向平均利润率方向运动。马克思在分析生产资料和生活消费品两大部类之间关系时，提出了生产资料生产优先增长的规律。我国习惯上把提供生产资料的工业称为重工业，把提供生活消费品的工业称为轻工业，因此，生产资料生产优先增长规律，又称为优先发展重工业的规律。

马克思同时指出了生产价格规律的自发作用将导致社会生产的无政府状态和经济危机，从而造成资源的严重浪费和结构失衡。因此，他主张，进入社会主义社会以后，以产品经济、计划经济取代商品经济、市场经济，通过计划调节生产要素在不同部门之间的流入和流出进而取代生产价格规律，恩格斯也赞同马克思的这一结构调整的计划机制思想。

（六）可持续发展的产业协调理论

自威廉·配第和克拉克对产业结构进行了开创性研究以来，三次产业结构变动规律及其与经济增长的关系问题一直是经济学家们关注的重点。美国经济学家西蒙·库兹涅茨和钱纳里等人运用大量统计资料对各国三次产业结构演进研究中发现，世界各国三次产业结构演进的基本趋势是：第一产业的产值份额和劳动力份额呈现出不断减少的趋势；第二产业的产值份额和劳动力份额先是很快上升，然后上升缓慢或趋于稳定；第三产业无论是产值份额还是劳动力份额都一直上升。这样的变化表明，在经济发展过程中，优胜劣汰、升级换代是产业结构客观动态的变化规律，正是依靠这种不断更新变动，产业才能实现健康可持续的发展。

现阶段，大多数发展中国家正处于工业化阶段，产业间的比例协调不仅仅是表面数量关系的协调，更重要的是内在社会、人口、资源与自然环境和谐统一协调。可持续发展的产业协调理论，不仅涉及在产业结构演进过程中产业之间比例关系的可持续，更加关注产业结构演进的方向与生态、环境、资源之间的可持续。

产业结构变动规律为我们分析资源富集区产业演进及经济发展问题

提供了理论支撑和依据，资源富集区要取得经济的快速发展，必须以实现工业化为前提，而已经实现了工业化的资源富集区则应以发展高技术产业和服务业为方向，使其成为国民经济发展的主导部门。

五　产业生命周期理论

产业生命周期理论认为，与产品生命周期一样，每一个产业在其发展过程当中都会呈现出产生、发展、衰退和消亡的过程，即包括资源型产业在内的产业都具有自己的生命周期，大致需要经历初创、成长、成熟和衰退四个阶段（如图 3-1 所示）。

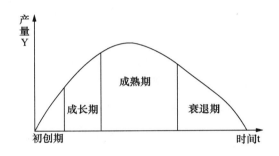

图 3-1　产业生命周期示意图

从产业生命周期角度看，主导产业、支柱产业和衰退产业对一国或区域经济发展的作用是有区别的。主导产业是正处于成长期阶段的产业，其发展速度快，增长率高，对整个产业结构的变动和运行起关键作用和导向作用。支柱产业是正处于成熟阶段的产业，其市场份额最大，有较长期稳定的产出与收入，并能够在较长时间内维系整个地区经济增长和发展。衰退产业是处于产业生命衰退期的产业，该产业的产品和服务的市场需求下降，产业内部企业数量萎缩，产业产值增长速度下滑，甚至呈负增长，在整个产业结构中的作用和地位下降。一般衰退产业的问题，可以通过两个途径解决，其一，利用高新技术对该产业进行改造，提升技术含量，创造新需求；其二，进行产业转移，将其转移到欠发达的国家和地区，开辟新市场。

通过以上分析可知，资源型产业的发展过程完全符合产生生命周期理论。起初，其产业随着资源的探明和开发而迅速地发展起来，这个发展过程包含了各种相关要素资源被吸引到该产业中来，因而其在整个社会产业结构中起导向的作用。随着资源的进一步开发和生产，资源产业对当地经济增长的贡献越来越大，日益起到决定性作用，并最终成为当地的支柱型产业。但是随着资源储量的减少，资源型产业逐渐衰落，加之生态环境问题的凸显，资源型产业对经济增长的阻碍作用也越来越明显，转型和科技创新成为共识。我们可以根据这一理论来了解资源型产业发展变动规律，并针对产业生命周期不同阶段的特征，进行产业规划和产业结构调整、制定产业政策，最终实现资源富集区产业和当地经济的可持续发展。

六　经济增长理论

经济增长理论的演进过程就是经济学家们不断寻求经济增长源泉的过程，只是不同的增长理论关注的增长因素有所不同。经济增长理论研究发轫于古典经济学家们的研究，亚当·斯密指出一国提高"劳动生产率"和"专业化分工"水平能够增加产量进而实现经济增长。大卫·李嘉图则指出了经济增长中资源有限性的约束作用。让·巴蒂斯特·萨伊提出的"三位一体"理论认为，任何财富和价值都是"劳动、资本和自然力这三者的作用"所创造。新古典经济学家马歇尔研究了劳动、资本、土地和组织四个生产要素的供给及其变动在经济增长中的作用边界。英国经济学家 R. 哈罗德和美国经济学家 E. 多马分别提出著名的经济增长模型，该模型在凯恩斯短期收入决定理论中加入了经济增长的长期因素，通过研究产出增长率、储蓄率与资本产出比三个变量之间的相互关系，得出了资本积累是经济持续增长的决定性因素，这意味着提高储蓄率成为经济发展的关键因素。

20 世纪 50 年代中后期，新古典经济增长经济家索洛（Solow）构建了一个增长模型，该模型假设由劳动、资本和技术进步三者组成对经济总体的增长贡献，并且假设储蓄率固定、人口增长速度固定、技术进步外生、生产的规模收益不变、资本和劳动可相互替代等。通过模型可以推导出在没有外力推动时，经济自身无法实现持续的增长，只有当经济中存在技术进步或人口增长等外生因素时，经济才能实现持续增长。另外，新古典增长理论认为，资本主义模式的资本积累过程从长期来讲将收敛于经济增长稳定状态，即全球尤其是富国之间的增长率和人均收入水平将逐渐缓慢趋同。索洛模型的缺陷在于，一方面，它将技术进步看作经济增长的决定因素；而另一方面，又假定技术进步是外生变量而将它排除在考虑之外，这就使该理论排除了影响经济增长的最重要因素。同时，现实当中所有国家经济增长趋同看来也并不明显。

20 世纪 80 年代，伴随着知识经济的到来，以阿罗的"边干边学"模型、罗默（1986）的知识积累模型、罗默（1990）的技术进步内生经济模型和卢卡斯的人力资本内生增长模型等为代表的内生增长理论逐渐建立起来。

阿罗的"边干边学"模型认为，在生产活动中，知识积累具有规模报酬递增的作用，是经济增长的源泉。该模型有效地解释了经济增长的原因在于投资过程中的知识积累和技术进步，最早将技术进步内生化。但是，该模型表明，经济的均衡增长仍然取决于人口的增长率，这显然不能解释经济的持续增长。

在阿罗"边干边学"模型的基础上，1986 年罗默在《收益递增经济增长模型》中提出了以知识和技术研发为内生的经济增长模型，该模型假设：（1）厂商使用全部的 N 种产品；（2）生产 j 产品对 N 种产品的使用量相同；（3）中间产品的边际生产率递减；（4）厂商收益率递减，但知识的社会收益率递增；（5）经济是完全经济的。该模型指出知识具有正的外部性，知识溢出导致社会收益率递增，经济才能够持续增长，内生的技术进步是经济增长的主要原因。该模型即使是在垄断条件下，仍然存在一般均衡。

1990 年，罗默在对知识积累模型进行扩展的基础上得出了技术进步内生经济模型，该模型对知识的生产和利用进行了进一步细化，将厂商分为研发部门、中间生产部门、最终品生产部门，主要投入要素有物质资本、非技术劳动力、人力资本以及技术。该模型较为系统地分析了知识与技术对经济增长的作用，突出了研究与开发对经济增长的贡献性，这与多数国家发展的事实相符。但其存在的主要缺陷是假定人力资本总量不变和没有研究初始的人力资本状况。

卢卡斯（1988）给出的人力资本内生增长模型进一步区分了"一般人力资本"和"专业化人力资本"，一般人力资本与教育有关，而专业化人力资本与"边干边学"相联系。模型假设生产部门和人力资本生产部门构成了最终的经济体，一般人力资本与教育时间呈线性函数，人力资本具有溢出效应。卢卡斯的人力资本内生模型突出人力资本的积累作用，专业化人力资本是经济增长的主要动力，人力资本的差异也是造成国家经济增长出现差异的根本性原因。卢卡斯的人力资本内生增长模型具有较强的现实解释力。

各个内生增长理论从技术、知识、人力资本等角度，以内生要素在生产中的外溢效应和积累性出发，推导出经济收益递增进而促进经济的长期增长的逻辑框架，得出比新古典生产函数更为有效的生产函数。但忽视制度因素和管理因素对全要素生产率的作用却是内生经济增长理论的缺陷。

经济增长理论为资源富集区经济发展提供了转型方向和转型路径。长期以来，拥有并利用丰富的自然资源被经济学家认为是经济发展的优势。传统的平衡增长理论与不平衡增长理论均认为，自然资源的禀赋是一个国家或地区的经济增长基础，建立在资源的消耗基础上的经济增长模式也成为各国的主要选择。内生经济增长理论则强调了科技进步、人力资本、研发等多种要素对经济增长的决定作用，为区域经济增长提供了不同的思路和路径模式。

资源富集区的转型要想促进经济的长期可持续发展，摆脱对自然资源、物质资本要素的过分依赖，重视技术、人力资本、知识、教育等要素的投入，资源投入推动增长转向创新要素驱动增长成为必然。打破资源富集区由于过分注重自然资源要素投入而出现"资源诅咒"现象，就需要弥补技术开发与创新、人力资本、新知识积累不足的短板，不断促进各种内生性要素的发展，实现地区经济的内生化发展，最终实现经济的可持续发展。

七　制度经济学理论

19 世纪末的德国历史学派是制度经济学的起源，索尔斯坦·凡勃伦首次将"制度"作为经济分析的对象。制度是由思想和习惯形成的，而人的本能又是思想和习惯的来源，所以制度受本能的支配。本能同时又推动着技术的进步，技术进步改变了环境，从而使人的新旧两种思维习惯相冲突，因此对现存制度进行变革是经济发展中的主题。新技术的不断变革，推动制度的不断变迁，制度始终是技术进步的阻力，制度变迁是否优劣的衡量标准是变革后的制度是否提高了集体的"生活便利程度"，当然，制度变革表现出进化的特征，没有终点，社会进步就是在对技术的不断进步当中，在不断克服制度阻力的过程当中不断前行。

约翰·莫里斯·克拉克认为传统经济学的核心是完全竞争的假设，

这个假设在实际的经济生活中是根本不可能存在的，因为现实市场经济的特征是动态的和经常变化的，因此，他认为应该用"有效竞争"来描述现实的动态市场。同时，他运用"社会"效用和"商业"效用概念来分析美国经济，他认为美国经济的市场机制虽然已经较为完善，但大企业却控制了经济，企业所关注的是"商业"效用而非"社会"效用，导致企业的成本核算并未把如失业、社会闲置的生产设备、资源环境破坏等社会成本计算在内。他认为，只有通过国家的间接干预，尽量使二者结合起来，才能使美国的经济制度生产出既有社会价值又有市场价值的商品。克拉克对"社会"效用和"商业"效用的区分和分析已经涉及了新制度经济学所强调的外部性问题，这也为后人对社会成本的研究提供了新思路。

20世纪50年代之后，以加尔布雷斯和缪尔达尔为代表的新制度主义者们则更多的是从制度方面或结构方面来对资本主义社会制度进行深入研究。与旧制度学派有所不同，他们所说的制度，不仅包括公司、工会、国家、企业主协会等在内的各类组织，还包括社会集团的行为准则、社会意识等。加尔布雷斯自称他的研究是"结构改革"，而不是"量的增减"，他认为对"结构"的研究比对"增长率"的研究更有意义，达成制度方面的目标比"增长率"的目标更为重要，应当采取制度分析和结构分析的方法，把研究的重心转移到"质"的方面来。

与加尔布雷斯同时代的科斯、德姆塞茨、诺斯和威廉姆森等人构建的产权理论、交易成本理论、委托—代理理论和制度变迁理论又进一步补充了新制度经济学的主要内容。他们认为制度不是我们传统意义上所理解的政治或经济的制度，而是规则。这种规则既包括人们有意识创造出来并通过国家等组织正式确立的成文规则，包括宪法、成文法、正式合约等；又包括人们在长期的社会交往中逐步形成并得到社会认可的一系列约束性规则，包括价值信念、伦理道德、文化传统、风俗习惯、意识形态等。前者是正式制度，后者是非正式制度。正式制度具有强制性、间断性特点，它的变迁可以在"一夜之间"完成，而非正式制度具有自发性、非强制性、广泛性和持续性的特点，其变迁是缓慢渐进的，具有"顽固性"。现实生活中，人们生活的大部分空间是由非正式制度来约束的，而正式制度只占整个社会约束的小部分。

新制度经济学非常重视制度创新，一般来说，制度创新是指制度的变迁以适应外部环境的变化、组织内部的变革等新经济形式。适应组织内部规则的变革制度创新能够为创新主体带来产权制度、组织制度、管理制度和约束制度的创新四个方面的利益。从演化的角度看，制度创新在不断适应新环境的过程中不断演化，不能适应的制度被淘汰，能适应的制度被继承下来，新的制度也不断地被制定。制度创新的研究主要沿着制度创新动因和制度创新形式两个方向发展。

关于制度创新动因问题，科斯和诺斯谈到了四个方面：（1）获得规模经济。企业组织形式的变革是当企业发展到一定程度时，突破资金、技术、人力等各方面的约束而获得扩大企业规模进而获得规模经济的有效途径之一，在企业组织形式变革方面，有限股份制、有限责任制企业较个体或合伙制企业更容易获得资金。（2）将外部性内生化。制度创新可以降低"某些成本或收益不是由作出产出决策的单位来获取的"外部性，将其内生化从而获得外部利润。当然，制度创新过程中也会产生一定成本，这就需要企业对成本和收益的权衡，也需要政府的积极作用。（3）降低外部风险。制度创新能够降低企业的风险，降低管理层对风险的预期，增加企业经济活动向高风险、高回报领域跨越的可能性，企业利润能够增加。另外，政府通过鼓励发展如期货交易市场、保险公司、风险投资等一些中介机构，也能够降低企业的外部风险。（4）对市场失灵的有效预防。由于市场的不完全性，企业获得的市场信息也是不完全的，也会有一定的成本。而制度创新恰恰能够降低企业获得信息的成本，有利于其实现规模经济，获得高额利润。

诺斯的制度变迁理论是一种关于制度的替代、转换和交易过程的理论，他认为制度变迁是一个由效益更高的新制度替代效益低的旧制度的过程，人口、知识、技术的变化在这个过程中具有重要作用。但是对于制度变迁的动力，以凡勃伦为代表的传统制度经济学强调的是人的本能心理的作用，而以诺斯为代表的新制度经济学则强调人的理智心理的作用，诺斯认为制度需求与制度供给的约束条件是制度的边际转换成本等于制度转换的边际收益，即制度变迁的动力归结为理性人对制度变迁所带来的成本—收益的比较核算。

资源富集区的转型绝不是简单的经济转型，它是一项复杂而庞大的社会转型过程，是一种全面转型，仅仅靠主导产业的更迭是不可能成功实现转型发展的，在转型的过程中必然要求制度的变革。制度变迁是资源富集区经济转型的基础，资源富集区转型只有在制度变迁的基础上才能彻底实现。制度变迁不仅包括政府层面的强制性制度变迁，而且包括企业层面的诱致性制度变迁。制度变迁不仅是企业为了获得规模收益而将外部性内生化，也是整个资源富集区为了经济的转型而做出的改变。

资源富集区实现经济转型的问题可以被看成资源富集区从传统发展的制度模式向可持续发展的制度模式的变迁，即从破坏生态环境、单纯依靠开发和出售自然资源来发展经济的制度模式，向资源、环境与经济协调发展的制度模式转变。通过设计竞争性的制度模式，逐步引导资源富集区的各种制度主体改变原有单纯依靠资源发展经济的行为，向资源、环境与经济协调发展的可持续发展制度模式演进。

制度经济学理论还对经济转型中的政府作用有所论述。按照其理论思想，政府在资源富集区的转型过程中，既可以在培育和支持要素市场和产品市场等内在制度变革上作出巨大贡献，也可以在限制制度转型过程中过高的信息成本和交易成本方面发挥较大的作用。因为目标清晰、连贯和有限的集体行动可以提供一些使新规则得以定型的固定基点，创设基本制度的"蛛网"，政府具有规模经济的优势。

另外，制度经济学中的路径依赖也为资源富集区产业发展特征提供了解释。路径依赖的本意是指物种在进化过程中所面临的自然选择具有不可逆转性的演化路径，其演化路径在特定时点可能是最佳的，但不一定是最优选择。诺斯认为制度经济学中的路径依赖犹如物理学中的惯性，不论发展方向是否是最优选择，一旦进入某一发展路径就会产生依赖，并沿着该路径持续下去。

在某一地区的产业形成和发展过程中，由于某些原因，选择的是一种不理想的技术和组织方案，反而那些具有优势和发展潜力的技术和组织方案没有被选中，随着时间的推移和经济的发展，这种较差方案产生的规模效应、协同效应等优势，使该地区产业演进对较差方案产生路径依赖，产业发展依赖已有的技术、资源等条件只进行量的增长，而不能实现质的突破，更缺乏创新精神，从而进入产业发展锁定状态。但这并不意味着产业发展中会存在一个连续的、单一的、无变化的模式，一旦影响产业发展的关键因素发生变化，产业发展就会有打破原来发展模式的可能，进而产生产业结构变化和形成新的发展模式，只是在此变化之前的模式有显著的稳定特征。

在资源富集区资源型产业建立和发展初期，丰富的资源、较低的生产力发展状况和政府的优先发展战略，导致粗放的产业发展模式成为最有可能的选择，并且会使地区产业形成路径依赖，进而阻碍资源企业的技术创新、制度更新等，最终导致资源型产业总体的发展陷入滑坡、衰退甚至负增长的境地。同时，由于资源型产业转型面临着诸如产业的退出成本、新产业的进入成本、劳动力的转移成本等巨大的转型成本，路径依赖又会进一步强化资源型地区粗放经营模式。

把资源富集区产业转型视为资源富集区从传统发展的制度模式向可持续发展的制度模式的变迁，有利于我们树立全局观念，避免从局部的角度仅仅立足于资源的开发和利用角度来认识资源富集区的发展，深层次地看待目前资源富集区所面临的各种问题，从而把问题认识上升到理论高度，在科学发展观的指导下探索出适合资源富集区可持续发展的制度模式。

第四章 资源富集区产业转型的理论分析

第一节 资源型产业的经济学属性

资源是资源富集区经济发展早期的基本动力，经济发展的总体水平主要由投入资源的数量、资源产业的规模等因素决定。然而，随着经济发展水平的提高，资本、技术、管理和人力资源等因素逐渐成为经济发展的动力。经济发展的这种递进特征，决定了资源型产业的经济学属性。

第一，资源型产业的附加价值较低。产品的附加价值由蕴含其间的社会劳动投入量所决定的，资源型产业主要是以动用资源为主要特征的传统产业，排除个别资源性产品因过分稀缺、市场垄断或因性能卓越的例外情况，其产品的技术、管理的投入量相对较少，创新的成分和贡献较小，属性、形态、层次变动不大，故其附加价值比率必然较低。

第二，资源型产业的波动性较大。资源产品作为中间需求的投资品，受制于下游产业的发展状况，受制于最终消费的层次和数量，所以资源型产业是典型的上游产业，无论是产品的价格，还是产品的需求，都与宏观经济形势密切相关，所以资源性产品的价格，常常是经济景气状况的"晴雨表"。任何一次经济波动，市场供需格局的变动，资源型产业都会受到波及，常常导致资源型产业的剧烈波动而深受其害。

第三，资源型产业具有边际收益递减的特点。追求规模经济是所有产业达到降低成本的有效途径，但是资源型产业在通往规模经济的路途当中，需要追加大量的资本、设备以及人力，包括技术和管理等，但是与其他加工型、服务型、知识型产业相比，资源型产业的总产出和净效益却不是同比例递增的，边际报酬明显地呈现出递减的趋向。

第四，部分资源型产业不是持续性产业。与旅游产业、生态产业、文化产业、高技术产业等相比，资源型产业更加依赖自然属性，特别是部分矿产资源型产业的可耗竭性决定了其不可能是"常青树"产业。资源型产业受制于产业生命周期规律的约束，必然会随着资源的减少或枯竭，而趋于衰败。

第五，资源型产业的资本有机构成低。资源型产业的前期勘察费用多，采掘成本高，设备投资比例大，其发展主要依赖对自然资源的动用。特别是采掘工业，无法持续地发挥投资效益，大量的投入是一次性的。在生产过程中，技术、管理、人力资本投入比例相对较少，而资源耗费量巨大，劳动生产率和资金利用率偏低。

第六，资源性产品的需求弹性低。随着经济增长，资源性产品的需求量相对地减少，主要原因：一是替代品开发和生产。在需求拉动作用下，更多替代型产品进入市场，资源性产品的市场份额日渐减少。二是技术进步的作用。技术改进能够有效地提高资源的利用效率，传统的资源品消费量逐步减少。三是收入和消费升级的影响。经济进步和收入增长，必然导致消费层次的升级，对资源性产品的需求将会相应降低。

第七，资源型产业开发的机会成本巨大。一般而言，资源型产业大多是资本密集型产业，将自身十分有限的资本及其他经济要素集中投向资源型产业领域，将使得资源型区域无暇顾及其他产业的培育和发展，实现资本与技术的递进性积累将会越来越困难，这就意味着该地区将会失去其他市场机会和发展机会，进而影响到区域经济的结构升级和持续发展，机会成本巨大。

第八，资源型产业市场风险较大。多数资源型产业的发展是建立在充裕且廉价的资源供给基础之上，产业竞争力维系于依托资源优势而带来的资源成本优势，正是因为资源充裕，所以其向资源产品的深层次加工和开发的动力明显不足，这就造成一旦能源原材料发生价格大幅度上升或供给出现短缺，其成本优势便大幅降低，产业竞争力则会相应地迅速降低。因此，资源型产业受资源产品价格变动的影响较大，其市场风险较一般产业高。

第二节 资源富集区产业发展的一般特征

虽然资源禀赋和资源属性不同使得资源富集区类型各不相同，但是资源富集区仍然具有许多共同特征。最根本特征是其经济发展对资源开发较高的依赖性，其产品价格受外部经济变动影响较大而易产生波动性，导致资源富集区的经济发展受外部经济的干扰性很大，自主发展能力较差。

一 经济发展对资源型产业存在较强依赖性

一般来说，资源型产业在资源富集区经济发展过程当中发挥着极为重要的作用，经济发展对其存在较强的依赖性。

第一，资源富集区的资源型主导行业、主要资源型企业的投资和产出存在严重的路径依赖。资源禀赋所形成的比较优势，加上资源红利的诱导，使得大量的政府投资、民间投资和外国投资等稀缺生产要素持续流向资源部门进行资源开采活动，资源富集区在短期内实现了经济的快速发展。如尼日利亚随着石油资源的大规模开发，石油部门占 GDP 的比重一度高达30%以上，石油部门的高收入吸引了其他产业部门的劳动力和资金，改变了原本以农业为主导的经济结构，致使农业部门投资占总投资的比重显著下降到约15%的水平。20 世纪 70 年代以来，挪威近海石油工业逐渐成为国民经济的重要支柱，其 2004 年的原油产量为1.51 亿吨，天然气产量为803 亿立方米，总产值为3282 亿克朗，占国内生产总值的 19.5%，油气出口额为 3114 亿克朗，占总出口额的42%。1980—1995 年，博茨瓦纳矿业占 GDP 的比重一直在 22% 以上，1989 年高达 51%；占财政收入的比重一直在 25% 以上，1989 年达59%。阿尔及利亚、刚果、墨西哥、沙特阿拉伯、塞拉利昂等国家均把石油等资源领域作为最主要的投资方向。

第二，资源性产品成为区际、国际贸易的主体，资源贸易主导贸易格局的变化。对资源的依赖不仅反映在资源富集区的工业生产部门，而且也反映在贸易部门，表现在进出口商品结构、贸易额、贸易占比和外贸优势上。如 1960 年石油出口仅占尼日利亚总出口的 2.6%，1975 年骤然上升到92.7%，1980 年升至96%，1983 年高达 96.4%，1986 年仍高达 92.5%，到目前也达到 90% 以上。1960—1997 年，挪威的石油和天然气占全部商品出口的比重大约为 60%，80 年代以来更进一步提升到 80% 以上。1980 年以来博茨瓦纳矿业收入占出口收入的比重一直占 80% 左右，1987—1991 年更是接近 90%。国内山西省的资源性产品成为区际贸易的主导产品，多年来原煤的外调量在全省能源外调量中的占比一直保持在 70% 以上。同时，以煤焦等矿产品和不锈钢、金属镁、玛钢等金属及其制品为代表的资源性产品在山西的国际贸易中占据着主体地位，仅焦炭、煤炭出口额就占到出口总额的 60% 以上。2010 年，在山西省海关出口总额的 47.09 亿美元当中，贱金属及其制品、矿产品和石料类非金属矿物产品的出口额分别为 17.24 亿美元、12.29 亿美元和 1.81 亿美元，在山西出口量的排名分别为第二、第三、第一位。

二　资源富集区的产业结构普遍呈现单一化、重型化

能源、原材料的开采和加工制造一般构成了资源富集区的产业结构，其特征是结构单一，而且是以能源重化工业为主的产业发展速度远高于其他产业。如石油部门在尼日利亚国内生产总值中的比重一度高达 30% 以上。国内如辽宁、河北、内蒙古、山西等资源富集区在经济发展过程中，也体现了资源型、重型化、从业人口集中的特点，如 2010 年辽宁省第二产业占地区生产总值比重在 50% 以上，采掘业占工业增加值的比重约为 15%，占工业利润总额的 45%。

三　资源富集区内部的产业结构趋同化

资源富集区在发展后续产业的选择上，产业结构有逐渐趋同的趋势。一般来说，电力工业是煤炭资源丰富地区的首选，炼油工业一般是石油丰富地区的选择，冶金工业一般是矿产资源丰富地区的选择。如黑龙江境内相距不到百里地的双鸭山、七台河和鹤岗三市，都是煤炭资源型城市，电力工业和煤化工工业都是这些城市后续发展的支柱性产业，产业结构雷同现象非常明显。由于产业结构趋同，且都是以资源采掘业和基础加工业等层次较低的产业为主支柱产业，所以资源富集区之间主要是以产业间贸易为主，产业内贸易较少或基本不会发生，而产业内贸易却在一定程度上代表产业精细化分工的发展方向。

四　资源富集区产业关联度较低

由于资源型产业的产业链条较短，产业之间联系较为松散，产业关联度较低。如在资源富集区的发展中，加工制造业大多表现为"嵌入式"的发展模式，其与本地的其他行业在纵向和横向上的联系都很少，这种产业之间的低关联度使得经济发展中的集聚扩散效应难以发挥，主导产业带动相关产业发展的能力也相对较弱，造成了资源富集区产业在发展过程中很容易出现畸形的状况。

五　资源富集区产业的进入和退出壁垒高

由于其勘探和开采的门槛高，资源型产业一般都需要大量资金投入，民营企业难以与国有企业相抗衡，较强的垄断性是资源型行业的一般特征。而其产业退出成本非常高，这主要表现在：一是行业固定资产的专用性很强，如用于煤炭采掘的设备只能用于煤炭开采中而很难转移到其他产业再使用；二是固定成本退出壁垒高，资源型产业在初始形成时投入了大量的固定资本，一旦选择退出资源型产业，这些具有专用性的固定资产往往退出艰难，即使最终能够退出，也会造成专用配套基础设施的损坏或与转移行业的不匹配进而造成其使用价值的贬值。另外，资源型产业一般受到当地政府的保护和扶持，在没有政府强力支持的前提下，通过外部的兼并重组、转产退出将会非常困难。

六　产业发展呈波动性特征

相对于综合型经济来说，资源富集区经济具有更大的波动性。资源性产业是上游产业，宏观经济形势变动能够密切影响产品的价格和需求。作为中间需求的投资品，资源性产品始终受制于最终消费的层次和数量。资源性产品价格的波动，直接或间接影响到国民经济收入和分配，进而影响经济的不平稳发展，而与资源型产业相关的配套产业、生产性服务产业以及满足特定资源性消费的服务产业等，也会同向波动，进一步对地区经济产生巨大影响。因此，资源性产品的价格常常是经济景气状况的"晴雨表"。金融危机爆发前后的俄罗斯就是一个十分典型的例子，随着国际原油价格从最高价 147 美元/桶的峰值到跌破 40 美元/桶，俄罗斯国内通胀率直线上升，2009 年达到 19%，失业人数也不断攀升，10 年来首度出现经济负增长。从 20 世纪 90 年代到 2008 年，我国的山西省是两次国际性金融危机中最先受到冲击、受到冲击最大的省份，受 2008 年金融危机影响，山西省 2009 年第一季度 GDP 增长为 -8%，是当年全国增长最慢的省份。

第三节　资源富集区产业结构形成的内在机理

对资源型产业的过度依赖是资源富集区产业结构的一个重要特点，那么资源富集区的产业结构又是如何形成的？本节尝试探讨资源富集区产业结构形成的内在机制。

假定工业内部只有资源部门与制造业部门，在工业化初期资源富集区一般首先在资源部门投入与发展。即使两个部门的投入需要相同的劳动力与资本要素，但是在经济发展初期，制造业部门的投入产出率相对较低，而资源部门的投入产出率相对较高，因而资源部门会成为投资者的首选，只有少量的要素会投入具有溢出效应且技术进步较快的制造业部门。但是，从中长期来看，资源部门迟早会面临资源枯竭，或者受到资源价格冲击的影响，导致资源部门的投入产出率下降，从资源繁荣走向经济衰退，而制造业部门则随着技术进步与资本积累，其投入产出率表现出长期增长趋势。

资源部门与制造业部门的资本形成能力以及产业的成长性与其产业的投入产出率的变化有很大关系。从资本形成能力来看，资源部门前后关联效应较差，在其成长过程中，除资源部门自身的投资之外，对关联产业部门的资本需求能力弱，难以形成新的产业资本积累。从资本的供给来看，资源部门的高收益多用于区外奢侈品的消费，而对本地消费品需求的拉动力非常弱，造成资本的大量流失。相反，从制造业部门来看，其产业的前后向关联效应比较强，其发展会带动相关部门的发展，产生规模较大的资本需求，吸收新资本进入，形成资本积累。另外，制造业部门的技术进步较快，产品更新换代快，需要资本的进一步投入，技术进步也能够进一步提高资本的产出效率，对投资的吸引力越来越大，且制造业部门收益产生的需求主要集中在本地，对当地经济的带动作用较强。从长期来看，制造业部门的资本形成能力较强，投资收益率呈上升趋势，产业成长性明显好于资源部门。

两个部门的关系造成各自内在发展机制的重大差异，并昭示着产业结构的变动方向。正是资源部门自身包括对经济要素特殊的吸纳效应、资源产业家族形成的黏滞效应，以及由沉淀成本与路径依赖形成的锁定效应在内的独特的发展机制，支配着资源繁荣现象，决定着经济发展路径，阻止了资源产业向制造业的转化与递进。

（一）吸纳效应

吸纳效应是指在资源高收益的强力刺激下，生产要素不断向资源部门流入，推动资源部门持续扩张，资源部门对经济要素特殊的吸纳作用，正是通过吸纳效应，引导经济要素不断地流入，才造成资源部门资源繁荣的结果。对于制造业部门而言，较少的经济要素使得产业发展条件趋于恶化，在边际收益不变的情况下，生产要素的流出带来边际产量曲线向下移动，边际成本曲线上升，产品竞争力下降，产量下降，乃至发展停滞。相比之下，资源部门更具比较优势，要素报酬更高，形成了一个正反馈循环。

（二）黏滞效应

黏滞效应实质上是资源部门对经济要素的阻滞或粘连作用，它加剧了资源产业的正反馈循环发展过程。在资源部门快速扩张的过程中，采掘、初加工、配套、生产服务等资源家族产业相应得到发展，形成了由支柱产业及其附生产业、伴生产业等组成的产业体系，但其对其他产业的影响力系数小，其产业家族是一种封闭式的围绕采矿业扩张、服务于自身循环的体系。相对而言，制造业部门也会围绕某一产品加工形成支柱产业及其辅助产业，但一般而言，制造业部门具有较高的产业带动力和影响力，能够不断进行产品更新与技术创新，推动产业结构的升级。按照制度经济学原理，资源富集区产业结构不具备竞争性经济所特有的良好适应性，不具备对价格变化的高度敏感性，不具备高度的要素流动性，因而是一种非竞争性经济，其对要素的流动具有天然的阻滞作用，对特殊要素特别是一般经济要素具有较强的黏滞性。资源产业的高黏度，导致经济要素过分集中、黏滞于资源产业，将要素锁定在资源产业体系中，从表面上看形成了资源产业的持续繁荣，但实际上却妨碍了资源部门向以制造业为代表的报酬递增且生产率较高的部门的转化。

（三）锁定效应

锁定效应是指资源部门或资源繁荣对区域功能、产业功能及相关的核心企业的功能锁定，以及对供应关系、合作关系、专业化生产的路径限定。功能性锁定是指由于既已建立的长期稳定的供求关系、健全的供应链网络和良好的合作关系，产品的技术与功能由此被锁定。需要指出的是，资源部门的沉淀成本很高，其进出壁垒很高，这就使得人们不情愿付出改变发展路径所带来的短期损失，而倾向于维护既有的利益关系和合作关系，由此就形成了资源富集区产业结构的锁定效应。在资源富集区中，其他产业尤其是制造业发展不足，抑制了非资源产业的资本需求及需求能力，导致资本的使用长期锁定在资源产业以及资源加工产业、配套及服务产业、相关的基础设施等领域，明显降低了资本使用效率，扩大了资本投入的风险。

第四节　资源富集区产业转型的分类

现实中，产业转型的操作过程是一个较为复杂的过程，我们可以根据理论研究和制定转型措施的需要，把产业转型的方式按照不同的标准进行划分。资源富集区产业转型战略通常是多种转型方式的综合，是各种转型方式互相配合运行的结果，而具体到某一资源富集区，可能表现为某种产业转型方式的特征更为突出或转型方式最佳。而所谓最佳转型方式，是一个相对概念，是针对某一个资源富集区某一发展阶段，在对多种转型方式进行比较分析后的一种优化选择。

（一）按调控手段划分

按调控手段来划分，资源富集区的产业转型可以划分成政府主导型、市场调节型、政府主导与市场调节相结合型三种方式。

1. 政府主导型

政府主导型的产业转型方式，指资源富集区在科学论证的基础上对其功能进行重新定位，完成功能转化的一种产业转型方式。这种方式的主要特点是通过立法，制定宏观调控政策或直接投资来支持产业转型，在此过程中，中央政府行使职能，通过运用产业政策倾斜、财政转移支付补助、建立社会保障制度等一系列手段给予支持，地方政府则密切配合，协助中央共同完成资源富集区的产业转型。

日本的九州地区是政府主导型产业转型的典型范例。作为传统的煤炭产区，日本九州地区曾在相当长的一段时间里接受本国政府鼓励煤炭开发的政策性补贴等保护措施。20 世纪 60 年代初，日本政府决定放弃代价高昂的保护政策，将该区重新定位成新的高技术产业区，兴办了一批新企业，并采取了一系列的政策措施进行推动，吸引了大批区域外企业入迁九州。在产业转型的过程中，日本政府按照新的产业政策，对产业转型过程有选择地进行干预，目前，该区域已成功转变成日本新的高新技术产业区。

2. 市场调节型

市场调节型产业转型方式的主要特点，是政府一般不直接干预企业经营，产业转型的主体是企业。资源型企业何时转型，何时退出，主要由企业自主决定，依靠市场机制调节。由于市场力量的普遍存在性，经济要素在区域间、产业间自由流动的频率加快、规模扩大，因此资源富集区选择何种转型方式最终应由市场来决定。

资源富集区产业转型，也是一次经济资源的重新配置。产业转型的过程，就是现有的生产要素重新组合，发展成为新产业的过程。开放与竞争是市场经济的基本特征，也是市场调节的基本要求，单纯依靠国家和政府的投入实现资源富集区产业转型的目标是不现实的。在产业型过程中，离不开基本经济活动单位的企业。产业转型的市场调节，就是要使企业真正成为独立的市场主体，由企业承担和完成产业升级和产业结构的调整重组，最终完成企业的产品转型和整个区域的产业转型。

3. 政府主导与市场调节相结合型

这种产业转型方式是前述两种转型方式的结合。政府可以对资源富集区的转型提出关于产业发展的指导性意见，发挥信息导向的作用，从完善区域功能的要求出发，对那些不符合区域功能要求的产业或产品限制进入。但是，政府不能直接代替企业做投资、经营决策，而应把工作重点放在创造包括硬环境和软环境、生产环境和生活环境等良好的投资环境上。在转型过程中发挥市场的资源配置作用应该是重点，借助市场的力量，通过吸引外资和吸纳民间资本，把政府的支持和民间资本的参与结合起来，共同完成资源富集区的产业转型。

美国的休斯敦是这种产业转型方式的典型范例。休斯敦曾是美国著名的石油城市，是在石油开发后兴建和发展起来的典型资源型城市。美国各级政府一般对经济不做过多的干预，在对衰退产业进行调整时，政府一般也不直接参与，而是按照市场规律办事。但是，当政府认为必要时，也会采取间接的产业政策加以引导。20 世纪 60 年代，美国政府决定在休斯敦建设宇航中心，并随之带动了为其服务的涉及电子、仪表、机械等行业的 1300 多家高新技术企业，高新技术企业不断发展壮大，休斯敦也因此成为著名的航天城。

（二）按产业转型的时机把握划分

按转型的时机把握划分，资源富集区的产业转型可分为主动转型方式与被动转型方式。

1. 主动转型方式

主动转型方式，是在资源富集区的主要资源尚未进入衰退期时，资源富集区或者居于主导地位的资源型企业，未雨绸缪、积极探索，主动发展接续和替代产业，试图在发展过程中形成完善的产业结构，逐步摆脱对资源的绝对依赖。

如我国辽宁省调兵山市（原铁法市）在主动转型方面进行了有意义的探索。调兵山市尚处在煤炭产量逐年递增、资源型产业发展的幼年期时，已经意识到作为一个资源富集区，迟早要面对最后的资源枯竭和由此带来的一系列问题，所以，未雨绸缪，采取一系列措施积极准备产业转型。为避免到资源枯竭时才谋求产业转型，调兵山市以企业为主体针对资源型产业转型进行了准备工作。调兵山市铁法煤业有限公司从 20 世纪 90 年代中期，在尚未得到国家产业转型扶持政策的情况下，就着手产业转型方面的探索。同时，调兵山市政府连年组织大规模招商引资，推动了以非煤工业、高效农业和第三产业为主体的接续和替代产业的迅速发展。通过改制、引资和发展民营经济等方式，流通、餐饮、旅游等第三产业已经发展成为调兵山市新的经济增长点。铁法煤业有限公司利用三产贷款及自筹资金近 5000 万元，积极开发了矿区煤矸石制品、阻燃运输带、高压胶管、油脂加工、金属拔丝等一批项目，利用矿区土地、劳动力等方面的优势，加快第一产业发展，大规模发展养殖业和种植业，目前已经初步形成了以煤炭开采业为主导，发电、建材、机电加工、餐饮和农副业等多业并举的发展格局。

2. 被动转型方式

被动产业转型方式，是指在资源富集区主体资源濒临枯竭，进入衰退期，开采成本不断上升，作为主导产业的资源型产业已丧失竞争力，失业人员不断增多，各种社会问题集中爆发、资源富集区经济发展陷入困境的情况下，被迫采取各种措施进行产业转型的一种转型方式。德国鲁尔区、日本九州区、我国的阜新等城市和地区的产业转型，就是典型的被动转型方式。

在资源型产业已经进入衰退期才进行产业转型，一方面需要解决由于原有主导产业衰退给当地带来的失业、经济衰退和财政收入下降等难题，另一方面需要培育发展有竞争力的替代产业。而要解决这些问题，单凭市场机制进行调整已不可能，政府不得不介入其中，以巨额的财政投入和一定程度的牺牲效率为代价，才能保证实施产业转型的推进。已有的产业转型实践表明，产业转型时间越晚，资源富集区要为转型时机的错失而支付的延误成本和代价就越高。因此，在资源开发尚处于增产期和稳产期时，充分利用此时资源型产业竞争优势明显、生产能力扩大和产出增长所带来的外部经济性，制定和实施转型规划，发展替代产业，以赢得时间和主动是一条最优的发展策略。

第五节　资源富集区产业转型的基本模式

从国内外资源富集区产业转型过程中新旧产业之间的关系角度，可将产业转型划分为产业延伸模式、产业更新模式和复合模式。

一　产业延伸模式

这种模式是在资源开发的基础上，通过发展下游加工业，建立起资源深度加工和利用的产业群。如我国新疆克拉玛依市的产业转型属于典型的产业延伸模式，从 1955 年在准噶尔盆地西北部发现了中国第一个大油田，新疆石油管理局就在此进行大规模的石油勘探开发，到 1960 年，这里已经建成探明含油面积 200 多平方公里，年产原油 163.6 万吨的中国第一个大油田，1960 年原油产量占当年全国天然石油产量的 39%。新疆石油管理局所在的克拉玛依市随着油田的开发而兴建，该市在油气开发过程中逐渐建立了包括炼油、乙烯和下游深加工的石油化工体系，主导产业逐步由单纯的油气开采转变为油气开采和石油化工并重，其发展的道路十分清晰。

资源型产业属于中间投入型基础产业，其产业关联特点是前向关联效应大，而后向关联效应小。产业延伸模式正是利用这一特点向前延伸产业链，其优点是在转型的初期能够充分发挥本地的资源优势，同时上下游产业在生产、管理和技术方面具有明显的相关性，实施转型的难度较小。随着下游产业的不断发展壮大，将来即使本地资源逐渐枯竭，由于其竞争能力和自我发展能力都已经增强，此时也可以从外部输入资源进行加工，维持该地区的繁荣。从竞争的角度来看，产业链实质上是一条价值链，资源富集区在这一条价值链的源头已经拥有廉价资源的优势，加上随着产业链的延伸，下游企业和配套服务企业的数量不断增长，大量与生产经营相关联的企业在一定空间内的聚集所带来的专业化生产，低运输成本、低交易费用、便捷的沟通和配套服务将导致产业聚集带来的聚集经济，使得这一价值链上的产业更具竞争优势，整个资源富集区也将因此获得竞争优势。

我国不少资源富集区在历史上长期仅被视为资源产区，造成其区域经济存在过于依赖资源型产业、下游加工业薄弱的突出问题，这不但使资源富集区的产业结构过于单一，也造成了全国产业结构布局的不合理。如西煤东运不但给铁路带来了巨大的压力，而且东部地区的企业由于分散消耗了大量煤炭，还造成了酸雨等严重的环境问题。如果煤炭产区能够利用本地丰富、廉价的煤炭资源建设坑口电站，集中进行脱硫处理，对外输出电力或建立起如电解铝、氯碱化工等高耗能的加工业，不但有利于实现资源富集区的产业转型，也有利于全国产业的优化布局。

二　产业更新模式

产业更新模式是利用资源开发所积累的资金、技术和人才，或借助外部力量，建立起全新产业群，基本不再依赖原有的资源，同时把原来从事资源开发的人员转移到新兴的产业上来。以法国洛林为例，当煤炭和铁矿开采业已经完全丧失竞争力时，法国政府采取断然措施关闭铁矿和煤矿，并采取了一系列措施，如制定优惠政策，大量吸引外资等用以促进替代产业的发展，洛林首先引进了雷诺汽车公司在此投资建厂，并促进了大量配套企业在当地的发展，进而吸引其他的汽车公司在这里建厂。同时，建立企业园圃，培育中小企业，加强职业技术培训，促进劳动力转岗就业。经过这种良性循环，洛林的产业转型取得了明显成效，传统的煤炭和铁矿开采业已经被汽车、电子和塑料加工所取代。

产业更新模式摆脱了对原有资源的依赖，无疑是最彻底的产业转型模式，但如何在以资源型产业为主导的产业基础上，发展有竞争力的替代产业群是该模式面临的最大挑战。吸引包括国外和国内在内的外来投资，是建立有竞争力的替代产业的有效途径，外来投资的进入在带来资金的同时，往往还伴随着先进的技术、管理和观念，这对资源富集区的产业转型同样重要。资源富集区一般具有以下优势：廉价的资源，大量空闲土地和劳动力，充足的动力供应，这是吸引外部投资的重要因素。但是，包括廉洁高效的政府、良好的商业氛围、高素质的市民和文明的社会环境等软环境优势越来越成为吸引投资的决定性因素。对于走产业更新模式战略的资源富集区而言，政府必须通过必要的政策支持和及时的转移支付，协助和企业实施产业转型，同时，不断完善和构建有利于吸引外资的软环境，也是政府必须承担的重要责任。

在吸引外来投资的同时，政府也应在推动本地尤其是中小企业的发展方面不断努力。中小企业不但在推动区域经济发展、保持市场繁荣、增加财政收入、促进劳动就业和维护社会稳定等方面发挥着不可替代的作用，而且通过中小企业间以及与大企业形成合作竞争的企业网络，通过纵向与横向的整合联系，使企业得以发挥自身优势和特长，企业与购买者和供应商之间的知识、信息和产品交流更加顺畅，形成具有内生发展动力的替代产业群。本地企业的发展，不仅能直接增加本地的GDP，还会增加外来投资在本地的购买，减少区域支出的漏出，拉动相关产业的发展，放大外来投资对区域产业转型的作用。

总之，通过本地企业和外来投资的协同互动，推动替代产业群的发展，进而提升整个资源富集区的竞争优势，形成产业转型与区域发展的良性互动。

三　复合模式

这种模式是以上两种模式的复合，有的资源富集区产业转型不是以上单一的模式，在转型的初期表现为产业延伸模式，区域主导产业逐步由资源型产业转变为下游加工业，而随着加工业的发展，新兴产业不断发展，区域功能逐步完善。休斯敦的发展过程是复合模式的典型代表。1901年休斯敦发现油田后迅速发展成为美国石油工业的中心。20世纪60年代，休斯敦的石油开采量开始降低，但由于相关的石油化工产业群已经形成，能够支撑休斯敦继续发展。20世纪70年代以来，电子信息、精密机械、仪器仪表等行业以及第三产业发展迅速，整个城市已转变为综合性城市，可以实现持续繁荣。

一般在这种转型模式的初期，区域主导产业逐步由资源型产业转变为以资源深加工业为主导的产业群，这在一定程度上导致了区域内有利于企业之间的技术外溢并促进技术进步和新产业发展的聚集经济的产生。加工业企业间的技术相关性强，要求不同企业相互协作配套。和资源型产业相比，加工业的技术通用性强，这在很大程度上能够克服资源富集区原有的资源型产业技术专用性强、从业人员流动性差、生产作业封闭、社会化程度低、与其他企业的协作交流少的弊端，促进从业人员流动性的扩大和新技术在上下游企业以及同行业企业中的传播。随着资源加工产业群的建立和发展，资源富集区可以利用企业间的技术外溢和乘数效应日益加强的有利条件，推动不依赖本地资源的新产业的发展。在这一过程中，要充分利用国内外重大技术创新和技术创新群的出现所带来的新的投资机会，逐渐降低对资源的依赖程度，进行产业升级和产业替代，促进资源富集区的产业转型发展。

第六节　资源富集区产业转型模式选择的关键因素

依据自身的特点和比较优势，选择适宜的转型模式，再造竞争优势是资源富集区实施产业转型成功的关键。虽然转型模式可能在转型过程中依靠市场机制得以自发解决，但如果利用政府职能，在产业转型规划中选择适宜的转型模式，并前瞻性地处理和解决存在的问题，资源富集区的产业转型将会得以更快推进。具体来说，资源富集区产业转型模式选择过程中，主要有以下关键因素：

一　资源开发阶段

资源开发一般经历前期开发、增产期、稳产期和衰退期四个阶段。增产期是资源型产业大发展的时期，在这一时期，产量不断上升，而生产成本基本保持稳定甚至有所下降，主导产业的大发展推动资源富集区快速成长。稳产期是资源开发的鼎盛时期，产量维持在一个较高的水平，但此时生产成本开始上升，原因是随着资源开发程度的加深，开发难度不断提高。衰退期是资源型产业开始迅速萎缩的阶段，此时产量不断下降，而成本大幅上升。资源的开发处在增产期或稳产期，此时开采成本较低，资源产量保持增长或基本稳定，下游深加工业可以利用这一优势得以发展。如果处在衰退期，资源储备已经不足，开采成本大幅增加，产量持续下降，发展下游产业缺乏原料来源和竞争优势，此时就不宜选择产业延伸模式。

二　资源开发规模

资源加工业一般有经济规模的要求，例如，一般而言，炼油的经济规模为 500 万吨/年，氧化铝的经济规模为 50 万吨/年，乙烯的经济规模为 30 万吨/年。只有较大矿区才可能为下游产业提供充足的原料来源，而资源开发规模较小的资源富集区发展下游加工业就会面临诸多障碍。另外，较小的矿区产量下降的速度较快，不利于下游产业的建立，而较大的矿区即使在资源开采的衰退期，也能维持相当的产量，这能够给下游产业提供继续发展及转型的时间。因此，资源开发规模较大有利于采取产业延伸模式。

三　产业政策

产业政策的实质是政府出于全局角度的考虑，采取措施干预资源在不同产业间的分配，政府往往会在某些地区鼓励或限制某一产业发展，这将直接影响到资源富集区产业转型模式的选择。以我国新疆克拉玛依市为例，1955 年，克拉玛依市随着准噶尔盆地西北部发现和建成了中国第一个大油田而兴建，但后来由于大庆油田的发现和建设，克拉玛依市的地位随之下降，导致油气勘探一直局限于盆地西北缘。20 世纪 80 年代后期，为解决国内市场不断增长的对原油及其制品的需求，国家对石油工业制定了"稳定东部、加强西部、发展海域"的实施发展方针。这一政策直接促进了克拉玛依周边地区的油气勘探力度的加大并取得了重大进展。"八五"计划期间发现了中国第一个整装沙漠油田——彩南油田和石西、玛北、小拐等一批储量规模在 5000 万吨到 1 亿吨的油田；"九五"计划期间，又发现了石南、沙南、莫北、呼图壁和中拐等一批油田，从 1996 年起，每年探明油气资源 1 亿吨，这是准噶尔盆地油气勘探史上储量增长最快、获得储量最多、发现区块最大的一个时期。国家产业政策直接推动了克拉玛依市的产业延伸，将来即使本地的油气生产逐步萎缩，克拉玛依市也能从周边地区输入原料进行加工，从而保证城市的持续发展。而同为石油城市的山东省东营市拟建的乙烯项目、炼油扩建项目等重大石化项目因邻近齐鲁石化所在的淄博市，有重复建设之嫌而被上级否决。东营市虽然拥有年产原油 2600 万吨的胜利油田，但单一的产业延伸模式并不是唯一选择，产业更新模式或复合模式才是最优选择。

四　企业战略

资源型企业的行为对资源富集区的产业转型有着重要的影响，在资源富集区的经济活动中发挥着极为重要的作用。市场经济条件下，在选择产业转型模式时必须考虑到企业的发展战略或企业的经营目标是实现所有者利益的最大化，而不是资源富集区的产业转型和可持续发展。尤其是高市场集中度的产业，企业行为的影响更加突出，如我国由中石油、中石化两大集团垄断陆上油气开采，一个城市地域内的油气开采由一家企业主导，行为主体单一，企业战略在很大程度上决定了城市的产业转型模式。例如，盘锦市是我国第三大油田——辽河油田的所在地，长期以来，一直将石油化工及其下游产业作为发展替代产业的重点。但1998年，按照国务院机构改革方案组建的中国石油天然气集团公司和中国石油化工集团公司两大集团公司，不再担负政府职能，成为真正的经济实体。辽河油田的核心业务部分和非核心业务部分分别重组成为中石油控股的中国石油天然气股份有限公司的分公司和中石油的独资子公司。中石油为提高企业盈利能力，应对竞争挑战，最终选择了具有良好区位条件的大连，集中投资把大连作为国内石油化工中心进行建设，而不再把盘锦作为其发展石油化工的投资重点。这使得盘锦早先确定的采取单一产业延伸模式的发展思路难以实现。

五　区位因素

良好的区位不仅有利于资源富集区经济规模的扩大，也有利于多元化产业结构的形成，而缺乏区位优势的资源富集区，不仅产业较为单一，经济规模一般也偏小。因此，具备较好区位因素的资源富集区适宜采取产业更新模式或复合模式。以地处松嫩平原中部的大庆市为例，经过40多年的开发建设，大庆市在继续发展石油化工及其后续产业的同时，不断促进电子信息、机械及仪器仪表和第三产业的发展，逐步使大庆市转型成为综合性城市，目前，大庆市已发展成为国内石油石化工业中心和黑龙江省仅次于哈尔滨市的经济中心城市，大庆高新技术产业开发区是53个国家级高新技术产业开发区之一。

总之，因为资源富集区的具体情况存在着差异，资源富集区产业转型应以因地制宜、扬长避短为原则，选择有利于形成竞争优势的产业转型模式，最终实现资源的优化配置和区域经济的可持续发展。

第五章 自然资源、环境约束与资源富集区内生增长

由前述分析可知，资源富集区由于资源的繁荣而对资源型产业过度依赖，进而给资源富集区的经济发展带来了诸多的问题，因此，资源富集区必须进行产业转型，进而实现其可持续发展。如果资源富集区能够实现可持续发展，那么其产业转型也是成功的。目前，理论界对可持续发展的路径，主要通过内生增长模型进行分析。在节能减排政策压力下，资源富集区又如何内生增长？节能减排政策对资源富集区意味着：一是资源富集区的产业发展要考虑矿产等自然资源的不可再生性进而其可能会衰竭的特点；二是资源富集区的环境污染对产业发展产生影响的特点。因此，本章将构建一个同时存在自然资源和环境约束的内生增长模型，以分析资源富集区可持续发展的路径。

第一节 模型基础

最先将自然资源与环境污染同时放入内生增长模型的研究为 Aghion 和 Howitt（1998）。Aghion 和 Howitt（1998）在 Sehumpeter 产品垂直创新框架下，构建了存在自然资源或环境污染约束的内生增长模型，不过其是将自然资源、环境污染分别纳入模型，而不是同时纳入模型中。

在没有考虑自然资源与环境污染约束情况下，Aghion 和 Howitt（1998）的基准模型如下：

假设最终产品取决于劳动力和一系列连续的不同中间品的投入，那么其生产函数为：

$$Y = L^{1-\alpha} \int_0^1 B(i) x(i)^\alpha \mathrm{d}i$$

其中，$x(i)$ 为投入生产的中间品数量，L 为劳动力的数量。

社会中总的劳动力数量既可以用于中间产品的生产，也可以用于研发部门。假定 n 为投入研发部门的劳动力数量。

Aghion 和 Howitt 认为当达到生产最优时两种中间品数量是相同的，即 $x(i) = x = k/B$，B 表示中间品平均质量，$B = \int_0^1 B(i)\,\mathrm{d}i$。

因此，生产函数又可转化为 $Y = F(K, BL) = K^\alpha(BL)^{1-\alpha} = K^\alpha B^{1-\alpha}(1-n)^{1-\alpha}$。

假定当劳动力 n 用于研发时，创新就会以一个泊松抵达率 ηn 随机出现，其中，η 是反映研发生产力的技术参数（其值为正），是单个研究人员创新发生的泊松抵达率。q 表示创新流推进经济的技术前沿速率。因此有：

$$\dot{B} = q\eta n B$$

因此，经济的最优增长问题，实际上是在存在以下约束时，来求 $\int_0^\infty e^{-\rho t} U(C)\,\mathrm{d}t\left(U(C) = \dfrac{C^{1-\sigma}}{1-\sigma}\right)$ 的最大值。

$$\dot{K} = Y - C;$$
$$Y = K^\alpha B^{1-\alpha}(1-n)^{1-\alpha};$$
$$\dot{B} = q\eta n B;$$
$$n > 0, \quad q > 0。$$

Aghion 和 Howitt（1998）在进行上述模型的构建过程中，没有考虑自然资源或环境污染的约束。为考虑自然资源或环境污染的影响，其又分别将这两项因素纳入模型中。

Aghion 和 Howitt（1998）纳入自然资源的模型如下：

$$\begin{cases} \max \displaystyle\int_0^\infty e^{-\rho t} U(C)\,\mathrm{d}t \\[2mm] s.\,t.\ \ \dot{K} = Y - C \quad Y = K^\alpha B^{1-\alpha}(1-n)^\beta R^\nu \\[2mm] \dot{B} = q\eta n B \\[2mm] \dot{S} = -R \\[2mm] n > 0, q > 0, S \geqslant 0 \end{cases}$$

其中，R 是不可再生自然资源的开采流量；S 是不可再生自然资源存量，其变化率是 R 的负数，即 $\dot{S} = -R$。

Aghion 和 Howitt（1998）纳入环境污染的模型如下：

$$
\begin{cases}
\max \displaystyle\int_0^\infty e^{-\rho t} U(C, E)\, dt \\[2mm]
s.\, t.\quad \dot{K} = Y - C \quad Y = K^\alpha B^{1-\alpha}(1-n)^{1-\alpha} z \\[2mm]
\dot{B} = q\eta n B \\[2mm]
\dot{E} = -Y z^\gamma - \theta E \\[2mm]
n > 0, q > 0, 0 \leqslant z \leqslant 1
\end{cases}
$$

其中，E 为环境质量；z 表示污染密度；Yz^γ 表示污染流量，其是产出水平 Y 与污染密度 z 的增函数；γ 为环境污染程度指数，其值越大意味着给定技术的实际污染排放越小；θ 表示环境质量可能的最大再生速度。

第二节　模型构建

Aghion 和 Howitt（1998）分别构建了考虑自然资源或环境污染的内生增长模型。但由于节能减排政策压力下，资源富集区同时面临不可再生自然资源和环境污染的约束，将这两项约束同时纳入内生增长模型中更符合资源富集区的经济现实，因此，遵循 Aghion 和 Howitt（1998）的建模思路，但与 Aghion 和 Howitt（1998）不同，本章将构建同时考虑自然资源与环境约束的内生增长模型。

资源富集区的显著特点是自然资源在其经济发展中发挥着重要作用，但自然资源特别是矿产资源等往往是不可再生的。资源富集区要可持续发展，必须考虑不可再生自然资源可能会衰竭的约束。因此，不可再生自然资源的存量是会影响最终产品的产出的。同样，节能减排政策下，环境质量也是会影响最终产品的产出的。故在构建内生增长模型时，自然资源、环境污染必须在最终产品的生产函数中得以体现。与此同时，环境质量还通过影响消费者的福利水平，进而在消费者的效用函数中得以体现。

具体来说，假定最终产品生产时，面临着不可再生自然资源存量 S，其变化率是不可再生自然资源的开采流量 R 的负数，即 $\dot{S} = -R$。

E 为环境质量，其取决于两个方面：一是环境污染流量，二是环境自身的可再生能力。环境污染流量 $M(Y, Z) = YZ^{\gamma}$，其是产出水平 Y 和污染强度 Z 的增函数。Z 为污染强度，反映已有技术的不清洁程度，当考虑环境因素的影响时，$Z < 1$，产出低于潜在产出；不考虑环境因素的影响时，$Z = 1$，得到潜在产出。γ 为环境污染程度指数，反映环境标准的严厉程度，其值越大意味着给定技术的实际污染排放越小。

环境质量有一个上限值和下限值。只有当生产活动都被无限期停止时，才能达到环境质量的上限值，环境质量的下限值则意味着环境质量将遭遇不可逆的毁灭性灾难。环境质量 E 可用实际环境质量与上限值之差来衡量，因此，其值满足：$E^{\min} < E < 0$。综合影响环境质量的两个方面，环境质量的变化率为：

$\dot{E} = -YZ^{\gamma} - \theta E$，其中，$\theta$ 表示环境质量可能的最大再生速度，且 θ 大于 0。

于是，同时考虑自然资源和环境污染约束的最终产品的生产函数为：

$Y = K^{\alpha} B^{1-\alpha} (1-n)^{\beta} R^{\nu} Z$

假定考虑了环境质量的消费者的效用函数为：

$U(C, E) = \dfrac{C^{1-\sigma} - 1}{1 - \sigma} + \dfrac{1 - (-E)^{1+\omega}}{1 + \omega}$

其中，ω 为环境意识参数，反映消费者对环境质量的偏好程度，其值大于 0；σ 是相对风险厌恶系数，其值大于 1。

因此，本章同时包含了不可再生自然资源和环境约束的内生增长模型可以构建如下：

$$
\begin{cases}
\max \displaystyle\int_0^{\infty} e^{-\rho t} U(C, E)\,\mathrm{d}t \\
s.\,t.\ Y = K^{\alpha} B^{1-\alpha} (1-n)^{\beta} R^{\nu} Z \\
\dot{K} = Y - C \\
\dot{B} = q\eta n B \\
\dot{S} = -R \\
\dot{E} = -YZ^{\gamma} - \theta E \\
U(C, E) = \dfrac{C^{1-\sigma} - 1}{1-\sigma} + \dfrac{1-(-E)^{1+\omega}}{1+\omega} \\
n > 0,\, q > 0,\, 0 \leqslant z \leqslant 1,\, \omega > 0,\, \sigma > 1
\end{cases}
$$

第三节　模型求解与结论

针对上一节建立的同时包含了自然资源和环境约束的内生增长模型，Hamilton 函数为：

$$H = U(C, E) + \lambda_1(Y - C) + \lambda_2(q\eta nB) - \lambda_3 R + \lambda_4(-Yz^\gamma - \theta E)$$

一阶条件为：

$$
\begin{cases}
\lambda_1 = C^{-\sigma} \\
\lambda_2 = \dfrac{\beta}{q\eta} \dfrac{1}{1-n} \dfrac{\gamma}{1+\gamma} \cdot \dfrac{Y}{B} \lambda_1 \\
\lambda_3 = \dfrac{\nu\gamma}{1+\gamma} \cdot \dfrac{Y}{R} \lambda_1 \\
\lambda_4 = \dfrac{\nu\gamma}{(1+\gamma)Z^\gamma} \lambda_1
\end{cases}
$$

欧拉方程为：

$$
\begin{cases}
\dot{\lambda}_1 = \left(\rho - \dfrac{\alpha\gamma}{1+\gamma} \dfrac{Y}{K}\right)\lambda_1 \\
\dot{\lambda}_2 = \left[\rho - q\eta n - \dfrac{(1-\alpha)(1-n)\eta\sigma}{\beta}\right]\lambda_2 \\
\dot{\lambda}_3 = \rho\lambda_3 \\
\dot{\lambda}_4 = (\rho + \theta)\lambda_3 - (-E)^\omega
\end{cases}
$$

横截性条件为：

$$\lim_{t\to\infty}\lambda_1 Ke^{-\rho t} = 0;$$

$$\lim_{t\to\infty}\lambda_2 Be^{-\rho t} = 0;$$

$$\lim_{t\to\infty}\lambda_3 Se^{-\rho t} = 0;$$

$$\lim_{t\to\infty}\lambda_4 Ee^{-\rho t} = 0。$$

综合以上条件，可以求出稳态时的均衡增长率为：

$$
\begin{cases}
g_Y = g_C = g_K = (q\eta - \rho)\left[\sigma + \dfrac{\omega + \sigma}{(1-\alpha)(1+\omega)\gamma}\right]^{-1} \\[3mm]
g_B = \left[1 + \dfrac{\omega + \sigma}{(1-\alpha)(1+\omega)\gamma}\right]g_K \\[3mm]
g_S = (1-\sigma)g_C - \rho \\[3mm]
g_Z = -\dfrac{\omega + \sigma}{(1+\omega)\gamma}g_C \\[3mm]
g_E = \gamma g_Z + g_C = \dfrac{1-\sigma}{(1+\omega)}g_C
\end{cases}
$$

由上可见，在节能减排政策约束下，资源富集区要实现可持续增长的临界条件为：

$$q\eta - \rho > 0 \tag{5.1}$$

$$\sigma - 1 > 0 \tag{5.2}$$

$$(1-\sigma)(q\eta - \rho)\left[\sigma + \frac{\omega + \sigma}{(1-\alpha)(1+\omega)\gamma}\right]^{-1} - \rho < 0 \tag{5.3}$$

$$(\sigma - 1)(q\eta - \rho) < \theta\left[\sigma(1+\omega) + \frac{\omega + \sigma}{(1-\alpha)\gamma}\right] \tag{5.4}$$

式（5.1）保证了产出、消费和资本的增长率（g_Y、g_C、g_K）均是大于 0 的，也就是说保证了资源富集区的产出、消费和资本的可持续性。式（5.2）保证了 $g_E < 0$，式（5.3）保证了 $g_S < 0$。

由此，我们可以得到如下结论。

（1）在满足 $q\eta - \rho > 0$，即创新生产效率大于时间贴现率条件下，资源富集区的可持续发展是可以实现的，此时产出、消费和资本的增长率（g_Y、g_C、g_K）均大于 0。

（2）对产出、消费和资本的增长率（g_Y、g_C、g_K）做进一步的比较静态分析可以发现，环境意识参数 ω 越大，环境污染程度指数即环境标准 γ 越严厉，消费者跨期替代弹性（$\frac{1}{\sigma}$）越大（即消费者越有耐心，可持续发展意识越强），创新生产效率 $q\eta$ 越高，时间贴现率 ρ 越小，稳态经济增长率就越高。

很显然，本结论的政策含义是，对于政府部门而言，普及和加强全民环境及可持续发展的意识，制定严厉的环境标准，重视技术创新，提高创新部门（智力资本）的生产效率，有利于资源富集区的可持续发展。而其中，创新（智力资本的生产）是可持续发展的关键（因为其是保证产出、消费和资本的增长率均大于 0 的重要条件）。

因此，从产业转型的角度来看，在节能减排政策压力下，资源富集区要想通过产业转型来实现可持续发展，则必须重视创新在产业转型中的重要作用。当然，也不能就产业而论产业，还必须考虑产业之外的环境政策，通过严厉的产业政策和倡导全民环境及可持续发展的意识，共同对产业转型产生倒逼机制，多管齐下，共同促进资源富集区的可持续发展。

第六章 节能减排政策对资源富集区产业转型的传导机制

在经济增长的过程中，产业转型的决定性因素很多，既有政治、文化、历史等方面的外围因素，也有需求、供给、对外贸易、经济制度、经济发展战略等方面的内部因素。20 世纪 60 年代中期，库兹涅茨通过对大量的统计数据进行对比研究发现，产业转型相关的三个主要因素是供求的变化、技术创新和国际贸易。笔者认为，节能减排政策对资源富集区产业转型影响的传导机制，同样可从这三个方面进行阐述。

第一节 需求供给传导机制

节能减排政策通过对需求结构和供给结构的变动影响产业结构的变动，从而推动产业转型。需求结构是指一个经济社会总有效购买力在各产业中的分配比例，也是指广义货币在各产业中的投入比例。供给结构是指一个经济社会自然资源、人力资源、资金、技术等资源的拥有状况及其各自的价格构成。供给方面的因素，一般指作为生产要素的自然资源、劳动力资源、资本和相应供给价格之间的构成状况等。

1. 节能减排政策从需求的角度影响产业转型

需求分为积累需求、消费需求和投资需求三种类型，显然需求结构也分为积累需求结构、消费需求结构与投资需求结构。企业生产产品和提供服务的最终目的是满足人们日常生活中的各种需求，从而获取利润。当需求发生变化时，需求结构随之也会发生变化，然而需求结构的变化会引起产业结构相应变化。需求总量影响着产业规模的大小，需求总量越大，对产品和服务的需求就越多，相应的产业生产规模就越大。需求总量受人口数量、人均收入水平和投资规模等因素的影响，当这些因素发生变动时，需求总量也随之变动，进而产业规模就会变动。消费者个人偏好和国家政策导向决定着需求结构，显然人们消费偏好的变化会引起需求结构的变化。

消费结构状况及其变化，受到当地经济发展程度、收入水平、人口结构、物价水平、个人消费偏好以及国际消费趋势等多种因素的影响，并随着这些因素的变化而变化。消费结构的不断变化引导着产业结构不断调整，因为人们对消费品需求的种类以及各种需求的变化，决定着产业的种类、规模和变化。

节能减排政策的实施，有利于培养人们对生态环境的保护意识，增强人们实现可持续发展的认知能力。人们环保意识的增强和对环境要求的提高，影响他们对产品购买意愿的取向，越来越青睐于环保产品或者有益健康的产品，消费者偏好的变化影响消费需求，这种新需求再影响生产，生产满足新需求的产品，环保产品需求总量和消费结构会有变动，这样的变动必将引起生产结构的相应变动，最终影响产业结构变动。可见，消费结构的变化为产业结构的调整提供了新动力。

2. 节能减排政策从供给的角度影响产业转型

供给一般指生产要素的供给，包括自然资源、劳动力资源、资本和相应供给价格等。这些生产要素对某一产业的供给量和程度直接关系到该产业的未来发展趋势。

自然资源是供给要素里比较典型的要素，其供给程度直接关系到经济增长速度的快慢和整个产业结构的变动。一个国家由于自然资源的种类、蕴藏存量、分布状态、可利用经济价值等方面的差异，直接影响着该国经济发展，在某种程度上决定着其经济发展程度和产业结构的变动。节能减排政策特别是政府的环境规制的实施管制了自然资源的开采与配置，对于严重破坏地表的开采行为和严重污染环境的行为加以制止和处罚，这使资源的开采更加有限，而有限的资源被配置到各个产业时则会更少。

人口总量决定着劳动力资源的可供给能力程度和人均资源拥有量。劳动力资源供给的多寡决定劳动力价格的高低，如果劳动力资源供给不足，劳动力价格相对较高，投资者倾向将资金投向劳动力运用较少的资金密集型产业；如果劳动力资源供给充足，劳动力价格会相对便宜，投资者向劳动密集型产业的投资则较多。

　　资金资源也称为货币资金资源。货币资金是企业经营活动的源动力，也是产业形成与发展的重要推动力。资金资源从两个方面对产业转型产生影响：一是资金的充足与否对产业结构产生影响；二是资金在不同产业部门的投资差异对产业结构产生影响。国家的环境政策作为节能减排约束会引导投资者的投资趋向，从而影响资金资源在产业部门的配置情况。企业家投资一个行业会考虑这个行业的前景、利润空间和未来发展趋势等，比如现在的环保产业就是一个比较有前景的新兴产业，也是国家大力支持的产业。节能减排约束激励企业进行技术创新，技术创新会降低污染治理成本，减少产业服从环境规制的成本负担，而且还可以通过新产品的开发和生产过程的改进提高生产效率和利润率。

　　投资结构是指一个国家或地区整个经济总投资在各产业间的分配和所占比例，也就是资金朝不同产业方向投入所形成投资配置量的比例。投资者的投资方向一定程度上会受到国家宏观政策环境的影响，而政府不同的投资倾向是改变已有产业结构的直接原因，资金供给的变动意味着流向各个产业的资金比例的变化，投资方向的改变是促使产业转型的最直接的原因。而由于投资方向的倾斜，资金的供给就充足，利率降低，其使用成本就下降，有利于资金流向资金、技术密集型产业，推动产业结构的优化升级。随着时代的发展，市场上会产生新需求，有新需求就会有新产品，而对新产品的开发和生产的投资，将改变原有的产业结构或者形成新的产业。对原有各产业发展来讲，投资比例的变化会引起各产业发展程度的差异，进而导致产业结构的相应变化；获得投资的新兴产业发展速度比起未获得投资的原有产业发展速度快，从而形成新产业和原有产业发展的差异，影响原先的产业结构。

　　需求供给传导机制是指节能减排政策从调整需求结构和供给结构两个方面来影响产业的转型。从需求角度来看，在节能减排政策下，环境规制的实施和环境保护教育宣传，提高人们的环保意识，进而影响消费取向和偏好，消费偏好的变化会引起消费结构的变化，消费结构的变化又影响着产业结构的变化。从供给角度看，在节能减排政策下，政府禁止了自然资源的非法开采和粗劣开采，导致自然资源供给减少，原材料价格上涨，原材料价格的上涨使企业成本上升，企业成本的上升挤占了生产性投资，进而影响投资结构；国家宏观政策、环境法律法规的颁布对投资者的投资行为有诱导作用，进而影响投资结构，投资结构的变动对原有产业结构产生影响，或者促使新产业的形成。总之，在节能减排政策下，需求结构和供给结构的变动导致原有产业结构的变动或者新产业形成，即发生产业转型。

第二节　技术创新传导机制

自然资源对一个国家或地区的产业部门的影响随着技术进步的进程正在逐渐弱化，技术进步将加快自然资源替代品的出现和自然资源利用方式的改变。在世界各国经济发展过程中，技术创新一直扮演着重要的角色，它是促进经济可持续发展的一个重要动力和源泉，它推动着生产技术结构的优化和发展，从而推动产业结构的相应变动。

技术创新，主要是指生产和服务过程的创新。一方面，技术创新通过提高资源的利用效率来扩展生产的可能性边界；另一方面，技术创新有利于能源资源的再利用，到新的空间寻找并发现新能源、新资源。技术创新有利于提高人们的生态环境意识，增强人们实现可持续发展的认知能力。

节能减排政策对技术创新的影响主要表现在以下两个方面。

1. 节能减排政策对技术创新的阻碍作用

面对节能减排政策，企业为了服从环境规制而支付或提高污染治理费用，而污染治理费用的支付或提高会增加企业的成本，企业成本的增加挤占 R&D 的投资费用。因此从某种意义上可以说，节能减排政策对企业技术创新产生一定的阻碍作用。在资金有限的情况下，环境规制要求企业支出一部分资金用于治理污染，而技术创新同时也需要资金投入，治理污染的投资可能挤占企业原来计划用于技术创新的资金，影响企业技术创新活动，起阻碍作用。一般来讲污染治理投资对技术创新投资的挤占，对大企业的影响可能较小，但是对小企业的影响较大。

环境成本包括两部分，一部分是正常使用自然资源支付的成本（环境生产要素的价格 E_0），另一部分是企业支付环境污染费用（E_1）。即

$$E = E_0 + E_1$$

在环境生产要素贫瘠的地区，E_0 较大；而在环境生产要素丰裕的地区，E_0 较小。E_1 是外部成本，它的多少主要依据环境标准而定。严格的环境标准会提高生产者的环保意识，加大治理投入，增加 E_1。下面以排污费为例来分析节能减排政策是怎样增加企业成本阻碍了技术创新。企业进行生产活动的总成本包括固定成本和可变成本，我们借鉴平狄克（2003），有：

$$C(y) = C_V(y) + F$$

$$AC(y) = \frac{C(y)}{y} = \frac{C_V(y)}{y} + \frac{F}{y} = AVC(y) + AFC(y)$$

$$MC(y) = \frac{\partial C(y)}{\partial y}$$

上式中，y 为产品的产量，$C(y)$ 表示总成本，$C_V(y)$ 表示可变总成本，F 为总不变成本，$AC(y)$ 为平均成本，$AVC(y)$ 为平均可变成本，$AFC(y)$ 为平均不变成本，$MC(y)$ 为边际成本。在一定的技术条件下，由于排污量和产量成正比，而排污费又和排污量成正比，所以企业的排污费可以看作是产量的函数，即：

$$C_p(y) = k \cdot y$$

上式中，$C_P(y)$ 为排污费；k 为系数（单位产量的收费系数），排污收费是属于环境成本的可变成本。故在征收排污费后，企业的成本发生了变化：

$$C(y)^a = C_v(y)^a + F = C_v(y) + C_p(y) + F$$

$$AC(y)^a = \frac{C(y)^a}{y} = AVC(y)^a + AFC(Y) = AVC(Y) + k + AFC(y)$$

$$MC(y)^a = \frac{\partial C(y)}{\partial y} = MC(y) + k$$

上式中，$C(y)^a$、$AC(y)^a$、$AVC(y)^a$ 和 $MC(y)^a$ 分别表示实施排污费后相应变化的总成本、平均成本、平均可变成本和边际成本，如图 6 – 1 所示。

在资源有限的情况下，节能减排政策使企业将原来计划用于购买劳动力和物质的资本、生产的资本等投入用于污染治理，这样挤占了用于 R&D 的投入，阻碍了技术创新。

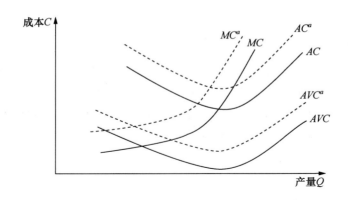

图 6 - 1   排污费对企业成本的影响

2. 节能减排政策对技术创新产生促进作用

技术创新是推动产业发展和产出转型的最重要因素，节能减排政策同样可能会对技术创新产生促进作用。政府的环境规制将会激励企业进行技术创新，技术创新催生新工艺、新工具和新材料，大幅度提高劳动生产率，降低相对成本。同时，技术创新还可以通过研制和生产新产品，形成新兴产业。新技术、新工艺、新材料的出现和使用必然会改变原有的生产方式和产品结构以及人们的消费偏好，进而引起产业结构的变动，促进产业转型。

节能减排政策对技术创新的促进作用表现在对环境技术方面的创新激励和对正常生产活动方面的创新激励上。由上面分析可知，节能减排政策对环境资源的保护，使资源供给减少，价格上涨，使企业成本增加。这种要素价格的上涨和成本的增加，推动了企业进行技术创新。企业只有通过技术创新的途径降低生产成本，才能保证利润的不变甚至增加。节能减排政策对技术创新的影响是通过技术推动和需求拉动而产生的。技术创新不仅能够减少产业服从环境规制的成本负担，降低污染治理成本，还可能通过生产过程的改进和新产品的开发提高生产效率和利润率，从而达到环境状况改善和产业转型加快的双重收益。

总之，节能减排政策对技术创新既有促进作用，也有阻碍作用，最终结果取决于两种作用的比较。从短期来看，节能减排政策对技术创新有阻碍作用，因为企业为了服从环境规制必须支付污染治理费用，而这笔费用的增加可能会挤占 R&D 支出，因此对技术创新产生一定的阻碍作用，对产业转型产生负面效应；但是从长期来看，节能减排政策对技术创新有促进作用，环境规制加强了自然资源的保护，自然资源的供给相对减少，导致要素价格上升，企业生产成本增加。这种要素价格的上涨和成本的增加，成为企业技术创新的直接动力，迫使企业进行技术创新来降低产品成本，保证利润的不变甚至增加。大量的实证研究也表明，在节能减排政策下，政府的环境规制对产业技术创新的激励作用要大于阻碍作用，降低污染治理成本的同时，提高生产效率和利润率。

综上所述，技术创新机制是通过节能减排政策促进技术创新，进而影响产业转型的传导机制。在节能减排政策下，政府对环境资源进行保护，自然资源供给减少，价格上升，企业生产成本增加。企业为了降低成本保持利润，进行技术创新，对技术创新有促进作用；在节能减排政策下，企业为了服从环境规制而进行的污染治理投资，可能挤占 R&D 投资费用，对技术创新产生阻碍作用。节能减排政策对技术创新的影响，从长期来看有促进作用，从短期来看有阻碍作用。通过影响技术创新，引起供给变动，促进原有产业升级并催生新型产业，从而促进了产业转型；通过影响技术创新，引起需求结构变动，提高了劳动型产率，或者催生新型产业，进而促进产业转型。

第三节　国际贸易传导机制

随着经济全球化发展，可以说所有国家和地区的产业结构都是开放式的，并随着市场经济的发展和国际经济一体化发展趋势，这种开放式产业结构越来越多地受到国际贸易的影响。国际贸易对产业转型的影响主要表现在进出口贸易和国际产业转移两个方面：一是进出口贸易的影响。进出口贸易有利于各国发挥自己的比较优势，在国际市场上占有优势。出口国家在国内开发新产品，先依靠国内市场促进其产业发展，在国内市场趋于饱和状态之前走向国际市场，实行产品出口贸易。随着该产品的国际市场的形成，又进一步推动资本输出和技术出口。当国外生产能力形成以后，由于先进技术的作用，使产品可以很低的价格返销回国内，促使国内技术再创新，从而影响产业转型。二是国际产业转移的影响。在国际竞争的压力下，企业为了追求利润最大化，进行国际产业转移和国际技术转移。国际产业转移其实是国与国之间的产业转移，主要是发达国家通过跨国直接投资等手段，把部分产业的生产环节转移到发展中国家进行。先进技术、成套设备和自动流水线的引进，促进进口国相关产业的技术水平的提高，也能引进新兴产业在国内成长，从而影响产业转型。

由此可见，国际贸易是通过外国产品的进口以增加国内供给和通过本国产品的出口刺激本国需求来影响本国产业结构进而引起产业转型。在节能减排政策下，国内外环境规制政策的实施，对企业产生"进入壁垒"，阻碍企业的国际化发展步伐，从而制约企业的成长，对产业转型产生一定的负面效应；同时，环境规制又促进企业通过技术创新减少成本、研发环保产品，提高企业的国际竞争力，从而产生积极效应。

节能减排政策对国际贸易的影响主要表现在以下两个方面。

1. 节能减排政策对国际贸易的消极作用

随着国际市场上绿色贸易的快速发展，人们不仅对绿色产品的需求日益扩大，而且对绿色产品的质量要求也越来越高。在这样的国际环境下，发达国家对环境标准的严格程度和相应的限制措施，在我们看来无疑成了一道绿色壁垒。在节能减排政策下，环境规制标准的提高将会增加新企业的进入门槛，加大进入成本，在市场竞争中处于弱势地位，形成一种进入壁垒。从国内情况来看，很多的环境规制政策对新进入的企业和老企业制定的标准不统一，对新进入的企业采取更加严格的标准。比如《工业炉窑大气污染物排放标准》以 1997 年 1 月 1 日为界划分两个时段，分别规定了工业炉窑烟尘、生产性粉尘和有害污染物的最高允许排放浓度等指标。自 1997 年 1 月 1 日起新建、改建、扩建的工业炉窑实行更严格的标准。这样的环境规制对新进入的企业来说是一种壁垒，对新企业的发展有一定的负面作用，不利于公平竞争。从国际情况来看，绿色壁垒现象比较严重。发达国家以保护生态资源、环境和人类健康等为理由，设置一系列高于国际标准或绝大多数国家不能接受的环保法规和标准，对外国商品进口采取准入限制或禁止措施。这种措施，限制了我国产品的出口，成了主要的贸易壁垒。

日本、美国、德国、韩国、英国等发达国家的环境规制标准都高于我国的标准，显然绿色贸易壁垒给我国企业的出口带来了很大的挑战和压力。环境规制政策的实施，会导致成本提升、管理难度加大、已有成本优势丧失，进而削弱企业的成本方面的国际竞争力。在国际贸易市场上，随着绿色贸易的提倡与发展，人们对绿色产品的需求也日益扩大。企业为了达到环境规制标准，会将一部分资金转移到环保投资方面，购买先进设备或者雇用环保方面的高层次技术人员，产生"挤占效应"，短期内生产成本的增加降低了资金的比较收益，也降低了生产率，最终自然会影响到企业竞争力。另外，成本的增加必然会导致价格的增加，高出的价格只能再转嫁给消费者，使得产品的市场竞争力减弱，从而制约了企业的成长，影响到它国际化发展的步伐。

2. 节能减排政策对国际贸易的积极作用

节能减排政策对国际贸易具有积极作用。环境规制迫使企业通过技术创新减少生产成本、研发环保产品，依此提高国际市场上的竞争力。Porter（1991）认为，从短期来看，严厉的环境保护政策会使企业的生产成本提高，影响企业的竞争力；但从长期来看，由于环境压力的刺激，企业在进行环境投资改造的同时，也在进行技术创新和管理创新等活动，这些因素的共同作用，反而会使企业的竞争力有所提高。在节能减排政策下，一方面，企业通过技术改造、技术创新和管理创新等手段改进生产方式，提高资源利用率、生产效率和管理效率，进而降低了污染治理费用、减少了成本，削弱环境规制增加企业短期成本产生的负面影响；另一方面，技术创新补偿政策激励企业技术创新，鼓励企业研发绿色环保新产品。企业对产品的高质量、高环保产品的追求，不仅履行了社会责任，还获得了良好的社会声誉，使得产品差异化，提升国际竞争力。

节能减排政策对国际贸易的影响体现在品牌形象效应和外部经济效应上。节能减排政策对国际贸易的影响，虽然从短期来看，造成产业内企业成本的上升进而导致价格上升，但长期来看，对其他行业产生外部经济效应，带来经济上的利益。在节能减排政策下，环境规制强度的适当提高，有利于整个经济的健康可持续发展，有利于促进企业建设品牌形象、提高产业的国际竞争力。随着社会经济的快速发展，人们的环保意识大大提高，已经渗透到人类生活的方方面面、厂商生产的各个环节、产品的消费和贸易等领域，国际市场对绿色环保产品的需求与日俱增。企业要想在激烈的市场竞争中脱颖而出，必须走绿色化道路，研发的产品必须符合国际标准，创造出真正属于自己的独特的品牌来保持竞争优势，从而提高整体的竞争实力。

综上所述，节能减排政策对国际贸易有正面和反面效应，正面效应是提升了国际竞争力，反面效应是削弱了国际竞争力。面对节能减排政策，为了服从环境规制，企业或者通过技术创新来提高原材料的利用率，或者通过研发新产品来开拓新市场，抢占国内外市场，占有国际市场先行优势。同时，环境规制的实施会增加企业的成本、增加企业管理难度，而企业成本的增加挤占了研发投资等，从而削弱了企业国际竞争力。在这个过程中，国际进出口贸易、国际技术转移、加工贸易等同样也影响着产业转型效率。

第二篇　实证篇

第七章　桂西资源富集区产业发展：事实与特征

第一节　桂西资源富集区概况

桂西资源富集区是指地处广西壮族自治区西部的河池、百色、崇左三市所辖的 30 个县（市、区），土地面积 8.7 万平方公里，占全区总面积的 36.67%。2013 年年末总人口 1071.9 万人，占全区总人口的 20.93%，是广西少数民族主要聚居地区，集革命老区、边疆地区、民族地区、连片特困地区、大石山区和水库库区于一体，具有资源富集、生态脆弱、沿边开放、扶贫开发、西南出海大通道支撑点等鲜明特征，是我国西南自然资源丰富、民族文化浓郁、区位条件较好、发展潜力较大的地区，是国家西部大开发"十二五"规划明确支持建设的 8 个重点能源资源富集地区之一。[①]

桂西资源富集区作为革命老区，是邓小平等老一辈无产阶级革命家领导百色起义、龙州起义的地方。仅百色市就有 1542 个老区村和 126 个老区乡镇，分别占到了全市行政村和全市乡镇的 87% 和 93%。桂西资源富集区作为边疆地区，与越南的边境线长达 890 公里，拥有一类口岸 3 个（友谊关、龙邦、水口），二类口岸 7 个（平孟、硕龙、爱店、科甲、岳圩、峒中、平而）。桂西资源富集区作为民族地区，共有少数民族人口约 881 万人，约占其总人口的 85%。桂西资源富集区作为连片特困地区，共有国定贫困县 21 个，其中百色 10 个、河池 8 个、崇左 3 个，占广西国定贫困县总数的 78%，扶贫攻坚任务十分艰巨。桂西资

---

① 见《广西壮族自治区人民政府关于印发桂西资源富集区发展规划的通知》。

源富集区作为大石山区，各市山区面积都占到了全部土地面积的较大比重，且石漠化严重，石漠化成为桂西地区生态环境的绊脚石，其中百色市石山面积占总面积的95.4%，石漠化面积达到了1300万亩；河池市石山面积占总面积的49.7%，石漠化面积达到了1123.5万亩；崇左市石山面积占总面积的29.65%，石漠化面积达到了380.5万亩。桂西资源富集区作为水库移民区，区域内有多个国家大中型重点水利水电工程，纳入水库淹没搬迁移民人口有20多万。

桂西资源富集区区域内矿产、水能、旅游、农林生态和民族文化等资源富集。铝、锰、锡、铅、锌、锑、铟、银、镉、硫、砷等矿产保有储量居广西首位，铝土矿远景储量超过10亿吨，是我国生产优质砂状氧化铝的主要基地；锰矿储量1.49亿吨，居全国前列。属亚热带季风气候，森林覆盖率62.5%，高于广西平均水平，自然保护区数量占全区近40%，生物多样性丰富，生态优势明显。甘蔗、蔬菜、水果、蚕茧、木材、中药材等农林产品丰富，是我国最重要的蔗糖产区和全国南菜北运、名特优水果、蚕茧、中药材重要生产基地。流经区域的红水河、左江和右江，水能资源蕴藏量2000万千瓦以上，占广西水能资源总量的40%以上，是我国重要的水电生产基地。宜人的天然气候，独特的自然山水、民族风情、边关景貌、长寿养生以及红色旅游，构成了特色鲜明、全国少有的旅游资源。拥有壮、汉、苗、彝、回、瑶、侗、水、仫佬、仡佬、毛南等10多个世居民族，其中仫佬、毛南2个民族为全国人口较少民族，民族文化资源丰富多彩。①

表7-1　　　　　　　　桂西地区具有比较优势的矿产资源禀赋

地区	资源禀赋概况
河池市	中国十大有色金属之乡，锡、锑、铟、铅、锌等多金属矿产资源储量丰富
百色市	中国主要铝土矿资源富集区，石油、煤、锰、铜、金、锑等资源储量比较丰富
崇左市	中国锰都，锰、膨润土、重晶石、锌、金、银、稀土等资源储量比较丰富

虽然桂西地区资源富集，但总体而言，桂西资源富集区经济发展水年仍然低下，表7-2为2013年桂西资源富集区经济社会发展情况，从

---

① 资料来源：《桂西资源富集区发展规划》。

中可以看出，桂西资源富集区以超过广西 1/3 的土地，仅承载了约广西 1/5 的人口，地区生产总值则仅约占广西的 1/7。

具体来看，2013 年桂西资源富集区生产总值为 1916.83 亿元，仅占广西的 13.33%；公共财政预算收入 140.16 亿元，仅占广西的 11.94%；进出口总额为 1135647 万美元，仅占广西的 34.58%。城市化率方面，桂西资源富集区为 32.36%，也仅占广西平均水平的 72.22%，其中百色、河池两市 2013 年的城市化率仅为 31.10% 和 31.99%；农村居民人均纯收入占广西平均水平的 86.80%，城镇居民人均可支配收入占广西平均水平的 89.25%。此外，桂西资源富集区还是典型的贫困地区，桂西资源富集区 30 个县中共有国定贫困县 21 个，占广西国定贫困县总数的 78%，其中百色 10 个，河池 8 个，崇左 3 个。

表 7-2　　　　　2013 年桂西资源富集区经济社会发展情况

指标	百色市	河池市	崇左市	三市合计（或平均水平）	占广西比重（%）
行政区域土地面积（平方公里）	36202	33476	17332	87010	36.67
年末总人口（万人）	411.66	413.72	246.52	1071.9	20.93
地区生产总值（亿元）	803.58	528.62	584.63	1916.83	13.33
人均地区生产总值（元）	22762	15440	28886	17882.6	63.71
固定资产投资（亿元）	802.50	296.88	450.84	1550.22	13.38
公共财政预算收入（亿元）	65.70	26.97	47.49	140.16	11.94
公共财政预算支出（亿元）	231.69	198.04	140.91	570.64	22.04
农村居民人均纯收入（元）	5409	5198	7077	5894.67	86.80
城镇居民人均可支配收入（元）	21458	19653	21289	20800	89.25
进出口总额（万美元）	59786	48148	1027713	1135647	34.58
城市化率（%）	31.10	31.99	34	32.36	72.22
金融机构本外币存款（亿元）	770.89	730.09	501.80	2002.78	10.88

注：数据来自《广西统计年鉴 2014》。表中第五列数据中人均地区生产总值、农村居民人均纯收入、城镇居民人均可支配收入、城市化率对应的数据指的是桂西资源富集区三市的平均水平。

表 7-3 显示了 2013 年桂西三市主要经济指标在广西的排名情况。从表中可以看出，基本上桂西资源富集区各项经济指标在广西 14 个地

市中排名都比较靠后，如城市化率在广西各市中处于最后三位，农村居民人均纯收入、城镇居民人均可支配收入在广西各市中基本上处于最后四位；从反映对外开放的指标进出口总额和实际外商直接投资总额来看，尽管崇左市的进出口总额较大，但综合来看，桂西资源富集区的开放程度还不是很高，排名靠后。

表 7 – 3　　　2013 年桂西资源富集区各市主要经济指标在广西的排名情况

指标	百色市		河池市		崇左市	
	数值	排名	数值	排名	数值	排名
人均地区生产总值（元）	22762	10	15440	14	28886	7
人均公共财政预算收入（元）	1596	9	652	13	1926	8
农村居民人均纯收入（元）	5409	13	5198	14	7077	11
城镇居民人均可支配收入（元）	21458	11	19653	14	21289	13
进出口总额（万美元）	59786	9	48148	10	1027713	1
实际外商直接投资（万美元）	191	13	0	14	4577	8
城市化率（%）	31.10	14	31.99	13	34	12
金融机构本外币存款（亿元）	770.89	6	730.09	8	501.80	11

注：数据来自《广西统计年鉴 2014》。广西共有包含百色、河池、崇左、南宁等在内的14 个市。

综上所述，虽然桂西资源富集区区域内拥有丰富的矿产、水能、旅游、农林生态和民族文化等资源，是典型的资源富集区，但现有的资源优势并没有得到充分利用和较好发挥，尚未真正转化为经济发展优势，仍然呈现出经济总量小、人均发展水平低、经济开放水平低、城市化水平低等"富饶而贫困"的显著特点。

第二节　桂西资源富集区产业发展的基本现状

由于桂西资源富集区包含了河池、百色、崇左三个地级市。因此，下文对桂西资源富集区产业发展基本现状的论述也将先从这三个市分别展开，然后再进行总体概括。

一　河池市产业发展的基本情况

（一）三次产业结构情况

河池市三次产业结构基本情况如表7－4、表7－5所示。从表7－4中可以看出，2002—2013年，河池市三次产业结构具有以下几个特点：第一，三次产业结构基本呈现出"二三一"的产业结构特点，即第二产业占GDP比重最大，其次为第三产业和第一产业。其中，2010年三次产业结构为20.88∶46.14∶32.98，2011年三次产业结构为23.4∶41.34∶35.26。虽然从表中也可以看出，2002年、2003年、2012年和2013年这四年中，第三产业所占GDP比重都超过了第二产业，但这些统计数据事实上只是假象，并没有真实地反映出这几年河池市三次产业结构的基本情况，如2012年河池市受环境污染事故影响，有色金属企业全面停产，工业增加值增速和占GDP的比重大幅度下降，三次产业结构发生了极不寻常的变化，第三产业增加值占GDP的比重突然增长，所以在2012年中河池市第三产业产值才超过了第二产业产值。而2013年受2012年河池市环境污染事故的影响，河池市工业尚没有完全恢复过来，因此仍然是第三产业比重大于第二产业比重，而这并不是由于河池市第三产业较为发达所致。2002年同样如此，也发生了影响较为严重的污染事故。第二，河池市三次产业结构中，虽然在各年中第二产业基本上是比重最大的，但第二产业中的工业并没有形成绝对的竞争优势。从表7－5可以看出，2002—2005年，河池市工业当年生产产值竟然比第一产业当年生产总值的数额还要小，不少年份工业当年生产产值比第一产业当年生产总值也并没有高多少，说明河池市工业化进程还有待进一步提速。

表7－4　　　　　河池市2002—2013年三次产业占GDP比重　　　单位：%

年份	2002	2003	2004	2005	2006	2007	2008	2009	2010	2011	2012	2013
第一产业占GDP比重	30.87	30.87	31.21	28.29	26.04	23.13	21.85	21.47	20.88	23.4	25.64	25.31
第二产业占GDP比重	26.39	32.35	34.85	36.76	40.53	45.23	45.31	43.33	46.14	41.34	35.38	35.90
第三产业占GDP比重	42.74	36.78	33.93	34.95	33.44	31.64	32.83	35.2	32.98	35.26	38.97	38.79

资料来源：《广西统计年鉴2014》。

表 7 – 5　　　　　　　　　河池市三次产业结构基本情况　　　　　单位：亿元

年份	生产总值 （按当年价格亿元）	第一产业	第二产业	工业	第三产业
1978	5.68	2.53	1.69	1.40	1.46
1979	6.58	3.14	2.02	1.71	1.42
1980	7.81	3.89	2.19	1.85	1.73
1981	7.58	3.84	1.90	1.67	1.84
1982	8.72	4.52	1.89	1.68	2.31
1983	8.56	4.17	2.23	1.94	2.16
1984	9.85	4.71	2.68	2.23	2.46
1985	12.72	5.49	4.33	3.72	2.90
1986	14.25	6.02	4.74	3.83	3.49
1987	17.34	7.11	5.84	4.69	4.39
1988	20.79	8.90	6.74	5.70	5.15
1989	24.43	10.08	8.24	6.86	6.11
1990	27.91	11.43	8.65	7.43	7.83
1991	31.56	12.59	9.18	7.98	9.79
1992	37.17	14.41	10.86	9.37	11.90
1993	51.33	17.86	18.12	16.04	15.35
1994	73.14	24.75	27.16	23.89	21.23
1995	98.89	30.24	37.70	32.89	30.95
1996	108.76	35.20	36.32	31.34	37.24
1997	122.85	39.04	40.90	34.00	42.91
1998	130.03	42.52	43.62	35.01	43.89
1999	137.75	43.70	46.08	37.37	47.97
2000	141.39	41.81	56.31	48.95	43.27
2001	145.31	43.05	54.58	45.53	47.68
2002	137.63	42.94	42.00	32.17	52.69
2003	148.58	44.34	46.08	34.17	58.16
2004	178.46	54.58	58.68	43.32	65.20
2005	206.97	58.55	76.08	57.36	72.34
2006	248.89	64.80	100.87	78.48	83.22
2007	319.31	73.86	144.43	120.07	101.02

续表

年份	生产总值（按当年价格亿元）	第一产业	第二产业	工业	第三产业
2008	367.31	80.26	166.45	142.63	120.60
2009	382.78	82.20	165.86	136.33	134.72
2010	468.74	97.87	216.29	180.08	154.58
2011	511.96	119.81	211.65	173.39	180.50
2012	492.70	126.34	174.34	132.96	192.02
2013	528.62	133.78	189.78	143.02	205.06

资料来源：《广西统计年鉴2014》。

（二）第一产业发展基本情况

从河池市第一产业增长率来看，近年来河池市第一产业增长迅速（如图7-1所示）。

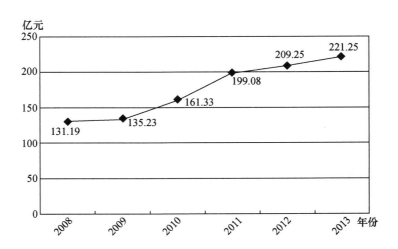

图7-1　近年来河池市第一产业生产总值情况

资料来源：各年《广西统计年鉴》。

从河池市第一产业内部结构来看，近年来，河池市第一产业中，占据主体地位的是农业，其次是牧业，然后才依次是林业和渔业（见表7-6）。

具体来看，2013 年河池市全年农林牧渔业实现总产值 221.25 亿
元，比上年增长 3.24%。其中农业产值 98.98 亿元，增长 5.3%；林业
产值 20.81 亿元，下降 6.63%；牧业产值 90.77 亿元，增长 2.91%；
渔业产值 6.53 亿元，增长 6.06%；农林牧渔服务业产值 4.16 亿元，
增长 11.95%。[①]

2012 年河池市农林牧渔业实现总产值 209.26 亿元，比上年增长
5.06%。其中农业产值 92.70 亿元，增长 4.88%；林业产值 21.57 亿
元，增长 12.25%；牧业产值 84.97 亿元，增长 3.55%；渔业产值
6.30 亿元，增长 7.77%；农林牧渔服务业产值 3.72 亿元，增
长 3.83%。[②]

表 7 - 6　　　　　　　　　河池市农业发展基本情况

	2013 年		2012 年	
	产值（亿元）	增长率（%）	产值（亿元）	增长率（%）
农业	98.98	5.3	92.70	4.88
林业	20.81	- 6.63	21.57	12.25
牧业	90.77	2.91	84.97	3.55
渔业	6.53	6.06	6.30	7.77
农林牧渔服务业	4.16	11.95	3.72	3.83
总计	221.25	3.24	209.26	5.06

资料来源：2012 年、2013 年《河池市国民经济和社会发展统计公报》。

（三）工业发展基本情况

从工业整体增长情况来看，自改革开放以来，河池市工业增加值稳
步增长；但 2000 年以来，河池市工业增加值波动幅度巨大，特别是在
2002 年和 2012 年工业增加值不仅没有增长，反而较上一年下降幅度较

---

① 数据来自：《2013 年河池市国民经济和社会发展统计公报》。
② 数据来自：《2012 年河池市国民经济和社会发展统计公报》。

大，如 2012 年河池市全部工业增加值同比下降 9.9%、规模以上工业增加值同比下降 12.0%（如图 7 - 2 所示）。

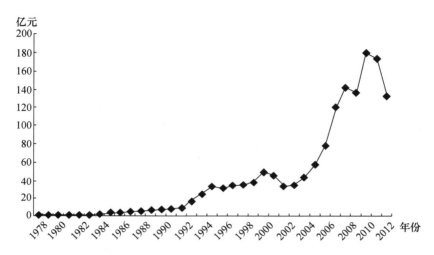

图 7 - 2　河池市工业增加值变动趋势

资料来源：各年《河池年鉴》。

从轻重工业比例来看，河池市工业发展呈现出典型的重工业化特征。表 7 - 7 列出了 2008—2012 年河池市轻重工业发展的基本情况。从中可以看出，重工业的增长速度没有轻工业快，但重工业在河池市各年全部工业中却占有绝对的比重；平均而言，2008—2012 年，重工业占据了河池市全部工业比重的 85.99%。

表 7 - 7　　　　　　河池市主要年份轻重工业发展基本情况

年份	轻工业		重工业	
	工业增加值（亿元）	增长率（%）	工业增加值（亿元）	增长率（%）
2008	11.88	11.76	105.03	24.68
2009	12.74	5.02	99.79	- 1.87
2010	18.81	23.51	134.61	15.15
2011	24.43	13.50	133.12	1.60
2012	23.86	2.80	90.4	- 14.90
平均值	18.34	8.09	112.59	7.57

资料来源：各年《河池年鉴》。

　　从主要行业来看，河池市工业增加值占全部工业比重最大的行业依次为电力热力的生产和供应业、有色金属冶炼及压延加工业、有色金属矿采选业、农副食品加工业、化学原料及化学制品制造业、非金属矿物制品业、纺织业。这些行业按产值比重排序又依次可以进一步概括为水电、有色金属①、食品、化工、茧丝绸五大行业，这些行业也是河池市主要的优势产业。2012 年，河池市有色金属、水电、化工、食品、茧丝绸五大优势产业完成产值 232.06 亿元，占全市工业总产值比重的78.86%。在细分的有色金属工业方面，2012 年河池全市有色金属产业规模以上工业实现总产值 93.31 亿元，占规模以上工业比重的31.71%，同比下降 42.9%。在全市工业总产值超亿元的 45 家企业中，有色金属企业占 11 家，其中南方有色公司系广西最大的民营企业和有色金属企业，年产值超 59.57 亿元。主要产品产量：铁合金 3.28 万吨，下降 42.8%。十种有色金属 27.58 万吨，下降 39%，其中：锌 17.01万吨，同比下降 38.4%；铅 9.43 万吨，同比下降 41.7%；锡 0.03 万吨，同比下降 42.5%；铅矿 1.68 万吨，同比增长 1.7%；锌矿 6.55 万吨，同比下降 45.8%；锡矿 1.03 万吨，同比下降 23.3%。在细分的化工工业方面，2012 年河池全市共有规模以上化工企业 10 家，累计实现工业总产值 13.13 亿元，占规模以上工业总产值的 4.46%，同比下降10.62%。年产值过亿元的企业有 4 家（河化集团、广维化工、全江化工、博冠纸业）。主要产品完成情况：合成氨 19.5 万吨；农用化肥18.58 万吨。

　　表 7-8、表 7-9 显示了 2008—2012 年河池市主要行业的工业增加值及其增长情况。2012 年，河池市煤炭开采和洗选业增加值 1.75 亿元，比上年下降 31.7%，有色金属矿采选业增加值 17.83 亿元，比上年下降 27.0%；非金属矿采选业增加值 0.88 亿元，下降 47.6%；农副食品加工业增加值 9.6 亿元，下降 4.3%；饮料制造业增加值 0.68 亿元，下降 39.9%；纺织业增加值 2.94 亿元，增长 1.8%；木材加工及木、竹、藤、棕、草制品业增加值 1.47 亿元，下降 17.2%；化学原料及化学制品制造业增加值 2.68 亿元，下降 8.5%；非金属矿物制品业增加值 2.47 亿元，下降 4.6%；黑色金属冶炼及压延加工业增加值

---

　　①　包含有色金属冶炼及压延加工业和有色金属矿采选业。

0.49 亿元，下降 44.1%；有色金属冶炼及压延加工业增加值 18.85 亿元，下降 26.5%；专用设备制造业增加值 1.11 亿元，比上年增长6.7%；电力热力的生产和供应业增加值 43.14 亿元，增长 1.4%，其中电力生产业增加值 32.68 亿元，增长 7.2%。

表 7-8　　　　河池市主要行业增加值情况（2008—2012 年）　　　单位：亿元

产业名称	2012 年	2011 年	2010 年	2009 年	2008 年	平均值
煤炭开采和洗选业	1.75	3.01	—	—	—	—
有色金属矿采选业	17.83	25.66	15.9	8.93	11.53	15.97
非金属矿采选业	0.88	3.51	—	—	—	—
农副食品加工业	9.6	12.27	9.7	7.21	6.34	9.024
饮料制造业	0.68	6.2	—	—	—	—
纺织业	2.94	3.87	2.91	1.68	1.67	2.614
木材加工及木、竹、藤、棕、草制品业	1.47	3.31	3.84	1.65	1.13	2.28
化学原料及化学制品制造业	2.68	4.28	4.24	2.81	4.91	3.784
非金属矿物制品业	2.47	3.55	3.48	4.02	3.57	3.418
黑色金属冶炼及压延加工业	0.49	2.23	2.85	1.65	2.49	1.942
有色金属冶炼及压延加工业	18.85	39.6	41.58	18.87	18	27.42
专用设备制造业	1.11	0.86	1.21	1.59	1.49	1.252
电力热力的生产和供应业	43.14	46.3	57.78	57.91	60.24	53.074
水的生产和供应业	—	—	0.68	0.43	0.38	—
工艺品及其他制造业	—	—	0.51	0.21	0.32	—

注：数据来自各年《河池年鉴》。表中"—"表示《河池年鉴》中该项数据缺失。

从表 7-8 中可以看出，虽然河池市的主要优势产业为水电、有色金属、食品、化工、茧丝绸五大行业，但水电行业和有色金属行业在河池市全部工业中占有绝对的市场份额。但按照《中国统计年鉴》对于工业的行业分类[①]，电力热力的生产和供应业、有色金属矿采选业均不属于制造业，因此在河池市的制造业结构中，又以有色金属冶炼及压延加工业居于主导地位。表 7-8 显示，2008—2012 年，制造业中作为河池市主要优势产业的农副食品加工业（即食品行业）增加值平均为9.024 亿元，仅占有色金属冶炼及压延加工业增加值（27.42 亿元）的

① 在《中国统计年鉴》中，将工业分为电力热力的生产和供应业、采矿业和制造业。

1/3；即使是河池市制造业中所有的优势产业即农副食品加工业、化学原料及化学制品制造业、纺织业（食品、化工、茧丝绸）增加值的总和也仅占有色金属冶炼及压延加工业增加值的56.24%。

表7-9还显示，2008—2012年河池市增长最快的行业为纺织业，增长最慢的行业为黑色金属冶炼及压延加工业。虽然电力热力的生产和供应业、有色金属冶炼及压延加工业、化学原料及化学制品制造业、非金属矿物制品业在河池市工业结构中所占份额居于前列，但2008—2012年这些行业的增长率在各行业中则排序靠后，其中，电力热力的生产和供应业、化学原料及化学制品制造业的平均增长率均是负值。虽然在河池工业结构中所占份额较大的有色金属矿采选业，在2008—2012年年平均增长率达到了11.51%，但其波动幅度较大，5年时间中有3年时间呈现负增长。而在河池市的工业结构中占有较大市场份额产业即主要优势产业中，只有纺织业和农副食品加工业（即食品和茧丝绸产业）呈现出稳定而较大的增长，二者在2008—2012年年平均增长率分别达到15.19%、10.93%，显示出这两个行业良好的发展势头和发展前景。

表7-9　　　　　　　　河池市主要行业增加值增长率情况　　　　　　　单位：%

产业名称	2012年	2011年	2010年	2009年	2008年	平均增长率
煤炭开采和洗选业	−31.7	10	—	—	—	—
有色金属矿采选业	−27.0	9.7	8.21	−8.43	−1.91	11.51
非金属矿采选业	−47.6	43.8	—	—	—	—
农副食品加工业	−4.3	−2.9	3.62	7.56	18.99	10.93
饮料制造业	−39.9	67.2	—	—	—	—
纺织业	1.8	10.4	43.73	0.47	7.06	15.19
木材加工及木、竹、藤、棕、草制品业	−17.2	24.3	132.02	30.65	22.28	6.80
化学原料及化学制品制造业	−8.5	12.8	6.86	−20.19	2.16	−14.05
非金属矿物制品业	−4.6	17.1	8.21	20.33	2.15	−8.80
黑色金属冶炼及压延加工业	−44.1	9.9	2.53	5.37	−26.87	−33.40
有色金属冶炼及压延加工业	−26.5	3.8	39.84	−3.25	−5.31	1.16
专用设备制造业	6.7	−8.8	−16.15	2.89	−12.04	−7.10
电力热力的生产和供应业	1.4	7.3	4.31	2.23	65.27	−8.01
水的生产和供应业	—	—	15.7	−4.59	4.91	—
工艺品及其他制造业	—	—	101.57	22.77	−16.47	—

从经济类型来看，总体上河池市工业结构中，股份制企业和其他类型企业增加值较国有企业增加值增长快。具体来说，2012 年河池市全年规模以上工业中，按经济类型分，国有企业增加值 34.54 亿元，比上年下降 1.9%；股份制企业增加值 73.69 亿元，下降 15%；外商及港澳台投资企业增加值 5.57 亿元，下降 9.3%；其他经济类型企业增加值 0.45 亿元，下降 42.2%。2011 年河池市全年规模以上工业中，按经济类型分，国有企业增加值 18.72 亿元，比上年下降 9.70%；股份制企业增加值 135.16 亿元，增长 6.10%；外商及港澳台投资企业增加值 2.02 亿元，下降 15.50%；其他经济类型企业增加值 1.66 亿元，增长 30.30%。

从工业经济效益来看，2012 年河池市全年规模以上工业经济利益综合指数 204.04，比上年下降 53.3 个百分点，规模以上工业主营业务收入 303.52 亿元，比上年下降 13.79%；实现利润总额 10.34 亿元，下降 48%；税金总额 17.36 亿元，下降 13.5%。从行业看，有色金属矿采选业实现利润 4.20 亿元，下降 46.31%；有色金属冶炼及压延加工业实现利润 2.27 亿元，下降 73.45%；农副食品加工业亏损 2.93 亿元；化学原料及化学制品制造业利润亏损 2.08 亿元；纺织业实现利润 0.31 亿元，下降 20.25%；非金属矿物制品业亏损 0.42 亿元；电力热力的生产和供应业实现利润 8.18 亿元，增长 181.44%，其中水力发电业实现利润 7.82 亿元，增长 167.65%。2011 年河池市全年规模以上工业经济利益综合指数 252.45，比上年提高 6.29 个百分点；规模以上工业主营业务收入 352.62 亿元，比上年增长 8.11%；实现利润总额 20.72 亿元，下降 21.09%；税金总额 18.32 亿元，下降 8.67%。从行业看，有色金属矿采选业实现利润 7.67 亿元，增长 3.73%；有色金属冶炼及压延加工业实现利润 8.91 亿元，增长 126.12%；农副食品加工业利润 0.19 亿元，下降 82.78%；化学原料及化学制品制造业利润亏损 0.43 亿元，比上年增亏 0.22 亿元；纺织业实现利润 0.39 亿元，下降 24.65%；非金属矿物制品业实现利润 0.50 亿元，增长 178.56%；电力热力的生产和供应业实现利润 2.90 亿元，下降 78.78%，其中水力发电业实现利润 2.92 亿元，下降 77.61%。

（四）服务业发展基本情况

近年来，河池市服务业发展迅速，但也还存在不少问题，具体来说，河池市服务业发展具有如下特点：

1. 规模不断扩张，但总体规模相对较小，比重偏低

近年来，河池市服务业产业规模不断扩大，2000—2013 年，河池市服务业增加值不断增加（如图 7－3 所示），2013 年服务业增加值达 205.06 亿元，比上年增长 6.79%，服务业增加值占 GDP 的比重达 38.79%。但从横向比较来看，2013 年河池市服务业增加值在广西排名靠后，排第 10 位，虽然排名高于同为桂西资源富集区的崇左市（186.95 亿元，在广西排第 11 位），但落后于桂西资源富集区的百色市（222.22 亿元，在广西排第 7 位）。

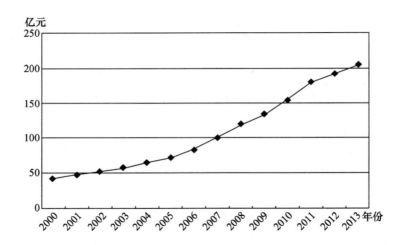

图 7－3　河池市服务业增加值变化趋势

资料来源：各年《广西统计年鉴》。

此外，从总体看，河池市服务业占 GDP 比重，还是偏低的。从图 7－4 可以看出，2000—2013 年，河池市服务业增加值占 GDP 比重基本上在 30%—40% 之间徘徊，从未超过 40%。从服务业增加值看：2012 年，全市服务业增加值为 193.26 亿元，在全区 14 个市中，服务业增加值总量居第 9 位，落后于相邻的百色市（197.04 亿元）。从国际化大都市服务业增加值占 GDP 的比重看是"两个 70%"，即服务业增加值占 GDP 的 70%、服务业就业人数占全社会就业人数的 70%，并且都集中

在现代服务业，占了绝对比重。很明显，河池市的服务业增加值占 GDP
比重是较低的。

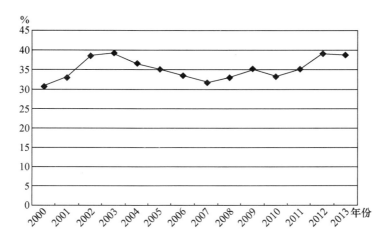

图 7 - 4　河池市服务业增加值占 GDP 比重变化趋势

资料来源：各年《广西统计年鉴》。

从服务业增加值的增速看：2005 年前，河池市经济由于受南丹
"7·17" 透水事故影响，工业处于全面停产整顿状态，全市经济只有
依靠一产和三产，因此，服务业略快于全市工业的增长速度。2006—
2011 年，河池市采取各种措施拉长 "工业短腿"，工业经济实现了突飞
猛进的发展，而服务业却放缓了发展步伐。全市服务业增加值增长速度
从 2005 年的 8.29% 跌到 2011 年的 4%，2012 年增长速度跌到 3.9%，
如表 7 - 10 所示。2012 年，在全区 14 个市中，河池市 GDP 和服务业两
个增速均排倒数第 1 位（2005 年、2010 年、2011 年，分别排第 11 位、
第 12 位、第 12 位和第 8 位、第 14 位、第 14 位）。

2. 资金投入逐年加大，但投资与效益不同步

近年来，河池市在服务业的投入力度不断加大，服务业投资进入了
一个较快的发展时期。2012 年，全社会固定资产投资 221.82 亿元，其
中服务业完成投资 141.00 亿元（如表 7 - 11 所示），服务业固定资产
投资增长已成为扩大需求、带动经济增长的重要因素，而且使服务业的
基础设施得到改善和加强，积蓄了后劲，为进一步发展奠定了良好
基础。

表 7 - 10　　　　　　　　　2012 年广西各市服务业增加值情况

地市名称	地区生产总值		服务业增加值		比重（%）
	绝对数（亿元）	增长（%）	绝对数（亿元）	增长（%）	
广西	13031.04	11.3	4525.58	9.5	34.73
南宁市	2503.55	12.3	1220.5	9.6	48.75
柳州市	1846	11.7	502.28	11.1	27.21
桂林市	1492.05	13.3	522.6	9.2	35.03
梧州市	831.01	13.6	201.16	8.6	24.21
北海市	830.8	21.8	192.73	6.9	23.2
防城港市	457.53	12.5	152.6	7.2	33.35
钦州市	724.48	12	227.27	10.3	31.37
贵港市	677.35	10	254.55	9.1	37.58
玉林市	1120.48	11	387.13	8.6	34.55
百色市	746.22	8.9	197.04	8.3	26.41
贺州市	393.86	9	124.4	7.9	31.58
河池市	497.51	-0.5	193.26	3.9	38.85
来宾市	519.22	11.8	149.35	8.4	28.76
崇左市	530.75	11.8	169.66	10.4	31.97

资料来源：广西统计局网站。

表 7 - 11　　　　　　2005—2012 年河池市服务业固定资产投资状况

指标	2005 年	2010 年	2011 年	2012 年
全社会固定资产投资（亿元）	137	361.95	435.78	221.82
服务业投资（亿元）	43.53	155.39	173.96	141.00
服务业占比（%）	31.77	42.93	39.92	63.57
服务业投资增长（%）	51.72	24.78	25.74	-36.26

资料来源：广西统计局网站。

　　但是，2012 年，河池市服务业固定资产投资占全社会固定资产投资比重为 63.57%，比 2010 年的 42.93% 提高了 20.64 个百分点，这个高比重数据是个假象。因为 2012 年全市受环境污染事故影响，有色金属工业项目受到限批，工业投资下降 55.9%，使投资结构发生了极不寻常的变化。按照正常发展，2012 年服务业占比应在 43%—45% 之间，不会超过 45%。从投资总量看，河池市远远落后于广西各市（见表 7 - 12）。从比重分析看（剔除不正常的结构因素），河池市比不上周边的百色、来宾与崇左市，服务业投资仍显不足，所占比重仍然偏低。

表 7 - 12　　　广西部分地市服务业固定资产投资占全社会固定资产投资比重　　　　单位：亿元，%

地市名称	2005 年			2010 年			2012 年		
	固定资产投资	服务业投资	比重	固定资产投资	服务业投资	比重	固定资产投资	服务业投资	比重
广西	1769.07	976.33	55.19	7859.07	4345.66	55.29	12171.78	6773.45	55.65
钦州市	89.85	29.15	32.44	451.6	279.5	61.89	561.68	335.6	59.75
百色市	175.56	85.03	48.43	639.71	297.14	46.45	916.88	517.88	56.48
贺州市	82.96	37.29	44.95	363.37	131.03	36.06	542.37	177.31	32.69
河池市	137	43.53	31.77	361.95	155.39	42.93	221.82	141	63.57
来宾市	56.89	9.55	16.79	306.9	149.57	48.74	480.11	281.2	58.57
崇左市	52.81	37.2	70.44	308.84	192.65	62.38	479.99	307.07	63.97

资料来源：广西统计局网站。

3. 现代服务业发展加快，但服务业结构仍不够合理，传统行业比重较大

近年来，河池市现代服务行业发展步伐明显加快，如文化、金融业、信息、计算机服务及软件业、房地产、教育、旅游等得到了快速发展，在国民经济中的比重不断提高。2012 年，金融保险业实现增加值 18.96 亿元，占服务业比重为 9.81%；房地产业实现增加值 22.14 亿元，占服务业比重为 11.46%；信息、计算机服务和软件业实现增加值 10.99 亿元，占服务业比重为 5.69%（见表 7 - 13）。旅游经济快速发展。突出"长寿、生态、民族、红色"等特色旅游资源，促进了全市旅游业快速发展。2012 年，全市旅游接待人数 1068.46 万人次，增长 25.22%，实现旅游总收入 90.21 亿元，增长 51.95%。而传统服务行业中，交通运输、仓储及邮电通信业和批发零售贸易、住宿餐饮业仍占据主导地位。2012 年，两大行业实现增加值 78.73 亿元，占第三产业的比重达到 40.74%。

表 7 – 13　　　　2005—2012 年河池市服务业主要行业增加值

指标	2005 年	2010 年	2011 年	2012 年
服务业增加值（亿元）	72.34	154.58	180.5	193.26
交通运输、仓储及邮电通信业（亿元）	10.73	20.14	25.39	28.31
占服务业比重（%）	14.83	13.03	14.07	14.65
信息、计算机服务和软件业（亿元）	4.74	8.29	10.39	10.99
占服务业比重（%）	6.55	5.36	5.76	5.69
批发零售贸易、住宿餐饮业（亿元）	17.39	36.73	46.75	50.42
占服务业比重（%）	24.04	23.76	25.97	26.09
金融保险业（亿元）	4.28	14.8	16.61	18.96
占服务业比重（%）	5.92	9.59	8.95	9.81
房地产业（亿元）	7	17.72	21.56	22.14
占服务业比重（%）	9.68	11.46	11.94	11.46

资料来源：广西统计局网站。

在河池市服务业中，交通运输、仓储及邮电通信业，批发零售贸易、住宿餐饮业等传统服务业发展较快、比重较大，而现代服务业则发展缓慢，比重较小。2012 年，全市传统服务业增加值为 119.65 亿元，占 GDP 的比重为 24.05%，现代服务业增加值为 73.61 亿元，占 GDP 的比重为 14.80%。产业化水平也较低，第二、第三产业间的关联效应、主导产业的扩散效应、城市信息化对工业化的带动效应远未凸显，第二、第三产业互动、融合、发展的态势尚未形成。特别是具有代表产业发展方向的现代服务业，如金融保险、信息软件、现代物流、旅游、社会保障与社会福利业等比重偏低，发展不足，产业层次有待进一步提高，内在结构有待进一步优化。

（五）河池市产业发展基本现状总结

通过以上分析，我们可以将河池市产业发展基本现状概括如下：

第一，河池市三次产业结构基本形成了"二三一"的产业结构特点，即第二产业占 GDP 比重最大，其次为第三产业和第一产业。虽然有些年份第三产业占 GDP 比重超过了第二产业占 GDP 比重，但这些年份的第三产业占 GDP 比重数值是不正常的。如河池市 2012 年服务业增加值占 GDP 的比重为 38.85%，在广西 14 个市中，居第 2 位。但是，这一位次不能完全代表河池市服务业发展水平在全区的位次。因为

2012 年受河池"镉污染"环境污染事故影响，河池市有色金属企业全面停产，工业增加值增速和占 GDP 的比重大幅度下降，三次产业结构发生了极不寻常的变化，第三产业增加值占 GDP 的比重突然增长。实际上，河池市第三产业增加值占 GDP 比重在正常情况下约在 33%—34% 之间。而 2002 年河池市的三次产业结构也同样如此，2002 年受河池市 2001 年"7·17"透水事故影响，河池市工业停产整顿，工业增加值大幅度下滑，国民经济三次产业结构发生较大变化。

第二，近年来河池市第一产业增长迅速；而从第一产业内部结构来看，河池市第一产业中，占据主体地位的是农业，其次是牧业，然后才依次是林业和渔业。

第三，河池市三次产业结构中，虽然在各年中第二产业基本上是比重最大的，但第二产业中的工业并没有形成绝对的竞争优势。2002—2005 年，河池市工业当年生产产值竟然比第一产业当年生产总值的数额还要小，不少年份工业当年生产产值比第一产业当年生产总值也并没有高多少。

第四，从工业整体增长情况来看，自改革开放以来，河池市工业增加值稳步增长；但 2000 年以来，河池市工业增加值波动幅度巨大，特别是在 2002 年和 2012 年工业增加值不仅没有增长，反而较上一年下降幅度较大，如 2012 年河池市全部工业增加值同比下降 9.9%、规模以上工业增加值同比下降 12.0%。

从工业内部结构来看，河池市工业发展具有如下特点：（1）呈现出典型的重工业化特征，重工业的增长速度没有轻工业增长快，但重工业在河池市各年全部工业中却占有绝对的比重；平均而言，2008—2012 年，重工业占据了河池市全部工业比重的 85.99%。（2）从主要工业行业来看，河池市工业增加值占全部工业比重最大的行业依次为：电力热力的生产和供应业、有色金属冶炼及压延加工业、有色金属矿采选业、农副食品加工业、化学原料及化学制品制造业、非金属矿物制品业、纺织业。从制造业结构来看，在河池市的制造业结构中，有色金属冶炼及压延加工业又居于主导地位。（3）2008—2012 年河池市增长最快的行业为纺织业，增长最慢的行业为黑色金属冶炼及压延加工业。虽然电力热力的生产和供应业、有色金属冶炼及压延加工业、化学原料及化学制品制造业、非金属矿物制品业在河池市工业结构中所占份额居于前列，但 2008—2012 年这些行业的增长率在各行业中则排序靠后，其中，电力热力的生产和供应业、化学原料及化学制品制造业的平均增长率均是负值。虽然在河池工业结构中所占份额较大的有色金属矿采选业，在 2008—2012 年年平均增长率达到了 11.51%，但其波动幅度较大，5 年时间中有 3 年时间呈现负增长。而在河池市的工业结构中占有较大市场份额的产业即主要优势产业中，只有纺织业和农副食品加工业（即食品和茧丝绸产业）呈现出稳定而较大的增长，二者 2008—2012 年年平均增长率分别达到了 15.19%、10.93%，显示出这两个行业良好的发展势头和发展前景。

二　百色市产业发展的基本情况

（一）百色市三次产业结构情况

2003 年以来，百色市三次产业结构基本呈现出"二三一"的产业结构特点，即第二产业占 GDP 比重最大，其次为第三产业和第一产业。百色市三次产业结构基本情况如表 7 - 14 所示。从表 7 - 14 中可以看出，2011 年三次产业结构为 19.13∶54.49∶26.38。同时，可以看出，从 2006 年以来，百色市第二产业占 GDP 的比重基本上都达到了 50% 以上，显示出第二产业对 GDP 的影响极大，也说明百色市经济发展对第二产业依赖极大。

表 7 - 14　　　　百色市 2002—2013 年三次产业占 GDP 比重　　　　单位:%

年份	2002	2003	2004	2005	2006	2007	2008	2009	2010	2011	2012	2013
第一产业占 GDP 比重	35.46	30.96	29.54	26.7	22.65	22.15	21.16	20.04	18.6	19.13	18.16	18.52
第二产业占 GDP 比重	28.88	38.01	43.29	44.16	50.16	50.37	52.28	49.86	54.14	54.49	54.84	53.83
第三产业占 GDP 比重	35.66	31.03	27.18	29.14	27.2	27.48	26.56	30.1	27.26	26.38	27.00	27.65

资料来源：《广西统计年鉴 2014》。

从表 7 - 15 可以看出，2003 年以前，百色市第一产业增加值比第二产业中的工业增加值都要大，而 2004 年以来，百色市工业发展迅速，到 2013 年工业增加值达到了 373.87 亿元，远远高于第一产业增加值

148.76亿元。这反映出三个问题：一是百色市第一产业具有较好的发展基础；二是百色市工业增长速度较快；三是百色市工业发展起步较晚。

表 7 - 15　　　　　　　百色市三次产业结构基本情况　　　　单位：亿元

年份	生产总值（按当年价格）	第一产业	第二产业	工业	第三产业
1978	6. 15	3. 92	1. 09	0. 93	1. 14
1979	6. 53	4. 06	1. 15	0. 98	1. 32
1980	6. 74	4. 10	1. 23	0. 99	1. 41
1981	7. 46	4. 67	1. 25	1. 04	1. 54
1982	8. 38	5. 34	1. 30	1. 07	1. 74
1983	9. 09	5. 64	1. 46	1. 20	1. 99
1984	9. 40	5. 47	1. 56	1. 30	2. 37
1985	10. 56	5. 99	1. 80	1. 50	2. 77
1986	12. 85	7. 41	2. 16	1. 89	3. 28
1987	15. 21	8. 26	2. 96	2. 57	3. 99
1988	17. 87	9. 52	3. 42	2. 87	4. 93
1989	19. 92	10. 60	3. 83	3. 34	5. 49
1990	23. 14	11. 84	4. 35	3. 73	6. 95
1991	26. 91	13. 41	5. 54	4. 59	7. 96
1992	31. 04	14. 12	7. 04	5. 39	9. 88
1993	41. 56	18. 31	10. 69	7. 42	12. 56
1994	58. 68	26. 50	13. 54	10. 33	18. 64
1995	77. 13	32. 62	20. 53	15. 66	23. 98
1996	89. 18	37. 10	23. 20	20. 43	28. 88
1997	97. 14	40. 49	24. 50	21. 11	32. 15
1998	106. 08	44. 56	27. 04	23. 09	34. 48
1999	112. 02	47. 28	28. 66	24. 17	36. 08
2000	119. 50	47. 85	32. 43	26. 81	39. 22
2001	128. 37	49. 45	35. 25	28. 42	43. 67
2002	143. 97	48. 09	47. 43	37. 25	48. 45
2003	162. 13	50. 32	58. 38	47. 28	53. 43

续表

年份	生产总值 （按当年价格）	第一产业	第二产业	工业	第三产业
2004	203.76	61.04	82.83	69.22	59.89
2005	239.36	63.91	105.70	88.06	69.75
2006	297.28	67.32	149.11	126.14	80.85
2007	352.73	79.98	176.49	151.47	96.26
2008	416.24	88.07	217.61	189.29	110.56
2009	452.86	90.77	225.78	191.66	136.31
2010	573.90	105.21	313.89	273.49	154.80
2011	656.71	125.61	357.84	312.26	173.26
2012	755.24	137.14	414.21	361.87	203.89
2013	803.57	148.76	432.59	373.87	222.22

资料来源：《广西统计年鉴2014》。

（二）百色市第一产业发展情况

正如上文所说，百色市第一产业有着较好的发展基础，在2001年以前，百色市第一产业一直在GDP中占据着主体地位，近年来同样增长迅速（如图7-5所示）。

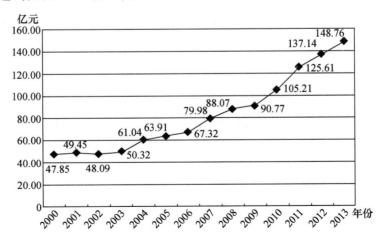

图7-5 近年来百色市第一产业生产总值变化趋势

资料来源：《广西统计年鉴2014》。

　　从百色市第一产业内部结构来看，近年来，百色市第一产业中，占据主体地位的是农业，其次是牧业，然后才依次是林业和渔业。以2011年和2010年为例，2011年，百色市全年农林牧渔业总产值202.94亿元，增长4.7%。其中，农业总产值106.37亿元，增长4.6%；林业总产值17.93亿元，增长3.3%；畜牧业总产值64.18亿元，增长4.5%；渔业总产值10.84亿元，增长8.1%；农林牧渔服务业总产值3.6亿元，增长5.1%；2011年全市农林牧渔增加值是撤地建市的2002年的2.5倍，年平均增长4.5%。2010年，百色市全年农林牧渔业总产值167.66亿元，增长4.9%。其中：农业总产值92.33亿元，增长0.6%；林业总产值16.87亿元，增长31.0%；畜牧业总产值46.4亿元，增长5.1%；渔业总产值8.83亿元，增长12.7%；农林牧渔服务业总产值3.23亿元，增长5.6%。

（三）百色市工业发展情况

　　虽然百色市工业发展起步较晚，2003年以前工业增加值都要低于第一产业增加值。但近年来百色市工业突飞猛进，从图7-6可以看出，百色市工业近年来稳步增长，并且增长迅速。

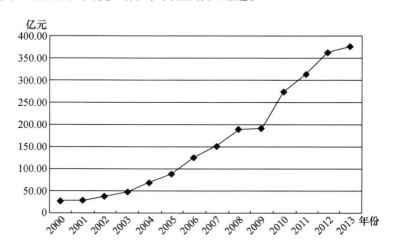

图7-6　百色市工业增加值变动趋势

资料来源：《广西统计年鉴2014》。

　　从工业增加值来看，2012年，百色市全年全部工业增加值361.87亿元，比上年增长9.1%。规模以上工业增加值完成315.1亿元，同比增长 10.1%。其中大中型企业增长 6.7%，私营企业增长 23.4%。轻工业下降 6.1%，重工业增长 10.5%。2011 年规模以上工业增加值是撤地建市的 2002 年的 11.6 倍，年平均增长 25.4%。

从轻重工业比例来看，百色市工业结构与河池市工业结构很相似，同样是重工业占据着主要地位，工业发展呈现出明显的重工业化特征。以 2010 年为例，百色市工业中，轻工业增加值为 24.8 亿元，而重工业增加值则达到了 191.36 亿元。

从主要行业来看，百色市规模以上工业中，工业增加值占全部工业比重最大的行业主要有：有色金属冶炼及压延加工业、电力热力的生产和供应业、黑色金属冶炼及压延加工业、非金属矿物制品业、化学原料及化学制品制造业、农副食品加工业。

表 7－16、表 7－17 显示了百色市规模以上工业主要行业的工业增加值及其增长情况。2012 年全年规模以上工业中，农副食品加工业增加值 14.39 亿元，比上年增长 11.40%；非金属矿物制品业增加值 17.95 亿元，增长 8.90%；化学原料及化学制品制造业增加值 14.49 亿元，增长 18.40%；有色金属冶炼及压延加工业增加值 142.01 亿元，增长 8.10%；黑色金属冶炼及压延加工业增加值 24.58 亿元，增长 21.40%；电力热力的生产和供应业增加值 30.68 亿元，增长 3.90%。

表 7－16　　　　　百色市规模以上工业主要行业增加值　　　单位：亿元

行业	2008 年	2009 年	2010 年	2011 年	2012 年	平均值
农副食品加工业	11.12	11.1	12.06	12.92	14.39	12.32
非金属矿物制品业	7.26	7.1	13.65	16.48	17.95	12.49
化学原料及化学制品制造业	2.57	4.3	10.04	12.24	14.49	8.73
有色金属冶炼及压延加工业	70.28	73.9	104.52	131.37	142.01	104.42
黑色金属冶炼及压延加工业	13.05	12.6	17.33	20.25	24.58	17.56
电力热力的生产和供应业	20.53	23.1	26.36	29.53	30.68	26.04
全部工业增加值	189.3	191.66	264.59	318.19	361.87	265.12

资料来源：各年《百色市国民经济和社会发展统计公报》。

从表 7－16 可以看出，在百色市规模以上工业主要行业中，有色金属冶炼及压延加工业又占有绝对的市场份额，2012 年有色金属冶炼及压延加工业占全部工业增加值的比重达到了 39.24%，显示出有色金属冶炼及压延加工业是百色市工业中的主导产业。在有色金属冶炼及压延加工业中，百色市的铝产业又占据着主体地位。

表 7 – 17 显示，2008—2012 年，规模以上工业中，百色市平均行业增长率由高到低的行业依次为：化学原料及化学制品制造业、非金属矿物制品业、有色金属冶炼及压延加工业、黑色金属冶炼及压延加工业、电力热力的生产和供应业、农副食品加工业。

表 7 – 17　　百色市规模以上工业主要行业增加值增长率情况　　　单位：%

行业	2008 年	2009 年	2010 年	2011 年	2012 年	平均增长率
农副食品加工业	43.80	– 8.70	– 17.70	– 11.10	11.40	6.66
非金属矿物制品业	38.10	2.00	60.30	12.60	8.90	25.39
化学原料及化学制品制造业	– 20.00	87.50	63.80	7.50	18.40	54.10
有色金属冶炼及压延加工业	47.00	29.90	25.20	8.40	8.10	19.23
黑色金属冶炼及压延加工业	– 1.60	24.70	20.30	11.10	21.40	17.15
电力热力的生产和供应业	14.40	6.90	14.60	14.70	3.90	10.57

资料来源：各年《百色市国民经济和社会发展统计公报》。

从经济类型来看，百色市工业结构中，非国有工业增长速度要远远快于国有工业增长速度。2012 年百色国有企业增长 4.2%，非国有工业增长 16.1%，国有控股企业增长 3.1%。

表 7 – 18　　百色市主要年份的工业增加值及其增长速度（按经济类型）

指标	2009 年		2010 年	
	增加值（亿元）	比上年增长（%）	增加值（亿元）	比上年增长（%）
规模以上工业增加值	150.5	20.9	216.16	25.2
其中：国有及国有控股企业	64.6	22.2	86.74	22.0
其中：大中型企业	117.2	22.1	170.76	26.7
其中：国有企业	45	21.8	73.01	17.8
集体企业	0.07	– 27.2	0.14	160.1
股份合作企业	9.3	41.9	17.81	49.6
股份制企业	85.5	24.0	116.94	31.1
外商及港澳台投资企业	9.2	– 10.4	7.46	– 18.9
其他经济类型企业	1.3	– 15	0.8	53.6

资料来源：各年《百色市国民经济和社会发展统计公报》。

从工业经济效益来看，百色市各行业综合效益波动巨大，但总体来看，有色金属冶炼及压延加工业还是占据了百色市工业整体利润中的主要部分（如表7－19所示）。具体来看，2012年，百色市全年规模以上工业经济效益综合指数363.74，比上年增长21.5%；主营业务收入725.71亿元，增长14.2%；利税总额39.1亿元，下降31.6%，其中利润总额12.68亿元，下降54.6%。2012年全年规模以上工业企业实现利润12.68亿元，同比下降54.6%。从行业看，农副食品加工业实现利润2.19亿元，下降67.5%，其中制糖业实现利润1.92亿元，下降71.4%；有色金属冶炼及压延加工业亏损0.12亿元；电力行业亏损1.41亿元；煤炭开采和洗选业实现利润2.56亿元，下降3.1%；黑色金属冶炼及压延加工业实现利润8.35亿元，下降56.2%；石油加工、炼焦及核燃料加工业亏损0.1亿元；造纸及纸制品业亏损0.18亿元。2011年，百色市农副食品加工业实现利润6.8亿元，增长17.7%，其中制糖业实现利润6.78亿元，增长17.2%；有色金属冶炼及压延加工业实现利润18.87亿元，下降3.2%；电力行业亏损5.07亿元；煤炭开采和洗选业实现利润2.64亿元，增长35.7%；黑色金属冶炼及压延加工业亏损0.01亿元；石油加工、炼焦及核燃料加工业实现利润0.8亿元，增长9.5%；造纸及纸制品业实现利润0.43亿元，下降68.9%。

表7－19　　　百色市主要年份规模以上工业主要行业实现利润　　　单位：亿元

行业	2008年	2009年	2010年	2011年	2012年
农副食品加工业	-0.23	3.3	5.72	6.8	2.19
其中：制糖业	-0.26	3.3	5.78	6.78	1.92
有色金属冶炼及压延加工业	7.7	3.8	19.68	18.87	-0.12
电力行业	-1.09	-1.1	-2.11	-5.07	-1.41
煤炭开采和洗选业	1.62	1.0	1.95	2.64	2.56
黑色金属冶炼及压延加工业	1.40	0.2	-0.01	-0.01	8.35
石油加工、炼焦及核燃料加工业	0.01	0.08	0.7	0.8	-0.1
造纸及纸制品业	-0.43	-0.4	1.17	0.43	-0.18

资料来源：各年《百色市国民经济和社会发展统计公报》。

（四）百色市服务业发展情况

近年来，百色市服务业发展具有以下特征：

1. 服务业规模增长迅速，但总量仍然较小

近年来百色市服务业规模增长迅速，2013 年，百色市服务业规模达到了 222. 22 亿元，是 2000 年 39. 22 亿元的 5. 67 倍（如表 7 - 20 所示）。2000—2013 年，年均服务业规模增长了 14. 27% 。

但从绝对值来看，百色市服务业规模总量仍然偏小，2013 年百色市服务业规模在广西 14 个市中也仅位列第 7 位。从服务业增加值在 GDP 中的占比来看，2000—2013 年，百色市服务业增加值占 GDP 比重最高的年份也仅为 34. 02% ，大多数年份更是在 30% 以下，显示出百色服务业增加值占 GDP 比重是偏低的。

表 7 - 20 百色市 2000—2013 年服务业增加值及占 GDP 的比重情况

年份	地区生产总值（亿元）	服务业增加值（亿元）	比重（%）
2000	119. 50	39. 22	32. 82
2001	128. 37	43. 67	34. 02
2002	143. 97	48. 45	33. 65
2003	162. 13	53. 43	32. 96
2004	203. 76	59. 89	29. 39
2005	239. 36	69. 75	29. 14
2006	297. 28	80. 85	27. 20
2007	352. 73	96. 26	27. 29
2008	416. 24	110. 56	26. 56
2009	452. 86	136. 31	30. 10
2010	573. 99	154. 80	26. 97
2011	656. 71	173. 26	26. 38
2012	755. 24	203. 89	27. 00
2013	803. 58	222. 22	27. 65

资料来源：《广西统计年鉴 2014》。

2. 服务业固定资产投资不断增加，服务业固定资产投资占全社会固定资产投资的比重逐年提高

表 7 - 21 显示了百色市 2008—2012 年服务业固定资产投资情况，从表中可以看出，2008 年以来，百色市服务业固定资产投资不断增加，

2008 年服务业固定资产投资为 113.74 亿元，2012 年则达到了 517.88 亿元；同时，2008 年百色市服务业固定资产投资占全社会固定资产投资的比重为 34.95%，2012 年则达到了 51.78%。

表 7 - 21　　　百色市 2008—2012 年服务业固定资产投资情况

年份	服务业固定资产投资（亿元）	增长率（%）	全社会固定资产投资（亿元）	服务业占全社会固定资产投资比重（%）
2008	113.74	0.2	325.45	34.95
2009	249.4	119.4	531.5	46.92
2010	297.14	20.0	639.71	46.45
2011	396.9	22.6	761.98	52.09
2012	517.88	28.0	1000.07	51.78

资料来源：各年《百色市国民经济和社会发展统计公报》。

3. 现代服务业快速增长

虽然现代服务业占比仍然较低，但从速度来看，百色市现代服务业近年来快速增长。

第一，商贸物流业发展步伐加快。2013 年百色市全年社会消费品零售总额 178 亿元，增长 13.5%。邮政普遍服务营业收入、快递收入均突破 1 亿元。公路客货运周转量分别增长 7.1%、15.1%。2013 年，启动了全市重点商贸物流项目大会战，中心城区"十大市场工程"、中国—东盟（田阳）国际现代农业物流园、龙邦国际商贸物流中心、百色天贸城、田东石化物流园、百色煤炭物流中心、汽车交易市场、工程机械市场、恒宁城市广场、时代商贸城等 39 个项目开工建设，百色烟草物流市场、田阳县三鑫商业综合物流园等项目前期工作顺利开展，百色至越南高平国际客货运输线路开通，实施乡镇农贸市场升级改造项目 11 个，城乡现代市场体系发展加快。

第二，旅游业发展稳步推进。2013 年，百色市启动实施旅游业赶超跨越三年行动计划。全市接待旅游总人数 1678.6 万人次，增长 23.3%，旅游总收入 123.8 亿元，增长 28.6%。开通百色靖西与越南高平边境旅游线路，建立"百色·黔西南州旅游联盟"、"百色·文山州旅游联盟”以及中国第一个跨国旅游联盟——"中国百色·越南高平国际旅游联盟"。靖西县成为全国旅游标准化省级试点县，凌云县荣获"中国长寿之乡"称号。德保红叶森林公园、平果通天河景区和田阳聚之乐休闲农业景区（国家农业科技园区）创建国家4A级景区均通过国家旅游局评审，全市4A级景区数量增加到11个，排广西前列。完成3000多家旅游产品销售门店的铺设。

第三，金融服务体系进一步完善。全市证券机构实现证券交易近60亿元；保险业保费收入10.42亿元，增长18.8%；担保机构担保余额超过35亿元；金融机构人民币各项存款、贷款余额分别为758亿元、592亿元，同比增长12.1%、14.7%；新增6家小额贷款公司，小额贷款公司的贷款余额达12亿元。百色电力有限责任公司成为全区首家完成私募债备案发行工作的企业，田阳金叶纸业公司成为中国造纸业第一家在上海股权托管交易中心挂牌的企业。全年落实发放民贸民品贷款19.66亿元，年末贷款余额14.42亿元，获得中央财政贴息4367万元。全面完成全县1260户中小企业信用档案建立，田东县农村金融综合改革试点工作高效推进。

第四，房地产业积极有序发展。百色市已逐步建立了以市场为主满足多层次住房需求，以政府为主提供基本保障的住房供应体系。全市房地产开发企业达236家，2013年商品房销售165.1万平方米，新建商品房销售面积增长21.6%；市区55.6万平方米，比上年增加11.5万平方米，增长26.1%。全市新建商品房成交均价为3310.6元/平方米，同比增长16.0%，其中住宅成交均价为2970.2元/平方米，同比增长12.0%。2013年全市归集住房公积金11亿元，实现增值收益4500万元。

4. 服务业内部结构不太合理，现代服务业比重有待提高

目前，百色市服务业内部结构仍然不太合理，虽然无百色市服务业分行业的增加值数据，但从百色市服务业分行业固定资产投资数据可以看出，百色市服务业仍然是以交通运输、仓储和邮政业等传统服务业为主，现代服务业比重仍然偏低。2012年百色市服务业固定资产投资517.88亿元，交通运输、仓储和邮政业的固定资产投资则达到了143.03亿元。虽然信息传输、计算机服务和软件业在2008年固定资产投资仅为1.05亿元，2012年则增加到了8.58亿元；金融业在2008年

固定资产投资仅为 0.03 亿元，2012 年则增加到了 0.78 亿元，但这些行业固定资产投资绝对值仍然偏小（见表 7 – 22）。

表 7 – 22　　　百色市 2008—2012 年服务业分行业固定资产投资　　单位：亿元

行业	2008 年	2009 年	2010 年	2011 年	2012 年	2008—2012 年平均值
交通运输、仓储和邮政业	58.82	86.02	102.11	104.86	143.03	98.97
信息传输、计算机服务和软件业	1.05	9.38	6.2	12.43	8.58	7.53
批发和零售业	2.31	6.62	14.44	29.73	36.72	17.96
住宿和餐饮业	0.34	2.01	7.12	11.09	18.02	7.72
金融业	0.03	0.25	0.48	2.72	0.78	0.85
房地产业	23.28	58.64	76.93	50.03	44.78	50.73
租赁和商务服务业	1.91	0.58	2.91	5.66	5.03	3.22
科学研究、技术服务和地质勘查业	0.38	1.02	0.91	2.00	2.76	1.41
水利、环境和公共设施管理业	10.91	67.14	61.7	79.77	133.13	70.53
居民服务和其他服务业	0.18	0.22	0.2	0.48	3.84	0.98
教育	2.63	5.92	12.34	13.93	20.13	10.99
卫生、社会保障和社会福利业	0.83	2.48	5.44	6.67	7.28	4.54
文化、体育和娱乐业	0.44	0.75	1.88	7.96	9.78	4.16
公共管理和社会组织	10.62	6.49	4.5	8.73	18.06	9.68

资料来源：百色市统计局网站。

（五）百色市产业发展基本现状总结

通过以上分析，我们可以将百色市产业发展基本现状概括如下：

第一，百色市三次产业结构基本呈现出"二三一"的产业结构特点，即第二产业占 GDP 比重最大，其次为第三产业和第一产业；同时，百色市工业发展虽然起步较晚，但增长速度较快，百色市经济发展对第二产业依赖极大，2006 年以来，百色市第二产业占 GDP 的比重基本上都达到了 50% 以上。

第二，百色市第一产业有着较好的发展基础，在 2001 年以前，百色市第一产业一直在 GDP 中占据着主体地位，近年来同样增长迅速。

从百色市第一产业内部结构来看，百色市第一产业中，占据主体地位的是农业，其次是牧业，然后才依次是林业和渔业。

第三，近年来百色市工业突飞猛进，从轻重工业比例来看，百色市重工业占据着主要地位，工业发展呈现出明显的重工业化特征。从主要行业来看，百色市规模以上工业中，工业增加值占全部工业比重最大的行业主要有：有色金属冶炼及压延加工业、电力热力的生产和供应业、黑色金属冶炼及压延加工业、非金属矿物制品业、化学原料及化学制品制造业、农副食品加工业。在百色市主要工业行业中，有色金属冶炼及压延加工业又占有绝对的市场份额，在有色金属冶炼及压延加工业中，百色市的铝产业又占据着主体地位。从经济类型来看，百色市工业结构中，非国有工业增长速度要远远快于国有工业增长速度。从工业经济效益来看，百色市各行业综合效益波动巨大，但总体来看，有色金属冶炼及压延加工业还是占据了百色市工业整体利润中的主要部分。

第四，百色市服务业规模增长迅速，但总量仍然较小，2000—2013年，百色市服务业增加值占 GDP 比重最高的年份也仅为 34.02%，大多数年份在 30% 以下。服务业固定资产投资不断增加，服务业固定资产投资占全社会固定资产投资的比重逐年提高。同时，服务业内部结构不太合理，虽然百色市现代服务业近年来快速增长，但是现代服务业比重有待提高。

三　崇左市产业发展的基本情况

（一）崇左市三次产业结构情况

与河池市、百色市三次产业结构不同，崇左市工业基础薄弱，崇左市三次产业结构直到 2006 年，才呈现出"二三一"的产业结构特点（即第二产业占 GDP 比重最大，其次为第三产业和第一产业）。在此之前的 2003—2005 年，崇左市三次产业结构中占 GDP 比重最大的产业一直为第一产业，其次为第三产业，最后才是第二产业。2007—2008 年，虽然第二产业在 GDP 中的比重比第一产业、第三产业在 GDP 中的比重都要高，但也并没有高多少，2009 年第二产业在 GDP 中的比重比第三产业在 GDP 中的比重还要低，直到 2010 年后第二产业在 GDP 中的比重才真正与第一产业、第三产业拉开差距，较大幅度地高于第一产业、第三产业占比（见表 7 - 23），其中 2013 年第一产业、第二产业、第三产业在 GDP 中的占比分别是 25.56%、42.46%、31.98%。

表 7 - 23　　　　崇左市 2003—2013 年三次产业占 GDP 比重　　　　单位:%

年份	2003	2004	2005	2006	2007	2008	2009	2010	2011	2012	2013
第一产业占 GDP 比重	38.23	37.55	36.62	34.25	32.88	30.51	28.56	29.27	29.48	26.95	25.56
第二产业占 GDP 比重	23.93	26.60	28.87	34.32	33.69	35.62	35.29	38	40.14	40.90	42.46
第三产业占 GDP 比重	37.84	35.85	34.52	31.44	33.43	33.88	36.15	32.73	30.39	32.16	31.98

资料来源:《广西统计年鉴 2014》。

表 7 - 24　　　　　　　崇左市三次产业结构基本情况　　　　　单位：亿元

年份	生产总值（按当年价格）	第一产业	第二产业	工业	第三产业
2003	104.21	40.96	24.97	19.31	38.28
2004	125.55	48.34	31.08	25.26	46.13
2005	151.14	55.34	43.63	36.29	52.17
2006	194.03	66.45	66.58	58.13	61.00
2007	231.87	76.24	78.12	67.97	77.51
2008	272.98	81.45	101.67	89.11	89.86
2009	304.36	86.94	107.41	90.83	110.01
2010	392.37	114.85	149.11	127.53	128.41
2011	491.85	144.98	197.42	169.71	149.45
2012	530.51	142.95	216.96	184.06	170.60
2013	584.63	149.44	248.24	210.62	186.95

资料来源:《广西统计年鉴 2014》。

（二）崇左市第一产业发展情况

从表 7 - 23 可以看出，2003—2013 年，崇左市第一产业在 GDP 中的比重一直在 30% 左右，2009 年以前都在 30% 以上。表 7 - 24 还显示出，2003—2005 年，崇左市第一产业增加值要明显高于第二产业、第三产业增加值；即使在 2006 年和 2007 年，第一产业和第二产业增加值也不相上下。这些都说明农业在崇左市国民经济中具有极其重要的地位，崇左市农业发展基础较好。2012 年，崇左市全年粮食种植面积

12. 10 万公顷，油料种植面积 0. 99 万公顷，甘蔗种植面积 28. 23 万公顷，蔬菜种植面积 4. 15 万公顷，木薯种植面积 1. 38 万公顷，果园面积 3. 11 万公顷，茶园面积 0. 09 万公顷，桑园面积 0. 02 万公顷。

表 7 - 24 也说明近年来，崇左市第一产业增加值基本上是稳步增长的。

（三）崇左市工业发展情况

如上文所说，崇左市工业基础薄弱，直到 2006 年，崇左市第二产业占 GDP 比重才高于第三产业、第一产业，到 2010 年后第二产业在 GDP 中的比重才真正与第一产业、第三产业拉开差距。

从工业增加值来看，虽然崇左市工业基础薄弱，但自从崇左市成立至今，崇左市工业增加值是不断增加的（见图 7 - 7）。其中，2012 年崇左市全年全部工业增加值 184. 46 亿元，比上年增长 18. 1%。规模以上工业增加值增长 18. 8%。在规模以上工业中，国有企业增长 6. 8%，股份制企业增长 22. 1%，外商及港澳台商投资企业增长 14. 3%，其他经济类型企业增长 37. 1%。轻工业增长 23. 1%，重工业增长 14. 2%。

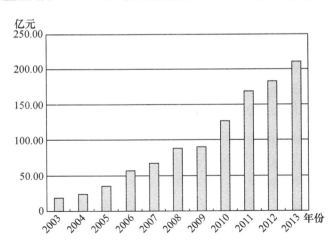

图 7 - 7　2003—2013 年崇左市工业增加值变化情况

资料来源：《广西统计年鉴 2014》。

从主要行业来看，崇左市规模以上工业中，主要行业有制糖业、锰矿加工业、农副食品加工业、食品制造业、矿产品加工业、建材制品业、医药制造业、造纸业、电力业等。主要工业产品有机制糖、锰矿、锰系铁合金、水泥、酒精、淀粉、酵母、纸张、氮肥、剑麻地毯、辣椒酱、精制茶等。

2012 年年底，崇左市规模以上工业企业有 136 家，全年规模以上工业中，制糖业增加值比上年增长 24.0%；水泥、石灰和石膏制造业下降 6.4%；锰矿采选业增长 27.7%；铁合金冶炼业增长 9.2%；电力生产业增长 18.7%；电力供应业增长 3.3%。

从工业经济效益来看，2012 年崇左市全年规模以上工业经济效益综合指数为 408.6，比上年提高 13.8 个百分点；主营业务收入 401.17 亿元，增长 10.5%；利税总额 65.32 亿元，下降 8.8%，其中利润总额 43.37 亿元，下降 11.4%。分行业看，2012 年崇左市农副食品加工业实现利润 31.50 亿元，下降 14.9%；非金属矿物制品业实现利润 2.54 亿元，下降 27.6%；电力热力的生产和供应业实现利润 1.57 亿元，增长 40.33%；有色金属冶炼及压延加工业实现利润 101 万元，与上年持平；化学原料及化学制品制造业实现利润 2.72 亿元，增长 124.1%；黑色金属冶炼及压延加工业实现利润 0.27 亿元，下降 17.2%。

（四）崇左市服务业发展情况

1. 服务业总量迅速扩张，但服务业的发展水平与工业发展不同步

2003—2012 年，崇左市服务业增加值总量达到 923.43 亿元，其中从 2009 年起突破 100 亿元大关，2009 年、2010 年、2011 年分别达到 110.01 亿元、128.41 亿元、149.45 亿元，2012 年突破 150 亿元，达到 170.60 亿元，比 2003 年增长 3.46 倍，年均增长 13.5%（如表 7 - 25 所示）。

表 7 - 25　2003—2012 年崇左市服务业增加值及占 GDP 的比重情况

年份	地区生产总值（亿元）	服务业增加值（亿元）	比重（%）
2003	104.22	38.28	36.73
2004	125.55	46.13	36.74
2005	151.13	52.17	34.52
2006	194.03	61.00	31.44
2007	229.44	77.51	33.78
2008	272.98	89.86	32.92
2009	304.36	110.01	36.15
2010	392.37	128.41	32.73
2011	491.85	149.45	30.39
2012	530.51	170.60	32.20

资料来源：广西统计局网站。

　　目前，崇左市工业结构中传统制造业所占比重偏大，产业技术创新能力较弱，制造业生产方式粗放，导致与其相关的生产性服务业需求增长较慢，制约了服务业的快速发展。建市以来，崇左市农业占全市经济的比重呈下降趋势，由 2003 年的 39.3% 下降到 2012 年的 26.9%，而工业由于基数较大且增速较快，使其占全市经济的比重逐年上升。由 2003 年的 18.5% 上升到 2012 年的 34.9%。服务业除 2009 年增速比工业增速高外，其他年份均低于工业增速（见表 7-26），其中 2011 年工业增速为 15.6%，比服务业高 7.5 个百分点，2012 年工业增速达到 17.4%，比服务业高出 7.0 个百分点。尽管服务业年均增速达到 13.5%，但工业快速增长，挤压了服务业比重的提升，服务业增加值的比重并没有上升，反而下降，由 2003 年的 36.73% 下降到 2012 年的 32.20%，服务业的发展水平与工业发展不同步。

表 7-26　　2003—2012 年崇左市服务业增速与工业增速比较情况

年份	服务业增速（%）	工业增速（%）	相差百分点
2003	20.2	31.4	-11.2
2004	12.1	17.9	-5.8
2005	7.5	30.3	-22.8
2006	14.5	30.4	-15.9
2007	19.6	23.9	-4.3
2008	9.7	19.9	-10.2
2009	20.2	8.1	12.1
2010	14.0	15.0	-1.0
2011	8.1	15.6	-7.5
2012	10.4	17.4	-7.0

　　资料来源：广西统计局网站。

　　2. 服务业行业结构不断优化，但现代服务业比重仍然偏低

　　崇左市工业化的快速发展和居民收入水平的提高，为服务业发展提供了多层次的市场需求，服务业内部结构发生了很大的变化。

　　第一，交通运输业规模持续扩张，生产快速增长。高速公路、高等级公路、城镇路网工程、口岸公路、农村公路、农村交通站场等建设力度加大，交通基础设施进一步完善，基本形成了以崇左市区为中心，出

边、出海、连首府、通各县（市）的"一小时交通圈"，使通道真正"通"起来，崇左市依托优势的区位优势、交通优势和沿边优势，物流行业发展迅速，带动了交通运输业、仓储业快速发展。2012年，公路总里程达6811公里，比2003年增加2173公里，增长46.85%；交通服务设施进一步改善，2012年，全市公路旅客营运客车1075辆、公路货物营运货车30937辆，客运班线270条，开通跨省班线49条，省内跨市班线73条，农村班线128条，完成公路养护工程项目共25个，优良路率40%以上。运输设备技术化、信息化程度提高，高等级、标准化车辆使用比例上升。2012年，全市完成全社会旅客周转量224848万人公里，比2003年增加138461万人公里，增长60.28%；货物周转量268731万吨公里，比2003年增加172575万吨公里，增长79.47%。

第二，商贸流通业稳步发展，消费市场繁荣活跃。崇左市商贸经济持续快速健康发展，商业网点布局不断完善，经济规模不断扩大，消费品市场呈现出城乡市场共同繁荣的良好局面。2012年全市限额以上批发零售和住宿餐饮企业有75家，商业网点总数达到31110个，具有一定规模的超市、连锁店1055家，各类市场256个，建成"万村千乡市场工程"县级配送中心18个、农家店1240个。随着"万村千乡市场工程"的快速推进，连锁经营、特许经营、物流配送等新型流通方式逐步建立，超市、便民店、连锁店、专卖店等新型业态日益繁荣。形成了批发、零售并举，以大型企业为龙头、中型企业为骨干、小型商店为基础的现代流通体系。2012年，全市家电下乡产品累计销售163817台，销售额4.16亿元，比2011年增长23.01%，完成全年任务的118.95%。2012年，全市社会消费品零售总额累计达84.37亿元，比2003年增长3.2倍。其中城镇消费61.51亿元，增长3.79倍；乡村消费22.86亿元，增长2.14倍。

第三，边境物流业转型发展。崇左市加大交通运输、仓储和邮政业、商贸物流以及口岸项目建设的投资力度，充分利用独特的区位优势，开拓东盟国家物流市场，扩大对外贸易规模，做大纺织品、机电产品、农副产品等传统大宗商品出口，发展壮大红木、摩汽配件、橡胶、农副产品加工、海产品和坚果、大米、饼类等进出口加工贸易。2012年，全市有物流企业297家，其中运输型物流企业95家，仓储型物流企业12家，综合服务型企业27家，物流代理企业12家，其他物流企业 151 家。

第四，金融业快速发展。2012 年年末，全市金融机构贷款余额 239.60 亿元，比 2003 年增长 5.77 倍；金融机构存款余额 437.41 亿元，比 2003 年增长 4.19 倍。随着全市经济的持续稳定增长，金融网点不断完善，金融市场快速发展，主要金融机构已进驻崇左：中国工商银行、中国农业银行、中国银行、中国建设银行、北部湾银行、中国农业发展银行、中国邮政储蓄银行等银行业机构，共组建完成了 5 家小额贷款公司，成立了融资性担保公司 2 家，为崇左金融市场不断注入新的活力。保险业强力推进，加快自身发展，勇担社会责任。各保险公司积极增设支公司和市分公司营业部等分支机构，不断加强对地方经济和民生保障的服务力度，为服务地方经济建设做出积极的贡献。保险公司与天等县签订了外出务工人员意外伤害保险单、甘蔗火灾保险等"五项保险"，标志着崇左市"三农"保险试点项目已经成熟。2012 年全市金融业实现增加值 14.68 亿元，2004—2012 年年均增长 20.8%。

第五，旅游产业规模逐步扩大。崇左市旅游产业规模逐步扩大，突出边关特色、民族特色、文化特色，大力推进旅游与工业、农业、水利、林业、体育、文化、文物等相关行业、产业的融合发展，培育新兴旅游业态，构建新的旅游产业体系。全市共拥有旅行社 15 家，宾馆饭店 717 多家，旅游景点景区 18 处（其中 4A 级 2 个，3A 级 3 个，2A 级 2 个），旅游车船公司 4 家，2012 年崇左市全年接待游客总人数 985 万人次，比 2003 年增长 26 倍，旅游总收入 66.81 亿元，比 2003 年增长 10 倍，旅游业已成为崇左市国民经济的增长点。

第六，信息传输、计算机服务和软件业发展水平显著提高。随着崇左市经济快速发展，城乡居民对信息服务的需求不断增长，促进电信业务量不断增加。"数字崇左"建设取得明显成效。互联网有线宽带用户由 2003 年的 1419 户发展到 2012 年的 13.48 万户，移动电话用户由 2003 年的 10.56 万户发展到 2012 年的 126.79 万户，固定电话户数由 2003 年的 3.03 万户发展到 2012 年的 18.3 万户，无线上网卡用户达到了 11.74 万户。光纤网络和通讯信号已基本覆盖全市，电话覆盖率为 100%，行政村宽带覆盖率 100%；全市互联网普及率为 4.64%；全市辖区 16 家糖厂开展了"甜蜜通"业务合作，交警支队完成了"警务通"项目建设，134 所中小学校完成搭建"校讯通"服务体系，进一步加快发展信息化服务步伐。2012 年，全市邮电业务总量实现 15.51 亿元，比 2003 年增长 2.54 倍，其中电信业务总量实现 14.56 亿元，增长 3.84 倍，邮政业务总量实现 0.95 亿元，增长 1.32 倍。2012 年全市信息传输、计算机服务和软件业实现增加值 11.39 亿元，2004—2012 年年均增长 6.7%。

虽然崇左市服务业内部结构不断优化，但不容忽视的是，其服务业内部结构仍不尽合理，主要表现在：一是传统的支柱产业比重仍然较高，服务业主体仍然以批发和零售业、住宿和餐饮业、交通运输业等传统服务业为主，尽管其比重从 2003 年的 45.4% 下降到 2012 年的 43.7%，但这些行业对服务业的发展支撑力仍然较强；二是知识密集型、科技密集型的现代服务业发展相对缓慢。如信息传输、计算机服务和软件业增加值占服务业增加值的比重近几年一直在 6.0% 左右，很多年份比 2003 年还低 1 个百分点左右。服务业中许多新兴行业存在资金、技术和信息含量偏低、企业规模小、经营手段落后等问题，总体竞争力较弱。

表 7-27　　　　　2003—2012 年崇左市第三产业内部构成　　　单位:%

行业	2003 年	2004 年	2005 年	2006 年	2007 年	2008 年	2009 年	2010 年	2011 年	2012 年
交通运输、仓储和邮政业	24.1	26.7	24.6	15.8	16.1	19.5	18.2	18.1	18.3	16.7
信息传输、计算机服务和软件业	6.2	5.0	5.7	9.8	9.7	6.9	5.7	4.5	5.2	6.7
批发和零售业	16.5	17.8	18.6	18.0	17.6	16.7	16.3	16.9	16.2	18.9
住宿和餐饮业	4.8	4.9	5.1	4.8	4.5	8.5	7.2	7.2	7.9	8.1
金融业	3.6	3.3	4.6	6.1	6.2	5.9	6.9	7.7	7.9	8.6
房地产业	9.0	8.6	9.1	11.3	9.8	9.5	10.3	10.0	10.8	8.5
租赁和商务服务业	0.8	1.6	1.5	2.0	2.5	2.5	2.3	2.0	1.7	2.3
科学研究、技术服务和地质勘查业	0.4	2.5	2.9	3.4	3.6	1.8	1.9	1.5	1.2	1.0

行业	2003 年	2004 年	2005 年	2006 年	2007 年	2008 年	2009 年	2010 年	2011 年	2012 年
水利、环境和公共设施管理业	0.7	0.6	0.6	0.8	0.5	0.6	0.5	0.6	0.5	0.5
居民服务和其他服务业	1.5	2.0	1.7	1.9	1.8	1.9	3.0	2.7	2.6	3.6
教育	12.3	10.1	9.7	8.2	10.0	8.7	7.7	8.2	7.4	6.9
卫生、社会保险和社会福利业	4.7	4.9	4.2	5.8	5.5	4.4	5.3	4.9	6.1	6.4
文化、体育和娱乐业	1.0	0.7	0.6	0.7	0.7	0.8	0.8	0.8	1.0	1.2
公共管理和社会组织	14.5	11.2	11.0	11.4	11.6	12.5	13.8	14.8	13.2	10.5

注：表中数据经过四舍五入处理，合计数可能不等于100%。

资料来源：广西统计局网站。

3. 服务业企业规模总体偏小

2012 年，全市限额以上批发零售业和住宿餐饮业企业仅 79 家，占批发零售业、住宿和餐饮业企业总数的 3.42%。年营业收入超过 500 万元以上的其他服务业企业（不包括批发零售业和住宿餐饮业企业）也仅 28 家，占其他服务业企业总数的 4.63%。服务业主体仍然以微小型企业为主，整体呈小、散、乱状态，这些服务业行业中存在资金、技术、信息含量偏低、企业规模小、经营手段落后、抵御风险能力不强等问题，总体竞争力较弱。

全市个体服务业的发展情况依然是传统行业占较大比重，新兴行业的发展水平依然很低。在全市 7.48 万户个体服务业中，从事批发零售住宿餐饮业、交通运输、居民服务业等传统个体服务业的单位数 7.23 万个，占个体服务业总单位的 96.6%，从业人数 13.85 万人，占个体服务业从业总人数的 91.2%；而从事文化体育、娱乐业、计算机应用业等新兴服务业单位只有 0.25 万个，只占个体服务业总数的 3.34%，从业人数 1.11 万人，只占个体服务业从业人员总数的 7.31%。这些新兴的个体服务业正处在起步阶段，未形成一定的规模，从事传统服务业的个体户仍然占绝对比重。

4. 县区服务业发展不均衡

近年来，尽管崇左市各县（市、区）都十分重视服务业发展，但受区域经济发展水平、结构及自然环境的影响，崇左市服务业区域发展仍不平衡。2012 年江州区服务业增加值为 34.99 亿元，占全市服务业增加值的 20.5%，扶绥县居第 2 位，达 24.13 亿元，凭祥市 20.39 亿元，居第 3 位，其他 4 个县均在 20 亿元以下。从各县（市、区）服务业增加值占本地区 GDP 的比重看，最高的凭祥市为 56.3%，比最低的大新县高 34 个百分点（如表 7 - 28 所示）。崇左市服务业规模较大企业分布上不均衡，相对集中在江州区、凭祥市，其他县分布的多为微小型服务业企业，农村或城乡接合部的服务业企业主要以居民服务业、其他服务业为主，城镇化水平较低，经济要素分散，现代市场体系不健全，创业氛围还不够浓。

表 7 - 28　　　　2012 年崇左市各县（市、区）服务业增加值占本地区 GDP 比重情况

县（市、区）	服务业增加值占 GDP 比重（%）
崇左市	32.2
江州区	32.5
扶绥县	24.2
宁明县	22.9
龙州县	30.8
大新县	22.3
天等县	31.5
凭祥市	56.3

资料来源：广西统计局网站。

（五）崇左市产业发展基本现状总结

通过以上分析，我们可以将崇左市产业发展基本现状概括如下：

第一，崇左市工业基础薄弱，崇左市三次产业结构直到 2006 年，才呈现出"二三一"的产业结构特点（即第二产业占 GDP 比重最大，其次为第三产业和第一产业）。在此之前的 2003—2005 年，崇左市三次产业结构中占 GDP 比重最大的一直为第一产业，其次为第三产业，最后才是第二产业。直到 2010 年后第二产业在 GDP 中的比重才真正与第一产业、第三产业拉开差距，较大幅度地高于第一产业、第三产业。

第二，农业在崇左市国民经济中具有极其重要的地位，崇左市农业发展基础较好。2003—2012 年，崇左市第一产业在 GDP 中的比重一直都在30% 左右，2009 年以前都在30% 以上。同时，近年来，崇左市第一产业增加值基本上是稳步增长的。

第三，虽然崇左市工业基础薄弱，但自从崇左市成立至今，崇左市工业增加值是不断增加的。从主要行业来看，崇左市规模以上工业中，主要有制糖业、锰矿加工业、农副食品加工业、食品制造业、矿产品加工业、建材制品业、医药制造业、造纸业、电力业等。

第四，崇左市服务业总量迅速扩张，但服务业的发展水平与工业发展不同步；服务业行业结构不断优化，但现代服务业比重仍然偏低；服务业企业规模总体偏小；县区服务业发展不均衡。

四　桂西三市产业发展的制约因素

从上文的分析可以看出，近年来，桂西资源富集区产业发展较快，但总体来看，还存在不少因素制约着其产业发展。

（一）经济规模偏小，产业发展基础薄弱

2013 年，桂西资源富集区各市中，百色市的 GDP 为 803.58 亿元，河池市的 GDP 为 528.62 亿元，崇左市的 GDP 为 584.63 亿元，三个市的生产总值合计为 1916.83 亿元，仅占广西的 13.33%。2013 年，百色、河池、崇左三个市的人均 GDP，分别排全区第 10 位、第 14 位和第 7 位。同时桂西三市的地方财政收入也呈现较小的规模，2013 年百色、河池、崇左三个市的财政收入分别仅有 65.70 亿元、26.97 亿元、47.49 亿元。此外，企业竞争力不强，企业效益不高，如 2012 年河池市全年规模以上工业企业利润总额仅为 10.34 亿元，2012 年百色市全年规模以上工业企业实现利润也仅为 12.68 亿元。这些问题的存在，不利于桂西资源富集区产业资本积累能力的提升，导致了产业发展的基础薄弱。除了资本积累能力不足外，人才等要素的缺乏也制约着桂西资源富集区的产业发展。桂西资源富集区关于教育的公共支出比率较低，同大多数资源富集区一样有意无意地忽视教育的公共支出，存在明显的"资金误配"现象。2013 年，河池市高校仅有 2 所，在校学生 1.36 万人，2012 年崇左市在校大学生也仅有 3.07 万人，与总人口比例极不协调。人才的缺乏和科技教育投入低下，制约了桂西资源富集区人力资本

水平的提升，也影响了桂西资源富集区现代制造业和高新技术产业的发展，制约了其产业结构的升级。

（二）规模以上企业数量少，产业发展动力不足

虽然桂西资源富集区在某些行业中已形成了产业集群，但产业集群的辐射带动作用还有待增强，规模以上企业数量较少且发展较为缓慢。如河池市 2003 年规模以上企业数为 167 家，2008 年也仅有 256 家，年均增加不到 15 家；2014 年，河池亿元以上企业也仅有 62 家，比 2013 年仅增加 9 家。由于企业规模较小，积累不足，加上专业技术人员和企业家数量不足，企业创新能力弱，也难以承接产业转移带动，对桂西资源富集区整体产业发展带来较大影响。

（三）自主创新能力低，企业抵御风险能力弱

丰富的自然资源会产生挤出效应，一个重要的方面是挤出创新和企业家精神。与其他资源富集区一样，桂西资源富集区也存在着企业研发能力不足、自主创新能力低的问题。2013 年，河池市拥有各类科研所11 个，科研所从事科技活动人员仅为 225 人（科研所全部从业人员也仅有 265 人）；全年共组织实施创新计划项目 202 项，通过科技成果鉴定验收 42 项。由于种种原因，设立在河池市的"广西有色金属人才小高地"的作用也未能得到充分发挥。河池市虽然先后投入 21 亿多元用于有色金属冶炼技术改造，拥有了"锡多金属硫化矿无抑制选矿工艺"等技术装备和采矿工艺，但由于专业技术人员的缺乏，生产工艺较为落后的问题仍然较为突出。在专利申请数量方面，2012 年，崇左市全年专利申请量仅为 115 件，其中发明专利申请量 66 件。由于企业研发能力与投入的不足，使得桂西资源富集区产业的产品附加值低，产业链条短，深加工程度低，各市原料工业、资源工业形态很突出，因而企业抵御风险的能力也较弱。如当 2008 年金融危机来临时，河池市有色金属工业总产值比 2007 年下降 13.14%，到 2009 年 3 月，更是有近半数有色金属企业停产；茧丝绸、蔗糖等农产品市场价格大跌，多数相关企业也不得不减产或停产。

（四）投融资渠道单一，产业发展资金短缺

桂西资源富集区市场化融资程度低，资本市场不成熟，企业资金投入不足，投融资渠道单一，企业发展的资金仅靠银行贷款。目前，整个桂西资源富集区仅有河池化工一家上市公司，能够吸引国内外资金参与

重组的企业也非常少。政府重点扶持的大部分强优企业同样不能通过上市来进行直接融资，尤其是对于桂西资源富集区具有产业优势的有色金属行业而言，同样没有一家有色金属企业上市。

从各市国民经济和社会发展统计公报可以得知，2013 年，河池市全年金融业实现增加值 21.37 亿元，年末全部金融机构本外币贷款余额419.53 亿元、各项存款余额 730.09 亿元。2012 年，崇左市全年金融业增加值 14.89 亿元，年末金融机构本外币各项贷款余额 239.78 亿元、各项存款余额 437.38 亿元。2012 年百色全年金融业实现增加值 22.7亿元，年末金融机构各项贷款余额 515.91 亿元、各项存款余额 676.04亿元。与广西其他地区相比，桂西资源富集区金融发展水平还有一定差距。

（五）基础设施不够完善，产业发展支撑力不强

近年来，桂西资源富集区相继建成了南宁—百色高速公路、南宁—友谊关高速公路，交通闭塞的情况得到了一定程度的缓解，但交通等基础设施仍然落后，区域内交通、水、电灯基础设施的滞后，在一定程度上使很多企业无法落户，是区域内工业基础薄弱的重要原因。具体来看，这些基础设施落后，主要体现在：一是交通有待进一步完善。桂西资源富集区现有的交通运输能力远不能适应大规模经济开发的需要。百色通往云南的西南出海大通道仍未有效发挥作用。广西 14 个市中，没有通高铁的市基本上处于桂西资源富集区，河池市、崇左市的高铁项目还处于规划阶段。二是桂西资源富集区虽然能源丰富但自身调节能力有限。如河池市一直探索直供电试点，为支持国家水电站建设作了巨大贡献，但目前也没有取得实质性进展。三是工业园区的配套基础设施很不完善。生产要素配套能力不强，受投入和用地条件的限制，工业园区土地开发成本较高，污水处理、管网、道路等基础设施建设滞后，不利于企业向产业园区的集聚。

第三节　桂西资源富集区资源型产业的基本情况

通过前文的分析，我们发现，桂西资源富集区基本形成了"二三

一"的产业结构特点,即第二产业占 GDP 比重最大,其次为第三产业和第一产业。而通过对桂西资源富集区河池、百色、崇左市产业发展特征的比较,桂西资源富集区第二产业中基本上又以有色金属冶炼等资源型产业为主体。因此,资源型产业在桂西资源富集区的经济发展中占有举足轻重的地位,桂西资源富集区对资源型产业具有较强依赖。本节我们将对桂西资源富集区资源型产业发展的具体现状进行进一步的分析。

从桂西资源富集区产业发展的整体现状来看,由前文分析可以发现,桂西资源富集区形成了以有色金属冶炼及压延加工业、电力热力的生产和供应业、黑色金属冶炼及压延加工业、非金属矿物制品业、化学原料及化学制品制造业、制糖业等资源型产业为主体的产业格局。具体来看,依托较为丰富的资源优势,桂西资源富集区初步形成了以有色金属产业为主导,建材、锰、糖、农产品加工等资源型产业为骨干的产业体系;培育形成了中铝广西分公司、中信大锰、南方冶炼、信发铝电、华银铝业、东亚糖业、华锡集团、扶绥海螺水泥等一批资源加工龙头企业。

目前,河池市形成了有色金属、食品、化工、电力、蚕茧等优势产业,2010 年五大优势产业产值占工业总产值比重的88%,达 311 亿元。百色市铝产业基地在全国已有重要影响,百色生态型铝产业示范基地获国家批准建设,百色市在 2010 年就形成了烧碱 20 万吨、碳素 52 万吨、铝材加工 43 万吨、电解铝 58 万吨、氧化铝 580 万吨、铝土矿开采 1180万吨的年生产能力。崇左市建成全国最大的蔗糖生产基地和全区最大的锰深加工基地,2010 年形成了机制糖 240 万吨、电解二氧化锰 5 万吨、电解金属锰 20 万吨、铁合金 50 万吨的年生产能力。

各类工业园区也已初步成为优势资源型产业发展的重要平台,如河池市南丹有色金属高新材料工业园区正向着全国有名、广西最大、世界有影响的有色金属工业基地迈进,宜州工业园区成为蚕茧丝绸加工等产业发展的重要集聚区,河池城区工业园区成为以资源型新兴产业和传统产业为主的产业聚集区;百色平果工业园区成为铝产业发展的重要平台;崇左天等锰产业园区等锰产业发展的重要平台(见表 7 - 29)。

表7-29　　　　　　　　桂西资源富集区重点产业园区名单

地区名称	产业园区名称
河池	都安临港工业园、河池综合物流园区、金城江工业集中区、环江工业园区、河池城区工业园区、广西宜州经济开发区、河池·南丹有色金属新材料工业园区
百色	百色国家现代农业科技园区、中国—东盟（田阳）国际现代农业物流园、田林工业园区、靖西工业园区、德保工业园区、平果工业园区、田东石化工业园区、右江桂明工业园区、百色综合物流园区、百色工业园区、新山铝产业循环经济示范园区
崇左	大新锰产业园区、天等锰产业园区、崇左工业园区、中越爱店—峎马跨境经济合作区、中越水口—驮隆跨境经济合作区、中越凭祥—同登跨境经济合作区、凭祥综合保税区、扶绥空港经济区、中国—东盟青年工业园

资料来源：《桂西资源富集区发展规划》。

但是，目前桂西资源富集区资源型产业大多还停留在初级加工和原料采掘层次上，产业链条短，资源转化率低，资源精深加工能力不强。此外，资源综合利用水平低，尾矿、共生矿、伴生矿的利用率和采选冶综合回收率不高。

此外，有色金属冶炼及压延加工业、电力热力的生产和供应业、黑色金属冶炼及压延加工业、非金属矿物制品业、化学原料及化学制品制造业、以制糖为主的农副食品加工业等属于"两高一资"的产业，加上目前桂西资源富集区的资源开发技术工艺落后，重金属污染严重，能耗水耗较高，节能减排压力巨大。

第四节　桂西资源富集区资源型产业集群发展情况

现代经济学一般用产业集群来反映一个地区的产业竞争力情况。既然桂西资源富集区产业发展格局以有色金属冶炼等资源型产业为主体，那么，桂西资源富集区的资源型产业集群发展情况又如何呢？为此，本节将对桂西资源富集区的资源型产业集群进行识别与分析。

一　桂西资源富集区资源型产业集群识别方法

已有研究关于产业集群的识别方法主要有区位熵法、波特案例分析法、主成分分析法、投入产出法、多元聚类分析法，这些方法各有优缺点。鉴于区位熵法是产业集群识别中经常采用的方法，本节也将采用区位熵对桂西资源富集区的资源型产业集群进行识别。

区位熵，又称专门化率，由哈盖特首先提出，用来反映某一产业部门的专业化程度，以及衡量某一区域要素的空间分布情况。

其计算公式为：$LQ_{ij} = (q_{ij}/q_j)/(q_i/q)$

其中，LQ_{ij}表示一个给定区域 j 地区内的 i 产业在全国（或全省）的区位熵，即 j 地区内的 i 产业的相关指标（产值、企业数或就业人数）的份额与该产业的相关指标（产值、企业数或就业人数）在全国（或全省）的份额比值。q_j 指 j 地区所有产业的相关指标（如产值、企业数或就业人数等）；q_{ij} 指 j 地区的 i 产业的相关指标；q 为全国（或全省）所有产业的相关指标，q_i 指在全国（或全省）范围内 i 产业的相关指标。

LQ_{ij} 值越大，表明给定区域内 i 产业专业化水平越高。一般而言，LQ_{ij} 大于 1，则认为给定区域内 i 产业在全国（或全省）有优势，专业化集中程度较高，同时，LQ_{ij} 值越大，这种优势就越明显、产业专业化程度越高；LQ_{ij} 小于 1，则反映给定区域内 i 产业在全国（或全省）没有优势，产业专业化水平低于全国（或全省）的平均水平，LQ_{ij} 等于 1，则说明给定区域内 i 产业专业化水平等同于全国（或全省）的平均水平，基本自给自足。

除了区位熵，笔者还将用产业集群识别的 RIS 模型来分析桂西资源富集区的资源型产业集群存在的问题。RIS 模型，即从资源集聚（Resource Agglomeration）、产业网络（Industry Network）和服务体系（Service System）三个方面来考察资源产业是否已经形成产业集群。一般而言，在资源集聚方面，一个地区的资源存量丰富，资源产业也将具有较高的集聚程度，往往能成为当地经济的主导产业；在产业网络方面，产业集群将意味着区域内存在大量的相关配套企业（即有由众多密切联系的企业和相关机构组成的产业链）和较大的生产规模；在服务体系方面，产业集群形成也意味着该地区拥有了相对完善的支持服务体系，如相应的中介服务与政府支持服务、相关的知识技术服务和各种基础设施服务。

二 桂西资源富集区资源型产业集群实证分析

由上文分析可知，河池市的优势行业有电力热力的生产和供应业、有色金属冶炼及压延加工业、有色金属矿采选业、农副食品加工业、化学原料及化学制品制造业、非金属矿物制品业、纺织业等，百色市的优势行业有：有色金属冶炼及压延加工业、电力热力的生产和供应业、非金属矿物制品业、化学原料及化学制品制造业、农副食品加工业等，崇左市的优势行业有农副食品加工业、黑色金属冶炼及压延加工业、化学原料及化学制品制造业、非金属矿物制品业等。

　　为此，运用区位熵法，根据《广西统计年鉴》、《河池年鉴》、《百色年鉴》、《崇左年鉴》、《百色市国民经济与社会发展统计公报》、《崇左市国民经济与社会发展统计公报》等提供的数据资料，我们对桂西资源富集区各市上述的资源型产业集群进行测度。在具体指标的选取上，我们采用各产业的产值进行计算，测度结果如表7-30至表7-32所示。

表7-30　　　　　河池市 2012 年各主要行业区位熵

行业	河池市内该产业总产值占有的份额	广西区内该产业总产值占有的份额	区位熵
电力热力的生产和供应业	29.11	7.20	4.04
有色金属冶炼及压延加工业	12.72	5.77	2.21
有色金属矿采选业	12.03	1.79	6.72
农副食品加工业	6.48	11.56	0.56
化学原料及化学制品制造业	1.81	5.02	0.36
非金属矿物制品业	1.67	6.60	0.25
纺织业	1.98	1.19	1.66

表7-31　　　　　百色市 2012 年各主要行业区位熵

行业	百色市内该产业总产值占有的份额	广西区内该产业总产值占有的份额	区位熵
电力热力的生产和供应业	8.48	7.20	1.18
有色金属冶炼及压延加工业	39.24	5.77	6.81
黑色金属冶炼及压延加工业	6.79	11.56	0.59
农副食品加工业	3.98	11.56	0.34
化学原料及化学制品制造业	4.00	5.02	0.80
非金属矿物制品业	4.96	6.60	0.75

表7-32   崇左市2012年各主要行业区位熵

行业	崇左市内该产业 总产值占有的份额	广西区内该产业 总产值占有的份额	区位熵
电力热力的生产和供应业	7.56	7.20	1.05
黑色金属冶炼及压延加工业	27.52	11.56	2.38
农副食品加工业	41.51	11.56	3.59
化学原料及化学制品制造业	4.17	5.02	0.83
非金属矿物制品业	5.35	6.60	0.81

从表7-30至表7-32可以看出：

（1）在河池市具有优势的资源型产业中，区位熵大于1的行业有电力热力的生产和供应业、有色金属冶炼及压延加工业、有色金属矿采选业、纺织业。由于区位熵值越大，则表明该产业在特定区域内的产业集群程度越明显。因此，测算结果还说明，2012年河池市最有优势的产业是有色金属矿采选业，其次是电力热力的生产和供应业、有色金属冶炼及压延加工业，这些行业均呈现出高度专业化的发展特征。特别是有色金属矿采选业和有色金属冶炼及压延加工业，都属于有色金属行业，其区位熵分别为6.72、2.21，说明河池市的有色金属行业的专业化水平远远高于广西的平均水平，其产业集群水平较高。

（2）在百色市具有优势的资源型产业中，区位熵大于1的行业有电力热力的生产和供应业、有色金属冶炼及压延加工业。测算结果表明，电力热力的生产和供应业、有色金属冶炼及压延加工业的专业化水平较高，超过了广西的平均水平。其中，有色金属冶炼及压延加工业的区位熵高达6.81，远远超过了全自治区的平均水平，意味着该产业具有较高的产业集中度与明显的产业集群优势，已形成了规模经济。同时也表明，百色市的有色金属冶炼及压延加工业与前文分析也是相符的，确实是百色市工业结构中优势最为明显的产业。

（3）在崇左市具有优势的资源型产业中，以锰为核心的黑色金属冶炼及压延加工业和以制糖业为主的农副食品加工业是崇左市区位熵较高的行业，其值分别为2.38和3.59，表明这两个行业产业专业化水平较高，高于广西全区平均水平，也反映出以锰为核心的黑色金属冶炼及压延加工业、以制糖业为主的农副食品加工业有较高的集聚程度，确实是崇左市的优势产业。

上文对桂西资源富集区各市具有优势的产业区位熵进行了分析，各市都有区位熵大于 1 专业化水平较高的行业，但是从产业集群的角度看，各市的产业集群发展水平还存在不少问题。从产业集群识别的 RIS 模型来看，虽然桂西资源富集区拥有较好的资源集聚条件，如百色市拥有丰富的矿产资源，河池素有"中国有色金属之乡"之称，崇左是我国最大的甘蔗种植与蔗糖生产基地，也形成了一定的以资源企业为核心的产业链和企业配套服务体系，但是，桂西资源富集区资源型产业集群还存在以下问题。

第一，在产业网络方面，桂西资源富集区的产业集中度低，企业规模普遍偏小，缺乏大集团大企业的带动和支撑。由于企业规模偏小，使得资源企业生产能力、深加工能力低，技术装备落后，资源开发利用方式粗放，资源利用率偏低，矿产品附加价值未得到充分开发利用，初级产品多。在多数企业起点低、规模偏小以及广泛存在低水平重复和过度竞争的情况下，产业集群之间和内部的分工和专业化必然受到限制。此外，资源产品结构不尽合理，附加值低，如优势矿产锰工业现有的主要产品硅锰合金、电解金属锰、硫酸锰等均为普通品种。

第二，在服务体系方面，桂西资源富集区优势产业的配套服务方面依然存在一些"瓶颈"约束，如电源建设滞后，电力缺口依然存在；交通、物流业还未能满足该区域产业快速发展的需要；科技人才及工业管理人才不足，特别是缺乏高层次的科技及管理人才，绝大多数企业的研发能力和引进吸收再创新能力弱，矿产资源优势未能充分发挥，致使一些资源型的产品深度开发不够，产业链不长，效益提高不显著等。

本章小结

本章对桂西资源富集区产业发展的事实特征进行了具体分析。

桂西资源富集区区域内拥有丰富的矿产、水能、旅游、农林生态和民族文化等资源，是典型的资源富集区，具有资源富集、生态脆弱、沿边开放、扶贫开发、西南出海大通道支撑点等鲜明特征，是我国西南自然资源丰富、民族文化浓郁、区位条件较好、发展潜力较大的地区，拥有产业发展潜在的先天优势。但是，桂西资源富集区以超过广西 1/3 的土地，仅承载了约广西 1/5 的人口，地区生产总值则仅约占广西的 1/7。桂西资源富集区现有的资源优势并没有得到充分的利用和较好的发挥，尚未真正转化为经济发展优势，仍然呈现出经济总量小、人均发展水平低、经济开放水平低、城市化水平低等"富饶而贫困"的显著特点。

通过综合比较桂西资源富集区河池、百色、崇左三市产业发展的基本现状，可以发现，桂西资源富集区产业发展具有如下共同点：

（1）桂西资源富集区三个市的三次产业结构基本呈现出"二三一"的产业结构特点，即第二产业占 GDP 比重最大，其次为第三产业和第一产业。同时，各市国民经济对第二产业依赖极大，如自 2006 年以来，百色市第二产业占 GDP 的比重基本上都达到了 50% 以上。

（2）桂西资源富集区三个市的三次产业近年来基本上都增长迅速，农业都有着较好的发展基础，但农业现代化程度还不高，工业还没有形成绝对的竞争优势，服务业在国民经济中的比重还偏低。

（3）桂西资源富集区的工业发展呈现出典型的重工业化特征，重工业的增长速度没有轻工业增长快，但重工业在各市全部工业中却占有较高的比重，基本上形成了以有色金属冶炼及压延加工业、电力热力的生产和供应业、黑色金属冶炼及压延加工业、非金属矿物制品业、化学原料及化学制品制造业、以制糖为主的农副食品加工业等为主的"两高一资"的产业发展格局。高耗能产业在工业结构中占据了较高比重，资源利用效率低，使得桂西资源富集区的经济增长属于典型的资源消耗型和投资拉动型，结构调整难度较大。

（4）产业结构层次不高，制约了桂西资源富集区产业发展的内生动力。桂西资源富集区产业结构层次不高，主要表现在以下方面：第一，工业结构中，资源生产性行业比重过大，形成了资源型产业"一枝独秀"的畸形产业结构，如河池市、百色市的工业都过于倚重有色金属产业。同时，制造业整体水平不高，深加工与高新技术产业比重偏小，工业整体处于资源初级加工阶段，产业链条短，产品附加值低，缺乏通信设备及其他电子设备制造业、电气机械及器材制造业等高新技术产业支撑。第二，服务业结构中，交通运输仓储邮政业、批发零售业、住宿餐饮业等传统服务业比重大；信息传输、计算机服务和软件业、金融业、现代物流业等现代服务业发展缓慢，比重偏小。如崇左市的信息传输、计算机服务和软件业增加值占服务业增加值的比重近几年一直局限在 6.0% 左右。

（5）桂西资源富集区的河池和百色在有色金属冶炼及压延加工业、崇左在以锰为核心的黑色金属冶炼及压延加工业和以制糖业为主的农副食品加工业等产业上已经具备了较高的专业化水平，但是，从产业集群的角度来看，桂西资源富集区在产业网络和服务体系方面，还存在不少"短板"。如在产业网络方面，桂西资源富集区的产业集中度低，企业规模普遍偏小，缺乏大集团大企业的带动和支撑。由于企业规模偏小，使得资源企业生产能力、深加工能力低，技术装备落后，资源开发利用方式粗放，资源利用率偏低，矿产品附加价值未得到充分开发利用，初级产品多。在服务体系方面，桂西资源富集区优势产业的配套服务方面依然存在一些"瓶颈"约束，如电源建设滞后，电力缺口依然存在；交通、物流业还未能满足该区域产业快速发展的需要；科技人才及工业管理人才不足，特别是缺乏高层次的科技及管理人才，绝大多数企业的研发能力和引进吸收再创新能力弱，矿产资源优势未能充分发挥，致使一些资源型的产品深度开发不够，产业链不长、效益提高不显著等。

（6）桂西资源富集区内产业同构现象较为严重，区域分工不清晰。如河池、百色在有色金属产业方面，河池、百色、崇左在农副食品加工业方面都存在严重的产业同构。布局散乱带来了重复建设和恶性竞争，不利于桂西资源富集区产业的整体布局，从而制约了产业的发展壮大。

第八章 桂西资源富集区节能减排：事实与特征

上一章对桂西资源富集区产业发展的基本现状进行了分析，通过分析，我们发现，桂西资源富集区产业发展形成了以有色金属冶炼及压延加工业、电力热力的生产和供应业、黑色金属冶炼及压延加工业、非金属矿物制品业、化学原料及化学制品制造业、制糖业等为主体的产业格局。而这些行业往往是以高能耗、高污染为主要特征的，那么，桂西资源富集区具体的能源消耗、污染排放和其面临的节能减排政策压力又如何？为此，本章将对这些问题进行进一步的深入分析。

第一节　桂西资源富集区能源消费情况

桂西资源富集区近年来经济发展迅速，但能源消费情况没有得到应有的重视。

（一）能源消费弹性系数的变化趋势

所谓能源消费弹性系数，就是能源消费增长率和国民经济增长率的比值。一个国家或地区能源消费弹性系数越高，说明其能源利用效率就越低。

表8－1列出了桂西资源富集区中百色市的能源消费弹性系数的变动情况。从表8－1中可以看出，2008—2012年，百色市的能源消费弹性系数一直是降低的，意味着这些年百色市的能源利用效率在提高，其中2008年百色市的能源消费弹性系数大于1，说明百色市2008年能源消费增长率比GDP增长率还要快；而此后百色市的能源消费弹性系数小于1，说明其能源消费增长率要慢于GDP增长率。此外，从表中还可以看出，虽然2008—2012年，百色市能源利用效率在不断改善，但

2013 年，百色市的能源消费弹性系数又开始上升。

　　表 8－2 列出了桂西资源富集区中河池市的能源消费弹性系数的变动情况。从中可以看出，2008—2009 年，河池市的能源消费弹性系数是降低的；但 2010—2013 年，河池市的能源消费弹性系数基本上在不断上升，意味着从 2010 年开始，河池市能源利用效率不断降低，能源消费情况趋于不断恶化之中。2012 年、2013 年能源消费弹性系数都大于 1，意味着这两年能源消费增长率比 GDP 增长率还要快，其中 2012 年受龙江污染事故影响，经济增长为负，能源消费弹性系数达到了 20.17。

表 8－1　　　　　　　　百色市能源消费弹性系数的变化趋势

年份	GDP 增长率（%）	能源消费增长率（%）	能源消费弹性系数
2008	13.4	14.3	1.07
2009	14.8	8.1	0.55
2010	15	7.4	0.49
2011	6.5	－7.86	－1.21
2012	9.2	2.49	0.27
2013	9	5.58	0.62

资料来源：各年《百色市国民经济和社会发展统计公报》。

表 8－2　　　　　　　　河池市能源消费弹性系数的变化趋势

年份	GDP 增长率（%）	能源消费增长率（%）	能源消费弹性系数
2008	13	7.97	0.61
2009	8.2	3.65	0.45
2010	12.5	5.79	0.46
2011	4.1	3.42	0.83
2012	－0.7	－14.12	20.17
2013	6	8.69	1.45

资料来源：各年《河池市国民经济和社会发展统计公报》。

　　而由于数据限制，无法获取到崇左市各年的能源消费数据，但从该市 2012 年国民经济和社会发展统计公报可以获知，2012 年崇左市全年能源消费总量431.06万吨标准煤，比2011年增长8.69%，万元地区生产总值能源消耗0.8387吨标准煤，比2011年增长2.51%，规模以上万元工业增加值综合能耗比2011年增长6.30%。数据显示，崇左市的能源消费情况也不容乐观。

（二）能源强度的变化趋势分析

能源强度是一个国家或地区能源消费总量占国内生产总值的比例。图8-1是百色市2008—2013年能源强度变动趋势图，从中可以看出，百色市近年来能源强度是不断下降的。但由于近年来百色市经济不断增长，其能源强度下降在一定程度上将能源消费总量不断增加的真实现象掩盖了。

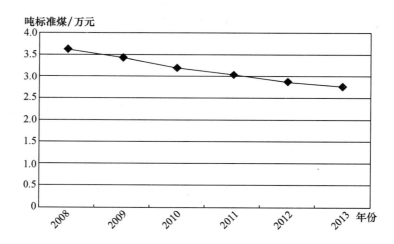

图8-1　百色市能源强度变化趋势

资料来源：各年《百色市国民经济和社会发展统计公报》。

从图8-2中可以看出，河池市近年来能源强度总体趋势是下降的，但其间也有反复，如2011年的能源强度比2010年能源强度略有增长，2013年的能源强度同样又高于2012年的能源强度，显示出河池市的能源消费形势依然很严峻。而从上文分析可知，河池市近年来能源利用效率是不断下降的，因此，河池市一方面要继续寻求更适合自己的产业结构，构建资源节约型经济发展模式；另一方面有必要加强自主创新，从源头上提高利用效率。

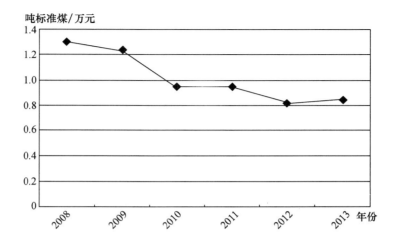

图 8 - 2　河池市能源强度变化趋势

资料来源：各年《河池市国民经济和社会发展统计公报》。

从横向对比来看，桂西资源富集区的百色、崇左、河池三市在广西能耗情况一直处于比较高的地位（如表 8 - 3 所示）。如以 2007 年桂西

表 8 - 3　　　　　　　　　　广西各市 2007 年能耗情况

地区名称	单位 GDP 能耗		单位工业增加值能耗		单位 GDP 电耗	
	指标值（吨标准煤/万元）	上升或下降（±，%）	指标值（吨标准煤/万元）	上升或下降（±，%）	指标值（千瓦时/万元）	上升或下降（±，%）
南宁市	0.873	-2.11	1.593	-5.13	881.41	0.37
柳州市	2.032	-4.51	2.496	-12.27	1148.09	-4.32
桂林市	1.142	-3.60	1.782	-8.92	872.92	-6.74
梧州市	1.214	-1.70	1.116	-7.71	1026.54	2.74
北海市	1.064	-2.03	1.889	-23.26	588.39	-2.16
防城港市	1.154	1.22	2.194	49.03	961.90	13.05
钦州市	1.086	-1.22	2.725	25.22	835.46	5.00
贵港市	2.039	4.41	4.362	2.38	1185.53	6.89
玉林市	1.445	-3.79	2.086	-11.53	875.71	0.21
百色市	3.628	-2.62	3.468	-9.64	2777.23	11.45
贺州市	1.773	-2.89	1.572	-7.57	1294.50	-0.68
河池市	1.361	-4.12	2.570	-15.58	1578.37	-2.37
来宾市	1.142	-4.08	6.956	-15.17	1385.87	3.38
崇左市	1.429	-1.82	3.269	-13.19	1435.48	12.41

资料来源：《关于 2007 年各市有关能耗情况的通报》（桂统字〔2009〕5 号）。

资源富集区各市能源消费情况为例，根据广西壮族自治区《关于2007年各市有关能耗情况的通报》显示，2007年百色市单位GDP能耗3.628吨标准煤/万元，排广西第1位；单位工业增加值能耗3.468吨标准煤/万元，排广西第3位；单位GDP电耗2777.23千瓦时/万元，居广西第1位。崇左市和河池市单位GDP能耗分别列广西第6位、第7位，单位工业增加值能耗分别排广西第4位、第6位，单位GDP电耗分别排广西第3位、第2位。以2009年各市能源消费情况为例，2009年百色市单位GDP能耗、单位GDP电耗分别为3.426吨标准煤/万元和2802.14千瓦时/万元，都位列广西第1位；而崇左、河池单位GDP电耗分列广西第3位、第4位，单位GDP能耗分列广西第5位、第7位。这些都反映出桂西资源富集区的能源强度在广西是处于前列的。

（三）能源消费的产业结构特征

虽然较难获得各市各个行业的能源消费的具体数据，无法对桂西资源富集区每个市能源消费情况进行详细的展示，但是，产业一般都有自己的技术特征，重工业往往能耗较高，而轻工业往往能耗相对较低。以广西全区为例，2013年，广西重工业占全部能源消费总量的60.31%，而轻工业则只占到了10.03%。表8-4显示，2013年，在广西能源消费总量中，黑色金属冶炼及压延加工业占比为20.05%、有色金属冶炼及压延加工业占比为8.36%、电力热力的生产和供应业占比为5.40%、化学原料及化学制品制造业占比为5.51%、农副食品加工业占比为5.42%，这些行业在广西能源消费总量中的占比是比较高的，显示出其高能耗的特征。而正如上文所述，这些行业同时也是桂西资源富集区的主导产业。因此，我们可以推测，桂西资源富集区的能源消耗占比较大的行业主要在重工业，也就是在河池、百色、崇左三个市产业结构中占据主导地位的黑色金属冶炼及压延加工业、有色金属冶炼及压延加工业、电力热力的生产和供应业、农副食品加工业等，这也进一步说明了桂西资源富集区产业结构特征带来了高能耗的负面效应。

基于数据获取的可得性，此处仅以河池市为例，进一步对桂西资源富集区能源消费的产业结构特征进行分析。

2011年，河池市全社会能源消费总量为462.67万吨标准煤（等价值）。从分产业能源消费量看：第一产业为8.66万吨标准煤，增长18.89%，能耗比重1.87%。第二产业为315.95万吨标准煤，下降

2.15%，能耗比重 68.29%。其中，工业能源消费量为 313.63 万吨标准煤，下降 2.25%，能耗比重 67.79%；全市规模以上工业企业综合能源消费量为 274.74 万吨标准煤，下降 2.24%。第三产业为 80.12 万吨标准煤，增长 17.63%，能耗比重 17.32%。

表 8-4　　　　广西 2011—2013 年部分行业能源消费量和构成

行业名称	2011 年		2012 年		2013 年	
	消费总量 （万吨标准煤）	构成 （%）	消费总量 （万吨标准煤）	构成 （%）	消费总量 （万吨标准煤）	构成 （%）
黑色金属矿采选业	35.20	0.41	16.25	0.18	12.17	0.12
有色金属矿采选业	32.66	0.38	25.75	0.28	30.51	0.31
非金属矿采选业	14.53	0.17	24.87	0.27	28.63	0.29
农副食品加工业	539.69	6.28	512.72	5.60	528.86	5.42
纺织业	34.91	0.41	28.35	0.31	26.84	0.27
造纸及纸制品业	236.73	2.76	218.16	2.38	244.64	2.51
化学原料及化学制品制造业	481.48	5.60	525.25	5.74	537.67	5.51
非金属矿物制品业	1272.36	14.81	1366.57	14.93	1346.49	13.79
黑色金属冶炼及压延加工业	1596.93	18.59	1630.14	17.81	1958.54	20.05
有色金属冶炼及压延加工业	938.96	10.93	1011.18	11.05	816.13	8.36
电力热力的生产和供应业	388.55	4.52	437.22	4.78	527.22	5.40

资料来源：《广西统计年鉴 2014》。

　　2011 年，河池全市规模以上工业能源消费构成以原煤为主，其次是电力和焦炭。2011 年，消耗原煤 138.30 万吨标准煤，占总能耗的 55.98%，消耗电力 45.20 万吨标准煤，占总能耗的 25.90%，消耗焦炭 14.77 万吨标准煤，占 8.46%，柴油、汽油等其他能源品种占 9.66%。而 2011 年，消耗原煤超 20 万吨标准煤以上的行业有化学原料及化学制品制造业、非金属矿物制品业和有色金属冶炼及压延加工业，消耗比重分别为 46.59%、27.49% 和 24.13%。电力消耗分布相对较均匀，五大高耗能行业均耗电力万吨标准煤以上，其中消耗总量排位依次为有色金属冶炼及压延加工业、化学原料及化学制品制造业、黑色金属冶炼及压延加工业、非金属矿物制品业和有色金属矿采选业，消耗比重分别为41.46%、14.97%、11.79%、7.48%和7.47%。焦炭消耗主要集中在黑色金属冶炼及压延加工业、有色金属冶炼及压延加工业和有色金属矿采选业，消耗比重分别为56.83%、14.85%和6.98%。

2011年，河池市在规模以上工业能源消费量中，化学原料及化学制品制造业能源消费占29.49%；有色金属冶炼及压延加工业占28.25%；非金属矿物制品业占17.44%；农副食品加工业占8.99%，黑色金属冶炼及压延加工业占7.21%。五个行业消耗合计占全市规模以上工业总能耗的91.38%，成为全市工业名副其实的能源消费"大户"。

综合以上分析，我们发现，桂西资源富集区近年来经济发展迅速，但能源消费情况没有得到应有的重视，能源消费形势依然很严峻。从时间维度来看，虽然2008—2012年百色市能源利用效率在不断改善，但2013年百色市的能源消费弹性系数又开始上升；虽然2008—2009年，河池市的能源消费弹性系数是降低的，但2010—2013年，河池市的能源消费情况趋于恶化；此外，崇左市的能源消费情况也不容乐观。从横向比较来看，桂西资源富集区的百色、崇左、河池三市在广西14个市的能耗情况中一直处于前列。从产业特征来看，桂西资源富集区三个市产业结构中占据主导地位的黑色金属冶炼及压延加工业、有色金属冶炼及压延加工业、电力热力的生产和供应业、农副食品加工业等带来了高能耗的负面效应。

第二节　桂西资源富集区工业污染物排放情况

本节将从工业污染物排放的角度来论述桂西资源富集区所面临的节能减排压力。

按照《中国环境年鉴》的定义，工业污染物排放包括废气排放、废水排放和固体废物的排放（即所谓的工业"三废"），而废气排放又包括工业二氧化硫排放、工业烟尘排放、工业粉尘排放等。因此，下文将针对这些工业污染物的排放量进行具体说明。

一　百色市工业污染物排放特征

1. 工业污染物排放量的时间变化趋势

从工业二氧化硫排放量、工业烟尘排放量、工业废水排放量来看，2003—2012 年百色市工业二氧化硫排放量波动上升，2006 年达到历史高点（105576 吨）。而工业烟尘排放量在 2006 年达到顶点，然后大幅下降，直至 2011 年又不断上升。工业废水排放量在 2002—2010 年呈现出变动幅度不大、基本保持不变的变化趋势，然后在 2011 年后又稳步上升。具体如表 8 - 5、图 8 - 3 至图 8 - 5 所示。

表 8 - 5　　　　　　　　百色市主要工业污染物排放量

年份	工业废水排放量（万吨）	工业二氧化硫排放量（吨）	工业烟尘排放量（吨）
2003	4636	46942	34822
2004	5245	84888	45312
2005	5258	60770	44657
2006	4379	105576	46336
2007	4655	84774	36115
2008	4018	102301	16508
2009	4358	91240	13329
2010	4698	80179	10150
2011	6451	88059	20696
2012	8204	95939	31242

资料来源：各年《中国城市统计年鉴》。

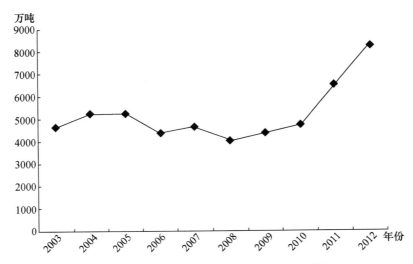

图 8 - 3　百色市工业废水排放量的变化趋势

资料来源：各年《中国城市统计年鉴》。

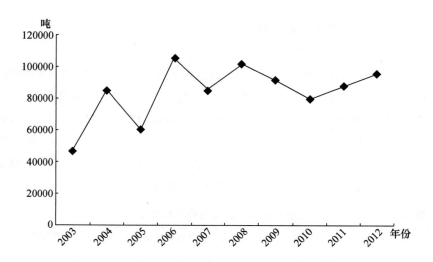

图 8 - 4　百色市工业二氧化硫排放量的变化趋势

资料来源：各年《中国城市统计年鉴》。

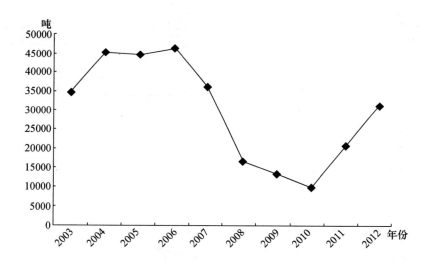

图 8 - 5　百色市工业烟尘排放量的变化趋势

资料来源：各年《中国城市统计年鉴》。

综合三种不同类型的工业污染物的变化规律可以发现，2011 年后，百色市的工业二氧化硫排放量、工业烟尘排放量、工业废水排放量都呈现出相同的变化趋势，即排放量都稳步上升。

2. 工业污染物排放强度的时间变化趋势

由于工业污染物的排放量和工业增加值总量有密切关系，因此，笔者还使用相对指标——工业污染物排放强度（工业污染物排放量与工业增加值的比重，即单位工业增加值所产生的污染物排放量），从而更全面地刻画百色市主要工业污染物的排放情况。如表8－6、图8－6至图8－8所示。

从中可以看出，百色市2003—2010年工业废水强度基本上不断下降，2003年工业废水排放强度为98.05415万吨/亿元，2010年工业废水排放强度则仅为17.17796万吨/亿元。但从2011年工业废水排放强度又开始趋于上升，2012年工业废水排放强度上升为22.6679万吨/亿元。

在工业二氧化硫排放强度方面，2003—2008年，百色市工业二氧化硫排放强度呈波动上升特征；而从2009年开始，工业二氧化硫排放强度则不断下降。

在工业烟尘排放强度方面，2003—2010年，百色市工业烟尘排放强度不断下降，而从2011年开始，工业烟尘排放强度又趋于上升。

表8－6　　　　　　　百色市主要工业污染物排放强度

年份	工业废水排放强度 （万吨/亿元）	工业二氧化硫排放强度 （吨/亿元）	工业烟尘排放强度 （吨/亿元）
2003	98.05415	10.12554	0.741809
2004	75.7729	16.18456	0.533786
2005	59.70929	11.55763	0.734853
2006	34.7154	24.10961	0.438888
2007	30.73216	18.21139	0.426015
2008	21.22669	25.46068	0.161367
2009	22.73818	20.93621	0.146087
2010	17.17796	17.06662	0.126592
2011	20.65907	13.65044	0.235024
2012	22.6679	11.69417	0.325644

资料来源：各年《中国城市统计年鉴》。

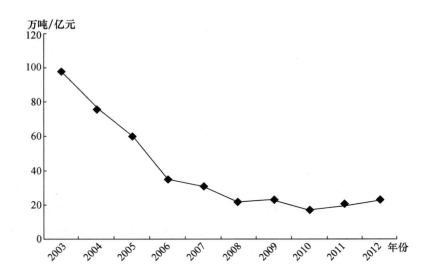

图 8 - 6　百色市工业废水排放强度的变化趋势

资料来源：各年《中国城市统计年鉴》。

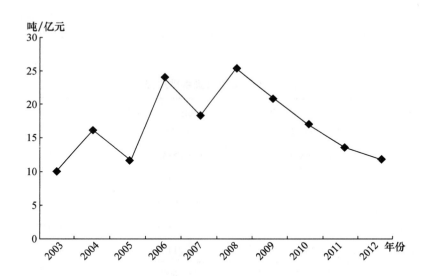

图 8 - 7　百色市工业二氧化硫排放强度的变化趋势

资料来源：各年《中国城市统计年鉴》。

对比三种不同类型工业污染物，可以发现，除了工业二氧化硫排放强度外，百色市工业废水排放强度和工业烟尘排放强度在 2003—2010 年不断下降，但从 2011 年开始又趋于上升。

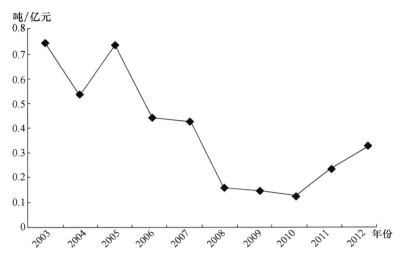

图8-8　百色市工业烟尘排放强度的变化趋势

资料来源：各年《中国城市统计年鉴》。

二　河池市工业污染物排放特征

1. 工业污染物排放量的时间变化趋势

从工业二氧化硫排放量、工业烟尘排放量、工业废水排放量来看，2003—2012年河池市工业二氧化硫排放量波动上升，2009年达到历史高点（74758吨）。而工业烟尘排放量在2005年达到顶点，然后大幅下降，直至2010年又稳步上升。工业废水排放量在2003—2006年不断上升，2007—2009年趋于下降，2010年后又趋于上升。具体如表8-7、图8-9至图8-11所示。

表8-7　　　　　　　河池市主要工业污染物排放量

年份	工业废水排放量（万吨）	工业二氧化硫排放量（吨）	工业烟尘排放量（吨）
2003	7956	44799	12418
2004	14998	57200	14360
2005	16530	66512	15005
2006	23033	66720	6287
2007	21157	65555	1985
2008	21085	68483	3129
2009	17330	74758	2620
2010	23701	59315	5109
2011	23884	66152	14140
2012	19198	54542	12613

资料来源：各年《中国城市统计年鉴》。

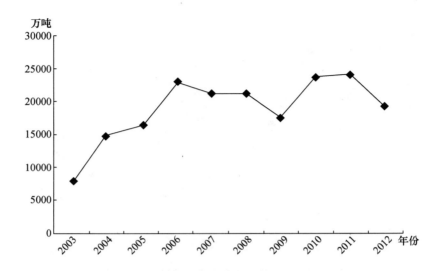

图 8 - 9　河池市工业废水排放量的变化趋势

资料来源：各年《中国城市统计年鉴》。

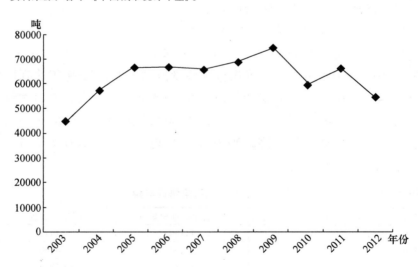

图 8 - 10　河池市工业二氧化硫排放量的变化趋势

资料来源：各年《中国城市统计年鉴》。

　　综合三种不同类型的工业污染物的变化规律可以发现，2010 年、2011 年左右河池市的工业烟尘排放量、工业废水排放量都开始稳步上升，呈现出相同的变化趋势。而工业二氧化硫排放量在 2010 年后基本上趋于下降。

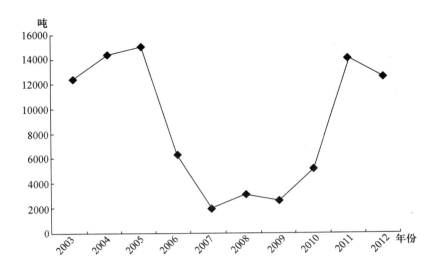

图 8 - 11　河池市工业烟尘排放量的变化趋势

资料来源：各年《中国城市统计年鉴》。

2. 工业污染物排放强度的时间变化趋势

笔者还计算了河池市 2003—2012 年主要工业污染物的排放强度，如表 8 - 8、图 8 - 12 至图 8 - 14 所示。

表 8 - 8　　　　　　　　河池市主要工业污染物排放强度

年份	工业废水排放强度（万吨/亿元）	工业二氧化硫排放强度（吨/亿元）	工业烟尘排放强度（吨/亿元）
2003	232.847	5.630845	0.277194
2004	346.2142	3.813842	0.251049
2005	288.187	4.023714	0.225598
2006	293.4978	2.896713	0.09423
2007	176.2115	3.098502	0.03028
2008	147.8278	3.247949	0.04569
2009	127.1207	4.313791	0.035046
2010	131.6132	2.502637	0.086133
2011	137.7454	2.76972	0.21375
2012	144.388	2.841025	0.231253

资料来源：各年《中国城市统计年鉴》。

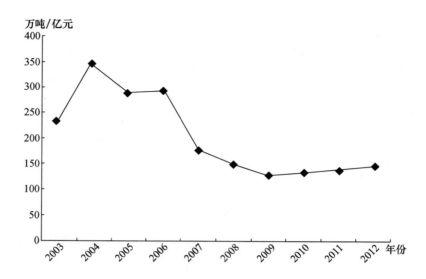

图 8 - 12　河池市工业废水排放强度的变化趋势

资料来源：各年《中国城市统计年鉴》。

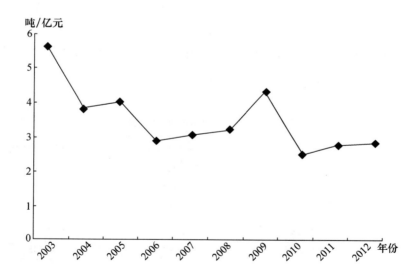

图 8 - 13　河池市工业二氧化硫排放强度的变化趋势

资料来源：各年《中国城市统计年鉴》。

从中可以看出，河池市工业废水排放强度在 2004 年达到最高点（346.2142 万吨/亿元），随后便不断下降，2009 年达到最低点，2010 年后又开始缓慢上升。

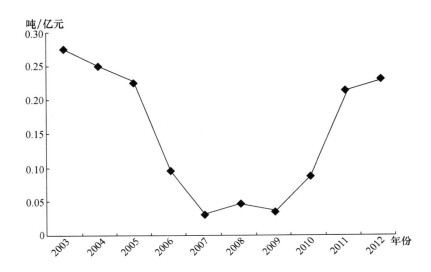

图 8-14　河池市工业烟尘排放强度的变化趋势

资料来源：各年《中国城市统计年鉴》。

而河池市工业二氧化硫排放强度在 2003—2006 年，呈波动下降趋势；2007—2009 年，呈不断上升趋势，2010 年突然下降，而从 2011 年开始又缓慢上升。

在工业烟尘排放强度方面，2003—2009 年，河池市工业烟尘排放强度不断下降，而从 2010 年开始，工业烟尘排放强度又大幅上升。

对比河池市三种不同类型工业污染物，可以发现，不论是哪种工业污染物的排放强度，其值在 2010 年、2011 年左右都开始稳步上升。

三　崇左市工业污染物排放特征

1. 工业污染物排放量的时间变化趋势

从工业废水排放量来看，2003—2005 年，崇左市工业废水排放量不断下降，2006 年突然达到最大值（10180 万吨），2007—2010 年波动幅度不大，从 2011 年开始工业废水排放量稳步上升。

从工业二氧化硫排放量来看，崇左市工业二氧化硫排放量稳步上升，在 2010 年达到最高点（23590 吨），2011 年后则大幅下降。

从工业烟尘排放量来看，崇左市工业烟尘排放量在 2003—2006 年不断上升，2007—2008 年趋于下降，2009 年、2010 年波动幅度不大，2011 年后又趋于上升。具体如表 8-9、图 8-15 至图 8-17 所示。

综合三种不同类型的工业污染物的变化规律可以发现，2010 年、

2011 年左右崇左市的工业烟尘排放量、工业废水排放量都开始稳步上升，呈现出相同的变化趋势。而工业二氧化硫排放量在 2011 年后基本上趋于下降。

表 8－9 崇左市主要工业污染物排放量

年份	工业废水排放量（万吨）	工业二氧化硫排放量（吨）	工业烟尘排放量（吨）
2003	7625	7794	7116
2004	6043	11672	8599
2005	3631	11523	9891
2006	10180	18175	16866
2007	6189	18424	14897
2008	7497	17378	10730
2009	6396	22079	12125
2010	6508	23590	11731
2011	9061	7549	12586
2012	9205	6630	13441

资料来源：各年《中国城市统计年鉴》。

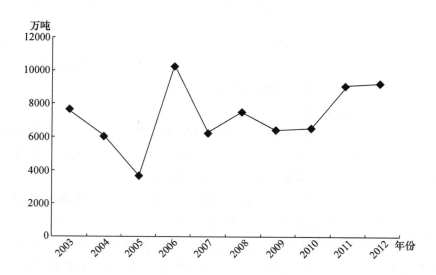

图 8－15 崇左市工业废水排放量的变化趋势

资料来源：各年《中国城市统计年鉴》。

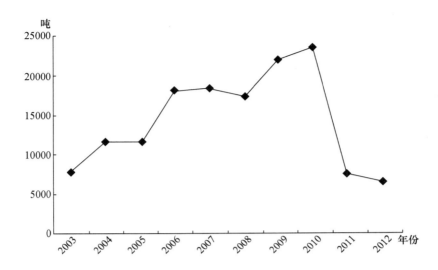

图 8 - 16　崇左市工业二氧化硫排放量的变化趋势

资料来源：各年《中国城市统计年鉴》。

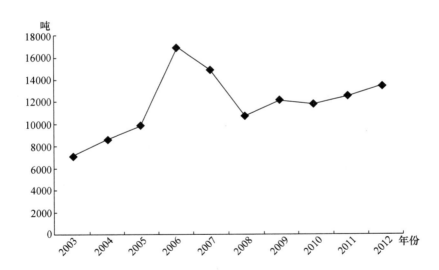

图 8 - 17　崇左市工业烟尘排放量的变化趋势

资料来源：各年《中国城市统计年鉴》。

2. 工业污染物排放强度的时间变化趋势

笔者还计算了崇左市 2003—2012 年主要工业污染物的排放强度，如表 8 - 10、图 8 - 18 至图 8 - 20 所示。

从中可以看出，崇左市工业废水排放强度除了 2006 年较上一年大幅增加外，2003—2012 年工业废水排放强度基本上趋于下降。

而崇左市工业二氧化硫排放强度在 2003—2010 年，波动幅度较大，2010 年达到最大值 3.62477 吨/亿元，2011 年开始则大幅下降。

表 8 - 10　　　　　　　　崇左市主要工业污染物排放强度

年份	工业废水排放强度（万吨/亿元）	工业二氧化硫排放强度（吨/亿元）	工业烟尘排放强度（吨/亿元）
2003	394.8138	1.022164	0.91301
2004	239.232	1.931491	0.73672
2005	100.0631	3.173506	0.85837
2006	175.1316	1.785363	0.927978
2007	91.05039	2.976894	0.808565
2008	84.1315	2.317994	0.617447
2009	70.41619	3.452001	0.549164
2010	51.03192	3.62477	0.497287
2011	53.39108	0.833131	1.667241
2012	50.01044	0.720261	2.0273

资料来源：各年《中国城市统计年鉴》。

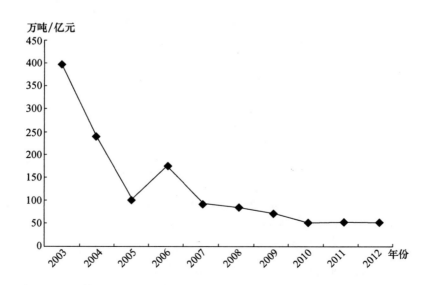

图 8 - 18　崇左市工业废水排放强度的变化趋势

资料来源：各年《中国城市统计年鉴》。

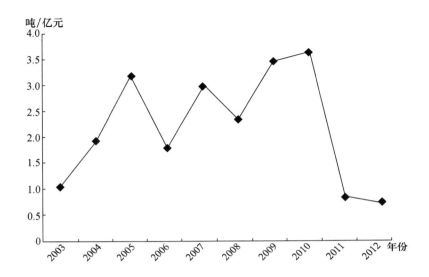

图 8 – 19 崇左市工业二氧化硫排放强度的变化趋势

资料来源：各年《中国城市统计年鉴》。

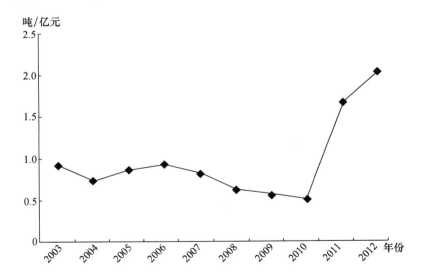

图 8 – 20 崇左市工业烟尘排放强度的变化趋势

资料来源：各年《中国城市统计年鉴》。

在工业烟尘排放强度方面，2003—2010 年，崇左市工业烟尘排放强度不断下降，而从 2011 年开始，工业烟尘排放强度则大幅上升，2012 年达到了 2003—2012 年的最大值 2.0273 吨/亿元。

对比崇左市三种不同类型工业污染物，可以发现，除了工业烟尘排放强度从 2011 年开始趋于上升，其他两种工业污染物的排放强度在 2011 年后都是趋于下降的。

通过以上分析，综合三种不同类型工业污染物排放的变化规律来看，可以将桂西资源富集区工业污染物排放情况总结如下：

第一，2011 年后百色市的工业二氧化硫排放量、工业烟尘排放量、工业废水排放量都稳步上升。同时，除了工业二氧化硫排放强度外，虽然百色市的工业废水排放强度和工业烟尘排放强度在 2003—2010 年不断下降，但从 2011 年开始又趋于上升。

第二，2010 年、2011 年左右河池市的工业烟尘排放量、工业废水排放量都开始稳步上升，工业二氧化硫排放量在 2010 年后则基本上趋于下降。而在河池市的工业污染物排放强度方面，不论对于何种类型的工业污染物，其排放强度在 2010 年、2011 年左右都开始稳步上升。

第三，2010 年、2011 年左右崇左市的工业烟尘排放量、工业废水排放量都开始稳步上升，工业二氧化硫排放量在 2011 年后则趋于下降。而在崇左市的工业污染物排放强度方面，除了工业烟尘排放强度从 2011 年开始趋于上升，其他两种工业污染物的排放强度在 2011 年后都是趋于下降的。

因此，对比桂西资源富集区百色、河池、崇左三市工业污染物排放量和排放强度的时间变化趋势，我们可以发现，三个市的工业污染物排放特征存在着一定的共同之处，那就是桂西资源富集区三个市在 2010 年、2011 年前后，都存在着一定的工业污染物排放增加的现象。因此，当前桂西资源富集区加强节能减排迫在眉睫。

第三节　桂西资源富集区节能减排的政策压力与手段

一　桂西资源富集区节能减排的政策压力

为应对日益严重的工业污染问题，中国政府提出要加大节能减排力度，实现粗放型增长模式向集约型增长模式的转变。2009 年，中国政府提出到 2020 年，单位 GDP 二氧化碳排放要比 2005 年下降 40%—

45%。国家"十二五"规划也提出了"十二五"期间，单位 GDP 能源消耗降低 16%、单位 GDP 二氧化碳排放下降 17%、化学需氧量和二氧化硫排放分别减少 8% 的约束性指标。

在中央节能减排政策约束下，广西壮族自治区根据国家分解下达的节能减排目标，提出到 2015 年，全区万元生产总值能耗下降到 0.8807 吨标准煤（按 2005 年价格计算），比 2010 年的 1.0361 吨标准煤下降 15%；化学需氧量排放总量控制在 74.6 万吨，比 2010 年的 80.7 万吨下降 7.6%；二氧化硫排放总量控制在 52.7 万吨，比 2010 年的 57.2 万吨下降 7.9%；氮氧化物排放总量控制在 41.1 万吨，比 2010 年的 45.1 万吨下降 8.8%；氨氮排放总量控制在 7.71 万吨，比 2010 年的 8.45 万吨下降 8.7%。

为此，广西壮族自治区政府积极推行节能减排政策，比如，2008 年以来制定出台了《广西壮族自治区节能减排实施方案》、《广西壮族自治区节能减排资金管理暂行办法》、《广西壮族自治区"十二五"节能减排综合性实施方案》等近 20 个地方性法规和政策文件，制定了电力、建材、冶金、轻纺、石化五大行业的节能减排细化标准，公开各项产业节能发展的指导性意见，要求各主管部门和企业定期公开排查中发现的关键问题、遗漏环节及风险隐患，实行节能减排风险红线控制，建立配套的节能减排档案和数据库，按照措施、职责、资金和时限的要求整改。近年来，广西壮族自治区在产业层面的节能减排政策主要有：（1）严格控制高耗能、高排放行业过快增长。按照国家产业政策和自治区要求，严格控制高耗能、高排放行业新上项目，强化节能、环保、土地、安全等指标约束，依法严格节能评估审查、环境影响评价、建设用地审查，严格贷款审批。建立健全投资项目审批、核准、备案责任制，严肃查处越权审批、分拆审批、未批先建、边批边建等违法违规行为，依法追究有关人员责任。落实限制高耗能、高排放产品出口的政策措施。（2）加大淘汰落后产能力度。严格执行国家产业政策及行业准入标准，出台了重点行业"十二五"期间淘汰落后产能方案，并按年度分解任务抓好落实。（3）强化工业节能减排。制定了电力、钢铁、有色金属、石油石化、化工、建材、造纸、食品加工等重点工业行业节能减排行动方案，分解明确目标任务。加大工业重点行业减排力度，实行电力、钢铁、造纸等行业主要污染物排放总量控制。（4）合理控制能源消费总量。根据国家分解下达的能源消费总量控制目标，制定分解方案，落实到市、县政府和主要行业管理部门，实行目标责任管理，加大考核和监督力度。将固定资产投资项目节能评估审查作为控制市、县和行业能源消费增量及总量的重要措施。

《桂西资源富集区发展规划》指出，到 2015 年桂西资源富集区的单位地区生产总值能耗要累计降低 17%，单位地区生产总值二氧化碳要累计降低 16%；主要污染物排放总量中，二氧化硫排放量降低 10%，氮氧化物排放量降低 9.1%，化学需氧量排放量降低 15.2%，氨氮排放量降低 10.7%（如表 8 - 11 所示）。可以说，广西对桂西资源富集区，要求其万元生产总值能耗和主要污染物排放总量在"十一五"规划的基础上实现较大幅度下降，同时增加了单位生产总值碳排放强度、氨氮、氮氧化物排放等约束性指标。在国家、广西壮族自治区政府的节能减排政策和约束性指标下，桂西资源富集区节能减排任务繁重。

表 8 - 11   《桂西资源富集区发展规划》中关于节能减排的主要发展目标

指标名称	2010 年	2015 年	2020 年
单位地区生产总值能耗累计降低（%）	—	17	
单位地区生产总值二氧化碳累计降低（%）	—	16	
主要污染物排放总量累计降低（%）	—	—	完成自治区下达的控制目标
其中：二氧化硫排放量降低（%）	—	10	
氮氧化物排放量降低（%）	—	9.1	
化学需氧量排放量降低（%）	—	15.2	
氨氮排放量降低（%）		10.7	
工业固体废弃物综合利用率（%）	60	80	85

目前，桂西资源富集区已全面完成 2014 年度污染减排目标，但减排形势依然严峻。如截至 2014 年年底，百色、河池氨氮排放量比"十二五"规划控制目标分别超出了 128%、141%，给广西氨氮减排造成极为不利的被动局面。当前，桂西资源富集区要完成既定的节能减排目标任务，以下几个方面使其面临着较强的节能减排政策压力：（1）正如上文分析，桂西资源富集区产业结构层次不高，铝、煤电、锰、制糖、造纸、化工等重工业在整体产业结构中占据了较高的比重，而这些

产业都是高耗能、高污染的产业，随着工业化进程的加快，桂西资源富集区受能源、资源的制约将越来越严重，节能减排的压力也将越来越大。（2）资源综合利用水平低，采选冶综合回收率和伴生矿、共生矿、尾矿的利用率不高，河池市有色金属采选冶综合回收率仅为30%。资源精深加工能力不强，资源转化率低，产业链条短；百色氧化铝产量占全国产量的18.3%，而电解铝、铝材加工产量分别仅占4.3%、2%，绝大多数资源型产业停留在原料采掘、初级加工层次上。资源开发技术工艺落后，能耗、水耗较高，重金属污染严重，节能减排压力大。（3）桂西资源富集区是广西喀斯特地貌的主要分布地，生态环境脆弱，土地承载力大，石漠化严重，受国家环保政策的约束，仅靠当前以高能耗、高污染、高排放为主要特征的粗放型经济会进一步降低区域生态环境的承载能力。

因此，在新形势下，桂西资源富集区面临严峻挑战，既要加快发展资源型产业、提高资源转化率，又要强化节能减排、保护生态环境。同时，发展资源型产业还面临全国产能过剩、市场竞争激烈和国家宏观调控政策的影响。这些都使桂西资源富集区面临着较强的节能减排政策压力。

二 桂西资源富集区节能减排的主要手段

在桂西资源富集区面临较强的节能减排政策压力下，河池、百色、崇左通过一系列的手段来加强节能减排工作。

（一）百色市节能减排的主要手段

（1）建立节能减排保障体系。近年来，百色市建立了以市长环保目标责任制为载体的长效环境管理机制，制定了《百色市污染物总量减排工作方案》、《百色市节能减排奖惩暂行办法》等规划，市政府每年都与各县（区）政府签订污染减排责任状。将各县（区）单位生产总值能耗任务、化学需氧量减排任务、二氧化硫减排任务进行分解。签订责任状，加强责任考核，考核结果要向社会公告，落实奖惩措施。监察部门制定专门的节能减排工作问责办法，对不完成任务的县（区）、部门责任人启动问责机制。

（2）严格控制两高行业过快增长，淘汰落后产能。从2010年5月起，百色市已一律不再审批、核准、备案新增能耗大和污染物排放高的项目，对投产、试产的耗能高项目推迟投产日期；对违规建设的项目进行全面清理，未通过环评、节能审查，未取得建设用地批准的项目一律不得开工建设。2012 年，百色市累计淘汰铁合金 8 吨、水泥 26.4 吨、造纸 1.2 吨、淀粉 0.4 吨，启动了强制淘汰高耗能变压器工作。2013 年，百色市继续全面落实环评和能评制度，严禁审批"两高一资"新建项目，重点抓好年综合耗能在 1 万吨标煤以上企业的考核和监督，坚决贯彻落实差别电价政策，继续深化水价改革，多措并举控制"两高"行业过快增长。

（3）严格控制能源消耗增长。如 2010 年广西壮族自治区下达百色市的万元生产总值能耗比 2009 年下降 6% 的任务。在 2010 年 1—9 月，百色市万元生产总值能耗同比上升 1.8% 的情况下，从 9 月起，百色市严格实行计划用电、优化用电、节约用电，用电量逐月减少，全年全社会用电量控制在 130.5 亿度以内，完成自治区下达的目标任务。

（4）全面实施节能重点工程。百色市先后安排节能减排专项经费3000 多万元，用于奖励节能改造企业和抓好一批以燃煤工业锅炉改造、热电联产、机电系统节能等为主要内容的节能项目技术改造，督促一批企业开展节能减排技术改造；统筹抓好重点领域节能减排工作；加强重点用能企业管理。加强节能减排督查。

（5）加快推进生态型铝产业示范基地建设。铝工业是百色市的优势产业，2011 年国家发改委批复了《广西百色生态型铝产业示范基地实施方案》，随后，广西壮族自治区政府办公厅印发了《建设百色生态型铝产业示范基地行动方案》。百色市按照循环经济理念和工业生态学原理，推进生态型铝产业示范基地建设。目前，已构建了以平果铝、华银铝、信发铝为龙头的平果、德保、靖西三大铝生产基地，以锦盛化工、强强碳素为龙头的铝配套基地和以百色工业园区、新山铝产业示范园为载体的百色铝产学研基地。铝工业形成了年采选铝土矿 1510 万吨、年产氧化铝 840 万吨、电解铝 82 万吨、铝加工 120 万吨的规模以及碳素 70 万吨、烧碱 20 万吨、石灰 120 万吨的配套产能。

（二）河池市节能减排的主要手段

（1）围绕自治区下达的节能减排指标目标任务，明确责任、分解落实。牵头制定和实施《河池市"十二五"节能减排综合性实施方案》、《贯彻落实河池市"十二五"节能减排综合性实施方案部门分工安排》等文件。把责任落实到各县（市、区）、落实到部门、落实到企业、落实到人。

（2）继续实施节能重点工程，突出抓好重点耗能行业的节能工作，加强对重点用能企业实施节能管理。切实抓好2012年度国家财政补贴高效节能产品推广工作。严格控制高耗能、高污染项目上马，防止产能过剩行业低水平重复建设，从源头上抓好节能减排。

（3）积极淘汰落后产能，关停一批污染大、能耗高的企业，进一步谋划发展思路，做好工业结构的调整，促进产业结构优化升级。

（4）积极推行清洁生产，扶持有色金属、糖业等重点领域发展循环经济。支持企业加大科技投入，鼓励企业在引进、开发节能环保新设备、新工艺、新技术，推进节能科技进步。开展了工业节能、公共节能、建筑节能、二氧化硫减排、化学需氧量减排五大专项行动。积极推动城镇生活污水处理项目和重点企业减排工程建设。

（三）崇左市节能减排的主要手段

（1）落实节能减排工作责任制。崇左市印发了《崇左市"十二五"节能减排综合性工作实施方案》、《崇左市"十二五"节能目标责任评价考核方案》、《崇左市节能减排信息报送制度》、《崇左市节能减排部门联席会议制度》等文件，将"十二五"及各年度万元GDP能耗、减排指标分解到各县（市、区）人民政府，明确任务，落实责任。

（2）以开展环境倒逼为契机，推进产业转型升级。如2012年全面核查了127家企业准入条件及存在的安全风险隐患，其中68家企业完成整改，4家没通过验收的企业下达责令停产通知，对新建"两高"项目严格审查。在项目建设中，严格执行固定资产投资项目建设节能评估审查制度、环境影响评价制度，对不符合环境准入和节能审查要求的项目坚决不予受理。

（3）推进重点工程，努力实现工程节能减排。如2012年，崇左市本级财政安排节能减排经费预算400万元，实际落实专项资金500万元，支持工业、建筑、交通、公共机构等节能减排奖励及能力建设。围绕冶金、化工、制糖等重点耗能企业节能任务，大力推广应用先进适用的节能技术，在余热余压利用、电机系统节能、能量系统优化、生物质能利用等重点工程领域，组织实施一批节能技术改造工程。

（4）加强重点用能单位管理，提高用能效率。根据崇左市用能集中于工业、建筑、交通、公共机构等领域的特点，采取措施从严管理。

工业节能主要加强重点耗能企业节能态势的预警、监测，落实能源管理负责人备案制度，重点加强审核纳入国家万家企业节能低碳行动的 29 家企业的能源利用状况报告及能源审计。

（5）加强节能监督检查，落实相关节能工作经济政策。严格执行《节约能源法》，开展重点用能行业单位产品能耗限额标准执行情况和高耗能落后机电设备（产品）淘汰情况的监督检查，污水垃圾处理设施运营情况、项目建设情况的检查，对各县（市、区）落实节能减排工作情况的检查。

（6）加强节能技术产品推广应用。在商务和民用领域节能工作中，大力推广节能照明产品、节能汽车、节能家电、节能电机、节能空气能等产品的应用。

基于以上分析，可以看出，桂西资源富集区的三个市为了应对其面临的节能减排政策压力，都采取了相应的对策措施。从这些政策手段来看，虽然三个市也期望通过产业结构升级来降低节能减排，但是行政性的管制手段较多，而对真正的产业转型措施还不够重视。

本章小结

本章分析了桂西资源富集区的能源消费、工业污染物排放情况及其面临的节能减排压力。

通过分析，我们发现，桂西资源富集区近年来经济发展迅速，但能源消费情况没有得到应有的重视，能源消费形势依然很严峻。从时间维度来看，虽然 2008—2012 年百色市能源利用效率在不断改善，但从 2013 年开始，百色市的能源消费弹性系数又开始上升；虽然 2008—2009 年，河池市的能源消费弹性系数是降低的，但 2010—2013 年，河池市的能源消费情况趋于不断恶化；此外，崇左市的能源消费情况也不容乐观。从横向比较来看，桂西资源富集区的百色、崇左、河池三市在广西 14 个市的能耗排名中一直处于前列。从产业特征来看，桂西资源富集区三个市产业结构中占据主导地位的黑色金属冶炼及压延加工业、有色金属冶炼及压延加工业、电力热力的生产和供应业、农副食品加工业等带来了高能耗的负面效应。

此外，对比桂西资源富集区百色、河池、崇左三市工业污染物排放量和排放强度的时间变化趋势，我们还发现，三个市的工业污染物排放特征存在一定的共同之处，那就是桂西资源富集区三个市在 2010 年、2011 年前后，都存在一定的工业污染物排放增加的现象。

与能源消费和工业污染物排放不容乐观的现实情况相对应的是，桂西资源富集区却面临着较强的节能减排政策压力，如广西提出，到 2015 年桂西资源富集区的单位地区生产总值能耗要累计降低 17%，单位地区生产总值二氧化碳要累计降低 16%，并对主要污染物排放总量设定了减排目标。面对较强的节能减排压力，桂西资源富集区三个市都采取了相应的对策措施，但行政性的管制手段较多，而对产业转型的重视还不够。

基于此，虽然桂西资源富集区面临着较强的节能减排政策压力，但现实情况是其能源消费和工业污染物排放不容乐观。如何处理节能减排政策压力与现实困境之间的矛盾，是摆在桂西资源富集区各级政府面前的重要议题。综合上文关于桂西资源富集区产业发展特征的分析，我们认为，要加快桂西资源富集区的节能减排，只有进一步加大其产业转型的力度，将产业转型作为解决节能减排的系统工作来重视。否则，虽然采取了不少行政性的管制手段，但节能减排效果可能仍然不够明显。

第九章 桂西资源富集区的环境库兹涅茨曲线验证

第一节 引言

为进一步考察桂西资源富集区加快产业转型的必要性，本章将对其进行环境库兹涅茨曲线验证。实证地观察环境库兹涅茨曲线，是了解一个区域经济发展与节能减排可行性的重要途径。环境库兹涅茨曲线反映的是人均收入水平与环境质量之间的关系。Grossman 和 Krueger（1991）在对北美自由贸易协定的环境影响进行分析时，首次发现三种环境污染指标与经济增长指标呈倒 U 形曲线关系[1]，Panayotou（1993）则在 Grossman 和 Krueger（1991）的基础上，进一步将环境污染与经济增长之间的关系称为环境库兹涅茨曲线假说。[2] 此后，国内外大量的文献对环境库兹涅茨曲线进行了验证。目前，对资源富集区环境库兹涅茨曲线进行验证的研究还较少，同时以桂西资源富集区为研究对象进行分析的研究几乎没有。

为了判断桂西资源富集区是否具备了内在的动力去转变经济发展方式，自觉实施节能减排的要求，有必要借助于环境库兹涅茨曲线这个分析框架。具体来说，判断一个地区是否具有节能减排的内在动力，从环境库兹涅茨曲线的角度而言，主要是看其经济发展处于什么阶段。如果

---

① Grossman G., Krueger A. B. Environmental Impact of a North American Free Trade Agreement, NBER Working Paper, 1991: 3914.

② Panayotou T., Empirical Tests and Policy Analysis of Environmental Degradation at Different Stages of Economic Development, International Labour Office, Technology and Employment Programme, Working Paper, 1993.

其经济发展水平已越过了环境库兹涅茨曲线的拐点，则意味着这个地区能够依靠自身经济发展动力来进行节能减排；相反，则意味着当前的发展阶段，为追求经济发展，这个地区还没有节能减排的内在动力。因此，本章将应用面板协整方法对桂西资源富集区三个市 2003—2012 年的环境库兹涅茨曲线进行验证，以探讨桂西资源富集区能否通过经济自身的调节来实现节能减排。

第二节　模型与方法

一　面板数据的单位根检验方法

考虑到此部分样本数据的特征，为了防止伪回归的出现，应首先对变量的平稳性进行分析，具体而言，即首先要对各变量进行单位根检验，以判断其平稳性。对面板模型而言，就是将面板数据中的变量各横截面序列作为一个整体进行单位根检验。而根据对同（异）质性假定不同，面板单位根检验又可以有两类不同假定的单位根检验，其中一类代表性的检验有 LLC 检验；另一类检验则允许在不同的面板单位中变化，放宽了同质性假定，这类检验更加接近现实，代表性的检验包括 Fisher – PP 检验、Fisher – ADF 检验和 IPS 检验。为了保证结论的稳健性，在此采用 LLC 检验、Fisher – PP 检验、Fisher – ADF 和 IPS 检验对数据进行单位根检验。

二　面板数据的协整检验方法

在判断模型中的变量是否都是同阶单整过程的基础上，还需要对其进行协整检验，以确定变量间是否存在长期联系。将针对个体的协整检验用于面板数据环境，即面板协整检验，其仍然可以采用基于协整方程残差的检验思路。Pedroni 构造了 7 个检验面板协整关系的统计量，其中 3 个用组间维度描述，分别记为 Group ADF、Group PP 和 Group ρ 统计量；4 个用联合组内维度描述，分别记为 Panel ADF、Panel PP、Panel ν 和 Panel ρ 统计量，另外其 Monte Carlo 模拟实验的结果显示，在小样本条件下，较其他统计量，Group ADF 和 Panel ADF 统计量有着更好的性质，Group PP 和 Panel PP 统计量次之，其他则最差。在此使用 Pedroni 提出的两种基于残差的检验方法进行检验。

三　计量模型的建立

此部分用如下的计量模型来分析桂西资源富集区环境库兹涅茨曲线：

$$hj_{it} = \beta_0 + \beta_1 y_{it} + \beta_2 y_{it}^2 + \beta_3 m_{it} + \eta_i + \mu_t + \varepsilon_{it} \tag{9.1}$$

其中，下标 i、t 分别表示各市代码和年份，η_i 表示不随时间变化的地区效应，μ_t 表示不随地区变化的时间效应，ε_{it} 为随机误差项，β_0 为常数项，β_1、β_2、β_3 为相应变量的系数。β_2 是本章关注的重点，如果 β_2 显著异于 0，则说明存在环境库兹涅茨曲线；反之，则不存在环境库兹涅茨曲线。

各个变量的具体含义如下：

被解释变量 hj 表示各市工业污染物的人均排放量。工业污染物可以分为三类：固体废弃物、气体污染排放物和液体污染排放物。为了尽可能全面地分析经济发展水平对工业污染物排放的影响，同时考虑到数据的可获得性，对于被解释变量，本书最终选取了反映工业污染物排放情况的三类指标：工业二氧化硫排放量（pol）、工业烟尘排放量（$yanch$）和工业废水排放量（$water$）。

y 和 y^2 表示以 2002 年计算的各市人均 GDP 水平及其平方项。

m 表示各市的工业化水平，用第二产业生产总值占 GDP 比重来表示。

第三节　数据来源与描述性统计

本章分析的原始数据中，各市工业二氧化硫排放量、工业烟尘排放量、工业废水排放量数据均来自各年《中国城市统计年鉴》。由于《中国城市统计年鉴》中没有百色市 2009 年、2011 年工业污染物排放数据，因此百色市 2009 年、2011 年数据根据前后两年平均值求得。同样，崇左市 2011 年工业烟尘排放量也是根据前后两年平均值求得。人均 GDP 数据和工业化水平原始数据来自各年《广西统计年鉴》。

变量的描述性统计和相关系数如表 9-1 和表 9-2 所示。

表9-1　　　　　　　　　　　　**变量描述性统计**

变量	均值	标准差	最小值	最大值
pol	7.532439	7.4276	0.720261	25.46068
water	30.6008	16.35691	10.23955	59.44547
yanch	0.498779	0.464939	0.03028	2.0273
y	8264.261	2889.193	4066.79	14520.54
m	40.208	10.56617	2.66	54.84

表9-2　　　　　　　　　　　　**相关系数**

	pol	*water*	*yanch*	*y*	*m*
pol	1				
water	-0.7192	1			
yanch	-0.3066	-0.1241	1		
y	-0.0405	0.0963	0.2503	1	
m	0.6123	-0.1674	-0.3342	0.4117	1

第四节　回归估计与讨论

一　面板数据单位根检验

在此用前文所提到的4种方法对实际人均GDP和环境污染变量及其一阶差分进行单位根检验，且分检验回归式中包含常数项与回归式中同时包括常数项和趋势项两种情况，检验结果如表9-3所示。

由表9-3结果可得，无论是检验回归式中包括常数项还是同时包括常数项和趋势项，当对5个变量的原值进行检验时，检验结果都表明不能拒绝存在单位根的零假设，当对5个变量的一阶差分值进行检验时，检验结果表明都可以强烈地拒绝存在单位根的零假设。所以4种检验均一致说明一阶差分值不存在单位根，各个时间序列均为一阶单整过程。由于面板数据的不稳定性，直接进行估计可能导致伪回归，因此必须分析相关变量的协整关系，进而分析理论模型的长期关系。

表9-3　　面板单位根检验结果

检验方法	y 常数项	y 常数项与趋势项	D(y) 常数项	D(y) 常数项与趋势项	y^2 常数项	y^2 常数项与趋势项	D(y^2) 常数项	D(y^2) 常数项与趋势项	fs 常数项	fs 常数项与趋势项	D(fs) 常数项	D(fs) 常数项与趋势项
LLC检验	16.205	2.455	-5.632	-7.321	19.182	4.231	-3.765	-7.925	9.676	4.201	-15.011	-16.245
	1.000	1.000	0.000	0.000	1.000	1.000	0.000	0.000	1.000	1.000	0.000	0.000
IPS检验	20.121	4.051	-5.171	-9.120	23.165	6.791	-2.678	-8.456	14.781	4.832	-13.122	-14.223
	1.000	1.000	0.000	0.000	1.000	1.000	0.000	0.000	1.000	1.000	0.000	0.000
Fisher-ADF检验	0.217	42.386	132.316	176.153	0.091	24.811	105.189	162.145	8.211	47.617	417.328	459.087
	1.000	1.000	0.000	0.000	1.000	1.000	0.000	0.000	1.000	1.000	0.000	0.000
Fisher-PP检验	0.142	36.121	143.21	181.765	0.016	26.534	110.251	171.345	9.012	52.108	425.107	624.201
	1.000	1.000	0.000	0.000	1.000	1.000	0.000	0.000	1.000	1.000	0.000	0.000

检验方法	fw 常数项	fw 常数项与趋势项	D(fw) 常数项	D(fw) 常数项与趋势项	fy 常数项	fy 常数项与趋势项	D(fy) 常数项	D(fy) 常数项与趋势项	m 常数项	m 常数项与趋势项	D(m) 常数项	D(m) 常数项与趋势项
LLC检验	1.235	-0.356	-17.345	-14.305	11.291	5.271	-17.186	-14.376	8.654	3.345	-6.321	-8.032
	1.000	1.000	0.000	0.000	1.000	1.000	0.000	0.000	1.000	1.000	0.000	0.000
IPS检验	3.564	0.765	-16.321	-13.564	14.354	6.201	-17.051	-17.765	10.121	4.543	-6.105	-11.327
	1.000	1.000	0.000	0.000	1.000	1.000	0.000	0.000	1.000	1.000	0.000	0.000
Fisher-ADF检验	30.122	65.071	302.121	268.971	23.011	32.765	402.112	483.101	35.874	48.754	132.543	165.422
	1.000	1.000	0.000	0.000	1.000	1.000	0.000	0.000	1.000	1.000	0.000	0.000
Fisher-PP检验	30.728	64.521	431.102	650.021	23.286	45.236	515.023	987.101	36.245	54.143	143.756	175.121
	1.000	0.996	0.000	0.000	1.000	0.875	0.000	0.000	1.000	1.000	0.000	0.000

注：表中 y 指实际人均生产值，fs 指工业二氧化硫排放量，fw 指工业废水排放量，fy 指工业烟尘排放量；D 表示一阶差分；最大滞后期数是按 SIC 标准确定的，最大滞后阶数为 5；Newey-West 带宽使用 Bartlett 核；第一行数值为单位根检验统计量，第二行数值为对应单位根检验统计量的伴随概率；LLC、IPS、Fisher 的零假设均为存在单位根。

二　面板协整检验

在此采用 Pedroni 的方法，以回归残差为基础构造出 7 个统计量进行面板协整检验，其中除了 Panel v – stat 为右尾检验之外，其余统计量均为左尾检验。根据前面方法部分，在此小样本条件下主要考虑 Panel ADF – Statistic、Group ADF – Statistic、Panel PP – Statistic 和 Group PP – Statistic 四个统计量。所有检验的原假设都为不存在协整关系，拒绝原假设则意味着变量间存在长期协整关系。分检验回归式中包含常数项与回归式中同时包括常数项和趋势项两种情况。结果显示，Panel ADF – Statistic、Group ADF – Statistic、Panel PP – Statistic 和 Group PP – Statistic 四个统计量在 1% 的显著性水平下均强烈拒绝不存在协整关系的原假设。由此可知，EKC 模型即为桂西资源富集区环境经济关系的面板协整模型，刻画了桂西资源富集区环境污染的特点及其与经济增长之间的长期均衡关系。因此可以认为环境污染变量、实际人均 GDP 变量及其平方在长期趋于一致，即非平稳时间序列之间存在协整关系。

三　实证分析结果

在面板协整的基础上，对回归方程进行估计，Hausman 检验显示，回归方程适合采用随机效应模型，估计结果如表 9 – 4 所示。

表 9 – 4　　　　　　　　　　　　回归估计结果

	（1）	（2）	（3）	（4）
y	0.0159 **	0.0580 ***	0.000275	0.000304 **
	(0.00686)	(0.0149)	(0.000309)	(0.000136)
y^2	y^2	– 6.94e – 07 ***	– 2.22e – 06 ***	– 5.91e – 09
	(3.07e – 07)	(6.67e – 07)	(1.38e – 08)	
m	0.738 ***	1.231 ***	0.0119 ***	0.00227
	(0.133)	(0.290)	(0.00600)	(0.0141)
Constant	– 74.37 ***	274.2 ***	– 0.318	– 0.772
	(26.57)	(57.85)	(1.198)	(0.498)

注：表中省略了年份虚拟变量的系数估计值。

表 9 – 4 中模型（1）、模型（2）分别表示当因变量是人均工业二氧化硫、工业废水排放量时的估计结果。模型（3）、模型（4）分别表

示变量是人均工业烟尘排放量的估计结果。从估计结果中可以看出，桂西资源富集区三个市在工业二氧化硫排放和工业废水排放方面确实存在环境库兹涅茨曲线。而在工业烟尘方面，则不存在环境库兹涅茨曲线。

根据模型对现有样本的估计参数可以看出，桂西资源富集区工业二氧化硫、工业废水排放量的环境库兹涅茨曲线的拐点处，其人均 GDP 分别为 11455.3 元、13046.5 元，而从前文的描述性统计可以看出，桂西资源富集区人均 GDP 平均值约为 8264.3 元。因此，当前桂西资源富集区三个市的经济发展水平都还处在工业二氧化硫和工业废水排放量环境库兹涅茨曲线的拐点左侧，即还处于排放量趋于上升的区域，这也意味着桂西资源富集区目前还不能完全通过经济自身的动力来实现节能减排。

由于在工业烟尘方面不存在环境库兹涅茨曲线，为了进一步观察经济发展与工业烟尘排放量之间的关系，模型（4）中没有放入人均 GDP 平方项。此时可以看出，人均 GDP 对工业烟尘排放量存在显著为正的影响，说明随着人均 GDP 的增长，工业烟尘排放量也在增长。

本章小结

本章基于面板协整方法，对桂西资源富集区环境库兹涅茨曲线进行了验证。研究结果表明，桂西资源富集区三个市在工业二氧化硫排放和工业废水排放方面确实存在环境库兹涅茨曲线。而在工业烟尘方面，则不存在环境库兹涅茨曲线。同时，虽然在工业二氧化硫排放和工业废水排放方面，桂西资源富集区存在环境库兹涅茨曲线，但百色、河池、崇左三市还处在环境库兹涅茨曲线的拐点左侧，这意味着桂西资源富集区还不能完全通过经济自身的动力来实现节能减排。这也从实证的角度得出，为实现节能减排，桂西资源富集区必须主动加快经济发展方式转变。而从产业的角度而言，则必须加快产业转型。

那么，桂西资源富集区的产业转型现状如何呢？为此，下一章将对这个问题进行进一步的详细论证。

第十章 桂西资源富集区产业
转型：做法与评价

第一节 桂西资源富集区产业转型的主要做法

为促进产业转型，桂西资源富集区的百色、河池、崇左都采取了相应的措施，现对桂西三市产业转型的主要做法进行简要总结。

一 百色市产业转型的主要做法

为促进产业转型，百色市于 2013 年全面实施"产业转型升级三年行动计划"，提出要加快推进"再造一个工业百色"，重点推动生态铝示范基地全面建设。

1. 全面加快生态铝示范基地建设。围绕国家发改委《广西百色生态型铝产业示范基地建设方案》目标任务，推动"产业联盟＋外部科研院所＋政府"模式落地实施，重点推进上海交通大学与广西百色铝产业联盟全面合作。加强制约百色铝水、铝加工生产质量关键技术的攻关和应用，加快精铝、高纯铝开发生产，保持百色铝产业技术领先地位。提出尽快开征铝土矿价格调节基金，推进铝产业链延伸。加快推进百色铝工业区域电网建设，突破铝水、铝加工用电瓶颈。重点推进百矿集团煤电铝一体化项目、中铝广西分公司煤电铝一体化项目、德保泰吉煤电铝一体化项目开工建设。加快广银铝业公司年产 50 万吨铝型材表面处理项目、平铝集团铝型材二期项目、翔吉铝业年产 10 万吨铝板带项目、银峰铝线年产 10 万吨铝镁合金线及铸件项目等重点铝材、铝合金深加工项目建设。推进广州百色共建铝精深加工产业园区建设。加快推进利用低品位铝土矿生产石油裂解支撑剂、硅酸铝和赤泥提铁、稀有金属镓提取等资源综合利用项目。

2. 全面加快优化提升传统工业。采用高新技术、适用技术和先进工艺改造升级石化、冶金、农林产品加工、建材、机械制造等支柱产业，积极推进工业化、信息化深度融合试点示范工作。同时，加强工业经济运行协调服务，研究解决企业用矿、土地、融资等困难，着力抓好现有产能满负荷运行工作，推进企业恢复生产、满负荷生产。重点加快石化产业链延伸，推进中油田东石化总厂产品质量升级改造项目。优化锰资源产业布局，推动生态型锰产业基地建设。完善甘蔗—制糖—副产物综合利用产业链和竹资源综合利用产业链，进一步提高制糖造纸业效益。继续推进实施"抓大壮小扶微"工程。全力推进百色新山铝产业示范园区、百色平果共建工业园区等重点园区和"一园多区"建设，完善园区基础及配套设施建设。

3. 全力培育发展新兴产业。重点发展新材料、高端装备制造、生物医药、节能环保及电子信息等产业，重点推进田阳鑫创石油新材料有限公司年产 30 万吨高强度石油压裂支撑剂、百色永宏阻燃剂材料科技有限公司年产 10 万吨环保型阻燃剂、广西田东民泰实业有限责任公司年产 5 万吨纳米碳酸钙材料、广西博导铝镁线缆有限公司镁合金线二期等新材料项目的建设；加快推进百色美联能源科技煤炭机械及非煤机械、百色矿务局年生产 1 万套（件）重型煤机装备、百能集团农业机械化产业基地建设等装备制造项目；积极发展广西金麦克生物科技股份有限公司生物产业工程、浪伏有机茶深加工、源林中草药饮片开发和提取等生物科技项目。

4. 全力加快发展现代林业产业。加快组建百色林业集团，培育打造百色现代林业产业发展示范区，重点建设集环境资源保护和综合利用于一身的林业森林资源基地、林产工业示范园区、西南林木及产成品仓储交易市场、国家级苗木培育研发中心和林木产品研发中心等重大林业产业项目，加快板材加工、家具制造等木材精深加工产业发展。

二 河池市产业转型的主要做法

为促进产业转型，河池市提出"四化共推、错位发展"的发展战略。"四化"即工业化、城镇化、信息化、农业现代化；"错位发展"，即利用特色资源，采取与其他地区差异化发展办法发展特色经济，同时市内 11 个县（市、区）根据各自特点和优势实现错位发展。

（一）制定了有色金属产业规划，以规划推动产业转型升级

为了进一步推动产业转型升级，河池市还制定了有色金属产业规划，提出到 2020 年年底，河池有色金属企业整合形成 3—5 家年产值超百亿元以上的大企业集团，深加工产值比重提升至 40%，有色金属工业产值达 1000 亿元；到 2015 年，产值能耗、废水循环利用、废渣综合利用等主要循环经济指标全部符合各行业的准入条件要求，铅锌冶炼单位产品综合能耗、废水循环利用率等部分指标达到国内先进水平；到 2015 年，重点防控区主要重金属污染物排放量比 2007 年下降 15%，地表水监测断面水质达标率达到 90%，实现河池市生态环境全面改善，环境质量状况显著好转；到 2020 年，重点防控区主要重金属污染物排放量比 2007 年下降 60%，地表水监测断面水质达标率达到 100%，全面实现产业与环境保护协调发展。

（二）加大技术改造，提升企业工艺技术，大力发展循环经济，延长有色金属产业链

重点推动五吉公司年产 3 万吨锑冶炼技改及综合回收利用、广西河池市南方有色金属集团有限公司铅锌联合冶炼循环经济环境治理产业升级工程等项目。此外，创建新园区，优化产业布局，推进企业搬迁入园整合重组。目前，城区及周边 16 家企业搬迁入园。

（三）实施新兴产业计划

河池实施以"百亿产业工程、亿元企业工程、名牌精品工程、产业环境工程"为重点的"产业振兴计划"，致力培育发展新产业，不断调整优化产业结构，大力发展新型有色金属、清洁能源、生物质化工、绿色长寿食品、茧丝绸等特色优势工业。长寿养生等旅游品牌国际影响日益扩大，2012 年，全市接待国内外游客突破 1000 万人次大关。

三　崇左市产业转型的主要做法

（一）加快传统产业转型升级

实施创新驱动发展战略，加快传统产业转型升级，实施糖、锰等传统产业"二次创业"、"二次革命"，积极发展蔗糖深加工和生态型锰精深加工，加快红木加工基地建设，做大做强做优"糖、矿、红、绿"特色优势产业。改造提升交通运输、住宿餐饮等传统服务业。

（二）发现和培育新的增长点

推进中铝稀土分离生产线项目、南国铜业项目、龙州氧化铝加工项

目建设。大力发展信息、保险、金融等生产性服务业。提速发展物流、科技服务、健康养老、教育、旅游休闲、会展、家政等现代服务业。落实"电商广西、电商东盟"工程，积极发展电子商务、第三方物流、连锁经营等现代流通业态，开展跨境电子商务示范创建活动。加快发展各类专业市场，推进中国—东盟特色产品大市场、中国—东盟（凭祥）汽摩配专业市场等项目建设，确保市农副产品交易中心建成使用，加快在中心城区规划布局汽车及配件、家具、家电、建材等大型交易市场。紧紧围绕新型工业化、信息化、城镇化和农业现代化做文章，重视发展生态经济、互联网经济、会展经济和休闲经济，努力把更多的消费留在崇左。提高第三产业对经济增长的贡献率和对稳定增长及增加就业的支撑作用，使消费热点和消费创新成为拉动崇左市经济增长的主动力。

（三）狠抓重大项目建设

强化对重大项目建设的服务和督查，千方百计推进一批重大产业项目。推进甘蔗浓缩汁、糖蜜制药、蔗渣生产食用纤维等糖关联产业项目；推进中信大锰锂离子动力电池、新振锰业中低碳锰铁合金等项目建设，沙钢锰业硅锰合金等项目建设，加快推进南国铜业以及稀土、铝土、红木等产业项目建设。加快建设崇左至靖西高速公路，争取开工建设崇左至水口高速公路，推进隆安至硕龙高速公路前期工作。推动凭祥至河内高速公路、友谊关货运专用通道等跨境交通项目建设，争取水口至驮隆中越界河公路二桥开工建设。

（四）全面提升开放合作水平

抓住自治区"双核驱动"战略和"三区统筹"格局新机遇，再创沿边开放新优势。积极融入北部湾经济区，全力参与西江经济带建设。搭建开放合作平台，加快南宁—崇左—凭祥对外开放经济带建设。推动中越凭祥—同登跨境经济合作区建设，努力推动中泰（崇左）产业园建设。加快凭祥综合保税区二期建设，配合做好保税区管理体制改革。继续深化区域合作，主动对接东盟、欧美国家及港澳台地区，开展经贸交流合作，开辟国际大市场。完善口岸、互市点等基础设施，继续推进硕龙口岸升格和友谊关、水口口岸扩大开放。加快凭祥口岸关检合作"三个一"改革工作，推行"5＋2"工作制和"24小时预约通关"服务，探索"两国一检"工作，提升贸易便利化和通关便利化水平。实施加工贸易倍增计划，大力培育机电加工制造、坚果加工等边贸加工业，加快发展跨境贸易电子商务，促进对外贸易转型升级。发挥崇左糖、锰等资源优势，引导企业和项目向园区集聚，打造南崇经济带特色产业园区，辐射带动外向型经济加快发展，形成口岸、园区、城镇协同发展的格局。

第二节　桂西资源富集区产业转型的测度方法

虽然桂西资源富集区百色、河池、崇左三市为促进产业转型，都采取了相应的措施，并花费了较大的力气。但桂西资源富集区各市产业转型效果如何，则必须进行科学的测度与评价。目前关于产业转型的测度方法，主要有两种：一是利用产业结构变动指标来表征产业转型程度，二是利用产业转型系数来表征产业转型程度。

一　产业结构变动指标方法

产业结构变动指标指的是各产业在总的生产总值中所占比例的变动值，其计算公式为：

$$K = \sum |q_{i1} - q_{i0}|$$

其中，K 为产业结构变动值；q_{i0} 为基期某产业所占份额，q_{i1} 为报告期某产业所占份额，某产业可以是第一产业、第二产业、第三产业，可以是某一具体的细分行业，也可以是指定的某几个产业。

应用产业结构变动指标来反映产业转型程度，计算出的 K 值越大，产业结构的变动幅度越大。但该指标仅将各产业份额变动的绝对值简单相加，并不反映某个具体产业变动的情况，也不分辨结构演变中各产业此消彼长的方向变化。

二　产业转型系数指标方法

产业转型系数是以向量空间中夹角为基础，运用空间向量测定法，将包含 n 个部门的产业定义为构成一组 n 维向量，然后把两个时期间两组向量间的夹角，作为反映产业转型程度的指标。其基本思路是首先将整个国民经济划分为 n 个产业，并将每一个产业当作空间的一个向量，整体经济则可以表示为空间的一组 n 维向量。当某一个产业在整体经济中的份额发生变化时，其与其他产业（向量）的夹角就会相应发生变动。那么，整个国民经济的产业转型情况即是所有夹角变化的累计值。[1]

产业转型系数不仅考虑到两个年份间同一产业的产值比例的平均变化程度，而且体现出三次产业产值比例的平均变化程度，较为细致、灵敏地揭示了产业转型的过程与程度，这是其他统计指标所难以比拟的，因此，大量的文献采用产业转型系数来反映一个国家或区域的产业转型情况，如凌文昌和邓伟根（2004）、徐秀丽（2010）等。

产业转型系数的计算公式如下：

$$\theta = \arccos\left[\sum_{i=1}^{n} S_i(t_1) \cdot S_i(t_2) \Bigg/ \sqrt{\sum_{i=1}^{n} S_i(t_1)^2 \cdot \sum_{i=1}^{n} S_i(t_2)^2}\right]$$

上式中，n 为产业部门数，$S_i(t)$ 指第 i 个产业部门 t 年增加值（或总产值）占 t 年 GDP（或全社会总产值）的份额，θ 是 $S_i(t_1)$ 和 $S_i(t_2)$ 这两个向量间的夹角，即产业结构转变系数，θ 的最大值为 90 度。

第三节　桂西资源富集区产业
转型的测度与评价

从上文的分析可知，产业转型系数具有产业结构变动指标无可比拟的优点。因此，我们将采用产业转型系数方法对桂西资源富集区产业转型进行度量与评价。

一　三次产业转型测度与评价

基于数据可得性的考虑，我们选取 2002—2012 年的数据对桂西资源富集区产业转型进行度量。

由于产业转型系数计算的是两期之间的夹角度数，我们将 2002—2012 年划分为 2002—2004 年、2005—2007 年、2008—2010 年、2011—2012 年四个时期[2]，分别计算桂西资源富集区各市三次产业转型系

---

[1]　刘志彪、安同良：《中国产业结构演变与经济增长》，《南京社会科学》2002 年第 1 期。

[2]　2002—2012 年总量的产业转型系数因为没有科学的参照系，我们舍弃这一总量指标，而采用时间序列对比法。

数①，并对比不同时期产业转型系数的变化，如果其值呈现增加的趋势，表明产业转型加速。

桂西资源富集区中百色市三次产业转型系数如表 10-1 所示。

表 10-1　　　　　　　　　　**百色市三次产业转型系数**

时间区间	2002—2004 年	2005—2007 年	2008—2010 年	2011—2012 年
产业转型系数	17.405	7.169	2.790	1.439
年均产业转型系数	5.801	2.390	0.930	0.479

从表 10-1 可以看出，对比不同时期三次产业转型系数，2002 年以来百色市三次产业转型系数和年均产业转型系数不断降低，反映出百色市产业转型呈现减速的趋势。特别是 2008 年以来，产业转型系数降低幅度较大，说明百色市产业转型具有明显的周期性。由于 2008 年金融危机的冲击，百色市可能由于"保增长"而使产业转型速度减慢。

桂西资源富集区中河池市三次产业产业转型系数如表 10-2 所示。由表 10-2 可见，2002—2010 年，河池市产业转型系数不断降低，说明河池市在这期间产业转型速度不断下降，特别是 2008 年以来产业转型系数骤降。2002—2004 年，河池市年均产业转型系数为 3.987，而在 2008—2010 年，年均产业转型系数仅为 0.39。但从表 10-2 中也可以看出，2011—2012 年，河池市产业转型速度又开始稳步上升。

---

① 三次产业转型系数是指计算产业转型系数时要使用产业分类法将整个经济分成三个产业。三次产业分类法是澳大利亚经济学家费舍尔在 20 世纪 30 年代最先提出。所谓三次产业分类法，就是把全部的经济活动划分为第一产业、第二产业和第三产业：第一产业是其生产物取自于自然；第二产业则是加工取自于自然的生产物；第三次产业被解释为繁衍于有形物质财富生产之上的无形财富的生产部门。我国现在采用的三次产业分类法是 2003 年 5 月 14 日实施的。根据《国民经济行业分类》（GB/T4754—2002）制定本规定。三次产业划分范围如下：第一产业是指农、林、牧、渔业和农、林、牧、渔服务业；第二产业是指采矿业，制造业，电力、燃气及水的生产和供应业，建筑业；第三产业是指除第一、第二产业以外的其他行业，即包括交通运输、仓储和邮政业，信息传输、计算机服务和软件业，批发和零售业，住宿和餐饮业，金融业，房地产业，租赁和商务服务业，科学研究、技术服务和地质勘查业，水利、环境和公共设施管理业，居民服务和其他服务业，教育，卫生、社会保障和社会福利业，文化、体育和娱乐业，公共管理和社会组织，国际组织。

表 10 - 2   河池市三次产业转型系数

时间区间	2002—2004 年	2005—2007 年	2008—2010 年	2011—2012 年
产业转型系数	11.961	10.027	1.171	7.154
年均产业转型系数	3.987	3.342	0.390	2.385

桂西资源富集区中崇左市三次产业转型系数如表 10 - 3 所示。从表 10 - 3 可以看出，2002—2012 年，崇左市三次产业转型系数呈现出先下降后上升的特点，2002—2010 年产业转型系数不断降低，表明崇左市产业转型速度不断降低；2011—2012 年产业转型系数又开始上升，表明崇左市产业转型又开始加快。其中，2002—2004 年，产业转型系数为 7.069，2008—2010 年下降为 2.879，2011—2012 年又上升为 3.107。

表 10 - 3   崇左市三次产业转型系数

时间区间	2002—2004 年	2005—2007 年	2008—2010 年	2011—2012 年
产业转型系数	7.069	6.132	2.879	3.107
年均产业转型系数	2.356	2.044	0.959	1.035

根据表 10 - 1 至表 10 - 3 的数据，我们可以总结出 2002 年以来，桂西资源富集区三次产业转型的基本规律：

（1）桂西资源富集区三次产业转型不是很理想，且处于减速过程。自 2002 年以来，桂西资源富集区中的百色市、河池市、崇左市三次产业转型系数和年均产业转型系数基本呈下降的趋势。虽然 2011—2012 年，河池市、崇左市三次产业转型系数较 2008—2010 年都有所增加，但相对于 2002—2007 年的三次产业转型系数仍是大幅减少。当前，我国提出要加快经济结构转型，以转型促发展，但桂西资源富集区产业转型却处于减速过程，这一现象值得充分重视。

（2）桂西资源富集区三次产业转型具有明显的周期性。桂西资源富集区中的百色、河池、崇左三个市在 2002—2004 年的三次产业转型系数均较大，而在 2008—2010 年的三次产业转型系数则大幅减少。2008 年正值全球金融危机爆发之际，各市为确保经济增长，产业转型的速度也随之减缓。

（3）当前，桂西资源富集区中的河池、崇左产业转型处于逐步恢复阶段，而百色市产业转型仍在进一步减速。2011—2012 年，河池市、崇左市三次产业转型系数较 2008—2009 年有所增加，而百色市产业转型系数仍进一步减少。

（4）2002—2012 年，桂西资源富集区三个市的三次产业转型过程中，河池市的平均产业转型速度最快，其次为百色市，最后为崇左市。2002—2012 年，河池市的平均产业转型系数为 2.76，百色市的平均产业转型系数为 2.62，崇左市的平均产业转型系数为 1.74。

二　三次产业内部产业转型测度与评价

除了对三次产业转型进行度量外，为了进一步说明桂西资源富集区三次产业内部产业转型的情况，我们还尝试对桂西资源富集区三次产业内部产业转型进行测算与评价。

考虑到数据的可得性，我们主要对河池市工业内部产业转型系数、河池市服务业内部产业转型系数、百色市工业内部产业转型系数、崇左市服务业内部产业转型系数进行了测算。

根据河池市工业增加值构成数据（见表 10 - 4），测算出河池市工业内部产业转型系数如表 10 - 5 所示。由表 10 - 5 可知，河池市2008—2012 年工业内部产业转型系数趋于下降，显示 2008—2012 年河池市工业内部产业转型速度不断降低，河池市 2008—2010 年年均工业内部产业转型系数为 6.289，而 2010—2012 年年均工业内部产业转型系数则仅为 4.832。

表 10 - 4　　　　　　　　河池市工业增加值构成　　　　　　　　单位：%

产业名称	2012 年	2010 年	2008 年
有色金属矿采选业	12.030	8.829	8.084
农副食品加工业	6.477	5.386	4.445
纺织业	1.984	1.616	1.170
木材加工及木、竹、藤、棕、草制品业	0.991	2.132	0.079
化学原料及化学制品制造业	1.808	2.354	3.442
非金属矿物制品业	1.666	1.932	2.502
黑色金属冶炼及压延加工业	0.330	1.582	1.745

续表

产业名称	2012 年	2010 年	2008 年
有色金属冶炼及压延加工业	12.718	23.089	12.620
专用设备制造业	0.748	0.671	1.044
电力、热力的生产和供应业	29.107	32.085	42.235

资料来源：各年《河池统计年鉴》。

表 10 − 5　　　　　　　河池市工业内部产业转型系数

时间区间	2008—2010 年	2010—2012 年
产业转型系数	18.866	14.496
年均产业转型系数	6.289	4.832

根据河池市服务业增加值构成数据（见表 10 − 6），测算出河池市服务业内部产业转型系数如表 10 − 7 所示。从表 10 − 7 可知，河池市 2005—2012 年服务业内部产业转型系数不断减少，说明 2005—2012 年河池市服务业内部产业转型速度不断下降，河池市 2005—2010 年年均服务业内部产业转型系数为 2.821，而 2010—2012 年年均服务业内部产业转型系数则仅为 2.176。

表 10 − 6　　　　　　河池市服务业增加值构成　　　　单位：%

产业名称	2012 年	2010 年	2005 年
交通运输、仓储及邮电通信业	14.65	13.03	14.83
信息、计算机和软件业	5.69	5.36	6.55
批发零售贸易、住宿餐饮业	26.09	23.76	24.04
金融保险业	9.81	9.59	5.92
房地产业	11.46	11.46	9.68

资料来源：各年《河池统计年鉴》。

表 10 − 7　　　　　　河池市服务业内部产业转型系数

时间区间	2005—2010 年	2010—2012 年
产业转型系数	8.464	14.496
年均产业转型系数	2.821	2.176

根据百色市工业增加值构成数据（见表10－8），测算出百色市工业内部产业转型系数如表10－9所示。由表10－9可知，百色市2008—2010年年均工业内部产业转型系数为1.594，2010—2012年年均工业内部产业转型系数则仅为0.708，反映出2008—2012年百色市工业内部产业转型速度不断降低。

表10－8　　　　　　　　　百色市工业增加值构成　　　　　　　　单位：%

产业名称	2012 年	2010 年	2008 年
农副食品加工业	3.977	4.557	5.874
非金属矿物制品业	4.959	5.158	3.835
化学原料及化学制品制造业	4.004	3.794	1.357
有色金属冶炼及压延加工业	39.243	39.502	37.126
黑色金属冶炼及压延加工业	6.793	6.549	6.893
电力热力的生产和供应业	8.478	9.962	10.845

资料来源：各年《百色年鉴》。

表10－9　　　　　　　　百色市工业内部产业转型系数

时间区间	2008—2010 年	2010—2012 年
产业转型系数	4.781	2.125
年均产业转型系数	1.594	0.708

根据崇左市服务业增加值构成数据（见表10－10），测算出崇左市服务业内部产业转型系数如表10－11所示。由表10－11可知，崇左市2003—2005年年均服务业内部产业转型系数为2.912，2005—2008年年均服务业内部产业转型系数为3.523，2008—2010年年均服务业内部产业转型系数为2.481，2010—2012年年均服务业内部产业转型系数则仅为3.477，说明崇左服务业内部产业转型速度呈波动状态，2005—2008年较2003—2005年产业转型速度加快，而2008—2010年产业转型速度趋于下降，但2010—2012年服务业内部产业转型又开始加速。

表 10 – 10 崇左市服务业增加值构成 单位:%

产业名称	2012 年	2010 年	2008 年	2005 年	2003 年
交通运输、仓储和邮政业	0.167	0.181	0.195	0.246	0.241
信息传输、计算机服务和软件业	0.067	0.045	0.069	0.057	0.062
批发和零售业	0.189	0.169	0.167	0.186	0.165
住宿和餐饮业	0.081	0.072	0.085	0.051	0.048
金融业	0.086	0.077	0.059	0.046	0.036
房地产业	0.085	0.1	0.095	0.091	0.09
租赁和商务服务业	0.023	0.02	0.025	0.015	0.008
科学研究、技术服务和地质勘查业	0.01	0.015	0.018	0.029	0.004
水利、环境和公共设施管理业	0.005	0.006	0.006	0.006	0.007
居民服务和其他服务业	0.036	0.027	0.019	0.017	0.015
教育	0.069	0.082	0.087	0.097	0.123
卫生、社会保险和社会福利业	0.064	0.049	0.044	0.042	0.047
文化、体育和娱乐业	0.012	0.008	0.008	0.006	0.01
公共管理和社会组织	0.105	0.148	0.125	0.11	0.145

资料来源: 广西统计局网站。

表 10 – 11 崇左市服务业内部产业转型系数

时间区间	2003—2005 年	2005—2008 年	2008—2010 年	2010—2012 年
产业转型系数	8.736	10.57	7.444	10.432
年均产业转型系数	2.912	3.523	2.481	3.477

本章小结

　　本章对桂西资源富集区产业转型的主要做法进行了简要概括，并对其产业转型进行了度量与评价。近年来桂西各市对产业转型十分重视，并采取了相应的包括提升资源型产业、发展新兴产业等系列措施。从产业转型评估结果来看，桂西资源富集区产业具有以下特征。

　　从三次产业转型来看，第一，2002 年以来，桂西资源富集区三次产业转型不是很理想，且处于减速过程。2002 年以来，桂西资源富集区中的百色市、河池市、崇左市三次产业转型系数和年均产业转型系数基本呈下降的趋势。虽然桂西三市都提出要加速产业转型，但其产业转型却处于减速过程，这一现象值得充分重视。第二，桂西资源富集区三次产业转型具有明显的周期性，2008 年正值全球金融危机爆发之际，各市为确保经济增长，产业转型的速度也随之减缓。第三，2002—2012 年，桂西资源富集区三个市的三次产业转型过程中，河池市的平均产业转型速度最快，其次为百色市，最后为崇左市。

从三次产业内部产业转型来看，通过对河池市工业内部产业转型系数、河池市服务业内部产业转型系数、百色市工业内部产业转型系数、崇左市服务业内部产业转型系数为例的测算表明，近年来河池市工业内部产业转型速度、服务业内部产业转型速度均不断降低，2008—2012 年百色市工业内部产业转型速度也不断降低。而崇左服务业内部产业转型速度呈波动状态，2005—2008 年较 2003—2005 年产业转型速度加快，而 2008—2010 年产业转型速度趋于下降，但 2010—2012 年服务业内部产业转型又开始加速。综合来看，桂西三市三次产业内部产业转型情况也不是很理想，崇左服务业内部产业转型不是很稳定，而河池、百色的工业内部产业转型甚至处于转型速度下降的状态。

通过对桂西资源富集区产业转型的度量与评价，可以看出，虽然桂西资源富集区三个市都提出要加快产业转型，但不论是从三次产业转型还是从产业内部转型来看，其产业转型效果都不是很理想，产业转型非但没有加速，反而总体上呈现出产业转型速度下降的状态。即使崇左市服务业内部产业转型速度没有一直下降，但也是时而提高，时而减少，呈波动状态。因此，桂西资源富集区产业转型形势十分严峻。产业转型度量与评价结果为桂西资源富集区产业转型提供以下启示。

（1）应进一步增强产业转型措施的有效性，以推进桂西资源富集区产业结构的合理化和高度化。当前，我国经济进入新常态，桂西资源富集区产业发展面临前所未有的挑战。虽然桂西资源富集区各市都采取了一定的措施来促进产业转型，但其三次产业转型却处于减速过程，反映出现有产业转型措施并未取得良好成效。因此，桂西资源富集区各市政府应进一步增强产业转型措施的有效性，更积极有为地引导产业转型，提高全要素生产率，促进整体经济增长质量的提升。

（2）应进一步增强产业转型政策的连续性和平稳性。由前文分析可知，桂西资源富集区产业转型呈现出明显的周期性，特别是在2008年全球金融危机爆发之际，各市为确保经济增长，产业转型速度也随之下降；同时，随着时间的推移，政策对产业转型的推动力逐渐减弱。因为，政府的各项产业转型政策应注意连续性和平稳性，防止经济大起大落，确保产业快速、平稳地转型。

（3）应进一步推动符合比较优势的主导产业群的建立和更替，促进产业转型。上文中，崇左市服务业产业转型速度呈波动状态，而不是一直下降。笔者认为，一个可能的原因是崇左市由于具有较好的发展沿边贸易的优势，其进出口贸易在桂西三个市中较为发达，因此其服务业产业转型也相对较好。而产业转型实质上是主导产业部门依次更替的过程，因此，政府应根据各地比较优势，推进相应的主导产业群的建立与更替，提高产业转型效果。

第十一章　桂西资源富集区产业转型对节能减排影响的实证分析

本章将从实证的角度来分析产业转型对桂西资源富集区节能减排的影响，基于数据可获得性的考虑，本章具体分析产业转型对工业污染物减排的影响。

一般认为，工业污染物排放的减少可以归结为三种因素：一是减少生产的规模；二是降低工业污染物的排放强度；三是使生产活动从工业污染物排放强度高的产业向排放强度低的产业转移（Copeland and Taylor，2003）。[①] 而使生产活动从工业污染物排放强度高的产业向排放强度低的产业转移，实际意味着，从理论上来看，产业转型是有利于工业污染物的减少，即有利于减排。桂西资源富集区以资源型产业为支柱产业，因而面临着较强的节能减排压力。为促进经济发展质量的提高，桂西资源富集区各市采取了一定的产业转型措施。那么，从实证的角度而言，桂西资源富集区的产业转型是否确实促进了该地区的工业污染物减排？为此，本章将运用面板数据进一步实证检验产业转型结构对桂西资源富集区工业污染物减排的影响。

对工业污染物排放的研究，国内外学者更多的是通过环境库兹涅茨曲线来讨论经济增长与工业污染物排放之间的关系（朱平辉、袁加军等，2010）[②]，而本章则是分析产业转型与工业污染物排放之间的关系。与既有的文献相比，本章的贡献主要体现在三个方面：第一，本章分析

[①] Copeland B.，Taylor S.，*Trade & the Environment：Theory and Evidence*，Princeton University Press，2003.

[②] 朱平辉、袁加军、曾五一：《中国工业环境库兹涅茨曲线分析——基于空间面板模型的经验研究》，《中国工业经济》2010 年第 6 期。

了产业转型对工业污染物减排的影响；第二，以桂西资源富集区为研究
对象，实证探讨了资源富集地区的产业转型与节能减排之间的关系；第
三，应用多种方法来表征产业转型，提高了分析的稳健性。

第一节　计量模型的构建

分析产业转型对节能减排的影响，从工业污染物的角度，实际上要
分析的是产业转型对工业污染物排放的影响，如果产业转型对工业污染
物排放的影响为负，则意味着产业转型会导致较低的工业污染物排放，
即产业转型有利于节能减排。因此在计量模型的设定时，下文将工业污
染物排放量作为因变量，而自变量则包括产业转型以及其他变量。

Grossman 和 Krueger（1995）在分析 NAFTA 协议的环境效应时，指
出经济增长对环境质量的影响包含三类效应：规模效应、结构效应和技
术效应。[①] 规模效应指更大的经济规模对环境产生的负面效应，结构效
应指经济发展过程中要素投入的变化、产业结构的调整对污染物排放的
影响，技术效应则是指技术进步使得经济中的污染物排放的下降。遵循
Grossman 和 Krueger（1995）的思路，包群、陈媛媛和宋立刚（2009）
应用影响污染物排放的三类效应，分析了 FDI 对中国环境质量的
影响。[②]

本章将在 Grossman 和 Krueger（1995）与包群、陈媛媛和宋立刚
（2009）的基础上，在模型中同样控制影响工业污染物排放的三类效
应，分析产业转型对工业污染物排放的影响。这三类效应中，规模效应
用各市 GDP 来度量；结构效应用各市的工业化程度和要素禀赋状况来
度量，其中要素禀赋又由各市的人力资本状况来表示；技术效应用各市
滞后一期的人均 GDP 来度量，Copeland 和 Taylor（2003）指出，滞后一
期的人均 GDP 不仅能反映较高的人均 GDP 对应较先进的技术水平，同

---

①　Grossman G. , Krueger A. , Economic growth and the environment, *Quarterly Journal of Economics*, 1995, 110（2）: 353 – 377.

②　包群、陈媛媛、宋立刚：《外商投资、污染排放与我国环境质量变化》，载宋立刚、胡永泰《经济增长、环境与气候变迁——中国的政策选择》，社会科学文献出版社 2009 年版，第 210—228 页。

时也能反映技术进步对工业污染物排放的影响滞后。

此外，Antweiler 等（2001）指出，人口密集度可能也是影响污染物排放的重要因素。因此，在模型中还控制了人口密集度变量。

因此，我们用如下的计量模型来分析产业转型对工业污染物排放的影响：

$$pl_{it} = \beta_0 + \beta_1 cyzx_{it} + \beta_2 gdp_{it} + \beta_3 gyh_{it} + \beta_4 rlzb_t$$
$$+ \beta_5 ly_{it} + \beta_6 rkmd_{it} + \eta_i + \varepsilon_{it} \tag{11.1}$$

其中，下标 i、t 分别表示城市代码和年份，η_i 表示不随时间变化的地区效应，ε_{it} 为随机误差项，β_0 为常数项，β_1 至 β_6 为相应变量的系数。β_1 是本章关注的重点，如果 β_1 小于 0，就说明产业转型对工业污染物排放具有负向影响（即产业转型有利于节能减排）。各个变量的具体含义如下：

被解释变量 pl 表示各地区工业污染物的排放量。工业污染物可以分为三类：固体废弃物、气体污染排放物和液体污染排放物。为了尽可能全面地分析产业转型对工业污染物排放的影响，同时考虑到数据的可获得性，对于被解释变量，本书最终选取了反映工业污染物排放情况的三类指标：工业二氧化硫排放量（$zpol$）、工业烟尘排放量（$zyanch$）和工业废水排放量（$zwater$）。

$cyzx$ 表示各市的产业转型程度，其用各市的三次产业转型系数来表示。具体的计算过程已在第十章进行了详细介绍。依照前文的理论分析，预期产业转型的系数为负。

gdp 表示各市的国内生产总值，用于衡量各市经济发展程度。国内生产总值对工业污染物的排放具有两方面的影响，在工业化初期，与较高的环境质量相比，人们更关心就业和收入的增加，因此经济增长必然会导致工业污染物的快速排放；但随着经济发展程度的提高，人们对环境质量更加重视，环境监管力度进一步加强，进而又可能会导致单位工业增加值的污染排放下降。因此，gdp 前的系数符号，有赖于实证结果的检验。

$rlzb$ 表示各地区的人力资本水平，用各市普通中学和普通高等学校在校学生数占各市总人口数的比重来表示。一般而言，人力资本水平越高，代表了生产中技术水平也越高，因此预期人力资本对工业污染物排放的影响为负。

　　gyh 表示各地区工业化程度，用各地区工业增加值占 GDP 的比重来度量。Grossman 和 Krueger（1995）、Panayotou（1997）等认为，在经济起飞和加速阶段，工业在 GDP 中比重增加会带来严重的环境问题；而冯皓等（2012）利用中国省级面板数据，发现工业排放具有规模经济，随着工业化程度的提高，每单位工业 GDP 的污染排放下降。[①] 理论上，工业化依赖于粗放式增长还是集约式增长，其对工业污染排放的影响是不同的。因此，工业化程度对工业污染物排放的影响也有赖于实证结果的检验。

　　ly 表示滞后一期的人均 GDP，如 Copeland 和 Taylor（2003）所述，较高的人均 GDP 对应着较先进的技术水平，因此预期其系数为负。

　　rkmd 代表人口密集度，用各市每平方公里的人口数来表示，同 Antweiler 等（2001）一样，预期人口密集度的系数为负。

第二节　数据来源与描述性统计

　　本章分析的原始数据中，各市工业二氧化硫排放量、工业烟尘排放量、工业废水排放量数据均来自各年《中国城市统计年鉴》，其中百色市 2009 年、2011 年数据根据前后两年平均值求得，崇左市 2011 年工业烟尘排放量也是根据前后两年平均值求得。产业转型数据在基本回归部分根据第十章的方法计算得到，即先将 2003—2012 年划分为 2003—2004 年、2005—2007 年、2008—2010 年和 2011—2012 年四个区间，分别计算出这四个区间各市三次产业转型系数的年平均值；而在稳健性分析部分，产业转型则用第三产业与第二产业占 GDP 比重之比来表示。各市国内生产总值、人力资本水平、工业化程度、滞后一期的人均 GDP 和人口密集度原始数据均来自《广西统计年鉴》，其中国内生产总值、人均 GDP 数据均表示为以 2002 年计算的实际 GDP 数据和实际人均 GDP 数据。

　　由于崇左市 2003 年才成立，因此本章将分析的时间段定为 2003—

---

　　① 冯皓、陆铭、荣健欣：《集聚与减排——基于中国省级面板数据的实证分析》，第十一届中国经济学年会论文，2011 年。

2012 年。

变量的定义和描述性统计如表 11 - 1 和表 11 - 2 所示。

表 11 - 1　　　　　　　　　　变量定义

名称	符号	单位	定义
因变量			
工业二氧化硫排放量	zpol	万吨	各市工业二氧化硫排放量
工业废水排放量	zwater	吨	各市工业废水排放量
工业烟尘排放量	zyanch	吨	各市工业烟尘排放量
自变量			
产业转型程度	cyzx	—	各市三次产业转型系数
国内生产总值	gdp	亿元	用 GDP 平减指数将名义 GDP 折算为 2002 年不变价的实际值
工业化程度	gyh	%	工业增加值占 GDP 的比重
人力资本水平	rlzb	%	普通中学和普通高等学校在校学生数占各市总人口数的比重
滞后一期的人均 GDP	ly	元	用 GDP 平减指数将人均名义 GDP 折算为 2002 年不变价的实际值，并取滞后一期
人口密集度	rkmd	%	各市每平方公里的人口数

表 11 - 2　　　　　　　　　　变量描述性统计

变量	均值	标准差	最小值	最大值
zpol	53650.6	31789.93	6630	105576
zwater	10436.97	6840.708	3631	23884
zyanch	16827.17	12693.66	1985	46336
cyzx	2.075211	1.485093	0.390333	5.8
gdp	270.2039	104.1	109.9533	510.2778
gyh	40.208	10.56617	2.66	54.84
rlzb	0.045414	0.013298	0.013874	0.06066
ly	7421.08	2702.959	3815	13090.64
rkmd	121.0616	13.15575	101.78	141.82

第三节　回归估计与讨论

一　实证研究基本结果

首先利用样本数据对模型（11.1）进行估计，产业转型用三次产业转型系数表示，回归结果如表 11-3 所示。表 11-3 中列（1）至列（3）分别为以工业二氧化硫排放量、工业废水排放量、工业烟尘排放量作为因变量的估计结果。Hausman 检验显示，表 11-3 中列（1）至列（3）均采用随机效应模型。

表 11-3　　　　　估计结果（产业转型用产业转型系数表示）

	（1）	（2）	（3）
	因变量为工业二氧化硫排放量	因变量为工业废水排放量	因变量为工业烟尘排放量
cyzx	-2025 ***	-2861 **	-185.5 **
	（700）	（1136）	（71）
gdp	209.5 ***	176.2 ***	-243.9 ***
	（75.09）	（37.09）	（55.87）
gyh	557.8	154.1	54.71
	（357.2）	（176.4）	（265.8）
rlzb	263869	-5409	62503
	（161430）	（79732）	（120113）
ly	-6.501 **	-6.313 ***	9.766 ***
	（2.854）	（1.410）	（2.124）
rkmd	-1041 **	-1009 ***	-1675 ***
	（459.5）	（227.0）	（341.9）
Constant	141088 **	-124399 ***	207649 ***
	（62487）	（30863）	（46493）
Hausman P 值	0.572	0.432	0.356
模型	RE	RE	RE
R^2	0.376	0.363	0.565
Wald 值	240.36	283.690	496.050

注：括号内数值为标准差；***、** 和 * 分别表示 1%、5% 和 10% 的显著性水平；Hausman 检验的原假设为固定效应与随机效应模型的估计系数存在非系统差异，给定 1% 显著性水平，若 Hausman 检验值小于临界值，则接受随机效应模型；反之则接受固定效应模型。

从表 11 – 3 中三类工业污染物排放的估计结果来看，与前文的理论分析一致，产业转型系数都显著为负，表明产业转型对工业污染物的排放具有显著的负向影响，产业转型系数的提高会降低各市工业污染物的排放量。以工业二氧化硫排放量为例，产业转型系数为 – 2025，表明产业转型系数每增加 1 个单位，平均而言，工业二氧化硫排放量降低 2025 吨。三种污染物进行比较来看，产业转型对工业废水排放的影响最大（系数为 – 2861），其次为工业二氧化硫（系数为 – 2025），最后才是工业烟尘。

表 11 – 3 中还给出了其他变量的估计结果。

具体而言，GDP 对工业二氧化硫排放量和工业废水排放量均具有显著为正的影响，说明经济规模的扩大会提高工业二氧化硫和工业废水的排放量，但同时 GDP 对工业烟尘排放量却存在显著为负的影响，这反映出经济规模对不同污染物的影响存在差异。

工业化程度在列（1）至列（3）中系数不显著。正如前文所述，对于工业化程度对工业污染物排放量的影响，现有的研究并未取得一致的结论。

人力资本水平在各列中的系数均不显著。由于较高的人力资本水平能使企业采用更为先进的生产技术和环保技术，因此不论是对于工业二氧化硫、工业废水还是工业烟尘而言，人力资本水平的提高都有利于降低污染物的排放量。系数不显著的一个可能的原因是对于人力资本的度量，基于数据的限制，只是采用了普通中学和普通高等学校在校学生数占各市总人口数的比例来表示。而现有的研究中，对于人力资本水平一般用人口的平均受教育年限来表示。

滞后一期的人均 GDP 在各列中系数均显著为负，与预期一致，反映出滞后一期的人均 GDP 对工业二氧化硫、工业废水和工业烟尘的排放量具有显著的负向效应，滞后一期的人均 GDP 越高，越有利于降低工业污染物的排放量。这也反映出，较高的技术水平确实是使工业污染物排放量降低的重要因素。

人口密集度在列（1）至列（3）中显著为负，说明人口密集度的提高有利于降低工业二氧化硫、工业废水、工业烟尘的排放量。这是一个很有意义的结论，由于人口密集度的提高事实上是和城市化进程紧密结合在一起的。城市是人口聚集的结果，城市化水平越高，人口密集度也越高。因此，人口密集度的提高有利于降低工业污染物的排放，实际上意味着，城市化水平越高越有利于降低工业污染物的排放。当然，这里的城市化指的是人口的城市化，而不是土地的城市化，这也从另一方面说明了人口城市化的意义所在。

二　稳健性讨论

上文的分析中，百色、河池、崇左的产业转型用各市三次产业转型系数来表示。由于不少研究也用第三产业与第二产业占 GDP 份额的比值来表示一个地区的产业转型程度。正如前文所述，其不像产业转型系数那样对产业转型刻画得那么全面。但其也在一定程度上反映了一个地区的产业转型程度。因此，我们还是采用了"第三产业与第二产业占GDP 份额的比值"（srcbz）来表征产业转型程度，并对上述回归结果进行稳健性检验。回归结果如表 11 - 4 所示。

表 11 - 4　　　　　　　稳健性估计结果（产业转型用第三产业与

第二产业占 GDP 份额的比值表示）

	（4）	（5）	（6）
	因变量为工业二氧化硫排放量	因变量为工业废水排放量	因变量为工业烟尘排放量
srcbz	- 2522 ***	- 1584 *	- 638.9 **
	(715)	(927.4)	(307)
gdp	212.6 ***	148.9 ***	- 254.2 ***
	(66.75)	(36.09)	(50.84)
gyh	1444 **	- 455.7	255.9
	(651.8)	(352.4)	(496.5)
rlzb	184724	78803	57625
	(151123)	(81709)	(115110)
ly	- 7.540 ***	- 5.119 ***	- 9.741 ***
	(2.678)	(1.448)	(2.040)
rkmd	- 588.5 **	- 554.8 **	- 1636 ***
	(209.3)	(221.3)	(311.8)
Constant	53828	- 42277	197557 ***
	(59016)	(31909)	(44953)
Hausman P 值	0.999	0.654	0.999
模型	RE	RE	RE
R²	0.3637	0.3253	0.5608
Wald 值	683.18	270.83	584.45

注：括号内数值为标准差；＊＊＊、＊＊和＊分别表示 1%、5% 和 10% 的显著性水平；Hausman 检验的原假设为固定效应与随机效应模型的估计系数存在非系统差异，给定 1% 显著性水平，若 Hausman 检验值小于临界值，则接受随机效应模型；反之则接受固定效应模型。

　　估计结果显示，用第三产业与第二产业占 GDP 份额的比值表示产业转型程度时，不论是用哪种工业污染物的排放量来作为因变量，产业转型程度仍然对各类工业污染物的排放具有显著的负面影响，产业转型会降低工业污染物排放量。同时，滞后一期的人均 GDP、人口密集度不论对于何类工业污染物，其系数也都显著为负。

　　其他变量则同表 11 - 3 中一样，对于各类污染物并没有一致的结论，而是存在差异。

本章小结

　　在节能减排呼声日益强烈的今天，降低工业污染物排放已成为中国工业不得不面对的重要议题，对于桂西资源富集区更是如此。本章运用面板数据，从实证分析的角度研究了产业转型对工业污染物减排的影响。研究发现，产业转型程度与工业污染物排放确实存在显著的负相关关系，产业转型有利于降低工业污染物排放进而有利于工业减排。研究结果还显示，人口密集度和代表技术进步的滞后一期人均 GDP 对工业污染物排放具有显著的负面影响，即人口密集度的提高和技术进步均有利于降低工业污染物的排放。而其他变量对不同工业污染物排放强度的影响则有所差异。

　　本章对于思考如何降低桂西资源富集区节能减排工作提供了一些很有意义的启示。基于本章结论，产业转型、人口密集度和技术进步的提升都是降低桂西资源富集区工业污染物排放的重要途径。因此，加强桂西资源富集区节能减排工作，有必要进一步加快桂西资源富集区产业转型、提高技术水平和人口密集度。同时，人口密集度的提升意味着人口的城市化，从本章结论可知，人口的城市化也是有利于节能减排工作的，而这正是以往研究容易忽视的。因此，在国家提出要加快城市化的今天，桂西资源富集区采取各种措施，破除人口城镇化的各种藩篱，不仅是为了促进城市化，更是应对节能减排工作的重要举措。

第十二章 桂西资源富集区产业
转型的影响因素

——基于新经济地理的作用

在上文的分析中，我们发现，加速桂西资源富集区产业转型能显著地促进节能减排，显示出产业转型在桂西资源富集区节能减排进程中的重要作用。那么当前，桂西资源富集区的产业转型又受哪些因素影响呢？前文对资源富集区产业转型的制约因素进行了理论分析，但尚未从实证的角度分析桂西资源富集区的产业转型的影响因素。

现有关于产业转型的研究主要关注产业转型与经济增长之间的关系、产业转型的模式与政策等方面的内容（凌文昌、邓伟根，2004；张米尔、孔令伟，2003；等等），而对产业转型的影响因素的研究则相对较少。笔者认为，产业集聚作为现代产业发展的重要表现，在桂西资源富集区的产业转型中发挥着重要作用，而既有的研究也表明新经济地理因素对产业集聚有重要影响。因此，新经济地理因素同样可能影响桂西资源富集区产业转型。

传统的经济地理理论认为，不同区域之间产业集聚乃至经济发展差异的重要原因是各区域在经济地理方面的差异，如工业集聚的中心地区往往集中在大港口附近以及自然资源丰富的地方。可是，在现实经济世界中，有两个经济现象却是传统经济地理理论所不能解释的：一是两个在工业集聚方面有非常不同表现的地方，其自然资源条件方面却可能非常相近；二是一些成为工业集聚中心的地方，却是在自然资源条件方面不一定非常有优势的地区。这两个现象的存在，也使经济学者开始在传统的经济地理因素之外，寻找产业集聚的产生原因，进而产生了所谓的新经济地理学。

20 世纪 70 年代末开始兴起的新贸易理论对新经济地理学的形成产生了直接的影响。在收益递增假定的基础上，新贸易理论认为规模经济在国际贸易的产生中起着决定作用。新贸易理论产生后，其收益递增假说也对经济地理学产生了重要影响。新经济地理理论认为收益递增是导致产业集聚的最为本质的经济力量，其核心思想是，由于某种原因（可能是一些偶然的因素如历史事件等）使得产业最初在一个地区集聚，只要这个地区和另一个地区间的交易成本没有大到足以分割市场的条件下，经济力量中的收益递增作用就会使产业集聚在这个地区。而即使两个地区在自然资源条件方面非常接近，规模经济的存在也会使产业向最初集聚的地方集中。在新经济地理学中，以下因素被认为是影响产业集聚的重要因素：（1）交通运输条件。根据 Krugman（1991）的模型，新经济地理理论认为影响产业集聚的最为重要的因素是交通费用。只要交通费用不至于高到成为地区间贸易的天然障碍，那么不同地区间贸易产生的成本损耗就仍然可能低于由于产业集聚产生的收益，集聚就会发生，并且由于收益递增的作用而进一步自我加强。（2）人力资本水平。一个地区的人力资本水平越高，地区的 R&D 的成本越低，企业就越容易获得创新收益；与此同时，新进入企业也更容易招聘到所需要的人才。（3）企业的数量。一个地区企业的数量多，新进入企业生产的产品更容易在当地销售、更容易得到原材料的供给，所以企业数量多的地方就越容易发生产业集聚。（4）消费者的购买力。一个地区消费者的购买力越强，就会引致越来越多的消费品需求，使得本地消费品价格趋于上升，进而使得本地市场有越来越多的企业被吸引进入。同时企业在本地的集聚也使得工资趋于上升，消费者的购买力进一步提高，从而产生地区产业发展的良性循环。

新经济地理理论从规模经济的角度对产业集聚的产生原因进行了解释，也说明了一些自然资源并不丰富的地区，很有可能成为产业集聚的中心，而一些自然资源丰富的地区却并不一定会有产业集聚乃至产业发展的良性循环。这从另外一个角度也反映出，拥有丰富自然资源的资源富集区特别是欠发达的资源富集区，必须构建起促进产业发展的完善的新经济地理因素。就产业转型方面而言，资源富集区产业转型过程中必须重视新经济地理因素的重要作用。桂西资源富集区也不例外，为此，本章将从新经济地理的角度分析桂西资源富集区产业转型的影响因素。

与既有的文献相比，本章首次从新经济地理的角度分析了资源富集区产业转型的影响因素。

第一节 计量模型的构建

以 Fujita（1988）、Henderson（1974）和 Krugman（1991）为代表的新经济地理学者，引入了正反馈效应和规模报酬递增，从而挑战了新传统的经济地理学。Henderson 一方面强调了企业集聚在人力资本丰富的地区所获得的知识外部性，另一方面强调了企业集聚在其他企业周围会使其获得企业前后向关联带来的产业外部性；而 Fujita 通过存在不可贸易商品的模型、Krugman 通过垄断竞争模型都强调了企业集聚在消费者市场附近获得的需求联系。为了检验新经济地理因素对桂西资源富集区产业转型的影响，我们构建了如下计量模型：

$$cyzx_{it} = \beta_0 + \beta_1 firm_{it} + \beta_2 rlzb_{it} + \beta_3 city_{it} + \beta_4 com_{it}$$
$$+ \beta_5 road_{it} + \beta_6 xdtrade_{it} + \beta_7 gov_{it} + \eta_i + \varepsilon_{it}$$

其中，下标 i、t 分别表示城市代码和年份，η_i 表示不随时间变化的地区效应，ε_{it} 为随机误差项，β_0 为常数项，β_1 至 β_7 为相应变量的系数。各个变量的具体含义如下：

被解释变量 $cyzx$ 表示各市的产业转型程度，其用各市的三次产业转型系数来表示。具体的计算过程已在第十章进行了详细介绍。

$firm$ 表示各市的企业数量比重，其用来衡量产业外部性。

$rlzb$ 表示各市的人力资本水平，用各市普通中学和普通高等学校在校学生数占各市总人口数的比重来表示。

$city$ 表示各市的城市化水平，用各市非农人口比重来度量。

com 为运输仓储邮电通信产出占 GDP 比重，其用来反映各市信息化程度，一般认为邮电通信和交通运输条件的改善有助于降低交易成本，进而有利于产业转型。同时，我们用各市的公路里程占桂西资源富集区的比重（$road$）来代理相对的交通运输条件。

$xdtrade$ 表示各市的对外开放程度，用各市进出口总额占 GDP 比重与相应的桂西资源富集区均值之比来表示。

gov 表示政府对经济活动的参与程度，用各市扣除了教育支出的政府支出占 GDP 比重与桂西资源富集区均值之比来表示。

第二节　数据来源与描述性统计

本章分析的原始数据中，产业转型数据根据第十章的方法计算得到，即先将 2003—2012 年划分为 2002—2004 年、2005—2007 年、2008—2010 年和 2011—2012 年四个区间，分别计算出这四个区间各市产业转型系数的年平均值。数据均来自《广西统计年鉴》。由于崇左市 2003 年才成立，因此能够获得的数据也是 2002 年的数据。因此本章将分析的时间段定为 2003—2012 年。

变量定义和描述性统计如表 12 - 1 和表 12 - 2 所示。

表 12 - 1　　　　　　　　　　变量定义

名称	符号	单位	定义
产业转型程度	cyzx	—	三次产业产业转型系数
企业数量比重	firm	%	各市的企业数量比重
人力资本水平	rlzb	%	普通中学和普通高等学校在校学生数占各市总人口数的比重
城市化水平	city	%	非农人口比重
信息化程度	com	%	运输仓储邮电通信产出占 GDP 比重
交通运输条件	road	%	各市的公路里程占桂西资源富集区的比重
对外开放程度	xdtrade	%	各市进出口总额占 GDP 比重与相应的桂西资源富集区均值之比
政府对经济活动的参与程度	gov	%	扣除了教育支出的政府支出占 GDP 比重与桂西资源富集区均值之比

表 12 - 2　　　　　　　　　　变量描述性统计

变量	均值	标准差	最小值	最大值
cyzx	2.075211	1.485093	0.3903333	5.8
firm	0.3333333	0.0727879	0.2190476	0.4195804

续表

变量	均值	标准差	最小值	最大值
rlzb	0.045414	0.013298	0.013874	0.06066
city	0.1443563	0.0198812	0.0987022	0.1801672
com	270.2039	104.1	109.9533	510.2778
road	40.208	10.56617	2.66	54.84
xdtrade	1.149558	1.046847	0.146652	3.481105
gov	7421.08	2702.959	3815	13090.64

第三节　回归估计与讨论

首先对计量模型进行协整检验，检验结果显示各变量之间存在协整关系，因此可以进行回归分析。利用样本数据对计量模型进行估计，基本的回归结果如表12－3中列（1）和列（2）所示。其中，列（1）为包含全部解释变量的回归结果，列（2）为未包含人力资本的回归结果。Hausman检验显示，表12－3中列（1）和列（2）均采用随机效应模型。

从列（1）中可以看出，新经济地理因素对产业转型基本上都具有显著为正的影响。企业数量比重反映的企业前后向联系的增强、信息化程度的提高、交通运输条件的改善、对外开放和减少政府对经济活动的参与，都是显著有利于桂西资源富集区产业转型的。如企业数量比重增加1个百分点，各市平均产业转型程度将增加22.018个单位；对外开放程度增加1个百分点，各市平均产业转型程度将增加1.239个单位；交通运输条件改善1个百分点，各市平均产业转型程度将增加6.753个单位。人力资本水平对产业转型程度的影响也为正，但其系数不显著，不显著的一个可能的原因是对于人力资本的度量，基于数据的限制，只是采用了普通中学和普通高等学校在校学生数占各市总人口数的比例来表示。而现有的研究中，对于人力资本一般用人口的平均受教育年限来表示。

为进一步分析新经济地理因素对桂西资源富集区产业转型的影响，

笔者将模型中的人力资本变量剔除，回归结果如表 12 - 3 中列（2）所示。回归估计结果表明，即使没有将人力资本水平变量纳入模型，各市企业数量比重、城市化水平、信息化程度、交通运输条件、对外开放程度和政府对经济活动的参与程度都显著地影响着桂西资源富集区的产业转型。

表 12 - 3　　　　　　　　　　　　估计结果

	（1）	（2）	（3）	（4）
firm	22. 018 ***	19. 559 ***	25. 146 **	26. 985 **
	(6. 142)	(6. 048)	(11. 775)	(11. 153)
rlzb	22. 611		16. 913	
	(15. 52)		(29. 751)	
city	11. 271 *	11. 996 *	28. 777 *	29. 319 *
	(6. 676)	(7. 022)	(16. 929)	(17. 70)
com	42. 013 *	62. 668 *	335. 032 ***	319. 383 ***
	(26. 258)	(36. 863)	(103. 092)	(97. 972)
road	6. 753 *	5. 990 *	1. 848 *	2. 418 *
	(3. 672)	(3. 680)	(1. 146)	(1. 465)
xdtrade	1. 239 **	1. 012 *	0. 636 **	0. 807 *
	(0. 529)	(0. 518)	(0. 335)	(0. 454)
gov	− 15. 432 ***	− 14. 832 ***	5. 599 **	5. 151 **
	(2. 818)	(2. 855)	(2. 402)	(2. 265)
Constant	− 10. 984 ***	− 11. 028 **	− 11. 85	− 11. 81
	(4. 254)	(4. 357)	(8. 155)	(8. 034)
Hausman P 值	0. 994	0. 356	1. 000	1. 000
模型	RE	RE		
R^2	0. 665	0. 632	0. 497	0. 490
Wald 值	43. 64	39. 58	21. 770	22. 10

　　注：括号内数值为标准差；＊＊＊、＊＊和＊分别表示1%、5%和10%的显著性水平；Hausman 检验的原假设为固定效应与随机效应模型的估计系数存在非系统差异，给定1%显著性水平，若 Hausman 检验值小于临界值，则接受随机效应模型；反之则接受固定效应模型。

　　上述分析中，百色、河池、崇左的产业转型用各市三次产业转型系数来表示。由于不少研究也用第三产业与第二产业占 GDP 份额的比值来表示一个地区的产业转型程度。虽然其不像产业转型系数那样对产业转型刻画得那么全面，但也在一定程度上反映了一个地区的产业转型程度。因此，本书进一步采用了"第三产业与第二产业占 GDP 份额的比值"来表征产业转型，并对上述回归结果进行稳健性检验。回归结果如表 12 – 3 中列（3）和列（4）所示。估计结果显示，当用第三产业与第二产业占 GDP 份额的比值表示产业转型时，各变量的符号和显著性与表 12 – 3 中列（1）和列（2）一样，没有发生显著变化，反映出新经济地理因素对桂西资源富集区的产业转型有着稳健的影响。

本章小结

新经济地理理论对没有丰裕自然资源的地区和自然资源丰富的地区之间的产业发展差异进行了解释，从另一个角度也反映出，拥有丰富自然资源的资源富集区要实现产业转型，必须重视新经济地理因素的重要作用，桂西资源富集区也不例外。基于此，本章从实证的角度来看，分析了桂西资源富集区产业转型的影响因素。研究结果发现，企业的前后向联系、信息化程度的提高、交通运输条件的改善、对外开放和减少政府对经济活动的参与，都显著有利于桂西资源富集区的产业转型。

当前，桂西资源富集区对资源型产业依赖严重、产业结构层次不高、产业发展节能减排压力巨大，加速桂西资源富集区产业转型迫在眉睫。从新经济地理的角度来看，桂西资源富集区存在着诸多的制约因素，如虽然近年来桂西资源富集区交通运输条件有所改善，但现有交通基础设施还远不能适应产业发展的要求。同时，桂西资源富集区经济开放度还不够高，虽然崇左市对外贸易不错，但百色市和河池市的经济开放度亟待提高。此外，桂西资源富集区缺乏大企业的带动，企业前后向联系不强，信息化水平和市场发育程度也还明显滞后。

本章的结论表明，当前要促进桂西资源富集区的产业转型，则要加大力度，进一步改善桂西资源富集区的交通运输条件，加大交通等基础设施投资；要按照国家"五化同步"的要求，大力加强信息化建设，促进桂西资源富集区信息化程度的提高；要充分利用国内、国外两种资源、两个市场，加强对外开放；要完善配套措施，加强企业之间的前后向联系，促进企业之间的集聚；此外，还要主动适应新常态，转变政府的经济管理方式，进一步简政放权，减少政府对经济活动的参与，让市场真正在资源配置中发挥决定性作用。

第三篇　对策篇

第十三章 国内外资源富集区产业转型的经验借鉴

纵观国内外众多资源富集区的发展历史，既有产业转型成功的经验，也有失败的教训。法国洛林区和德国鲁尔区，因产业转型最终从资源濒临枯竭的局面中得以摆脱，最终实现了地区的可持续发展，并成为国际上资源富集区成功转型的典范；国内有唐山、枣庄、义马等城市，都在资源未濒临枯竭时，采取了转型措施，从而使地区因资源开发而兴起却没有因资源枯竭而萧条。失败的例子国内有内蒙古的鄂尔多斯等，在资源面临枯竭时没有及时采取合理的产业转型措施，最终出现了"资源的衰竭而城市的萧条"，成为资源富集区产业转型失败的教训。

第一节 国外资源富集区产业转型经验

法国的洛林地区和德国德鲁尔地区既是典型的资源富集区，也是国际上公认的成功实现产业转型的典型范例，其成功转型给世界各国的同类城市和地区提供了宝贵的经验。因此，资源富集区要实现可持续发展，必然要进行产业转型。

一 法国洛林地区产业转型经验

洛林地区位于法国的东北部，地理位置处于欧洲的中心地带，北部与德国、比利时、卢森堡等国家为邻，是法国与其他欧盟国家沟通的特殊通道。洛林地区被划入法国 22 个规划大区，面积有 23547.5 平方公里，占法国国土总面积的 4.3%，并且有丰富的煤矿和铁矿资源，铁矿储量达 77 亿吨，铁矿品约为 30%，采矿历史长达 130 多年之久。重要城市有南锡、梅斯等。洛林地区以煤矿开采业和钢铁业为主要产业，是法国最重要的钢铁工业基地。

（一）洛林地区产业转型的背景

20 世纪 50 年代初，由于第二次世界大战刚刚结束，法国需要大量的能源资源作为支撑来恢复经济和振兴工业，随之洛林地区煤炭行业进入了繁荣阶段。但好景不长，从 20 世纪 50 年代后期开始，洛林地区面临煤炭、钢铁等主要产业开始持续衰退的局面。

首先是煤炭行业的衰退。从 1955 年开始，由于石油、水电等一系列的替代能源的出现，世界能源结构发生了重大变化，工业生产不再完全依赖于煤炭，再加上国际市场开放后廉价煤炭的竞争，法国煤炭工业遭受极大冲击，而此时作为资源富集区的洛林地区已经经过一百多年的开采，煤炭资源开始枯竭，最终导致洛林地区煤炭行业的衰退。

其次是钢铁行业的衰退。第二次世界大战之后，法国国家经济建设对钢铁需求的增加及欧洲各国对钢铁需求的增加，带动了洛林地区钢铁行业的飞速发展。但到了 20 世纪 70 年代初，欧洲各国对钢铁需求有所减少，再加上石油危机导致产业成本上升、利润率下降，钢铁行业随之出现了衰退。当时的钢铁行业虽然有了衰退的现象，但是政府考虑到钢铁行业就业人数较多，为了避免钢铁企业破产而引起社会动荡，采用补贴的手段来维持钢铁生产，同时着手准备钢铁产业的逐渐转型。

洛林地区是在煤炭、钢铁等主要产业出现明显的衰退后，采取了得当的产业转型措施。因此，虽然煤矿产量下降，但并未影响法国能源的供应，也没有因为煤矿企业逐渐关闭而引起经济的下滑和发生社会动荡，成为资源富集区产业转型比较成功的典范。

（二）洛林地区的产业转型措施

洛林地区工业转型措施比较灵活主动，不是就工业调整工业，而是着眼于整个地区经济结构优化升级，从工业领域转向了多元经济领域。因此，洛林地区工业转型不是传统产业的相互替代，而是以提高国际竞争水平、实现可持续发展为目标的高起点转型。在产业转型过程中，洛林地区逐步放弃了已经进入深部开采阶段并且开采成本高于世界市场价格的煤炭产业，逐步关闭了煤矿企业。

可见洛林地区对煤矿企业的关闭是主动进行的，而不是等到煤炭资源完全枯竭时的被动型关闭。在产业调整过程中，洛林地区主动放弃了高成本弱竞争力的产业，采取发展新兴产业和应用高新技术改造传统产业相结合的方式，大力发展接替产业，逐步实现产业转型。在这个背景下，用高新技术逐步改造传统产业，能源工业重点也转向核电，汽车、电子和塑料加工业三大产业加快转型，对原有的钢铁、机械、化工等行业进行技术改造，促使其实现自动化生产，提高产业附加值。

洛林地区为了培育和扶持中小企业的发展，建立培育了中小企业的园圃。在产业转型过程中，该地区产业转型策略的一个比较突出的特点是，既注重大公司大企业的发展，也注重中小企业的培育和发展。企业园圃的主要工作任务就是为起步阶段的中小企业提供各种服务。在企业园圃内，有现成的厂房、车间、机器、办公室等新企业必不可少的设施，这些服务性设施大家共同使用。企业园圃的专家团队，帮助企业解决发展过程中出现的种种问题。新设立的企业在园圃里实习，期限为两年，积累一定的生产经营经验后，再离开园圃自行发展。

洛林地区的企业园圃在其产业转型过程中起到了重要作用。一个企业园圃一年大约扶持 20 个新企业的创立，以及帮助 10 个企业的改造转型。园圃每年分别跟科研院所、企业等 100 家单位进行合作，与所有的技术开发区保持良好的联系，为整个地区建立技术转让网络。实践证明，经过园圃培养的新创立企业在 5 年中的存活率达到 80%，未经过园圃培育的新企业的存活率则仅为 50%。所有这些措施，都有力地促进了中小企业的健康发展，对洛林地区产业转型起到了积极作用。

资源型产业的转型及相关产业的萎缩，导致短期内的经济滑坡，而经济滑坡会引起失业率的上升。洛林地区通过对原劳动力的职业技术培训，促进劳动力转岗再就业，并动员全社会各方力量参与产业转型。该地区根据劳动力再就业和产业发展的需要，组成了若干个不同类型、不同专业、不同所有制、不同层次的培训中心，根据受训者的文化程度、技术基础和将要从事的工作以及地区将要发展的新产业，有针对性地、分门别类地进行培训。培训时间一般为 2 年，特殊岗位时间较长些，一般需要 3—5 年时间。在培训期间，受培训者的培训费由政府支付，培训期间的工资由企业支付。经过培训后，培训中心为每个工人至少提供 2 种职业选择，只要自己愿意，所有的人都可以重新就业。为了使培训和就业不脱节，建立了许多工业发展公司，结合新企业的工作岗位进行培训，最终让失业人员重新就业。产业转型是一项复杂而艰难的社会系统工程，涉及经济、政治、科技、社会等各个领域，洛林地区有组织地调动了各方面的力量来参与转型，使产业转型变成全社会各个领域的自觉行动。

（三）洛林地区的产业转型效果

在产业转型问题上，法国采取的是以市场机制作用和国家宏观调控相结合的经济体制。在洛林地区通过运用政府直接干预的手段，利用市场机制调节产业结构的办法来进行产业结构的转型，经过数十年的努力，洛林地区成功地完成了产业转型任务，产业转型效果也很显著。汽车、电子和塑料加工三大产业已经取代了传统的煤炭和铁矿产业，完成了产业结构的多元化发展，而这样的工业转型的成功，既促进了第三产业的快速发展，也促进了第一产业和第二产业的发展。到1996年，农业、工业、建筑业及服务业实现的增加值分别占GDP的2%、26%、5%和67%。1975年，第二产业和第三产业就业人数比例分别为39%和46%，而到了1997年第二产业就业人数比例下降到24%，第三产业就业人数比例则上升到67%以上，可以看出，产业结构得到了优化升级。1960年以前，洛林地区没有汽车工业，而转型后汽车行业飞速发展，就业人数超过2万人，成为就业人数最多的行业。这期间，雷诺、奔驰等公司都在洛林设分厂组装汽车。

工业转型成功后，1969年洛林地区建立了电子元器件等新兴行业，产品种类包括家电设备、元器件、蓄电池、发动机、武器、医疗用品等。产业的转型，引起众多外国公司，如日本的松下、东芝，韩国的大宇，美国的通用电气和荷兰的飞利浦等大公司的投资建厂。到2006年，该行业在该地区就业人数达到1.2万人，吸引了众多外来务工人员，从而促进了洛林地区消费品的生产规模。塑料、橡胶等新兴产业也强劲地拉动了该地区经济的发展，促使洛林地区从一个以煤炭、钢铁等传统产业为主的资源型发展方式转变成以高新技术产业、复合技术产业为主的新兴产业发展方式。转型成功后的洛林，环境和形象得到了很大改善，成为法国吸引外资最主要的地区之一。

二　德国鲁尔区产业转型经验

德国鲁尔区的历史发展悠久，其面积4593平方公里，占全国面积的1.3%，是德国最大的工业区，也是世界重要的工业区。长期以来，该地区以煤炭工业和钢铁工业为主导产业，从19世纪中叶开始，在此后一百多年的发展过程中，煤炭产量始终占全国总产量的80%以上，钢铁产量占全国总产量的70%以上。可见，鲁尔区是非常典型的资源富集区，其发展经历了因资源开采而繁荣，再因资源的枯竭而衰退，最后因产业成功转型而再度繁荣的过程。

（一）鲁尔区的产业转型背景

鲁尔区位于德国西部，属北莱茵—威斯特伐伦州，处于欧洲十分重要的地理位置。矿区西部与荷兰接壤，莱茵河流经其西部地区，经荷兰鹿特丹港入北海；矿区东部经多特蒙德—艾姆斯运河与北海港口埃姆登连通。这样使地处内陆的鲁尔区与海洋密切相连。

第二次世界大战后，鲁尔区的煤炭工业得到快速发展，1957年达到顶峰，煤矿数达到155个，煤炭产量为1.3亿吨，就业人数约50万人。煤炭行业飞速发展的同时，钢铁工业的发展也不逊色，当时欧洲大建铁路和制造铁壳船，使钢铁需求量大增，从而推动了鲁尔地区钢铁工业的快速发展。但是到了20世纪中期，国际能源结构开始变化，随着煤炭资源的减少和廉价石油的竞争，这个经历百年昌盛的工业区，爆发了煤炭业危机和钢铁业危机。

20世纪50年代以后，国际能源结构发生了重大变化，石油和天然气等新能源的大规模开采和应用使煤炭工业受到了巨大的冲击，打破了鲁尔区原有煤炭业在能源行业中的垄断地位。到了20世纪60年代初，由于煤炭开采成本高，煤炭价格在国际销售市场上处于劣势地位，远远高于美国、苏联、中国和澳大利亚等国家，从而使该地区的煤炭产量减少，煤炭产业开始走向衰竭，导致大量矿井关闭。

1951—1971年，鲁尔区开工矿井由原先的140个减少到55个，职工人数也由原先的48.9万人减少到19.7万人，煤产量由1.22亿吨降至0.91亿吨。

煤炭产业的衰竭，使煤炭大幅度减产，并且积压了大量的煤炭库存。1954年煤炭库存量仅有19.7万吨，到1966年煤炭库存量增至1200万吨，还有500万吨的焦炭库存，到1971年年底，虽然库存有所减少，但还是积压了330万吨的煤炭和510万吨的焦炭，这样的恶性循环加速了鲁尔区的经济衰退。鲁尔区经济的衰退，不仅是石油资源和煤炭资源竞争的结果，更主要的原因是经济结构的单一、经济发展过度依赖煤炭资源。

随着传统能源行业的衰竭，钢铁工业也开始衰退。20世纪70年代，汽车、造船、建筑业等行业的生产受到世界经济危机的影响，对钢铁的需求量减少，再加上塑料、铝合金等各类钢铁替代品的出现并应用，也使钢铁需求量大为减少，鲁尔区钢铁工业受到严重的冲击。

随着煤炭和钢铁两大主导产业的衰退，鲁尔区经济增长速度明显放缓，失业率不断增加，其中仅炼钢业就减少了4万个工作岗位，到了1980年失业率高达5.8%，比德国全国同期高出1个百分点。

失业率的急剧上升，意味着就业率的下降，造成了社会矛盾的严重激化。1979年，因工人罢工而损失的工作日占当年全国工作日损失数的91.2%。主导产业的衰退导致城市工业萧条，失业率上升，生活质量下降。与1970年相比，1980年鲁尔区所在的北威州接受救济的人数比例由29.7‰上升到36.6‰，负债情况也急剧恶化，负债额占全国比重也由6.4%急剧上升到31.1%。在这种情况下部分居民外迁，1960—1990年，鲁尔区内人口下降了2.5个百分点，就业率也从442.4‰降至392.1‰，经济与社会发展面临严重危机。

（二）鲁尔区的产业转型措施

如前所述，鲁尔区煤炭产业的衰竭造成了经济的萧条，带来了一系列社会问题。在这样的背景下鲁尔区对产业结构进行全面调整，利用交通条件和用水条件的优越性，在原有的经济基础上，不仅对原有的产业部门进行调整，而且发展了一批新兴产业部门，使产业结构向合理化和高级化发展，使经济结构向多样化发展。

为了从外地引进工业企业，以吸收煤矿裁减的工人，1968年，德国政府制定并实施了《煤炭改造法》，对于购买废弃土地用于建设新工厂者提供低息贷款，对亏损煤炭企业实施关闭，把煤矿业集中到利润高和机械化程度高的大矿井，实施集约并规模化生产经营。

1969年7月，在联邦经济部的推动下，根据《煤炭改造法》，鲁尔区原先的26家煤炭公司联合成立了鲁尔煤炭公司，实施了集约化生产。联合后的新公司实现了实力的强大，共有52个煤矿、29个炼焦厂、5个大型煤加工厂，就业人员达到18.6万人，年煤炭产量0.95亿吨，占鲁尔区硬煤产量的94%，占联邦德国硬煤产量的74%。同时，为了保持和提高煤炭工业的竞争力，平抑进口煤与国产煤差价，政府对其实施补贴差价政策。

鲁尔煤炭公司成立以后，重点放在提高效率和降低成本上，对整个鲁尔煤田重新规划，统一部署，调整煤矿布局，提高生产集约化程度，整个流程实现了机械化生产，煤炭开采业进入了现代化发展阶段。除了对煤炭产业的调整以外，鲁尔地区还通过引进高新技术，对钢铁企业进行技术改造升级，积极调整产品结构，开发具有竞争力的新产品，为了降低成本将大量消耗原材料的初级钢铁加工业逐步集中到交通便利的大河沿岸和港口区，提高其国际竞争力。

随着鲁尔区对煤炭产业和钢铁产业的结构调整，带动了配套服务贸易等第三产业的发展，尤其是批发业的发展。与此同时，为了促进产业结构的多元化发展，鲁尔区充分利用当地充裕的劳动力资源、便利的交通和巨大的市场等优势，通过改善投资环境及提供各种优惠政策等措施，吸引了一批新兴工业企业迁入和投资。

由于积极采取引进政策，1951—1970 年，鲁尔区共新建了 400 个工厂。随着这些新兴工业企业的发展，成就了多个批发中心和贸易中心的发展，多特蒙德和哈姆成为著名的世界钢铁贸易和食品批发中心，乌纳市成为德国全自动高架仓库的贸易中心及该州个人轿车和货车的销售中心，服装、旅游、餐饮服务等传统第三产业和配套服务业也得到了迅速发展。在这样的背景下，形成良性循环，吸引了更多企业的加入，在1985—1988 年，新建企业数量不断增加，增加了 41%，远远超过了德国同期的平均水平。

（三）鲁尔区的产业转型效果

经过几十年的经济转型探索，鲁尔区的产业转型效果还是比较显著的，从煤钢产业为主的单一的产业结构逐步转型为多样化的工业结构，不再是一个衰落的工业区。

如前所述，鲁尔区的转型经验是调整原有的产业进行技术改造，发展一批新兴产业，实现多元化发展。鲁尔区具有交通网络比较发达且密集、劳动力队伍素质高且工资相对低廉、工业门类齐全且销售市场巨大等优势。鲁尔区利用这些优势，对传统产业进行技术改造，建起了现代化的煤炭工业、石油工业和新型钢铁企业以及许多其他企业。经过技术改造后，老工业生产效率大幅度提高，中小企业得到快速发展，带动服务业的快速发展。

鲁尔区中小企业的发展和服务业的发展得益于政府政策，政府重点支持 100 人以下的中小企业，而这些中小企业广泛涉及微电子、橡胶、工艺品制造、手工业等新兴领域，为鲁尔区的生产发展带来了活力。服务业的发展对劳动力转移起到了至关重要的作用，吸收了煤矿、钢铁业裁减下来的 40% 的劳动力。产业转型成功后，仅有 8% 的劳动力在煤矿和钢铁业工作，63% 的劳动力在服务业工作。

鲁尔区产业转型的成功，使得投资环境得到改善，竞争实力提高，生活环境和居住条件变得舒适。多种多样的培训机会、一流的科技文化和运动设施，使鲁尔区的知名度也进一步提升。根据 1989 年联邦德国慕尼黑经济发展研究所的调查，鲁尔区是欧洲产业区位条件最好的地区之一；1991 年，鲁尔区的 6 个城市被经济周刊 Survey 评为德国优秀城市。在这样的背景下，经济也得到快速发展，1994 年全区 GDP 达到 2328 亿马克，占原联邦德国 GDP 的 6.8%，相当于葡萄牙或丹麦全国的 GDP 总量。

这一切说明，鲁尔区的产业转型取得了明显成效，已经走出了煤钢工业衰退造成的萧条，走上经济和社会良性循环的发展道路。并且随着服务业的发展，一些著名城市正在发挥它的辐射作用，由传统的单一结构的工业城市逐步转变为多元化的具有综合性功能的城市。

三　英国斯旺西地区产业转型经验

英国是工业革命的起源地，最早也出现过资源枯竭问题。斯旺西市是威尔士第二大城市，坐落于南威尔士煤田的西部，曾是英国重要的煤炭冶金城市。从 1945 年起斯旺西市及所在的西格拉摩根郡，先后经历了煤炭工业、冶金制造业的开始走向衰落。但是由于地理位置相对优越，再加上斯旺西市议会和政府的推动和干预，斯旺西市的产业成功转型，成为欧盟国家中政府投资推动资源富集区产业转型的典型范例。

（一）斯旺西的资源枯竭与产业衰退问题

斯旺西市具有丰富的煤炭资源，同时又具有海运条件方便的港口。随着工业革命的发生，斯旺西市煤炭产业、冶金与金属制造业也发展起来，到 18 世纪初已成为英国金属铜冶炼中心，随之钢铁工业与铁制品加工工业也有了快速发展。1891 年，斯旺西市拥有 150 多家冶金与金属制造企业，解决 3 万个工作岗位。但是从 20 世纪中叶开始，由于新兴工业国家的发展，该地区资源成本和人工资本不再具有优势，煤炭资源开始枯竭，煤炭工业和冶金制造业先后也因缺乏竞争力而迅速衰退，随之服务业也开始停滞不前。煤炭行业与制造业的萎缩加上服务业的停滞不前，影响了当地的就业，使西格拉摩根郡的就业人口从 1976 年的

15.9 万人下降到 1986 年的 13 万人，采掘业与制造业的就业人口比例从 1976 年的 40% 降低到 1986 年的 20%。

（二）地方政府应对产业衰退的政策与措施

1. 组织机构

西格拉摩根郡议会和西格拉摩根郡政府为了应对资源枯竭以及产业衰退问题，专门设立组织机构，负责产业转型问题及经济发展行动。

西格拉摩根郡议会下设政策与资源专门委员会负责经济发展，通过该委员会对产业政策和项目进行研究；西格拉摩根郡议会还设立产业振兴的分委员会，负责产业的转型问题研究。

西格拉摩根郡政府为了解决当地的产业日渐衰退问题，1975 年设立了专门负责产业发展部门及配备了官员。在斯旺西市，先后设立了地方经济发展的各相关部门，比如 1974 年设立的独立的地方发展规划部门，1985 年设立的经济发展部门；1979 年设立了专门负责经济发展的官员，并随后成立了负责经济发展行动的贸易与产业发展中心等。

2. 产业振兴政策与实施

为了实现产业振兴及发展，西格拉摩根郡议会制订了经济结构调整计划方案，决定有效利用民间资源的同时结合公共资源的利用，使经济多元化发展。该项结构调整计划还将土地使用政策作为经济发展政策组合的重要组成部分。西格拉摩根郡议会运用对西格拉摩根企业信托基金等中介机构提供资金支持的方式对产业界提供间接的资金支持。

在西格拉摩根政府及议会振兴产业的背景下，1980 年，斯旺西市议会也制定了该市的经济发展政策，其核心特征是：为产业发展提供一个良好的环境，促进私营部门与公共部门的合理性发展，促进新企业的形成及发展来吸引更多的投资。比较典型的例子是 1984 年的旅游业发展政策，在研究并开发新景点和项目的同时加大宣传力度，扩大旅游接待设施，吸引更多的游客。

斯旺西市的经济发展措施由当地的贸易与产业发展中心执行，主要是对市议会制定的产业振兴项目的企业提供服务，不仅包括小额的资本补贴、透支担保、软贷款等资金支持服务，还包括商业信息服务、负责各类咨询与培训活动等服务。除此之外，贸易与产业发展中心还负责保障与实施市议会的开发性土地供给政策。在当时斯旺西市的发展中面临的一个重要问题是如何将 Lower Swansea 河谷废弃土地复垦与再生。

3. 废弃土地上建立起的产业园区

到了 1980 年，随着 Lower Swansea 河谷最后一家冶金企业的关闭，全球冶金工业基地失去了昔日的辉煌，留下了 2000 公顷的废弃工业用地，当地的钢铁产业也走向了完全衰败。

到了 20 世纪 70 年代初，斯旺西地方政府重组后，斯旺西市议会着手实施 Lower Swansea 河谷土地整合与再利用的重大计划，并发布了关于 Lower Swansea 河谷的过渡性计划的声明，该项声明提出建设产业园区与城市公园区的计划。Lower Swansea 河谷发展计划使因冶金企业关闭而形成的废弃土地得以复垦与绿化，产业园休闲娱乐区的运动场地就是利用原先的冶金企业废弃土地建立起来的。沿河公园将休闲娱乐区与城市公园区以及斯旺西湾的海滨连接起来，而斯旺西海洋公园正坐落于斯旺西湾海滨。沿河公园是沿着塔威河岸的细条状公园，将 Lower Swansea 河谷的其他四个公园或园区连接在一起。

4. 海洋公园区的建设

斯旺西海洋公园区是一个以原来的南码头为中心建立起来的旅游娱乐产业园区。斯旺西市的南码头原来为当地的大型船只提供泊位，承担铜矿石的输入与冶炼铜、煤炭的输出职能。随着 Lower Swansea 河谷煤炭工业的衰退、冶金工业的消亡，南码头也无法经营下去，于 1969 年停业，出现了大量的废弃土地，这些废弃土地被斯旺西市政府购买，用于建设海洋公园区。

由于南码头仍然保留相当数量的乔治时代、维多利亚时代和爱德华时代的建筑，斯旺西市政当局对这些古建筑进行保存与修复，并用于居住、艺术展示室、工艺品作坊等休闲娱乐项目，而且用于游艇港湾的游艇用船具店在内的多种用途。同时，将原来的船用公司仓库修建成海洋与工业博物馆，将原来的泵房修建成饭店，将原来的车库拆建为剧院。在生态保护区的西面和南面是由废弃的南码头与塔威河半潮港池开发成的游艇港湾。游艇港湾是斯旺西海洋公园区的核心地带，游艇港湾周围属于开发地带。开发地带的土地主要用于永久性居民的住宅建设。在游艇港湾的西段与斯旺西湾之间的区域，也建有度假居住区、一家拥有120 个房间并配有会议设施的宾馆。除了住宿方面的接待能力外，开发区还配备了休闲中心和购物中心。

斯旺西市议会针对斯旺西海洋公园区的发展政策（其实是当地煤炭

和冶金产业衰退后的产业转型政策）是通过收购废弃土地，利用这些土地整理和基础设施的完善来推动民营部门的投资。从 1974 年到 1987年十几年间，斯旺西市政府在这方面的资金支持达到 1300 万英镑，其中 330 万英镑来自英国中央政府的区域与城市政策补贴、欧盟区域发展基金等其他公共资金，这些政府资金带动了 3600 万英镑的民间投资。

（三）效果与经验

斯旺西海洋公园区的开发是政府投资推动下进行的资源富集区产业转型成功的典型例子。斯旺西市政府的投资得到了英国中央政府与欧盟基金的大力支持，通过城市政府的公共投资的方式带动大量的民间投资，并带来了大量的就业岗位。斯旺西市的产业转型具有如下特点：其一，注重经济重建。地方政府主动寻找并采取经济发展的新举措，这些新举措确实提供经济重建的基础，重点放在经济的可持续发展上，而不是为了仅仅增强现有经济的增长。其二，长期目标与短期目标的结合。当地政府主要依靠自己的力量解决产业转型问题，而不是依赖中央政府的产业转移的方式来解决问题，因此以从内部重造当地经济为长期目标、以创造就业与财富为短期目标来发展。其三，经济发展与社会发展相结合。在进行产业转型时，当地政府注重经济发展和转型与社会发展、教育提高、环境改善及基础设施的完善相匹配。

四　日本煤炭产区的产业转型经验

（一）日本煤炭资源的枯竭与煤炭产业衰退问题

日本煤炭工业的发展历史较悠久，从明治时代开始日本政府非常重视煤炭行业的发展，有意识地培育和扶持并保护煤炭行业。明治和大正时代，政府非常重视煤炭行业的发展，对煤炭行业投入巨额资金进行开发，同时把煤炭业的劳工管理批准为特例。到了昭和时代，煤炭企业从韩国引进廉价劳动力，煤炭业甚至有"治外法权"的特权，不受政府的监督。1940 年日本煤炭产业产量达到顶峰，为 5730 万吨，之后因战争时期生产资材不足及大量矿工的离开，产量开始急剧下降。但第二次世界大战爆发后，因战争需要带来了煤炭市场的又一次活跃，战后产量再次上升，甚至恢复到年产 4000 万吨的水平。当时，由于煤炭是日本最重要的国产能源，因此，日本政府对煤炭企业给予了诸多优惠政策，让煤炭企业拥有土地优先使用权，在粮食、资金和器材等物质资源和资本资源方面也给予了优先配置。在日本政府一系列强有力的支持下，到

20世纪50年代，煤炭产业成为日本的主导产业，全国前10家高收入的企业中，半数以上为煤炭企业。随着煤炭企业利润不断上升，员工的工资待遇也不断提高，吸引了很多优秀人才。

但是，从20世纪50年代后期开始，日本煤炭产业由于两个方面的原因开始逐渐走向了衰竭。一方面，国际煤炭价格的走低，影响了日本国内煤炭的开采，开采条件开始恶化，生产成本随之也提高，影响到煤炭产业发展；另一方面，由于石油等替代能源的出现和发展，影响了煤炭产业的发展，比如1955年以后，中东地区不断开发出大型油田，石油供给增加，世界石油价格不断下降。替代能源的降价，严重影响了煤炭产业的发展。

总而言之，日本煤炭产业遭受到国内煤炭资源枯竭趋势与国际上石油等廉价替代能源的双重冲击，导致大量煤矿关闭，煤矿业就业人员大量失业，给煤炭产地带来严重的经济与社会问题。

（二）煤炭企业与政府对煤炭产业危机的应对

历史原因促成了日本煤炭产业强大的政治力量的形成，不论是煤炭企业生产经营者还是普通员工都具有重要的政治影响。煤矿经营者不但财力雄厚，且因司掌国家重要产业而具有强大的政治影响力：当时的煤矿工会是日本最强大的工会，拥有50万会员，对劳工界及政党的影响不可忽视。

面对上述挑战，日本的煤炭企业相信自己的政治影响力，并相信日本政府会继续保护和扶持"国产煤炭"的政策，相信"煤炭业不会衰败"、政府"不会放弃煤矿产地"等说法。

事实也显示，即使在产业开始衰退时，以前积累的政治力量也在发挥着强大的作用，为煤炭行业争取到很大的利益，日本政府给予煤炭产业巨额的补助和财政投资、融资，制定《煤炭产业合理化法》和《重油锅炉管制法》等措施来扶持和保护煤炭产业。但形势所迫，在廉价进口石油的冲击下，这些扶持和保护政策显得无力，日本煤炭企业的经济状况仍在继续恶化。

为了应对这种双重冲击，煤炭企业将政府的补助金、财政资助除了用在政治活动上，主要用于技术创新与更新上。一方面注重设备的更新换代，为了达到合理化生产并节约井下成本，对技术进行改造，开始挖掘直井，花费庞大的资金购买大型机器；另一方面注重培养技术人才，派人前往美国、德国研修，学习新的采煤技术。日本政府除对煤炭企业给予财政补助资助之外，在法律措施等方面也做了大量的工作。依据《煤炭产区临时措置法》，1962 年 7 月，日本政府成立了专门的行政机构——"地域振兴事业团"，为煤炭产业服务。

（三）煤炭企业与煤炭产区产业转型的效果

日本的煤炭产业在战后聚集了庞大的资金，利润也非常可观，并聚集了一大批一流大学毕业的人才，煤炭企业的组织网络遍布全国。

后来，随着国际国内形势的变化，煤炭产业开始恶化，一些煤炭企业作出向观光旅游业转型的努力，如兴建温泉游泳馆、旅游观光饭店等。但是这些转型努力却被煤炭产业与地方政府曾经建立的密切关系，即政府的干预行为所破坏。比如煤炭企业进行投资时，所选择的地点不适合观光旅游，而是在原来的煤炭产地兴建，因此转型的效果大多不是很理想。为煤炭产区的复兴，日本政府 1961 年制定的《煤炭产区临时措置法》发挥了 40 年的效力，一直到 2001 年，不断加大支持力度，先后投资 5 兆日元。

综上，日本政府通过煤炭产区产业转型政策和复兴政策，成功实现了产业转型升级。比如在发展新兴产业的首都圈附近的矿区和獭户内海工业带的矿区、札幌附近的石狩区和福冈市附近的矿区等与高速发展的新兴都市相邻近的矿区都实现了产业的转型升级，效果很显著。但是，在远离发展中心区域的煤炭产区，日本政府尽管投入了大量的财政资金，但振兴煤炭产区的效果不大。

第二节　国内资源富集区产业转型的经验

同国外资源富集区相比较，国内河北唐山等资源富集区，均在产业转型过程中，进行了有益的探索，为我国资源富集区的可持续发展提供了宝贵的经验。反过来也可以说，这些地区产业转型后的经济社会发展，也证明了资源富集区的产业转型是其可持续发展的必然选择。

一　河北省唐山市的经验

河北省唐山市是国内较为典型的资源富集区，矿产资源丰富，品种也较为齐全，水陆运输也非常便利。丰富的矿产资源和便利的交通运输

（水陆运输）促使唐山市成为我国近代工业发源地之一，凭借着优越的区位和丰富的矿产资源，成为我国东部地区重工业生产基地。由于唐山市积极探索产业转型的路径，在资源尚未枯竭的时候，已经实施了产业转型，并取得了一系列成绩。

唐山市的产业转型特点是以企业为主导、政府给予支持。比如，河北省开滦煤矿集团公司（以下简称开煤）的转型案例比较典型：开煤已具有百余年开采历史，随着长年的开采，面临着资源枯竭、设备老化、企业从业人员多等问题。为了企业的转型升级，开煤对内外部环境进行详细分析之后，发展了以煤为依托的接续产业和替代产业，制定并实施了"以煤炭产业为核心，以电力产业、运输产业、焦化产业三大产业为支柱，以建材建筑业、机电加工业、煤伴生资源利用业、城市服务业为支持，并适时发展高科技产业"的产业转型规划。

经过一段时期的发展，开煤的产业转型措施确实见效，转型之初到现今已有一座燃煤电厂、两座煤矸石电厂，也有大量洗煤副产品。开煤公司充分利用国家优惠政策，利用煤炭资源大力发展电力产业，实现煤转电项目的发展，在原有电厂基础上，建设两个大型坑口电厂，年发电量达到44.16亿千瓦时，成为支柱产业。同时，开煤还建设全干焦大型焦化厂，生产全干焦与副产品，每年生产全干焦200万吨，并建设焦化副产品等后续开发项目。此外，开煤正利用每年在京唐港运出煤炭400多万吨的优势，形成煤—陆—港—航产业链，把京唐港建成功能齐全的煤炭转运基地。开煤充分利用现有资源优势，把资源优势转化成竞争优势，发展相关产业为接续产业、循序渐进地进行产业转型，这种经验是值得同类城市学习并借鉴的。

二　山东省枣庄市的经验

山东枣庄是煤炭资源型城市，素有"鲁南煤城"之美称。经济发展一直以来依靠煤炭行业的枣庄市，为了避免"煤尽城衰"的情况发生，在资源开发中年期主动采取了产业转型措施。

早在2003年枣庄市确立了城市发展转型战略，先后进行了一系列产业发展方向上的调整。枣庄市产业转型的经验是对能源、建材、煤化工等传统产业进行升级改造，高新技术产业和加工制造业结合发展，以现代服务业和旅游业作为新的经济增长点，实现了由资源型产业向优势产业、新兴产业和高新技术产业的转型。

在产业转型过程中，枣庄市为了发展能源、建材和煤化工这三大替代和接续产业，在 3 年时间里关闭了竞争能力和生产能力较弱的 82 个小煤矿，转为发展煤炭资源的深加工产业，建成了水煤浆、煤炭气化等一批拉长煤产业链的煤化工企业，提高了市场竞争力，最终发展成为华东地区重要的能源、建材、煤化工基地。能源方面，枣庄市还利用煤炭资源优势，发展火力发电企业，火力发电装机容量达到了 201 万千瓦，成功将资源转化为能源。

枣庄市的产业转型经验是，应用高新技术发展替代产业，发展新兴产业，再造资源优势。主要有以下三个方面：一是高新技术产业的发展。重点发展新材料、精细化工、生物医药、机电一体化四大高新技术产业，调整原来的产业结构；二是传统产业的升级。通过"产、学、官"的合作，即政府、高等院校与科研院所和产业（企业）的合作，吸收最新的科技成果用于企业的升级和转型，完成了煤炭、水泥、机械、纺织和造纸五大传统支柱产业的升级和改造；三是新兴农业产业的培育。通过发展支柱产业，培育了一批农业产业化龙头企业，建设了一批种植和新兴农产品深加工基地，建成了马铃薯种植等区域性支柱产业。

在采取了一系列产业转型措施之后，枣庄市已成功建设了能源、建材、煤化工三大基地，实现了从单一的资源型城市向高新技术产业、农产品加工业、旅游业、物流业、服务业等行业的多元化发展，培育了一批新兴农业产业。

三　河南省义马市的经验

义马市是河南省一个典型的煤炭资源型工业城市，其发展经历了因煤而建、因煤而兴的过程。早期的义马市是依靠煤炭资源发展起来的，随着义马市区域经济的快速发展，带来了城市产业结构单一，GDP 的能耗与物耗高、生态环境恶化等一系列深层问题。在这样的背景下，义马市制定了"实施项目带动、投资拉动、引进推动主导战略，建设能源、煤化工、铬化工三大基地，全面构筑区域特色经济体系"的产业转型战略。

在产业转型战略的具体实施过程中，义马市结合矿区资源优势，在煤炭资源的基础上形成了四条产业链：一是煤炭转为电的煤炭—电力产业链；二是煤炭通过气化、液化形成的煤炭—化工产业链；三是由煤、电、气支撑铝加工业所形成的采矿（煤炭、铝矾土）—电力（煤气）—铝工业产业链；四是由煤、电支撑建材项目所形成的采矿（煤炭、石灰石）—电力—建材（水泥、矸石砖）产业链。四条产业链既相互交叉结合，又互为利用，原先的矿区实现了转型升级，形成了循环经济发展。

在上述四条产业链的基础上，义马市又启动了一批发展循环经济的支撑项目，在新的循环层次上充分发挥资源优势和产业优势，依靠能源、煤化工和铬化工三大支柱产业，构筑了产业优势延续、产业优势互补、资源共享、废物再生、综合利用的可持续发展的绿色产业链。变以往传统的"资源—产品—废弃物—污染物排放"单向流动为以"资源—产品—再生资源—产品"为特征的循环经济发展模式。

义马市在煤化工开采基础上，注重对其资源的深加工，对煤气、甲醇等产品的开发加快了物质的循环利用，在煤气生产中的副产物粗酚就地加工成苯酚、工业二甲酚等，焦油加工成中油、轻油等原来丢弃污染环境的废弃物，经过不断加工成了具有附加值的产品。经过一段时期的发展，义马市已形成了煤电、煤化工、铬化工三大产业的循环链。最终在2003年的时候，义马市综合经济实力居全省第8位。

在"十一五"期间，义马市又将产业转型升级重点放在高新技术产业、提高核心竞争力上，提出"以煤电能源基地建设为基础，促进产业结构多元化，以大力构建煤化工基地促进经济结构调整，以铬盐、煤化工、医药等高新技术产业促进产业转型升级，以积极发展机械、电子、建材等新兴接替产业促进产业转型，以重点培植大型企业集团促进工业经济核心竞争力的提升"的转型规划。义马市发展循环经济的产业转型升级模式，为其他同类资源富集区提供了很好的借鉴经验，并用事实证明了资源富集区产业转型的必要性。

四　河南省焦作市的经验

河南省焦作市由于有很大的煤炭储量，长年来形成了以煤炭工业为主、资源型产业为主导的产业体系，建立了大量的矿产资源开采企业和配套工业企业，到了20世纪90年代初，焦作市资源开采企业及配套型企业有1200多家，工业增加值占到该市工业增加值总值的90%以上。

长期以来，由于粗放型的发展，焦作市的矿产资源特别是煤炭资源日益枯竭，从而影响到了城市发展。首先，经济增长速度的下降。"九五"期间，由于煤炭产业的衰退，依靠矿产资源的开发拉动经济增长的焦作市 GDP 增速连年放缓，此期间年均增长率仅为3.5%，分别比全国平均水平和河南省平均水平低4.8个和6.6个百分点。其次，失业人口的增加。2000年年末，焦作市在岗职工35.27万人，占总劳动人口的81%，离开本单位仍保留劳动关系的职工7.03万人，占总劳动人口的16.2%，城镇失业人员1.21万人，占总劳动人口的2.8%。最后，城市环境的恶化。经过几十年的强力开发，矿区地质环境日益恶化，同时人为诱发的地质灾害发生程度日益加重，煤矿开采引发地面变形、水资源污染、矿坑突水、瓦斯突出、煤矸石污染等一系列环境地质问题。地质环境的不断恶化，已严重制约了焦作市社会经济持续发展。

综上所述，焦作市的煤炭产业的衰竭带来了诸多社会及经济问题。为了解决这些现实问题，焦作市采取了一系列行之有效的产业转型措施。

（一）发挥自身的资源和地理优势，培育接续产业

焦作市曾有两大优势，就是水资源和煤炭资源。煤炭资源由于长期的开采，已面临枯竭，产业面临着转型压力。因此，焦作市利用地理位置上靠近煤炭资源丰富的山西省晋城市的优势，结合焦水和晋煤，建设和改造了焦作电厂、丹河电厂等一批电厂，成功将资源转化为能源。

在政府强有力的产业转型措施下，利用发电优势，焦作市还将电与铝结合，重点扶持铝工业，建设和培育了铝工业基地，相继建成了比较著名的中铝中州分公司、万方铝业等大型企业和一批铝材深加工企业，实现了铝工业的产业升级。

（二）利用高新技术改造提升传统产业

1. 突出发展以轮胎为主的橡胶化工，发展纳米锆等精细化工，推进 PVC 管材，层状结晶二硅酸纳等氯碱深加工。已经形成以化工原料、橡胶制品为主的多门类化工体系。

2. 重点发展机械工业，形成了农用机械、重型机械、汽车配件、电机电器、仪器仪表等产品体系，部分企业的生产规模和生产能力已达到国际、国内先进水平，成为河南省政府确定的5个汽车零部件基地之一。

3. 提高建材工业工艺装备水平和耐火材料、陶瓷工业产品档次。利用丰富的石灰石资源优势，建设新型干法水泥熟料生产线。通过技术

改造、引进新技术和新工艺的方式，提升了耐火材料产品的质量和品质。通过对原陶瓷生产企业的优化重组、改革改制、引进外来合作企业，不断提高产品质量，开发研制出了胶胎瓷产品，形成新的产业和产品优势。

（三）充分发挥旅游资源丰富的优势，发展城市旅游业

焦作市在产业转型方面的努力，除了发展和培育新的接续产业和高新技术产业以外，还利用独特的自然风光和丰厚的历史文化底蕴发展了旅游业。经过景区开发和景观道路等基础设施的建设，成功打造出云台山、青天河、神农山等"五大景区"和焦作影视城、嘉应观、陈家沟等"十大景点"，并已成为"中国优秀旅游城市"，云台山景区被入选为首批世界地质公园。由于旅游业的发展，旅游综合收入占 GDP 的比重也大幅提升，由 1999 年的不足 1% 提高到 2003 年的 9.4%。

在一系列的产业转型措施努力下，焦作市城市发展也步入正轨，城市功能得到进一步完善，逐步形成了以中心城市为核心、带动周围各县城，连接各小城镇的城镇化发展格局。总而言之，随着焦作市单一资源型城市向综合性城市的转变，成为中国资源富集区产业成功转型的典型案例。

五　内蒙古鄂尔多斯市的失败教训

鄂尔多斯市位于内蒙古自治区的西南部，坐落在内蒙古与山西、陕西、宁夏三省区的交汇处。国土面积 8.7 万平方公里，截至 2010 年，总人口为 159 万人，其中蒙古族人口为 17.5 万人，是一个以蒙古族为主体，汉族人口占多数的少数民族地级市。

鄂尔多斯市自然资源丰富，拥有 50 多种矿产，储量达到 1496 亿吨，占全国总储量的 1/6。长期以来，鄂尔多斯市与陕北的榆林市被称为中国的"能源走廊"。2002—2009 年，该市煤炭产量快速增长，由 2002 年的 3008 万吨增长至 2009 年的 33033 万吨，总量上增长了 11 倍，年均增长率达到 40.8%，2003 年开始均超过同期 GDP 增长率。可见，煤炭产业在鄂尔多斯市国民经济中起到不可替代的作用，带动了当地经济的快速发展。因此，鄂尔多斯市的发展曾经一度被人们称为"鄂尔多斯模式"。

但是，从另一方面来看，鄂尔多斯市近十几年社会经济的快速发展，过度依赖煤炭资源开发，显然产业发展是单一的。

由于长期粗放式的开采和发展，鄂尔多斯市没有能逃脱"资源诅咒"。"资源诅咒"假说是由英国著名经济学家 Auty 提出的，指丰富的自然资源对经济增长非但没有起到促进作用，反而限制了经济的长期增长。很多经济学家利用此概念来警示经济发展对某种相对丰富资源的过分依赖的危险性。目前，鄂尔多斯市严重依赖本地煤炭资源的粗放式的开发，应验了"资源诅咒"，并且余力还在发挥着作用。

（一）政府观念落后，追逐短期利益

前几年，随着我国的经济快速发展，能源短缺问题也日益突出，由此国家发改委取消对煤炭价格管制，导致煤炭价格快速上涨。在这样的背景下，受到超额利润的驱使，鄂尔多斯市政府大力发展煤炭产业，大小煤炭生产企业数量不断增加，煤炭企业也通过简单的增加矿井数量来提高产量，不断扩大开采规模，获得了短期巨大的利润回报，政府的财政收入也不断提高。这种煤炭开采规模的无序扩张和对短期利润的追逐，忽视了长期可持续发展，从而造成了严重的资源浪费和生态破坏。可见，政府观念的落后，只注重眼前利益，未能把握未来经济发展趋势，也未能提出行之有效的产业转型政策与措施。

（二）产业结构严重失衡，未能发展替代产业

鄂尔多斯市是典型的资源型城市，有资源优势，在其发展过程中，煤炭行业曾经有过"一业独大"的局面，产业结构出现严重失衡的状况，缺乏竞争优势。比如在2008年，鄂尔多斯市煤炭开采业工业增加值达到441亿元，占该市工业增加值的59%；煤炭行业创造的财政收入为139亿元，占全市当年财政收入总额的52.5%。这种产业结构的严重失衡，过分单一的产业结构制约了更符合未来发展趋势的高附加值行业发展和替代型的新兴产业的发展。这种发展局面，还造成其应对金融风险能力的脆弱性，随着2008年金融危机的爆发并蔓延，鄂尔多斯市煤炭、电力、化工等行业大面积衰退，给当地经济发展造成了沉重打击。

科技进步和技术创新是产业转型与升级的主要动力。在鄂尔多斯市的经济发展过程中，政府部门一直忽略科技支撑与推动作用，因此在产业发展过程中未能得到体现。

（三）处于产业链的上游，对生态环境的破坏较严重

鄂尔多斯市煤炭行业以生产原材料为主，一直处于产业链上游的粗

放式的开采，未能实现精、深加工，导致利润大部分流失在运输和销售等环节，经济效益无法充分体现。

鄂尔多斯市的自然环境特别脆弱，长年干旱少雨、土质疏松、水土流失严重。近年来，随着煤炭资源开采规模的不断扩大，本来就脆弱的生态环境恶化趋势愈加明显。具体表现为：首先，煤炭资源开采引起采空区，对周围岩石造成巨大破坏，随时可能形成山体塌陷、地表沉陷、滑坡等灾害；其次，露天煤矿在开采过程中，产生大量的剥离物，这些剥离物不仅占地较多，而且对表层水系的分布产生干扰，影响周边地表植物的生长，极有可能导致矿区周围的干旱荒漠沙化；最后，天然气资源开采规模的扩大，使天然气井数量也剧增。天然气的开采和利用需要多道程序，有非常密集的路网及管道运输系统，因为每口天然气井都需要一条管道通往附近的集气站，每座集气站都需要通向净化厂。这样的路网及管道运输系统，严重破坏当地的草地及生态环境。

第三节　国内外资源富集区产业转型的启示

国内外资源富集区由于自然条件、社会环境和经济管理模式等各不相同，造成各区所采取的产业转型措施也有差异。因此，我们在研究国内外资源富集区如何实现产业转型的问题上，要充分考虑到该地区的实际情况。

一　产业转型政策的应用

产业转型是一项周期长、涉及面广的复杂性系统工程，利用法律的规范来推进并且协调各方的利益。国外成功经验告诉我们，在转型实践中要用立法的手段规范政府行为。而国内目前在资源富集区产业转型方面，还没有任何相关法律法规，少有的援助政策也完全依靠人治方式，而并非采取法治方式。这种人治方式很容易导致地方政府及个人"寻租"行为的发生，容易诱发腐败，削弱产业转型政策的实施效率。因此，在广泛征求社会各界的意见和建议的基础上，应制定专门针对产业转型的法律法规，通过法律法规的制定，保障产业转型政策的有效推进。

欧洲和日本等国家通过成立专司机构，推进产业的转型，比如法国的国土整治与地区行动领导办公室（DATAR）、洛林工业促进与发展协会（APEILOR）等专司机构，日本地域振兴整顿公团等专司机构统一协调和控制。产业转型并不是简单的问题，产业转型的实施需要克服种种困难和障碍，专司机构在各部门和各地区之间进行统一协调和控制，尤其是当产业转型跨行政区域实施时，可能在各级政府之间产生利益冲突，这将影响到转型工作顺利推进。因此，在立法的基础上，从全局的角度，有必要成立专门的转型领导机构，进行协调和调整，这种机构既要赋予必要的权力又要承担相应的责任，能够权衡全局利益。这种专司机构的成员要包括各方专家，在转型实践中既要借鉴其他地区的转型经验，又要结合本地区的现实情况，提出切实可行的措施方案，实现产业转型全面推进。

从欧洲国家和日本的产业转型经验来看，由于资源型产业的竞争优势很大程度上取决于资源禀赋，在资源面临枯竭时，开采难度加大，生产成本上升，财政补贴和优惠政策并不能弥补这一劣势，不能增强其竞争力。因此，产业转型的政策重点不应在资源型产业的援助方面，而是扶持和培育替代产业方面，这是欧洲国家和日本产业转型经验给我们提供的宝贵经验。

二　产业转型时机的选择

国内外不少资源富集区的产业转型事实表明，一些地区的产业转型措施是，在当地资源面临枯竭、资源型产业面临衰退，产生诸多的经济和社会问题时，政府为解决这些问题而不得不采取的被迫应对措施。如果资源富集区的资源已经开始枯竭、资源条件已恶化，开采成本将会不断上升，作为主导产业的资源型产业丧失昔日的辉煌，失去其竞争力，失业人员不断增多，不可避免地影响到这些地区的可持续发展。此时采取产业转型措施，可谓是困难重重，一方面需要培育和发展有竞争力的替代产业；另一方面还需要解决由于原有主导产业衰退给当地带来的失业、经济衰退和财政收入下降等难题。而要解决这些问题，单凭市场机制进行调整为时已晚，需要政府强有力的介入，以巨额的财政投入和一定程度的效率牺牲为代价，实施产业转型。

综上所述，产业转型不能错过合适的时机，转型行动和措施越早越好，错过了合适的时机，问题就越多，为此付出的代价就越高。因此，产业转型的最佳时机是，在资源开发尚未枯竭、处于增产期和稳产期时，应充分利用此时资源型产业竞争优势、生产能力扩大和产出增长所带来的外部经济性，主动出击，制定和实施转型规划，培育和扶持替代产业，为产业转型赢得时间和主动。目前，我国的很多资源富集区的资源开发大部分处于稳产期和衰退期，面临产业转型和如何转型问题，要及早采取产业转型措施；对于少数尚处于增产期的资源富集区，要考虑未来的发展方向，抓紧时间培育合适的替代产业，制定和实施科学的发展规划。

三 区域竞争优势的再造

区域竞争优势是指一个地区使其区域内的企业或行业在一定领域内保持竞争优势的能力。资源富集区的发展主要依靠资源禀赋的比较优势，因此资源富集区的区域竞争优势是资源以及在此基础上形成的资源型产业和下游产业的竞争优势。但是随着资源储量的减少和开采难度和成本的增加，资源型产业的竞争优势也会逐渐弱化，将会面临产业转型问题。如前所述，产业转型的最佳途径是发展替代产业，而替代产业的选择，意味着区域竞争优势的再造。资源富集区一般具有丰富的资源、大量的空闲土地和廉价的劳动力等比较优势，但由于受到国际市场、技术进步和劳动力成本上升等因素的影响，绝大多数产品供过于求（产能过剩），使原先的比较优势不断下降，单靠廉价的天然生产要素难以获得持久的竞争优势。可见，资源富集区单纯依靠比较优势、缺乏竞争优势的产业结构是非常脆弱的，替代产业就难以持续发展，因此资源富集区的产业转型的关键在于区域竞争优势的再造问题上。

区域环境和基础设施建设是产业转型的前提和保障，良好的区域环境和基础设施有利于吸引大量的资金和众多人才。国内外资源富集区在其产业转型过程中都非常重视区域环境和基础设施建设，在自然环境和部分基础设施等公共物品的建设上，政府投入了大量的资金。国内一些资源富集区，由于忽略了基础设施的建设，造成大多基础设施建设落后于生产发展；另外，多年的粗放式高强度开发，对环境也造成了严重破坏。这些发展思路都不利于区域竞争优势的形成与再造，并极大地限制了一批代表未来产业发展方向的新兴产业的发展。因此，资源富集区应该把加强环境保护和基础设施建设作为政府工作的重点、产业转型的优先领域。

此外，国外资源富集区的共同特点是高度重视中小企业的发展，中小企业在产业转型中起到重要作用，不但可以解决就业问题，也能再造区域竞争优势。资源富集区竞争优势的再造需要大力发展中小企业，由若干个有竞争优势的企业网络形成产业群，替代原先资源型产业，通过这些企业间的相互竞争与合作，推动企业网络的演进和发展，创造出持久的竞争优势。法国洛林地区在发展汽车工业过程中，首先引进了雷诺汽车公司。而雷诺公司的投资建厂，带动了大量配套企业的发展，进而吸引其他汽车公司的进入，由此形成良性循环机制，形成了有竞争力的汽车产业群。而国内资源富集区在产业转型过程中，历来十分重视大项目的建设，投资资金数额也庞大，虽然近年来重视对外资和内资的引进，而以往的投资也主要寄托在政府身上。大项目的建设固然重要，但如果忽略本地区中小企业的发展，不与大企业形成协作关系的话，那么这些大项目也难以取得成功，就算是取得成功也无法实现可持续发展，更无法再造区域竞争优势。

在转型过程中，国外重视对企业尤其是中小企业的技术创新方面的支持，积极推进产学研合作，协助企业、科研机构和高校之间的良性互动。欧盟还推出了"合作技术研究行动"，其目的是使缺乏足够研究和技术开发能力的中小企业从欧盟的补助中获得收益。然而资源富集区的科技资源往往集中于资源开发企业，技术专用性强，生产作业封闭，社会化程度低，技术外溢度比较低，对中小企业的技术带动作用不强。同时，随着产业的转型，技术因素也显得尤为重要，区域和企业一部分原有的人才和技术储备失去了用途。因此，发展多元化的中小企业网络，加强对企业尤其是中小企业的技术支持是十分必要的。

四　人员安置与职业培训

随着资源富集区资源型产业的转型，失业人员数量将会上升，而这些失业人员的再就业非常困难。从国外经验来看，为解决资源型产业人员再就业问题，减轻资源开发衰退对资源富集区的冲击，采取了一系列针对性措施。比如欧洲国家建立预警系统，提前公开公布关闭工厂或是放弃矿区的计划，给其他公司、地方政府、工人及其家庭留出足够的时间来逐步适应或应对这一变化；为解决这一问题，欧洲国家还采取提前退休和补偿等措施，并且积极解决矿工的再就业问题；日本政府的做法是，对煤矿工人实行提前退休，对其余人员再就业方面也给予了政府财政资助和政策优惠。资源开发进入衰退期的资源富集区其安置失业人员问题尤为重要，提供再就业机会已成为产业转型工作的"瓶颈"问题。换言之，在转型过程中，若有效解决失业人员的再就业问题，则其他转型目标就容易实现；另外，劳动力的平稳转移与否，影响社会的稳定。在这一背景下，政府部门必须高度重视人员安置问题，不能对此简单化处理，不能让下岗人员承担过大的改革成本；否则，就会增加社会不稳定因素，进而有可能引发社会动荡，严重阻碍资源富集区的产业转型。

　　国内外经验表明，产业转型的最大难点其实是人力资源的"转型"，解决职工再就业的有效途径是进行职业培训。由于资源型产业从业人员一般技能比较单一，很难适应新兴产业的技术技能需求，必须经过职业培训才能再就业或上岗，为此，职业培训成了产业转型过程中解决失业问题的重要措施。在产业转型过程中，资源型产业从业人员由于失业，失去了经济来源，经济承受能力低；同时通过职业培训带来的人力资本积累具有明显的外部性效应，因此政府对职业培训，尤其是资源型产业的转岗培训应采取高强度资助的措施。

第十四章 节能减排政策压力下加快桂西资源富集区产业转型发展的对策建议

当前，我国经济进入新常态，资源富集区经济发展面临前所未有的挑战。桂西资源富集区作为欠发达资源富集区，长期以来，一直偏重于发展铝、锰、有色金属等资源型产业，形成了资源型产业"一枝独秀"、重化工业在桂西各市全部工业中占据较高比重的产业发展格局。资源型产业在工业结构中占据主体地位，使得桂西资源富集区的经济增长属于典型的资源消耗型和投资拉动型，也使桂西资源富集区能源消费和污染物排放居高不下。2012 年河池市镉污染事件，为桂西资源富集区的产业发展敲响了警钟。随着工业化进程的快速推进和全面建设生态文明的来临，桂西资源富集区经济社会发展受能源、资源的制约将越来越严重，作为后发地区的节能减排压力巨大。因此，加速桂西资源富集区产业转型迫在眉睫。基于以上各章的分析，我们提出以下促进桂西资源富集区产业转型发展的对策建议。

一　树立全新发展理念，进一步增强产业转型措施的有效性、连续性和平稳性

党的十八届五中全会提出，要破解发展难题，必须牢固树立创新、协调、绿色、开放、共享的发展理念。对于桂西资源富集区的产业转型，同样必须树立这五个全新的发展理念，要将创新摆在产业转型全局的核心位置，促进桂西资源富集区与广西其他地区如北部湾地区、珠江—西江经济带之间的协调发展，促进新型工业化、信息化、城镇化、农业现代化的同步发展，坚持资源节约与环境保护，走可持续发展道路，加快建设资源节约型、环境友好型社会，进一步加大开放力度，坚持发展为了人民、发展依靠人民、发展成果由人民共享。

在五大发展理念的指导下，桂西资源富集区要进一步增强产业转型措施的有效性、连续性和平稳性，以加快桂西资源富集区的产业转型。由前文可知，虽然桂西资源富集区各市都采取了一定的措施来促进产业转型，但其三次产业转型却处于减速过程，反映出现有产业转型措施并未取得良好成效。因此，桂西资源富集区各市政府应进一步理顺产业转型的制约因素，增强产业转型措施的有效性，更积极有为地引导产业转型，提高全要素生产率，促进整体经济增长质量的提升。此外，前文分析表明，桂西资源富集区产业转型呈现出明显的周期性，特别是在2008年全球金融危机爆发之际，各市为确保经济增长，产业转型速度也随之下降；同时，随着时间的推移，政策对产业转型的推动力逐渐减弱。因此，桂西资源富集区各市政府的产业转型政策还应注意连续性和平稳性，防止经济大起大落，确保产业快速、平稳地转型。

二　理顺产业升级优化机制，推动"企业—园区—产业"互动发展

桂西资源富集区产业的转型发展，涉及多个层面，不同层面应当采取不同的转型策略，形成多层互动发展的态势，共同推动产业升级和结构调整。

1. 依托资源，加速嬗变，推动企业转型发展

资源富集区产业转型，首先要实现的是资源型企业的转型。资源型企业调整结构的基本准则，应该是依托矿产资源但又不单纯依靠矿产资源。借助资源型"母体"产业，通过持续不间断地延伸产业链条而产生新兴的接替产业和新型产业，这是资源富集区产业转型的微观基础，也是资源型企业转型发展的活力之源。具体来说，资源型企业转型发展可以分成三种方式：多种经营、纵向一体化和转产发展。

实行多种经营，就是在继续生产资源型产品的同时，大力发展非资源型产业，如机械加工、生产服务等。实行纵向一体化，就是按照产业链发展模式，根据企业与上下游产业的关联关系，发展前后向关联项目，或与纵向关联企业相互入股参股、建立战略联盟，实现纵向一体化。实行转产发展，主要是针对资源枯竭型企业而言，就是适时退出资源型产业领域，在闭坑、复垦的同时，依托企业的人力资本和核心资产，借助转产安置政策支持，转向其他产业领域。

2. 借助园区发展平台，推动产业集聚、产业集群发展

产业园区是经济结构调整的战略支撑点，是资源富集区产业转型的重要发展平台。依托各类产业园区，推进集群发展，有助于形成富有弹

性和活力的多元化高效产业体系。由前文分析可知，虽然桂西资源富集区在某些产业方面已经形成了产业集群，但配套服务体系如园区建设方面还严重滞后。因此，要按照布局优化、特色突出、用地集约、产业集聚的原则，加强产业园区建设和管理，促进城市新区与产业园区同步规划和一体化建设，推动优势资源、优势企业和优势产业向园区集聚，新建工业项目一律进产业园区，把产业园区建设成为加快资源循环利用、企业技术创新、产业转型升级的重要载体，成为新型城镇化，工业化发展的重要平台。要不断增加各类产业园区的资金投入，高标准建设园区基础设施，优化园区环境，实行"一站式"封闭管理制度，提供优质服务，加快招商引资步伐。改革园区开发管理模式，采用BOT、PPP等项目融资方式，引进园区整体运营商，以市场化的方式提供园区公共基础设施服务。在符合政府产业政策的前提下，鼓励园区运营商以市场化的方式自主招商，在市场中寻找加快园区发展的动力和途径。鼓励与大企业和发达地区共享资源开发，共建产业园区，发展"飞地经济"。积极推进符合条件的产业园区升格为国家级产业园区，支持符合条件的园区扩区与调整行政区划，提高产出效率和投资强度。

3. 吐故纳新，腾笼换鸟，推动产业升级优化

区域产业结构是由低层次向高层次不断演进的，产业结构的优化升级就是一个主导产业序次更迭的过程。资源富集区的产业转型也必然要从以资源型产业为主导，向加工制造产业为主导，再向高加工度化产业、高新技术产业，乃至现代服务产业不断递进。按照这一规律，大力扶持非资源型产业特别是资源型产业领域之外的高加工度、高附加价值的"异质"产业，就是桂西资源富集区产业转型的战略要点。具体来说，就是大力改造资源型、初级化、低效益的产业结构，稳步推进产业结构的高级化和多元化，重点发展接续替代产业和高新技术产业，适度发展辅助和关联产业，进而提升区域产业的竞争优势。

一方面，依托资源优势，延伸产业链条，做精做深资源型产业。实施重大产业项目带动，按照适度发展锡、铟、铅、锌等有色金属，合理发展锰业，优先发展铝业，加强资源勘查储备的思路，打造比较完整的采掘采购—冶炼—深加工—新型材料矿产资源产业链；积极发展石化、建材、制糖和农林产品等加工业，形成特色资源型产业基地。

另一方面，将改造提升传统产业与大力发展新兴产业结合起来，重

点围绕节能降耗、两化融合、安全生产、质量提升等领域，推广应用新材料、新装备、新工艺、新技术。同时，对于传统资源型产业，要积极推进产业重组，支持跨行业、跨区域兼并重组和企业间战略合作，提高集约化、规模化经营水平，打造一批具有较强核心竞争力的企业集团。对于资源型产业的产能过程问题，要更加注重经济手段和市场机制、更好发挥政府作用来化解过剩产能，加快违规、低效产能的退出，妥善解决债务负担、人员安置等问题。

此外，还要依托桂西资源富集区的区域优势，加快承接产业转移，高起点发展战略性新兴产业，重点培育先进装备制造、节能环保、新能源、生物医药、养生长寿健康、新材料等新兴产业，使之成为桂西资源富集区的先导产业和支柱产业。要进一步提升现代服务业发展水平，以大力发展生产性服务业和要素市场为重点，促进先进制造业和现代服务业融合互动发展，使服务业成为桂西资源富集区经济发展的重要增长极。

三　培育区域创新能力，实现区域产业内生发展

资源富集区往往钟情于自然资源，热衷于资源开发，依赖于资源收益，丰裕的自然资源由此会挤出创新活动、恶化创新环境，从而对资源富集区的经济增长和产业发展产生不利影响。因此，桂西资源富集区的产业转型必须更多地依靠创新驱动和技术进步，推动大众创业、万众创新，打造区域创新环境，培育创新性企业，推动新技术、新产业、新业态蓬勃发展，从而实现区域产业的内生发展。

1. 营造良好的区域创新环境

一般情况下，竞争压力会迫使企业在利益刺激和生存威胁下，尽可能快地采用新技术或推出新产品，从而使得创新作为动力不断在经济活动中扩散，并最终促进经济增长和产业结构的升级。然而，在资源富集地区，资源赋存条件对于产品成本和竞争力的影响要大得多，因此，新的消费需求和市场竞争的压力，并不总是能够自发地转化为企业创新的动力，特别是对于资源型企业而言，更是如此，这也可能会导致资源型产业技术发展的停滞，资源型产业对技术创新的挤出和排斥，乃至资源富集区产业技术的整体停滞。所以，资源富集区要实现由资源驱动向创新驱动转变，则必须打造良好的区域创新环境、强有力的产业规制和法律约束。只有将大量的资源收益有序地投入到产业技术创新活动、投入

到创新环境的营造中，使桂西资源富集区的产业发展真正建立在以创新
为动力的基础上，才能实现区域产业的不断升级和可持续发展。

　　打造良好的区域创新环境，首先要促进创新资源的合理流动。提高
区域创新能力，要促进生产要素流动，特别是创新要素的合理流动和集
中。其次，政府要从以往的"重扶持"转向"重环境"，从研发管理向
创新服务转变，进一步完善激励和支持创新的相关法律法规和政策措
施，着力形成和维护公平竞争秩序，保护知识产权，提升人力资本质
量，健全保护创新的法治环境，构建普惠型创新支持政策体系，探索建
立有效的创新活动资助模式和组织模式。全面推进区域创新体系建设，
加强技术和知识产权交易平台建设，促进科技成果产业化与资本化，引
导构建产业技术联盟，推动跨领域跨行业协同创新，形成对不同类型和
阶段创新活动的协同支持格局。

　　2. 实施支柱产业重大科技攻关工程

　　要围绕桂西资源富集区的支柱产业，实施重大科技攻关工程，促进
支柱产业的技术改造，通过持续不断的创新激励，通过强有力的技术支
撑，保持和扩展桂西资源富集区已有的产业竞争优势，培育和发展新的
产业竞争优势。

　　要围绕铝、锰、糖等支柱产业发展，大力推进关键领域的科技攻
关。加快优势特色金属及新材料技术开发与产业化基地建设，重点开展
航空和轨道交通所用高性能铝合金等有色金属材料及其他铝精深加工产
品的研究攻关。加大对科技研发和技改贴息投入力度，建立科技创新风
险投资机制。建设重点优势产业公共检测技术服务平台，开展重要技术
标准研究。围绕铝、锰、糖等支柱产业，加强在桂西资源富集区部署科
技基础设施，建设一批国家和自治区级工程技术研究中心和重点实
验室。

　　3. 强化企业技术创新主导作用和主体地位

　　理论上，产业是由企业构成的，产业转型必须依赖于企业的技术创
新。国内外资源富集区产业转型经验显示，他们都极为重视企业在产业
转型和技术创新中的主体地位。因此，对于桂西资源富集区而言，其产
业转型必须进一步强化企业在技术创新中的主导作用和主体地位，形成
一批有竞争力的创新型领军企业。在这一过程中，政府还必须支持科技
型中小企业的健康发展。国外资源富集区在产业转型过程中，对企业尤

其是中小企业的技术创新极为重视。由于资源富集区的科技资源主要集中于资源开发企业，对中小企业的技术带动作用不明显，因此，促进桂西资源富集区产业转型时，加强对企业尤其是对中小企业的技术支持是十分必要的。此外，政府还要理顺政府与市场的关系，加快职能转变，要发挥好企业家在推动企业成为创新主体中的关键作用，充分激发广大科技人员内生动力，使企业家和科技人员在创新中更好受益、企业在创新中更多盈利、社会在创新中更快发展。

4. 建设良好的创新文化

文化是人们对自己行为结果的信仰和价值观，其不仅影响着经济个体的行为，更是影响区域经济发展特别是内生发展的重要因素。经济文化则是指人们在竞争、合作、创新、创业等经济问题上的基本价值观，包括合作意识、信用观念、开放思维、流动偏好、创业精神、创新意识等多个方面。德鲁克认为，经济社会中占主导地位的资源，不是劳动力、资本、土地等生产要素，而是文化。福山认为，由文化所构建的社会信任和合作制度是决定一个经济体竞争力的主要因素。因此，增强一个区域的竞争力，必须对其区域文化特别是经济文化进行重塑。对于桂西资源富集区而言，同样必须重视重塑文化在激发经济发展活力、促进产业转型中的重要作用。

具体而言，就是要大力营造大众创业、万众创新，即鼓励创新创业、宽容失败的文化氛围，通过引进新的文化因素，激活现有的文化资源，形成面向创新的文化演进机制和文化体系。要从政府、社会中介、企业、个体等多方面入手，通过教育、引导、示范等多种方式，转变区域信念，转变人们的价值观，转变对发展的态度，推动文化的异化和转型，加强科学教育和科学普及，建立以创新能力和创新贡献为导向的科技评价标准，提高全民科学文化素质和创新意识、创新能力，营造激励创新的文化环境，尽快使创新成为桂西资源富集区经济转型发展的根本动力。

四　发挥环境倒逼机制，大力发展生态经济

从第五章的理论分析可知，在资源、环境约束下，促进桂西资源富集区的产业转型以实现可持续发展，除了要重视创新在产业转型中的重要作用外，还要发挥环境倒逼机制的作用，以产业发展生态化、生态建设产业化为主线，大力发展生态经济。

要坚持绿色发展理念，普及和加强全民环境及可持续发展意识，严格环保执法。企业是市场经济的主体，增强企业的社会责任尤其是环境责任，是解决环境问题、实现绿色发展的关键所在。由于环境规制、节能减排政策会增加企业的成本，因此企业并不情愿被规制。政府环境保护相关部门应该按照环境保护标准的规定，严格监督企业生产过程是否履行环境规制，采用定期检查、经常检查、突击检查等多种形式，对企业的产品生产、运输、回收与原材料采购等环节的合规性进行监督。对违反规定的企业严加处罚，情节严重的企业要逐步关掉。在国家严格控制税外收费的大背景下，地方政府可以委托民间机构或亲自出面，代表公众向重污染企业提起环境损害赔偿诉讼，赔偿费要集中使用，专项用于生态环境恢复与整治；大幅度提高重污染工作岗位的劳保标准，加快高消耗、重污染产业的外部成本内部化步伐。

要充分发挥创新补偿机制的作用，为扶持和引导企业进行清洁生产，可在信贷、税收等方面给予优惠政策以鼓励企业进行技术创新。

要实行清洁生产制度，推广清洁生产技术，支持企业生产清洁化。积极开发清洁利用技术，推广源头控制、回收利用、末端治理和全过程控制等污染防治实用技术。定期淘汰落后环保装备，制定和完善环保产品技术标准。加强企业清洁生产审计，探索和推广高污染企业闭合生产技术体系和封闭管理方式。针对各类产业的具体特点，研究和开发清洁型替代技术、替代工艺、替代产品、替代材料，大幅度减污降耗，推动产业转型发展。

要大力发展循环经济，提高资源可持续开发利用水平。按照"节约与高效同步"、"开发与保护并重"的思路，按照园区化、循环化要求，加大传统产业改造力度，推动有色金属、生态铝、稀土、纺织皮革等重点传统产业转型升级，降低资源消耗和排放，提高传统产业资源利用效率；努力调整产业结构，大力发展新型生态产业。

五　依托区域优势，提升对外开放合作水平

贸易条件恶化，以及由此引发的反工业化，是资源优势陷阱和"荷兰病"的主要成因。资源性产品价格的剧烈波动，将会恶化产业发展的贸易条件，带来区域经济增长的剧烈波动，最终妨碍资源富集区经济发展。由前文第十二章的实证结果表明，对外开放程度的提高能显著加快桂西资源富集区的产业转型。因此，桂西三个市中崇左市的对外贸易还不错，但桂西资源富集区整体的经济开放度还不够高。因此，加快提升对外开放合作水平，对桂西资源富集区的产业转型极为重要。

为此，桂西资源富集区要发挥区位优势，主动融入"一带一路"建设，推进面向东盟的基础设施互联互通和国际大通道建设，加强沿边地区口岸和基础设施建设，完善口岸功能和大通关机制。以中越凭祥—同登和龙邦—茶岭跨境经济合作区、边境经济合作区、口岸经济区和凭祥综合保税区等为重要载体，提高吸纳国际国内产业转移的能力，发展面向东盟的贸易物流、加工制造等产业，加快形成一批外向型产业集群。重点支持优势产品扩大出口，重点开拓东盟市场。推进农业、能源、交通、旅游、金融等领域重点项目的务实合作。

此外，还要加大跨区域合作力度，积极开展与发达国家和粤港澳等地区的合作和互动，引进国内外先进技术和投资。加强崇左与南宁、百色与南宁、河池与柳州等中心城市的合作，促进桂西资源富集区与北部湾经济区和西江经济带产业、市场、企业、资金、人才、交通基础设施等对接，实现联动发展、互动发展。加强桂西资源富集区的崇左、百色、河池三个市与贵州省黔南州、黔西南州、云南省文山州之间的合作，统筹基础设施建设，加强能源合作建立旅游合作联盟。

六　加强人力资本投资，为桂西资源富集区产业转型提供强有力的人才支持

人才是构建产业新体系的骨干力量。与产业转型需要相比，桂西资源富集区不仅缺乏适应创新发展的高层次人才和领军人才，还缺少高素质专业技能人才和高水平经营管理人才。因此，促进桂西资源富集区产业转型，必须把人才作为构建产业创新体系的根本保障，加大人力资本投资。创新人才发展和收益分配机制，调动大众创新创业者、技能型人才、企业家等各类人才的积极性。建立科学合理的育人、用人、选人机制，优化人才成长环境，实施更加积极的人才引进政策，引导优势产业和特色产业领域的专业技术人才和管理人才向桂西资源富集区流动。加大教育投入力度，完善公共就业服务体系，大力发展职业教育，解决就业和再就业问题，加强人力资源开发和管理，强化区域后续发展能力，缓解产业转型风险。

七　加大基础设施建设力度，增强产业转型发展支撑能力

由前文分析可知，从新经济地理学的角度而言，交通运输条件的改善是有利于桂西资源富集区的产业转型的。而目前桂西资源富集区的交通、物流业还未能满足该区域产业快速发展的需要，产业园区基础设施、电源建设等产业集群发展的配套服务体系也存在"瓶颈"约束。因此，为促进桂西资源富集区的产业转型，必须把改善区域性基础设施，改善产业布局的硬件条件作为转型发展的重大战略任务。

要统筹推进公路、铁路、机场、水运等基础设施建设，构建综合交通运输网络，形成崇左、百色通往东盟国家的国际陆路通道，打通连接我国西南出海大通道的重要节点。由于城市和园区是产业集聚和项目布局的首选区位。从当前桂西资源富集区的情况看，城市化水平偏低、集聚能力不强；多数产业园区区位不理想，与城市的功能联系不明确，园区基础设施和公用设施不到位。为此，要进一步加强城市和园区基础设施建设，加大规划、建设和改造力度，增强城市在吸纳各种要素、促进产业集群发展中的作用，提升各类园区承载力和发展水平。此外，还要加强能源、口岸等基础设施建设，加强重点水利工程建设，统筹推进农村水、电、路、气和通信等基础设施建设，促进城乡基础设施一体化发展。

当前，要实行有序适度的基础设施投资策略。基础设施建设要与经常性的区域财力相一致，应当实行面向新型工业化的、以集聚和创新为导向的投资策略，不断调整基础设施的投资结构和功能目标。要合理控制基础设施建设的规模和速度，投资摊子不能铺得太大，必须充分考虑建设项目的运营成本和经常性开支，提高基础设施的效能和效益。

八 加快新型城镇化进程，提高城市的产业集聚能力

在前文的实证分析中，我们已经知道，城市化水平的提高是有利于产业转型的，同样也有利于节能减排。城市化的本质是流动、集聚和创新，工业化的本质是增长、递进和创新。没有集聚，就不可能有持续不断的创新。而集聚同样能利用规模经济作用，降低治污成本，从而更有利于节能减排。因此，要发挥新型城镇化即人口城市化在桂西资源富集区产业转型和节能减排中的重要作用。

要深化户籍制度改革，破除人口城市化的各种藩篱，促进有能力在城镇稳定就业和生活的农业转移人口举家进城落户，增加城市的人口密集度。要健全财政转移支付同农业转移人口市民化挂钩机制，实现城市常住人口基本公共服务全覆盖。要充分发挥城镇化的引领、带动和支撑

作用，实行空间有序开发，优化空间结构，促进空间融合，改善城市空间布局，提高空间开发效力和效益，增强集聚和创新功能，密切城市之间、城市与区域之间的技术经济联系，使城市化进入发展的快车道。要大力发展城市型经济，依托城市发展现代服务产业，有效推动桂西资源富集区产业的转型发展。

九　加强金融支持力度，健全桂西资源富集区投融资体系

进一步加强金融支持力度，完善金融支持体系，才能为桂西资源富集区创新驱动、产业转型升级提供有效的金融支持。要完善投融资环境，健全的投融资体系、良好的宏观调控环境是企业技术创新的有效保障，也是区域产业转型升级的重要保证。要创新投融资模式，发展和完善政策性金融工具，积极探索政府和社会资本合作的有效方式，有效解决桂西资源富集区基础设施建设项目的投资资金问题。发展与创新创业、转型升级相适应的金融工具，可以设立产业投资引导基金，注重整合资源，更好地发挥产业投资引导基金在培育非资源型产业、战略性新兴产业中的重要作用。要发挥好资本市场在产业转型升级中的作用，推动企业跨区域优化重组和产业结构调整，推动实力雄厚的企业上市融资，推动创新型中小企业在"新三板"市场融资，利用好企业债券、区域性股权交易市场在企业投融资中的作用。大力发展金融信息技术，加强金融人才培养力度。

十　优化区域政策环境，提升软环境的竞争力

加快桂西资源富集区产业转型，既要充分发挥企业的主体作用和市场的主导作用，也要更好发挥政府作用。要把政府发挥作用的着力点放在完善政策支持、深化体制改革、创造良好软环境上来。国际经济和区域经济的竞争发展，在很大程度上已经成为软实力和软环境的竞争。软环境落后，也是桂西资源富集区产业转型发展的最大障碍。优化桂西资源富集区的区域政策环境，就是要构建适应现代化发展要求和市场经济要求的体制机制，全面改善桂西资源富集区的区域形象和投资环境，全面提升桂西资源富集区的公共管理和服务水平，激活民间和社会资本，引导国内外资金的流入，尽快使桂西资源富集区成为投资建设的热土、实业开发的乐园和经济增长的高地。

为此，要主动适应新常态，减少政府对经济活动的参与，在简政放权上下功夫，让市场真正在资源配置中发挥决定性作用。要按照负面清

单管理方法，进一步放宽市场准入，推动政府管理由注重事前审批向事中事后监管转变。要通过制度建设，规范政府行为，正确处理政府与市场的分工关系，有效解决相互之间的错位、越位、缺位问题，积极推进市场化进程。要建立优化要素配置的政策环境，促进劳动力、资本、技术等要素的合理流动，提高其配置质量。要在促进公平竞争上下功夫，严厉惩处不正当竞争行为，健全知识产权保护机制。要搞好企业制度、产业组织制度、国有资产管理制度、宏观经济管理制度的配套改革，为产业转型发展建立起良好健全的体制氛围和制度环境。要综合考虑环境容量、资源能源等因素，调整优化区域重大生产力布局，为促进产业集群发展做好各项配套服务。要进一步着力改善政务环境，提高行政效率，端正政府工作作风，推进政府机构改革。

附　录

附录 1　桂西三市与广西其他地市经济社会发展指标比较

附表 1-1　桂西三市与广西其他地市 GDP 比较

单位：亿元

地区	2003 年	2004 年	2005 年	2006 年	2007 年	2008 年	2009 年	2010 年	2011 年	2012 年	2013 年
南宁市	502.53	593.69	723.40	870.20	1069.01	1316.21	1524.71	1800.40	2211.40	2503.20	2803.54
柳州市	326.67	403.76	517.50	622.34	755.12	910.00	1046.05	1315.31	1579.72	1820.61	2010.05
桂林市	392.00	459.00	536.92	607.02	744.32	883.03	948.23	1103.56	1336.07	1485.02	1657.90
梧州市	162.00	196.61	228.40	270.42	319.60	400.12	453.65	579.28	742.49	832.58	991.71
北海市	140.14	161.90	183.30	199.64	246.60	313.90	321.10	401.41	498.31	630.09	735.00
防城港市	72.00	84.60	94.80	119.61	159.30	212.20	251.04	320.42	413.77	443.99	525.15
钦州市	155.33	174.65	205.52	245.10	303.92	377.42	396.37	520.67	646.65	691.32	753.74
贵港市	134.40	164.83	227.02	265.20	338.02	398.53	438.60	544.66	634.41	679.18	742.01
玉林市	244.76	299.90	356.30	415.10	506.04	605.92	683.49	840.25	1019.94	1102.08	1198.46
百色市	162.52	206.20	239.40	297.34	350.40	416.24	452.86	573.99	664.10	755.24	803.87
贺州市	114.98	140.04	164.40	189.65	239.20	252.84	249.22	296.87	356.40	394.21	423.85
河池市	143.30	174.44	207.00	249.00	319.31	367.31	383.00	468.74	518.13	492.71	528.62
来宾市	119.22	145.21	170.04	203.50	245.34	271.58	303.14	405.22	486.21	514.29	515.57
崇左市	106.49	128.73	151.13	194.03	231.90	264.80	304.36	392.37	491.85	530.51	584.63

单位:%

附表 1-2　　桂西三市与广西其他地市 GDP 增长率比较

地区	2003 年	2004 年	2005 年	2006 年	2007 年	2008 年	2009 年	2010 年	2011 年	2012 年	2013 年
南宁市	12	15.3	13.8	16.4	17.5	15.4	16	14.2	12	12.30	10.30
柳州市	11.89	14.21	14	15.23	15.5	14	16.3	16.97	11	11.51	9.98
桂林市	9.8	13.1	13.5	12.2	14.8	12.9	12.6	12.73	11	13.13	11.00
梧州市	15.4	14.2	13.8	14.6	11.9	10.8	17.2	13.4	24	13.60	13.20
北海市	16.5	16.1	10.9	12.9	20.9	29.02	17.3	19.6	25	21.80	13.30
防城港市	11.1	12.25	19.4	19.8	18.6	20.15	25	16.9	16	12.21	12.40
钦州市	10.41	15	14.8	15.3	18.9	14.5519	17.2	23.6	22	11.80	7.90
贵港市	12.88	111.2	19.93	13.1	17.9	8.27	12.5	11.2	5	10.20	8.20
玉林市	18.6	15.2	14.6	13.5	16.4	11.9	14.4	10.9	7	10.90	10.00
百色市	17.25	9.8	22.3	15	22.9	9.9	10.9	11.9	7	9.20	8.60
贺州市	14.6	12.2	15.1	13.3	11.9	6.6	14.7	11.26	12	9.00	8.70
河池市	6.24	12.48	13.46	14.07	16.7	13.01	7.1	17.3	17	-0.70	6.03
来宾市	9.42	14.8	8.9	13.87	19.7	11.44	13.3	19.2	15	11.73	3.00
崇左市	3.1	9.5	14.1	17.1	16.6	9.7	11.3	14.6	12	11.75	10.15

附表1-3　　桂西三市与广西其他地市人均 GDP 比较

单位：元

地区	2003 年	2004 年	2005 年	2006 年	2007 年	2008 年	2009 年	2010 年	2011 年	2012 年	2013 年
南宁市	7874	9201	11057	13071	15774	19142.15	21945	26330	31173	37016	38994
柳州市	10334	12492	14554	17356	20889	25016.69	28291	35230	41832	47795	52342
桂林市	8006	9329	10858	12209	14828	17435	19362	22842	25512	30849	31765
梧州市	5538	6594	7512	8813	10565	13115	14776	19430.18	25394	28523	33710
北海市	9590	10989	12225	13252	15988	20093.37	20302	25657.23	32103	40372	46560
防城港市	9160	10662	11872	14764	19329	25375	29602	37264.11	47416	50302	58810
钦州市	4636	5131	6000	7107	9552	11740	12212	16421	20896	22147	23957
贵港市	2882	3485	4800	5587	8038	9387	10215	12932	15332	16281	17650
玉林市	4160	5061	5998	6908	9083	10770	12035	15011.15	18501	19822	21349
百色市	4416	5564	6415	7902	9781	11517	12424	16106.11	18867	21539	22762
贺州市	5505	6688	7827	8697	11552	12103	11831	14589	18163	19922	21261
河池市	3907	4671	5405	6449	8486	9667	9990	12990.71	15323	14472	15440.11
来宾市	4916	5936	6913	8230	10852	11903	13180	18385	23055	24183	24069
崇左市	4687	5627	6566	8366	10826	12226.45	13921	18734.2	24557	26288	28886.25

单位：元

附表 1－4　桂西三市与广西其他地市城镇居民家庭人均可支配收入比较

地区	2003 年	2004 年	2005 年	2006 年	2007 年	2008 年	2009 年	2010 年	2011 年	2012 年	2013 年
南宁市	9162.00	8060.00	9203.21	10193.00	11877.09	14446.00	16254.00	18032.18	20005.00	22561.00	24817.10
柳州市	8370.00	9155.00	9556.25	11002.24	12866.43	14536.00	16017.32	17766.00	19615.00	22181.00	24355.00
桂林市	8246.16	8149.18	9268.00	10713.00	13020.00	14636.03	16221.00	17949.14	19882.00	22300.00	24552.00
梧州市	7062.12	6785.21	8257.00	9449.26	11362.00	13268.00	14747.00	16578.00	18531.00	20563.00	22537.05
北海市	8015.00	8773.38	9160.00	10380.00	12334.00	13989.01	15134.00	16798.13	18656.00	21202.00	23407.36
防城港市	7832.64	6324.23	7254.37	9113.18	12387.00	14364.00	16067.00	17831.31	19722.00	22203.00	24423.24
钦州市	7440.96	7959.83	8964.17	10041.00	12150.00	14298.00	15768.00	17356.04	19563.00	21600.00	23695.00
贵港市	7620.00	6209.00	7642.41	8938.00	10717.00	12666.22	13915.00	15531.02	17017.00	19314.00	21361.36
玉林市	—	6770.00	8297.00	10175.00	12202.00	14156.00	15827.00	17642.24	19590.00	22171.00	24366.00
百色市	7361.64	6687.35	8077.00	9887.26	12197.00	13169.00	14542.00	15976.37	17384.00	19561.00	21458.14
贺州市	7868.64	6305.18	7516.00	8619.42	11069.44	12772.01	14151.00	15802.00	17606.00	19855.00	21682.00
河池市	5238.00	6156.00	7170.03	8619.00	10752.00	12042.00	13369.00	14889.15	16448.00	17964.00	19653.00
来宾市	—	6428.07	8166.00	10051.00	12089.00	14037.00	15609.00	17334.00	19233.00	21499.00	23563.00
崇左市	—	6208.32	7102.49	8650.00	11070.00	12732.06	14051.00	15620.00	17301.00	19370.00	21289.00

附表 1－5　桂西三市与广西其他地市农民人均纯收入比较

单位：元

地区	2003 年	2004 年	2005 年	2006 年	2007 年	2008 年	2009 年	2010 年	2011 年	2012 年	2013 年
南宁市	2231	2467	2680	3033	3462	4001	4385.1	5005.484	5848	6777	7685.12
柳州市	2082.1	2250	2535	2914	3497.4	3956	4330.5	4935	5721	6747	7663
桂林市	2354	2638.3	3003.1	3391.2	3908	4465.46	4833.4	5487.38	6325	7328	8361
梧州市	2007	2292	2575.1	2857.2	3252	3854.43	4222	4879.03	5651	6592	7475.33
北海市	2587	2790	3179.3	3414.4	3846	4309.472	4697.1	5426.23	6249	7227	8239
防城港市	2335	2517.3	2704.4	3172	3791	4474	4930	5628.14	6502	7539	8557
钦州市	2610	2783	3091	3405	3934.3	4444	4843.3	5340.24	6167	7140	8054.39
贵港市	2228.3	2399	2693.2	2961	3472	4049	4504	5289.43	6257	7253	8189
玉林市	2035	2259	2573	3041.4	3536	4123.04	4531.1	5302.05	6269	7269	8272.03
百色市	1403.3	1550.4	1783	2110	2464	2820	3064	3461	4052	4774	5409
贺州市	1894	2090	2351.5	2682	3093	3458	3776	4298	4963	5823	6557.09
河池市	1497	1727.5	1912.3	2188	2592.3	2994	3183.1	3599	4118	4620	5198.14
来宾市	1927.5	2113.1	2385.2	2829.1	3245	3767.02	4094.1	4659.13	5382	6231	7085
崇左市	1928	2122	2298	2767	3290.2	3754.25	4028	4621.31	5370	6263	7077

附表 1-6　　　桂西三市与广西其他地市固定资产投资额比较

单位：万元

地区	2003 年	2004 年	2005 年	2006 年	2007 年	2008 年	2009 年	2010 年	2011 年	2012 年	2013 年
南宁市	1903900	2609500	3629000	4472211	5602200	6934400	10439120	14830200	19508628	25176100	24326855
柳州市	1094000	1413200	1720000	2010000	3020400	4303000	6820000	10048900	13055600	16152208	15667076
桂林市	1111000	1470000	1990000	2610000	4030456	4860000	6593500	9085600	11405300	13361781	13903204
梧州市	417000	710400	998929	1219400	1514000	1983100	3303700	4684200	6328700	7970700	8502942
北海市	430700	514100	672400	874500	1353600	2003100	3218500	4852648	6031900	7078026	6858577
防城港市	197000	304000	429600	689634	1035300	1460522	2541000	3768445	4912700	5178255	4754475
钦州市	445000	624100	898500	1178833	1659300	2489142	3746500	4516000	5583400	5616800	6097243
贵港市	363500	585137	1294333	1495629	1559027	2200700	2901848	3852917	4300200	4952100	4962518
玉林市	483300	923000	1313100	1761100	2306830	2906900	4446100	6155600	7921800	9694200	9747750
百色市	763100	1029938	1755643	2499236	2936600	3254509	5301615	6397100	7640100	9168800	8454370
贺州市	224900	465826	829600	1060101	1336600	1591945	2546809	3633747	4660800	5423700	4831875
河池市	610000	921000	1370003	1882831	2190000	2110327	2780000	3619503	4372400	2218200	3491471
来宾市	349200	456000	568900	746500	939008	1257749	2050108	3069005	4226900	4801100	4532228
崇左市	325000	407348	528113	710547	1151509	1284900	2122800	3088416	4151400	4799900	4823754

附表 1－7　　桂西三市与广西其他地市公共财政预算收入比较

单位：万元

地区	2003年	2004年	2005年	2006年	2007年	2008年	2009年	2010年	2011年	2012年	2013年
南宁市	362400	432500	452000	566200	701500	928800	1204600	1561000	1862900	2297200	2562500
柳州市	271300	298100	281800	348500	403700	524400	614100	746400	894500	1135503	1251211
桂林市	221300	255200	247800	297000	363200	451900	551500	670800	807500	1060087	1110015
梧州市	91700	119400	119900	161000	181100	181300	234900	324200	449100	738301	857400
北海市	82700	97200	108600	140400	190200	143447	172200	275094	370600	411309	1136000
防城港市	38400	47200	45100	52100	77400	117001	184700	226867	283000	355497	407146
钦州市	77500	88600	90800	104700	130400	182800	210100	223562	255700	335800	1361183
贵港市	80900	95600	92100	109700	122900	156200	195300	214400	216900	265700	312200
玉林市	120600	141300	148600	177400	208800	255737	306100	368391	489400	655700	754800
百色市	116300	141500	152300	201900	267900	294600	285500	338600	396900	565800	657000
贺州市	70600	59800	69500	80500	97200	85000	103900	121300	140200	192100	219500
河池市	98500	121500	116000	131800	144500	179100	210400	229500	233600	221700	269739
来宾市	58600	62600	66400	86300	103900	146409	204800	249385	251000	322100	363700
崇左市	88600	94500	84600	85100	123000	167721	207900	261595	302300	394902	474900

附表 1－8　桂西三市与广西其他地市公共财政预算支出比较

单位：万元

地区	2003 年	2004 年	2005 年	2006 年	2007 年	2008 年	2009 年	2010 年	2011 年	2012 年	2013 年
南宁市	525000	621200	735500	930800	1180000	1660830	2035500	2612800	3023100	3765096	4184000
柳州市	383700	437300	494800	626100	749300	963600	1274800	1550300	1842900	2211600	2405829
桂林市	409500	450900	546200	648000	846700	1163800	1417100	1835900	2326700	2613324	2865600
梧州市	192500	220200	272100	338400	436500	509100	717100	909600	1190000	1592352	1759500
北海市	132100	146300	185800	250500	335900	312600	509900	630400	847100	987300	994700
防城港市	83700	91400	102200	139200	190800	262200	401000	525671	607700	747312	884790
钦州市	155900	167900	207100	249100	328700	488000	665100	779966	969800	1226700	1342627
贵港市	154700	184200	222400	273300	353100	474400	642400	908000	1060700	1262400	1404600
玉林市	239500	267600	325500	416000	536800	715900	962100	1293723	1597300	1926500	2037300
百色市	270000	307100	373600	491800	676400	876300	1114600	1376700	1634200	2148500	2316900
贺州市	127600	140100	172300	218400	283100	354700	479800	612300	789500	976900	1072600
河池市	253000	284000	337200	432400	586400	806800	934000	1209700	1424500	1752700	1980371
来宾市	142500	161100	208900	254900	338300	465200	611800	897600	1001700	1198200	1235400
崇左市	183800	206100	237800	277700	398300	525620	700600	855335	1031000	1310124	1409100

附表 1—9　桂西三市与广西其他地市金融机构年末存款余额比较

单位：万元

地区	2003年	2004年	2005年	2006年	2007年	2008年	2009年	2010年	2011年	2012年	2013年
南宁市	9434021	10910000	12636347	15854000	18715101	23204808	32313624	40214534	47281400	56271800	64835200
柳州市	4340000	5034000	5650000	6380000	7253000	8522634	12130000	14804400	15941329	19160500	23435800
桂林市	4150000	4720000	5302000	6233000	6980000	8222215	11098800	13766684	15549000	18176900	20571300
梧州市	1446000	1647300	1903117	2218000	2490300	2995800	3969000	4910835	5658805	6650000	7580700
北海市	1448000	1481000	1618030	1873000	2175000	2695800	3819300	4697637	5063831	5684500	6514900
防城港市	587300	694000	797000	974000	1247000	1707537	2360207	3111400	3546148	3857600	4336247
钦州市	964334	1152000	1318000	1615738	2075251	2574425	3719256	4738636	5317600	6164100	6935584
贵港市	1514000	1758300	1985000	2326000	2675000	3370300	4259300	5133644	6014700	7038600	8175200
玉林市	2540432	2806437	3101000	3631000	4067000	4925239	6320600	7695700	8989032	10386600	11782800
百色市	1226200	1436000	1766000	2072777	2476000	3046700	4300100	5116324	5772000	6760400	7708900
贺州市	662100	794000	939000	1218231	1279000	1537100	1955633	2517100	2989000	3487600	4048400
河池市	1400000	1590000	1800000	2180400	2541400	3110000	3940000	4660416	5322600	6270200	7255205
来宾市	707000	884200	1022000	1221000	1433400	1736322	2331900	3066491	3528329	4070600	4481000
崇左市	843000	1013000	1185300	1474000	1665000	1979927	2497300	3124816	3700301	4374100	5011100

附表 1－10　　桂西三市与广西其他地市金融机构年末贷款余额比较

单位：万元

地区	2003年	2004年	2005年	2006年	2007年	2008年	2009年	2010年	2011年	2012年	2013年
南宁市	9598000	12088000	13817000	16625434	19224000	23166300	32781209	41423040	48450700	55012800	61155800
柳州市	2743011	3091000	3546000	3980000	4620000	5640400	8620000	10461800	12274435	13648100	16147403
桂林市	2454126	2803000	2962000	3173000	3792000	4444100	6570000	7841833	9096345	10489800	12192500
梧州市	911000	1038402	1107200	1230134	1507107	1777900	2529319	3213400	3943433	4612500	5374300
北海市	1321000	1330000	1273000	1384322	1439000	1399447	1894436	2381828	2726246	3026300	3729800
防城港市	332400	330000	378200	556000	703500	834200	1227000	1781727	2212900	2750700	3354040
钦州市	651006	735200	830000	932400	1294500	1542697	2413200	3214482	3694307	4360100	4931694
贵港市	746300	870000	941000	1204202	1420000	1656407	2305014	2794100	3412600	4116100	4802294
玉林市	1438100	1525000	1580000	1690200	1976000	2100700	3120920	3971835	4690345	5475800	6462600
百色市	962400	1107400	1216000	1553111	2149000	2373100	3361200	3910300	4521100	5159100	5888000
贺州市	384500	415000	432000	497000	645500	726206	1109900	1445100	1722803	2046900	2419800
河池市	830000	950000	1030000	1240000	1510000	1711800	2344714	2750100	3197300	3590600	4129431
来宾市	440000	534322	583000	673000	881200	1086079	1457000	1866979	2181518	2581800	2998400
崇左市	350405	403000	435000	446000	758336	874500	1142900	1618826	2029515	2396000	2944700

附表 1－11　桂西三市与广西其他地市普通高等学校在校学生数

单位：人

地区	2003年	2004年	2005年	2006年	2007年	2008年	2009年	2010年	2011年	2012年	2013年
南宁市	107300	132400	160124	202800	238400	292404	258000	276428	295821	318047	441524
柳州市	27700	31622	37300	43000	47944	54210	59450	63465	67000	68400	65249
桂林市	58548	66400	70118	115400	113400	86000	102247	128338	145000	153100	159763
梧州市	6300	7832	9025	9100	9146	10000	11000	11436	13600	18700	15425
北海市	1500	2400	3400	7316	9231	13144	16000	22778	26400	24300	16500
防城港市	—	—	—	—	—	—	—	—	—	1800	3341
钦州市	3300	3600	6771	5000	14200	22800	22000	18600	17000	13000	15400
贵港市	—	530	—	—	—	—	2805	2425	2404	1700	2100
玉林市	9400	10500	11302	11816	11228	11900	19000	13821	15100	15400	16300
百色市	8043	10837	12942	9700	49000	17023	23000	25744	—	27949	24220
贺州市	4200	7000	6000	6400	8600	8000	9684	10313	10404	9700	10000
河池市	4500	12326	3733	2203	3100	5000	12200	12900	12000	12300	13672
来宾市	3909	4429	4500	5029	8000	5800	5935	5900	5700	5900	6300
崇左市	5100	4300	1700	5031	14600	21000	19000	17329	22000	30700	34619

附表 1－12　　桂西三市与广西其他地市普通中学校学生数比较

单位：人

地区	2002 年	2003 年	2004 年	2005 年	2006 年	2007 年	2008 年	2009 年	2010 年	2011 年	2012 年	2013 年
南宁市	209500	420000	420000	148400	418100	402600	393100	385900	376300	378000	376000	381600
柳州市	205700	204900	212100	73700	209500	198500	189300	180141	177041	174000	169500	179700
桂林市	317300	304600	297200	96400	284900	268200	246000	226500	210300	202000	198800	200068
梧州市	164100	180000	189400	76200	210900	209500	161000	199400	200300	203000	192900	188000
北海市	106400	110000	112900	39700	115500	113800	111733	108100	104200	102600	65700	98900
防城港市	49400	47700	47400	16100	46200	45400	46544	46500	45800	47000	46800	47956
钦州市	194700	192400	190000	67200	190000	192600	200689	207000	207489	205000	205700	210900
贵港市	331300	341000	350000	119000	329700	320700	326000	332000	338700	355000	361300	363553
玉林市	403400	411300	435600	139100	404800	386600	392100	392000	388613	398600	396800	397500
百色市	197100	202600	202300	53300	199100	145000	192800	185100	184300	53400	189800	195600
贺州市	122000	131000	146800	52100	152000	136900	133563	130000	113400	130000	123000	107800
河池市	201500	62700	220000	75200	210700	204100	200000	203300	201126	205800	203100	201985
来宾市	162900	166400	165600	58600	163000	156000	150417	142200	130023	126000	121200	120200
崇左市	119100	115500	96500	30300	100900	94800	91504	88200	80600	78000	80300	83600

附表 1 - 13　　　桂西三市与广西其他地市人口密度比较

单位：人/平方公里

地区	2003 年	2004 年	2005 年	2006 年	2007 年	2008 年	2009 年	2010 年	2011 年	2012 年	2013 年
南宁市	275.72	293.44	298.27	303.86	309.11	312.81	315.81	319.9	321.77	320.76	325.67
柳州市	188.68	190.42	191.58	193.65	194.72	196	197.43	200.19	201.32	200.19	200.22
桂林市	176.37	177.6	178.04	179.54	181.46	182.79	183.98	186.62	187.64	187.74	187.35
梧州市	233.31	240.43	242.64	244.85	246.39	248.35	251.84	259.22	260.61	261.73	267.09
北海市	439.83	443.12	447.23	455.68	468.44	472.61	480.01	499.97	503.15	503.75	507.61
防城港市	127.57	129.17	129.14	133	134.8	137.13	139.7	146.64	146.88	147.16	149.13
钦州市	310.56	317.26	314.58	321.46	328.31	336.17	342.33	357.51	360.76	361.25	326.25
贵港市	443.48	448.31	443.49	451.53	463.5	473.18	480.57	494.07	497.73	499.83	507.6
玉林市	459.22	463.85	461.47	474.61	486.84	499.87	508.97	525.46	533.45	539.05	546.54
百色市	101.78	102.67	103.25	104.64	106.16	108.39	110.1	112.6	106.43	112.87	113.71
贺州市	176.48	176.77	177.54	180.94	184.23	187.09	188.87	196.85	193.57	190.99	198.72
河池市	113.7	114.3	114.24	116.14	118.48	120.74	122.22	121.31	127.75	125.08	123.59
来宾市	182.04	182.78	184.03	184.64	186.55	188.46	189.77	193.95	195.16	194.13	190.63
崇左市	131.39	132.37	132.93	134.4	136.53	138.32	139.17	139.97	141.82	141.13	142.24

附表 1－14　　桂西三市与广西其他地市公路里程比较

单位：公里

地区	2003 年	2004 年	2005 年	2006 年	2007 年	2008 年	2009 年	2010 年	2011 年	2012 年	2013 年
南宁市	6756.16	6127	6313	9014	9956	10399	10373	10567	11527	11816.7	12194.69
柳州市	3488	3639	3566	3722	7565	7489	7989	7957.454	8013.2	8017.9	8084.7
桂林市	7054	7220	10350	10234	10543	10692	11023	11186	11287	11423	11784
梧州市	3454	3530	3586	4459	4642	5921	5181	4054	6009	6656.7	5840.619
北海市	2019	2019	1932.4	2320	2476	2476	2414	2414	2577	2486	2586
防城港市	1510	1625.4	1679	1691	2488	2521	2538	2571.24	3320	2710	2844.996
钦州市	3795	3812	3821	3864	3864	4766	5325	5357.181	5617	5949.5	6170.31
贵港市	2230	2259	2281.1	2280	4567	5835	5877	6064	6069	6352.1	6621.33
玉林市	5401	5590	5703	5701	5760	8617.44	8457	8640	8766	9990.6	9747
百色市	7077	7172	7198.2	6992	10450	12644	13047	13354	14290	14723	15296.78
贺州市	2640	2640	3443	3500	3832	3232	3889.3	3746.29	3793	4530.3	4439
河池市	6262	6452	7457	7125	7096	7317	6113	7334	11611	12004.6	12330.83
来宾市	4012	2640	2707	4426	2699	5660	5902	5981	6087	6169.6	6193.758
崇左市	4638	4800	4616.4	4810	6195	6487	6525	6607	6648	6811.1	6934.503

附表 1－15　　桂西三市与广西其他地市外商直接投资额比较

单位：万美元

地区	2003 年	2004 年	2005 年	2006 年	2007 年	2008 年	2009 年	2010 年	2011 年	2012 年
南宁市	8903	7768	8578	14976	18542	25153	27845	33029	37339	15802
柳州市	6114	4048	4589	6303	8239	10058	2821.1	5468	35142.1	4099
桂林市	6354	2519	3509	6743	9316	17040	19308	2136	34530	4178
梧州市	8300	10900	11943	12930	13750	14951	16000	17713	20619	7310
北海市	3002	1973	2387	5723	7160	8894	5018	9934	9156	5224
防城港市	2639	625	3976	4967	5944	5095	3964	4427	3056	1849
钦州市	757	2561	5893	7165	14772	18056	22146	31803	41131	15840
贵港市	2540	3010	3259	4710	9520	13321	13551	15622	21029	1692
玉林市	4014	975	1277	3567	4047	2263	4837	4985	6047	1879
百色市	1533	1694	956	466	1014	4425	1955	3577	—	1007
贺州市	2058	1851	1121	751	281	470.86	1079	5766	8277	9000
河池市	1664	537	2268	987	630	107	1976	1477	861	946
来宾市	88	71	—	179	2044	2650	1114	3329.52	3506	2418
崇左市	1167	513	868	5427	8649	8668.43	5895	2051.2	2736	3609

附表 1－16　　桂西三市与广西其他地市进出口总额比较

单位：万美元

地区	2004 年	2005 年	2006 年	2007 年	2008 年	2009 年	2010 年	2011 年	2012 年	2013 年
南宁市	63661	71916	92853	128596	187063	278764	221273	251042	414678	442116.7
柳州市	8504	17803	31071	21478	40594	24714	15430	20889	311593	288429
桂林市	35429	44142.1	58426	79229	101160	73282	90270	95655	97487	92370
梧州市	37304	45790	44051	51519	50843	55840	64277	79616	121038	176506
北海市	15073	18468	29167	49898	71077.1	79643	137026	171217	269833	269833
防城港市	73486	84953	102900	145912	220734	216682	279642	410586	489826	430030
钦州市	9431	19841	44040	84186	127197.4	88751	131368	298226	376656	353042
贵港市	6301	7780	9544	11474	16388	14329	17386	27228	23144	22123
玉林市	30143	36916	34807	37023	44244	35433	45146	63457	58807	41679
百色市	17110	18527	32485	43934	48914.87	37370	39469	42887	50866	59786
贺州市	11259	11222	10290	9853	10609	14612	9739	15499	15589	19951
河池市	10369	14567	28276	35109	35324	43708	61061	78614	52444	48148
来宾市	17815	14329	15009	24086	52268.7	26675	16840.67	13134	14454	11964.98
崇左市	32628	49490	55332	92775	159887	286476	373367	507561	713433	1027713

附录 2　中共广西壮族自治区委员会广西壮族自治区人民政府关于开展以环境倒逼机制推动产业转型升级攻坚战的决定

（2012 年 2 月 24 日）

当前，我区生态文明示范区建设、加快转变经济发展方式、促进产业转型升级进入了攻坚阶段。自治区党委、自治区人民政府决定，以铁的决心、铁的手腕、铁的纪律在全区开展以环境倒逼机制推动产业转型升级攻坚战，采取治本之策，标本兼治，不留死角、不留隐患地排查整治相关行业和企业，切实防范环境风险、安全生产和食品药品安全事故，加快调结构、转方式，加快发展低碳经济和绿色产业，从根本上杜绝类似龙江河突发环境事件的发生，确保我区安全发展和可持续发展，确保全面实现科学发展和加快转变经济发展方式。

一　迅速全面地开展环境风险和安全隐患大排查，彻底查找存在问题和薄弱环节

1. 各地各相关部门和企业要集中力量、集中时间开展地毯式的大排查。要密切配合，统一部署、统一组织、统一行动，做到全方位、全覆盖，纵到底、横到边，及时查找和发现各地各企业存在的环境风险和安全隐患。各市、县（市、区）监管部门和企业要定期对外公布排查中发现的突出问题、薄弱环节和风险隐患，逐一建立档案和数据库，按照措施、责任、资金、时限和预案"五到位"的要求限期整改，对重大隐患由自治区挂牌督办整改，对逾期仍未达到整改要求的依法责令关停，坚决把污染和事故隐患消灭在萌芽状态。

2. 开展有色金属企业环境风险和安全隐患排查。重点排查全区铅、锌、锡、砷、铬、汞、铜、镍、稀有金属采选与冶炼、再生资源回收与加工等重金属污染物产生企业，掌握重金属企业整体污染范围、程度、途径以及生产工艺环节、产污工序、污染物种类数量和排放、污染处理设施建设与运行、固体废物、危险废物处置和转移以及重点区域的污染情况，检查企业的相关审批手续、环保和安全设施"三同时"、安全生产责任制和安全生产规章制度、重大危险源监控责任制等落实情况。

3. 开展电解锰、电镀等其他涉重金属行业企业环境风险和安全隐患排查。重点排查电解锰、制革、电镀、铅蓄电池、铁合金等涉重金属污染物排放企业厂区雨污分流设施，污染处理设施建设与运行，原料堆存情况，废水、废渣中重金属类别、数量、污染程度，渣场防渗漏，渗滤液收集处理，废气收集处理，危险废物储存处置，检查企业的相关审批手续，落实突发环境事件应急预案及相关应急设备设施配套情况。

4. 开展煤矿及非煤矿山安全隐患排查。煤矿重点排查井工矿井水害防治，特别是采空区、相邻矿井及废弃老空（窿）积水防治措施落实情况；矿井"一通三防"管理，特别是瓦斯防治工作"十条禁令"和煤矿安全监管监察工作"十项要求"落实情况；非煤矿重点排查露天矿山不分台阶开采、爆破安全距离不足、排土场和赤泥库堆排不规范等隐患；尾矿库下游危险区域居民、安全超高与干滩长度及监测设施等达不到设计或规程要求、排洪溢流系统设施畅通情况、库周边非法开采及库内违法挖砂等隐患；安全隐患排查治理和监控责任制、预警、预报和应急处置物资落实情况等。

5. 开展制糖、淀粉、酒精企业环境风险排查。重点排查企业污染防治设施是否正常运行，是否稳定达标排放，废水中化学需氧量等污染物数量、污染程度，企业落实突发环境事件应急预案及相关应急设备设施配套情况。

6. 开展造纸企业环境风险与安全隐患排查。重点排查企业废水治理及达标排放、制浆碱回收废液与白泥处置和综合利用、厂区雨污分流和污污分流、污染处理设施建设与运行、企业落实突发环境事件应急预案及相关应急设备设施配套情况等。

7. 开展危险化学品生产、运输、经营、使用、储存环境风险和安全隐患排查。全面排查生产、使用、储存（含管道输送）危险化学品企业和建设项目，重点排查企业是否取得环保、安全等行政许可，建设项目是否落实环保、安全设施"三同时"，危险化工工艺和有毒化学品是否安装自动化控制系统，危险化学品重大危险源是否安装温度、压力、液位和泄漏报警自动监测监控系统，毒性气体和易燃气体是否设置紧急切断装置，临江河湖海和位于城区的企业是否配备事故状态下"清净下水"收集设施等。

8. 开展食品药品安全隐患排查。重点排查食用农产品生产、食品生产经营、保健食品、药品、医疗器械等企业存在的安全隐患，生产经营过程中产生的废渣、废水、废气等废弃物的处理情况；是否存在无证无照生产经营、制售假冒伪劣食品药品、非法添加和滥用添加剂等行为。

9. 开展核辐射环境风险和安全隐患排查。重点加强对矿产采选、冶炼等伴有放射性污染生产企业的放射性污染隐患排查，摸清放射性污染源数量、分布、污染程度与范围、放射性废物产生量与处置方式及存在问题。对全区使用放射性同位素与射线装置等核技术利用单位进行辐射安全综合检查，检查是否按照国家法律法规要求办理辐射安全审批手续，辐射安全规章制度是否健全并落实，放射性废物是否按照国家规定安全处置等。

10. 开展建材、电力企业污染及安全隐患排查。重点排查建材行业中机立窑水泥生产企业、电力行业中火电企业二氧化硫等废气处理设施的建设和运行情况，排查火电企业锅炉和危险特种设备等安全隐患，检查企业落实环保和安全设施"三同时"及落实突发环境、安全事件应急预案及相关应急设备设施配套情况。

11. 开展工业园区和工业集中区环境污染排查。重点排查园区内污水收集管网、污水处理厂、固体废弃物处置场等环保基础设施建设情况、园区内主要污染物排放情况、园区内企业主要环保设施处理能力及主要污染物排放情况、危险废物产生量、分类以及处置情况，落实突发环境、安全事件应急预案及应急设备设施配备情况。

12. 开展近海、海洋生产作业和船舶污染风险及安全隐患排查。重点排查已建和在建的沿海各类化工、冶炼、核电等企业的排污设施建设、运行与排污情况；沿海入海河口、排污口的海洋环境质量，近海、海洋石油勘探、输油管线等生产设施，海洋灾害、环境污染应急处置预案建立落实情况；港口、码头、船舶溢油应急设备、污染监视设施和污染物接收设施配备与运行及安全设施"三同时"情况；船舶防污染设施配备与运行、污水和废弃物排放接收情况等。

13. 开展饮用水水源地及上游地区环境污染隐患排查。重点排查县级及县级以上集中式饮用水水源地的分布、水源构成、水质状况、饮用水水源地的保护规划编制、保护区划定和审批情况；集中式饮用水水源地的建设管理情况；采矿（选矿、矿加工）企业、尾矿库（坝）入河排污口设置审批情况；集中式饮用水水源地主要水污染源的废水及废水污染物排放、污水处理设施建设与运行、工业固废及其堆放场、油库、有毒有害废弃物堆放场和转运站等污染源排放情况；集中式水源地范围内城镇、农村生活污水、垃圾填埋场、规模化畜禽养殖废水等排放情况；集中式水源地上游环境污染和安全隐患整治情况；备用水源建设、饮用水水源突发环境事件应急预案编制及实施情况等。

二　实行严格的生态环境风险红线控制，提高行业和企业的准入门槛

14. 明确涉重金属和高排放项目禁建区域。按照自治区主体功能区规划和重金属污染综合防治"十二五"规划要求，在农产品主产区、重点生态功能区等限制开发区，以及依法设立的各类自然保护区和其他需要特殊保护的区域内，划定生态红线，不准再新建、改建或扩建涉重金属和高排放项目；已经建设的，必须在2012年年底前搬出。

15. 进一步提高项目准入条件。新建、改建或扩建的涉重金属和高排放项目必须是国家最新颁布的《产业结构调整指导目录》的鼓励类和允许类项目，必须符合国家和自治区产业发展规划与产业布局。项目必须采用国际国内行业先进或领先的生产工艺与装备，能耗及污染物排放指标要达到国内行业领先水平或国际行业先进水平。项目所在市必须能够实现自治区下达的节能减排和能源总量控制年度目标，并按高深精方向延伸产业链，提高产品附加值，做到清洁生产、综合利用、循环发展。

16. 进一步严格执行环境准入条件。更加重视和切实做好环境影响评价工作，对实施各类发展规划和项目建设可能造成的环境影响进行分析预测和科学评价，提出预防对策和减缓措施，从决策源头防止环境污染和生态破坏。严格做好规划环评，完善规划环境影响评价与项目环境影响评价的联动机制，制订实施符合实际、更为严格的环保准入标准，充分发挥环境保护的倒逼作用，从源头上控制高耗能、高排放行业的无序发展，推进企业提高生产工艺、技术和治污水平。

17. 进一步提高技术准入条件。严格执行国家颁布实施的行业技术标准，结合主体功能区规划布局，提高涉重金属和高排放高耗能企业技术准入条件；加快淘汰落后生产技术、工艺和装备。鼓励企业采用国内外先进技术标准进行生产和管理，提高安全生产水平，减少生产活动对环境可能造成的污染；质量技术监督等部门要加强行业标准执行情况检查，对不符合国家和行业技术标准的现有生产企业工艺技术、生产流程、生产设备必须限时整改，整改后不达标的，依法淘汰。对不符合技术标准的新建项目，投资管理部门不予受理审批、核准和备案。

18. 严格执行安全准入条件。矿山和生产经营危险化学品、烟花爆竹的建设项目，以及冶金、有色、化工、建材、电力等行业的建设项目，在进行可行性研究时，应就项目对区域安全和环境卫生的影响、项目选址及其周边自然条件对安全生产和职业卫生的影响、拟选工艺技术是否可满足安全生产和职业卫生要求等进行安全条件论证和安全预评价。投资主管部门办理项目审批、核准或备案时，应当征求安全监管部门对项目安全生产和职业卫生论证的审核意见。没有达到安全生产和职业卫生条件要求的项目，投资主管部门不得批准、核准，安全监管部门不得批准安全生产许可；已经备案的，投资主管部门应撤销对项目的备案。

19. 严格按照规划布局审批涉重金属和高排放企业用地。严格执行城乡规划、土地利用总体规划、矿产资源总体规划和国家、自治区产业发展规划，涉重金属和高排放的项目用地选址不得在饮水水源保护区、水源地附近和城镇周边，应进入工业园区集中布局。凡不符合国家产业政策、供地政策和节能减排政策的项目，一律不予通过用地、用海预审，不予安排用地、用海指标，不予批准农地转用和土地征收，不予供地使用。

20. 严格执行能源消耗和污染物排放总量控制。要严格控制新上"两高"项目，在对其他工业项目核准备案时，必须开展项目能源消耗量、主要污染物排放总量是否超过当地年度控制指标的科学评估；或通过实施"上大压小，等量替代"的置换，使项目获得所需的能耗和排放总量控制指标，作为项目准入的重要先决条件。

21. 严格按法定程序开展项目审批核准备案。属于国家产业政策鼓励类和允许类的涉重金属和高排放高耗能的新建、改建或扩建的项目，一律上报自治区重大项目推进工作联席会议审查。对审查通过的，由各级投资主管部门按权限审批、核准或备案。除国家产业政策鼓励类允许类外的涉重金属和高排放高耗能的新建、改扩建项目，一律不予审批、核准或备案。属于国家产业政策限制类的涉重金属和高排放技改项目，允许企业在一定期限内采取措施改造升级，由自治区重大项目推进工作联席会议审查通过后，各级投资主管部门按权限审批、核准或备案。对未经各级投资主管部门审批、核准或备案的涉重金属和高排放项目，各投资主管部门应当建议金融机构依法不予发放贷款，国土、质监、消防、海关、工商等部门依法不予办理有关手续。

22. 对大排查涉及的企业进行行政许可和市场准入复查。对大排查发现重大危险源的行政许可企业全面进行获证条件复查，对不能保持应当具备条件且逾期未改正的，依法撤销行政许可。在全面排查的基础上，严把市场主体准入关，对未取得前置许可的从事重点行业生产经营的市场主体，一律不予登记发照。对前置许可期限到期或即将到期的市场主体在 2012 年年检中对其进行严格把关。对当地政府要求关闭的市场主体或行政机关依法吊销、撤销行政许可证的市场主体进行严格把关，依法撤销注册登记或吊销营业执照。

23. 加大对项目审批核准备案工作的监督检查。加强项目审批核准备案工作的联合执法检查，发展改革、工业和信息化、国土资源、环保、住房和城乡建设、安全监管等部门要定期或不定期联合组织开展专项督察，凡不符合法律法规和国家政策规定的，要责令其及时改正，凡越权审批的项目，一律取消其行政许可，并依法严肃处理。建立企业投资诚信制度，对于在项目申报和建设过程中弄虚作假的，或者有其他违反法律法规行为的，要责令限期整改，并在一定时间内限制其投资建设活动。要建立行政审批纠错机制。

24. 严格执行"区域限批"。对发生严重环保违规事件、安全事件的地区实行"区域限批"，直至该地区完成整改才能解禁。对未按期完成污染物总量削减目标的地区，暂停审批该地区新增排放总量的建设项目。对生态破坏严重或者尚未完成生态恢复任务的地区，暂停审批对生态有较大影响的建设项目。对未能按期完成年度淘汰落后产能目标任务的地区，暂停对项目的环评、核准和审批。

25. 进一步完善产业布局规划。各市要根据自治区主体功能区规划和重金属污染综合防治"十二五"规划，调整和完善本区域的产业布局，集中规划建设工业园区。结合兼并重组和淘汰落后产能，围绕提高产品质量、延长产业链和降低物流成本，统筹考虑市场需求、交通运

输、环境容量、环境效益和资源能源保障条件，保压相济，优化产业
布局。

三　加强资源整合，大力推动涉重金属企业上规模上水平

26. 严格执行涉重金属行业发展规划和产业政策。认真实施《广西
重金属污染综合防治"十二五"规划》、《广西有色金属工业发展"十
二五"规划》以及国家行业准入政策，采用先进工艺、装备和清洁生
产技术对涉重金属企业进行技术改造，积极培育污染治理水平高、工艺
技术先进、资源回用与综合利用率高的企业，确保"十二五"期末符
合《广西主要工业行业循环经济评价指标体系》地方标准所确定的二
级以上考核指标。积极实施符合国家产业政策导向的项目，提高产业集
中度，加快形成具有自我发展能力和规模效应的广西特色涉重金属产业
集群。

27. 坚决关停一批不符合条件的涉重金属企业和淘汰落后产能。严
格按照国家《产业结构调整指导目录》，认真贯彻实施《自治区"十二
五"淘汰落后产能工作方案》，制订年度淘汰落后产能目标任务，坚决
依法关停不符合国家产业政策的涉重金属企业和落后产能，加大钢铁、
锰、铁合金、有色金属、制革、电镀、化工、造纸等行业淘汰落后产能
力度。对未能完成年度淘汰落后产能任务的地区和企业，暂停对项目的
环评、核准和审批；被地方政府责令关闭或撤销的企业，应限期办理工
商注销登记，或依法吊销工商营业执照；对高耗能和效率达不到规定的
落后特种设备不予登记使用。

28. 将一批涉重金属等企业限期迁入工业园区。对江河湖海沿岸地
区、饮用水水源地等环境敏感区域内存在污染隐患，以及不符合城市总
体规划、产业布局、影响居民生活居住环境的涉重金属、危险废物和危
险化学品生产企业限期迁入工业园区。大力推进安全、环保、风险可控
的产业园区建设，企业搬迁入园要与生产工艺技术水平提高、产品结构
提升以及污染治理相结合，坚决杜绝污染异地非法转移。

29. 限期整改一批存在问题的涉重金属企业，到期验收仍不合格的
企业依法关停。对存在问题严重的涉重金属企业，按照国家和自治区的
产业布局、环境保护、安全生产、产品质量的有关法律政策和标准要
求，责令限期进行全面深入的整改，经整改仍不符合要求的企业一律实
施关停。

30. 大力推进涉重金属行业资源整合，实施兼并重组建立一批企业集团。推动涉重金属企业整合资源，做大做强做优，支持优势企业通过股权置换、资产收购等多种形式，对能耗、污染物排放、安全等达不到国家鼓励类标准的涉重金属企业进行兼并重组，实施技术改造，提高产业集中度，实现规模化、集约化经营。引入有实力的战略投资者，组建一批大型企业集团，推动产业结构调整和优化升级。

四 提高矿山综合开发治理水平，促进可持续发展

31. 加大矿产资源整合力度。结合产业结构调整需要，加快对矿产资源及矿山企业的生产要素进行整合重组，促进矿山资源优化配置，逐步形成以大型矿业集团为主导、大中小型矿山协调发展的矿产开发新格局。新建矿山必须达到最低开采规模，未达最低开采规模的已建矿山应通过资源整合重组、技术改造等达到最低开采规模，否则到期不予延续登记。对不符合国家和自治区有关要求，又无法进行整合重组的矿山依法关停退出。到"十二五"期末，全区煤矿数量控制在 100 处以内；非煤矿山压减到 4300 处以内，开发主体压减 10% 以上。

32. 大力提高矿山采选水平。继续加大煤矿整顿关闭力度，彻底关闭设计（核定）能力在 6 万吨/年以下（不含 6 万吨/年）的煤矿。全面实施煤矿机械化改造，支持信息化和安全质量标准的配套改造。2012年全区煤矿机械化改造基本完成，2013 年全部完成。对不具备机械化改造条件或具备条件而未进行机械化改造的煤矿必须退出。鼓励采矿企业引进先进技术和管理经验，改善矿山安全生产条件，提高矿山采选行业经济效益和安全发展水平。

33. 切实提高废渣综合利用处理能力。大力推进矿山及工业固体废物综合利用，制定涉重金属和高排放行业固体废物综合利用工作制度和行业管理办法。鼓励企业通过技术创新，提高多金属伴生矿的采、选、冶分离与回收和工业固体废物综合利用水平。年固体废弃物排放量达50 万吨和产生有毒有害固体废弃物的企业，必须制定废弃物处置利用方案，有关部门要对方案的实施成效进行定期督察，其结果作为企业项目核准备案的前置条件。严格要求采矿企业按设计排放采矿废石和选矿尾矿，鼓励采矿企业将废石在采空区作就地填埋等无害化处理。

34. 严厉打击非法开采行为。全面落实政府主要领导负总责、分管领导具体负责、部门领导直接负责的责任制度，共同防范、联合执法，制止和打击非法开采行为。对每一宗非法开采行为，按照"既处理事，又处理人"的原则和"不留人员、不留设备、不留工棚，毁闭矿窿、矿坑"的要求，确保非法开采行为的查处整改落实到位。对违法行为构成犯罪的，按照有关规定移送司法机关，严格追究相关责任人的法律责任。

35. 坚持矿山建设和地质环境保护与恢复治理工程"三同时"。严格矿产资源开发利用地质环境保护准入管理，矿山开发建设必须与矿山地质环境保护和治理恢复同步进行，落实矿山地质环境恢复治理保证金制度和土地复垦履约制度。强化露天矿采空区复垦工作，创新矿山剥离—采矿—复垦一体化模式，促进土地复垦和生态环境重建。加强矿山地质环境保护监管，县级以上国土资源行政主管部门要建立本行政区域内的矿山地质环境监测工作体系，健全监测网络。

36. 突出抓好有色金属等伴生放射性矿产采、选、冶过程中的放射性污染防治。有色金属、煤、磷酸盐、稀土和稀有金属矿产开发项目必须进行放射性环境影响评价。对超过国家豁免水平的开发项目，必须建设放射性污染防治设施，工艺过程中产生的放射性废物必须进行完全处置。

37. 加大尾矿库、老旧矿山地质灾害和安全隐患治理力度。落实尾矿库环境保护和安全生产设施及防范措施，严格治理尾矿库排洪系统不畅通、安全超高与干滩长度达不到规定要求等隐患；对停用废弃尾矿库、废渣库，按照安全、环保等法规强制闭库；对不具备安全生产条件和超设计能力排放、超量储存的尾矿库要责令停止使用、限期治理，未按期完成治理的要依法关停。对下游有村庄、河流等特殊位置和库内尾砂毒性较强的尾矿库，强制安装在线监测系统。依法取缔、关闭非法开采的矿井和非法设立的尾矿库以及老旧矿区。加强预报预警，积极防范极端气候影响等自然灾害引起的垮坝事故灾难。按照"宜农则农、宜林则林、宜建则建"的原则，加大对地质环境问题突出的老矿山治理，有效增加治理区内的林地、耕地、建设用地面积，消除地质灾害隐患，恢复矿山生态环境。

五　加强规划引导，大力推动资源富集地区科学发展

38. 加快建设河池生态环保型有色金属产业示范基地。河池市要尽快制定全面彻底的整改措施，制定行动方案，开展对采、选、冶、尾矿库联合执法，全力实施取缔、关闭、整改、搬迁和最严格的安全、环境监管综合措施，从根本上解决有色金属产业发展存在的突出问题。凡设在城区和饮用水水源保护区等环境敏感区、不符合国家环境安全要求的选矿、冶炼企业一律依法限期搬迁，进驻指定工业园区，到期没有完成搬迁的，坚决依法关闭。对在工业园区、规划矿区内存在环保、安全隐患的企业，依法限期整改，到期整改验收不合格的，坚决依法关闭。对在工业园区、规划矿区内，规模较大、技术含量较高、安全环保设施比较完善的企业，设定期限强力推动资源整合，加快实施兼并重组，组建大企业、大公司、大集团。凡影响大矿开采、一矿多开、小矿井开采密集的矿区，依法限期整合，实现"一个矿区一个开发主体"或"一个矿体一个开发主体"，到期无法完成的，坚决依法停产关闭。对不符合国家产业政策、生产工艺属国家明令淘汰的采选冶企业，坚决依法关闭和取缔。执行最严格的环保、安全标准、严格有色金属产业准入的环境、规模、技术、产品、投资标准，严格执行总量控制政策，加强环境影响评价，严格项目环评审批，促进企业优化升级。组织实施涉重金属污染的南丹、金城江、环江三个重点县和刁江、龙江、大环江三个重点流域的污染整治工程。各重点整治区域按照"一区一策"的原则编制产业发展规划、重金属污染防治规划，把区域总量削减目标分解落实到具体企业、具体项目。加强技术创新，延伸产业链，提升产品附加值。引导企业提高各生产环节的资源利用率，提高伴生稀有金属的综合回收率。依托河池作为全国固体废物综合利用示范基地，加快建设有色金属循环经济示范园区。

39. 加快建设百色生态型铝产业基地。充分发挥百色铝土矿资源的特色优势和现有产业基础作用，大力实施《百色生态型铝产业示范基地实施方案》，做大做强做优铝产业。以生态保护和发展循环经济为重点，合理建设生态铝产业链。以机制创新和技术进步为支撑，提升产业节能减排水平。以节约资源和合理利用境外资源为突破口，提高资源保障能力。加快把百色建设成为产业优势突出、协作配套完善、资源利用集约、生态环境优美、全面协调可持续发展的生态型铝产业示范基地。

40. 积极建设崇左、百色生态型锰深加工基地。按照"生态、环保、循环"的要求，科学开发利用矿产资源。积极推动规模生产、清洁生产和循环利用，改造提升现有采选冶企业，延长锰精深加工产业链。以节能减排为重点，整治和淘汰高耗能、高污染、规模小的锰加工企业。加快企业兼并重组，通过大项目和大企业集团带动，引导企业技术创新，深入实施锰电结合，重点发展高附加值、高技术含量的锰系列精深加工产品，促进锰产业由"资源型"向"创新型"发展。把崇左、百色建设成为全国生态型锰业深加工基地，加快打造"中国绿色锰都"。

41. **完善支持资源富集区产业升级的支持政策。**对符合国家产业政策的企业搬迁、技术改造、研发新产品、进行深加工等项目给予优先审批；对搬迁企业给予土地置换最优惠的政策，优先保障搬迁企业和投资规模大、技术含量高、有深加工产业链的企业用地；对搬迁和兼并重组的企业，在完成主要污染物和重金属污染物减排任务、腾出排放空间的前提下，优先安排污染物排放指标；对出城入园搬迁企业，兼并重组、做大做强，工艺技术改造、深加工延长产业链的企业，给予优先担保、协调信贷融资、财政奖励扶持、税收优惠返还支持；对出城入园、技术含量高、深加工产值比重大、工业产值高的有色金属企业，优先配置人力资源等，并在其配套的矿产资源勘查开发项目上给予政策倾斜。

六 全面提升糖业、造纸、化工等行业发展水平，推进绿色发展、安全发展

42. **努力创建糖业循环经济示范区。**巩固发挥我区糖业现有的优势，大力推进制糖精深加工和副产品综合利用，延伸产业链。优化和创新糖业综合循环发展模式，加强食糖深加工、蔗渣纤维利用、糖蜜生产化工和能源产品等研究和开发；强化产业资源整合，鼓励企业联合重组，培育大型制糖企业集团，提高产业集中度；加快蔗糖产业技术升级，提高制浆和酒精生产的废液治理水平。加快建成全国"糖业循环经济示范区"。

43. **全面提升造纸业循环经济发展水平。**推进林（竹）浆纸一体化，大力发展高品质竹木浆及浆粕，提高蔗渣制浆造纸的生产集中度；加快调整产品结构，提高中高档产品比重。严格执行《制浆造纸工业水污染排放标准》，实施"上大压小、增产减污"工程，加快淘汰落后产能。加强制浆造纸企业废水污染治理和环境监管，强化制浆行业清洁生产管理，采用清洁生产工艺装备，推进制浆企业技术改造升级，强化废纸为原料的再生纸产业发展引导，推动造纸业健康发展。

44. 促进沿海重化工业高水平可持续发展。坚持高起点、高水平、高标准，严格按照规划布局建设重化工业，重点发展石油化工、钢铁、修造船、新能源等产业，培育壮大临港产业集群；加快淘汰落后产能，积极推进企业兼并重组，进一步调整产业结构。对排查发现存在污染防治设施或应急处置救援物资不完善、环境污染隐患问题突出的重化工企业，及时责令整改整治，抓紧建立环境污染隐患全过程监管机制和环境污染风险评估机制。

45. 加强危险化学品安全监管。加快修订并实施《广西壮族自治区实施〈危险化学品安全管理条例〉办法》，统筹规划危险化学品发展。新建危险化学品生产、储存建设项目必须进入化工园区（集中区），限期搬迁城市中防护距离不足的化工企业到产业集中区或化工园区，推动现有化工企业进区入园。对现有不在园区内的危险化学品生产、储存企业，不予审批其新、改、扩建设项目；对不符合国家、自治区有关要求且无力入园进区的小化工企业，坚决依法予以关闭。推行化工园区安全生产和应急管理一体化建设，从规划选址、风险评估、安全监管、应急救援等方面予以规范。深入开展危险化学品生产、储存、使用、经营和包装运输安全专项整治，强化危险化工工艺、重点监管危险化学品、危险化学品重大危险源的安全监管。

46. 加强食品药品安全监管。围绕食用农产品生产、食品生产加工、食品流通、食品及原料进出口、餐饮服务、生猪屠宰、保健食品、药品、医疗器械等重点环节和领域，开展食品药品安全隐患排查大治理大整改行动。落实企业主体责任，建立完善并严格执行食品药品安全标准，强化检验检测和风险监测，加强监管，规范生产经营行为，加强行业自律和诚信体系建设，落实食品医药产业政策，全面提高食品药品质量安全水平。

七　大力推进科技进步，加快工业企业转型升级

47. 大力推广应用安全环保新工艺、新技术、新设备、新材料。重点在采矿、冶金、化工、建材等行业推广低碳技术、安全环保技术与新工艺，推广先进适用的开采技术、工艺、设备和材料，提高企业采矿回采率、选矿回收率、冶炼回收率、共伴生矿综合利用率，提高资源综合利用水平，有效处理和充分利用生产过程中产生的"三废"和尾矿资源，大力推进固体废物资源利用产业化进程。

48. 大力支持新工艺、新技术研发平台建设。加大对千亿元产业研发中心、质检中心、工程技术研究中心、企业技术中心建设的支持力度，完善国家、自治区、市三级技术中心创新体系建设，培育一批创新能力强、行业带动和示范作用明显的国家级企业技术中心和自治区级企业技术中心，不断提高企业的自主创新能力。积极采用信息化技术改造提升传统产业，围绕千亿元产业、战略性新兴产业，加强核心和关键共性技术研究，加快新产品开发和新技术研究，大力发展节约能源、资源与环境保护技术。

49. 全面推动工业园区和行业循环经济发展模式。加大对涉重金属和高排放行业全面开展循环经济推进行动的力度。依照国家生态工业园区建设标准，积极推进工业园区循环经济发展模式。依照《广西主要工业行业循环经济评价指标体系》地方标准，编制行业循环经济实施方案。到"十二五"期末，涉重金属企业的资源产出、土地集约利用、资源消耗、废物排放、资源综合利用等主要指标，必须达到地方标准所确定的二级以上考核指标，建成循环经济发展模式。

50. 积极推进清洁生产。认真实施《广西推行工业清洁生产"十二五"规划》，依据清洁生产自愿和强制性审核原则，通过组织清洁生产示范，进一步强化工业清洁生产审核工作。凡符合国家产业政策、手续完备的涉重金属企业必须在 2012 年年底前完成清洁生产审核，加快涉重行业清洁生产技术研发平台和信息系统建设，大力推广成熟、先进适用的重金属污染防治技术，最大限度减少重金属污染物的排放。进一步完善工业危废管理制度，严格规范涉重行业产品的生产许可资质，细化销售、使用和处置的管理办法。生产过程产生的危险废物要安全处置，废物转移严格执行可追溯制度。

51. 建立健全电子、包装等废弃物回收体系。按照"规范站点、物流配送、专业分拣、厂商直挂"的原则，在全区建立健全再生资源回收分类处理体系。推进再生资源回收主体企业与废弃物回收处理单位实现厂商直挂。实施废弃物处置补偿机制，减少污染物排放。规范机关、企事业单位废弃物电器、电子产品统一回收处理，建立再生资源回收利用信息管理系统，及时对再生资源回收处理、补贴等情况进行监测。

52. 加强再生资源综合利用。推进梧州、玉林等市进口再生资源加工园区建设，以环境无害化方式回收处理再生资源。加快新产品的研发和产业优化升级，形成再生资源回收、加工、利用的完整产业链，推进工业固体废物规模化增值利用。按照"圈区管理"要求，规范和强化进口废物环境管理。可用作生产原料的固体废物、危险废物等再生资源的收集、储存、运输、处理全过程，必须遵守国家污染防治标准、技术政策和技术规范。

53. 加强关停并转企业职工和失业人员的公共就业和社会保障服务。根据市场用工需求和企业技术改造升级需要，着力开展再就业培训、岗位技能提升培训和创业培训。对关停并转企业的参保失业人员按月发放失业保险金，积极提供免费的失业登记、政策咨询、就业信息、职业指导、职业介绍等公共就业服务。通过公益性岗位援助、鼓励企业吸纳、灵活就业社会保险补贴等多种途径，给予就业困难人员优先就业扶持和重点就业援助。积极为具备创业条件的失业人员提供创业培训、项目推荐、开业指导和后续扶持等服务，以及小额担保贷款、税费减免等政策扶持。按照国家职业技能标准，为企业职工和失业人员提供及时、方便、快捷的职业技能鉴定服务。

八　进一步牢固树立绿色、低碳、可持续发展的理念，加快发展资源节约型环境友好型产业

54. 加快培育和发展 10 个战略性新业产业。把战略性新兴产业作为产业结构升级的重点，大力发展新材料、新能源、节能环保、海洋经济、生物医药、新一代信息技术、新能源汽车、生物农业、先进装备制造、健康产业 10 个战略性新兴产业，加快形成新的经济增长点。建立完善战略性新兴产业考核评价和投融资体系，加快建设以企业为主体的新兴产业技术创新体系，提升我区产业品质。

55. 优化发展 14 个千亿元产业。以转变经济发展方式为根本，以自主创新为核心，以改革开放为动力，以产业结构优化升级为重点，以循环经济为着力点，加快发展食品、汽车、石化、电力、有色金属、冶金、机械、建材、造纸与木材加工、电子信息、医药制造、纺织服装与皮革、生物、修造船及海洋工程装备 14 个千亿元产业，积极发展低碳经济，加快形成产业集群，进一步优化发展环境，走出一条工业实力强、科技含量高、经济效益好、资源消耗低、环境污染少、人力资源得到充分发挥的具有广西特色的新型工业化道路。

56. 积极发展绿色种养业。加快发展现代农业，抓好特色优势农产品生产，实施新一轮"菜篮子"工程，按照无公害农产品质量安全标准，做强秋冬季蔬菜生产基地，推进水产健康养殖示范场和畜产品基地建设，建设绿色有机农产品生产基地。发展农业龙头企业，提高集约水平、延长产业链、发展精深加工和农产品物流，增加产业竞争力。加强农业生态环境治理，落实农产品质量安全属地管理责任制，加强执法监管，确保农产品质量安全。

57. 加快发展金融、旅游、信息、会展等现代服务业。加快金融业发展，更好地服务调结构、转方式、促发展需要。加快旅游业发展，促进旅游业与信息、文化等产业融合发展。加快发展软件和信息技术服务业，引进和培育信息产业龙头骨干企业，鼓励信息产业推动传统产业优化升级。培育一批品牌会展。推动法律、会计、税务、鉴定与评估及信用评级等中介服务业发展。

九　进一步加大投入力度，提高执法监管能力和水平

58. 进一步加大经费投入。各级政府要尽快构建环境保护、森林生态效益补偿资金、安全生产、食品药品安全监管资金投入与地方预算收入增长相适应的经费保障机制，确保执法办案、检验检测、风险监测评估、信息化建设等工作的顺利开展。加大技术支撑体系、基础设施、应急救援体系、培训教育体系、监管执法能力等建设的投入，构建基本覆盖城乡、重点流域和水体等的监测网络架构。构建完善自治区、市、县、乡四级安全监管体系和政府、企业两级安全生产监控网络架构。

59. 大力提升装备保障能力。各级政府要为监管部门配备必要的监管监测专用设备、个体防护装备、应急指挥通信设备和专用执法交通工具，推进各级监管部门执法装备标准化建设。重点解决基层执法车辆、现场快速检测设备、实验室仪器设备等问题。加大各级监管部门信息化建设投入，加快实现远程监管、移动监管。加强测控设备研发，推进科技成果运用。加快安全生产科学技术研究中心项目建设，完善非矿安全与重大危险源监控实验室，职业危害检测与监控实验室技术装备。加强国家食品质量检验中心、自治区中毒急救中心物理化学实验室建设和现场应急处置装备配置。

60. 加强信息共享与服务平台建设。加强全区信息平台建设，重点建设企业基础数据库系统、标准数据库系统、生产经营实时电子监控系统和诚信分类查询系统、风险监测预警系统、突发事件直报系统、通报发布系统、投诉举报系统和互联网舆情分析系统，形成包括自治区、市、县三级的信息网络。建立重要数据报送溯源全覆盖与现场查验相结合的监督机制，实现实时风险预警、信息发布和信息共享。建立应急处置信息通报和互通机制。设立环境保护、安全生产、食品药品监管举报电话。

61. 加强执法队伍建设。按照"依法行政、权责一致、人事相宜、保障履职"原则，充实、健全各级监管监察执法队伍，提高监管人员专业素质和队伍技术装备水平。强化基层站点监管能力，加强对现场监管的技术指导。建立以岗位职责为基础的监管能力评价体系，加强在岗人员业务培训。加强日常执法、重点执法和跟踪执法，强化相关部门与司法机关的联合执法。创新监管监察机制，切实做到严格、公正、廉洁、文明执法。

十　进一步强化日常监管，健全长效监管机制

62. 进一步完善日常监管的手段和机制。建立健全环境污染防控日常监管机制，明确和落实监管主体职责，加大监督检查和执法监察力度，加强污染源排查与防治信息分析预判，增强事前预警和应急处置能力。推动企业建立健全质量、安全管理体系，建立完善有色金属、危险化学品、冶金和建材等工业产品生产许可证获证企业及规模以上食品生产企业质量安全重要数据报送溯源信息化监管机制。

63. 健全完善技术标准体系。大力实施技术标准发展战略，以促进自主创新、节能降耗、环境保护和农产品、食品安全为重点，实施重要技术标准研制推进工程，建立健全优势特色产业标准体系、现代农业标准体系、产品质量和食品安全标准体系、节能减排标准化体系、矿山和危险化学品等高危行业安全技术标准体系、标准化政策法规及信息服务体系。制定甘蔗制糖业、木薯淀粉加工等重点行业地方污染排放标准和清洁生产标准体系，建立健全水环境质量评价、大气环境质量评价和近岸海域环境质量评价体系，严格执行建设项目竣工环保"三同时"验收。鼓励企业制定严于国家标准、有利于增强市场竞争力的食品安全企业标准。

64. 全面推进企业对标工作。在资源节约、能源综合利用、"三废"排放、原材料生产、加工制造、信息服务、安全环保等领域推行国家标准和行业标准，督促企业严格执行强制性标准和推动实施推荐性标准。

鼓励企业积极参与国际、国家标准化活动，推动更多企业通过质量体系认证。深入开展以岗位达标、专业达标和企业达标为主要内容的安全标准化建设。凡在规定时间内未实现安全达标的企业，不得核发安全生产许可证；已取得安全生产许可证的，依法责令停产停业整顿，暂缓办理安全生产许可证延期手续；对整改逾期未达标的，依法予以关闭。

65. 进一步强化企业的社会责任。积极督促引导企业主动向社会作出保护环境、安全生产、食品药品安全等承诺，主动承担更多社会责任。鼓励和引导有条件的企业建立健全帮扶机制，主动承担更多扶贫济困、捐资助学、改善周边群众生产生活条件等义务，树立良好的企业形象。充分发挥行业协会在环境保护与资源节约工作中的行业管理和自律作用，加快建立健全行规行约、环保和资源节约评价体系。

66. 实行企业环境、安全信息公开制度。定期通报环境污染和安全生产事故情况，对发生重大责任事故的企业实行公开黑名单制度，对存在重大环境污染、安全事故隐患的企业实行公开挂牌督办并在当地主流媒体公告。定期公开企业取得排污许可证、安全生产许可证照情况；主动公开安全及环保事故查处情况。

67. 对重点企业实施环保信用等级评定工作。在部分重点排污行业推行企业环境行为监督评价制度和强制清洁审核制度。定期向社会公布企业环境行为，自觉接受社会监督，促进排污企业自觉履行环境保护职责。逐步建立企业环境行为信用评价制度，企业环境行为信用评价结果向社会公开，并载入企业和个人信用信息数据库，引导业主履行项目环评、验收、清洁生产、达标排污、守法经营、防范事故风险、化解周边污染纠纷的责任和义务。

68. 严格规范企业生产和经营行为。进一步强化各级政府特别是县、乡两级政府和部门打击非法违法生产经营行为的责任，建立健全联合执法机制，坚决打击取缔煤矿、非煤矿山、危险化学品、烟花爆竹、冶金等重点行业领域非法违法生产经营建设行为。重点打击无证、证照不全或过期从事生产经营建设的行为；关闭取缔后又擅自生产经营建设的行为；停产整顿、整合技改未经验收擅自组织生产等严重违法生产经营建设行为。

69. 健全经济调节机制。充分发挥价格、税收、信贷、政府采购等经济杠杆作用，建立健全有利于环境保护、安全生产和食品药品安全的体制机制。提高工业污染排污费征收标准。加快安全生产责任保险工作，开展环境污染责任保险试点，逐步推进重点领域、重点行业和重点地区企业的污染责任保险工作。落实资源综合利用、技术开发等税收优惠政策，鼓励重金属资源回收利用，推进重金属危险废物安全处置和综合利用。落实燃煤电厂烟气脱硫电价政策，制定脱硝电价政策，严格执行国家对可再生能源发电、余热发电和垃圾焚烧发电的支持政策，对高耗能、高污染行业实行差别电价。制定污水处理、污泥无害化处理设施、非电力行业脱硫脱硝和餐厨废弃物、医疗废弃物等垃圾处理设施等鼓励类企业优惠政策。开展排污权有偿使用和交易试点，发展排污权交易市场。鼓励符合国家产业政策和节能环保要求的国家和自治区重点项目、重点行业、战略性新兴产业等相关企业，通过上市或发行债券进行融资。建立健全"绿色信贷"长效机制，探索建立和完善客户环保分类识别系统，开展碳权质押融资贷款等低碳金属创新产品。

70. 开展常态化的督察。各级政府及各相关单位要加强对下级政府和相关部门的督促检查。通过实地督察、书面督察、电话督察以及有选择地对重点事项实行明察暗访等多种形式开展督察工作，促进工作任务落实到位。重点督察建设项目环评、"三同时"验收情况，规划环评落实情况。每年元旦、春节、五一、国庆、中国—东盟博览会、全国"两会"等重要时段，组织开展全方位、全环节、全过程安全生产大检查和专项检查等。

71. 加强执法检查力度。深入开展执法检查，对违反环境保护、安全生产、食品药品安全等违法行为坚持"零容忍"。进一步强化经济处罚、停产整顿、媒体曝光、挂牌督办、区域限批、荣誉摘牌等措施，强化对违法企业责任人的行政和刑事责任追究。对所有污染源进行分类分级管理，加大对重点污染源的执法检查频率，实行环境巡逻制度。突出抓好高危生产经营单位、上年度发生较大以上伤亡事故的生产经营单位、安全生产主体责任落实不到位的生产经营单位、有新（改、扩）建和资源整合等重大项目的生产经营单位，以及规模大、从业人员多的生产经营单位的安全生产执法检查工作。

72. 充分发挥社会监督作用。完善环境保护、安全生产和食品药品安全信息公开制度、公众听证制度，保障公众的知情权和议事权，推动公众参与监督，充分发挥人大代表、政协委员、社会公众和新闻媒体监督作用。建立环境保护、安全生产和食品药品安全方面违法行为的举报奖励制度，加大宣传力度，鼓励全民参与。将生态环保、安全生产和食品药品安全知识纳入国民教育体系和各级党校、行政学院教学计划，提高公众自我保护意识和监督意识。发挥环保组织、消费者协会等社会团体的监督作用，形成多层次、多渠道、全方位的社会责任监督体系。

十一　完善应急处置机制，全面提高应急处置能力

73. 建立健全基层预案体系。实行主管部门负责制，2012 年年底前，大中型企业、易燃易爆物品、危险化学品、放射性物品等危险物品的生产、经营、储运、使用单位，供（排）水、发（供）电、供油、供气、江河水库大坝等重要公共设施的经营、管理单位，采（选）矿、冶炼、水上捕捞企业，建筑施工单位，学校、幼儿园、图书馆、医院等人员密集公众场所的经营、管理单位，大型群众性活动的主办单位，经排查有危险源或者在危险区域的单位必须在排查评估风险隐患的基础上制订和完善相关应急预案。修订完善市、县及相关部门食品安全事故应急预案。加强应急演练，检验预案、磨合机制，提高预案的科学性和可操作性。

74. 完善监测预警机制。整合气象、水文、地震、环保、安全监管、国土资源、卫生、海洋、海事等监测体系，加强互联互通，进一步完善功能、科学布点、强化装备、提高监测预警水平。加强基层和一线监测预警，建立长中短结合、专群结合的监测网络和预警信息报告制度。乡（镇）政府、街道办事处要落实 1 名领导负责应急工作，城市社区、农村村屯应配备专兼职应急信息员（监测员）。完善各类突发事件预警标准和发布机制，及时、准确向公众发布预警信息。

75. 加强应急物资储备。实行应急物资统筹规划、分级负责、统一调配、资源共享。加强应急物资储备基地建设，建立实物储备与动态储备相结合的储备保障制度和快速调剂供应机制，完善重要应急物资的生产、储备、调拨、配送、监管制度。发展改革、工业和信息化、商务、民政等部门按照各自职责负责储备重要物资及基本生活物资，专业应急部门负责储备本部门处置突发事件所需的专业应急物资和装备，建立应急物资资源数据库，推进资源共享。

76. 强化舆论引导和应急培训。坚持"及时准确、公开透明、有序开放、有效管理、正确引导"的方针，完善突发事件新闻发布制度，统筹协调突发事件新闻处置、信息发布和采访管理服务工作，及时、真实、准确、有效、主动地加强舆论引导、回应社会关切。建立健全应急培训体系，实施应急培训计划，重点对负有应急处置职责的各级领导干部、应急管理干部、基层干部、企业负责人、应急救援队伍实施培训。2012 年完成县级分管应急工作的领导干部轮训，2015 年前完成市、县负有应急处置职责的领导干部培训，切实提高领导干部掌握运用预案、常态管理和指挥处置能力。

77. 科学有序高效开展应急处置工作。突发事件处置实行属地为主、相关专项应急指挥机构负责处置指挥，特殊情况下由各级应急管理委员会统一处置指挥。突发事件信息报告实行责任主体第一时间报告和分级分类报告原则，发生单位和事发地基层组织必须立即向当地政府和相关行政主管部门报告，各级政府严格按照规定的时限和要求报告突发事件信息，严禁瞒报、误报、漏报、谎报。加快自治区、设区市和有关部门应急指挥平台建设，逐步推进县级应急指挥平台建设，实现互联互通、信息共享、安全畅通。加强综合应急救援队伍、专业应急救援队伍、专家队伍和志愿者队伍建设，大中型企业、高危行业企业要建立专职或者兼职的应急救援队伍。建立健全军地联动、部门联动、区域联动和社会动员机制，提高协同作战能力。加强基层应急管理，推进基层应急规范化建设，提高基层先期处置能力。

十二　加强水资源管理和城镇备用水源建设，确保城乡生产生活用水安全

78. 制定城镇饮用水水源安全建设规划，加快城镇备用水源建设。加快编制城镇饮用水水源安全建设规划，明确城镇饮用水水源和备用水源，划定水源保护区范围。加快重点城市备用水源前期工作，重点加强单一供水水源的设区市、县城第二供水水源和备用水源建设，落实单一供水水源的乡镇应急水源建设，逐步实现备用水源与自来水管网互联互通。供水水源存在突发性污染风险较大的城市。2015 年年底前完成备用饮用水源建设任务。城市地下水禁采区及限制开采区内的大型自备水源在"关井压采"工作实施后，可作为城市战备及应急水源，并纳入城市供水水源的监管体系范围。建立城镇饮用水水源地核准和安全评估制度，开展城市重点饮用水水源地安全达标建设。

79. 实行最严格的水资源管理制度。加强水资源开发利用控制红线

管理，制定主要江河流域水量分配方案和自治区、市、县行政区域取用水总量控制指标，国民经济和社会发展规划编制、重大产业布局要与当地水资源承载能力相适应，水资源紧缺地区要限制高耗水、高污染工业项目建设。强化水资源统一调度，合理配置好生活、生产、生态环境用水，完善水资源调度方案、应急调水预案和调度计划，加强用水效率控制红线管理，对高耗水、高污染企业限期进行节水技术改造，淘汰落后生产工艺和设备，积极推进企业水循环利用和废污水资源化利用，推进灌区节水配套与改造工程，推广农业节水灌溉新技术，全面建设节水型社会。加强水功能区限制纳污红线管理，严格控制入河排污总量。建立水生态和水环境补偿机制。

80. 完善水质监测站点布设，加强日常监测。进一步完善江河、湖库水质监测站点布局与建设，整合环保、水利部门的水质水量监测资源，建立统一的水质监测质量管理体系和信息共享平台。加强城镇饮用水水源地、重点水功能区、河流行政区界、县城以上城区及大型工业园区河段、地下水源和水库水质监测，重点在县城以上饮用水水源地和流域面积大于 2000 平方公里或受污染威胁比较严重河流的市级以上行政区界建立水质自动实时监测站。提高水质预警和应急测报能力。

81. 加快构建城乡饮用水安全保障与应急体系。加快饮用水水源保护区划定，理顺城市公共供水管理体制。加快改造县城以上城市水厂落后的制水生产工艺及设备、设施，建立健全饮用水水质通报制度，加强城市水源、水厂和用水点水质卫生监督监测。严格执行饮用水源保护制度，建立部门联动机制，加强日常巡查。统筹城镇公共供水、自建水厂、地表水、地下水和跨流域调水，制定水源供应和不同层级的城镇供水应急工作方案。建立城镇应急供水人员，物资和技术保障体系，健全有效的预警和常态化应急救援体制。积极推进农村饮水安全工程建设，有条件的地方发展城乡一体化供水，加强运行管理，确保农村供水安全。

82. 加强水源林建设，增强生态屏障保护作用。进一步优化水源林布局，编制完善水源林保护修复规划。加快推进"绿满八桂"造林绿化工程和珠江防护林、沿海防护林、退耕还林、野生动植物保护与自然保护区建设、石漠化综合治理等国家林业重点生态工程建设，在江河源头、江河两岸、水库四周、石漠化山地等区域大力种植水源涵养功能较强的阔叶树种、乡土树种，增强林地蓄水保水功能，提高水库、源头水的水源涵养、自净能力。严禁在水源林区和自然保护区中开矿，严禁砍伐水源林，严格控制在大江大河源头、江河两岸和大中型水库周围生态公益林区域有污染隐患的水产和畜禽养殖，严格控制水源林林地征占用，严厉打击破坏水源林的违法行为。开展重点小流域水土保持生态治理，减少和消除面源污染对水质的影响。

十三 切实加强组织领导，严格落实责任

83. 全面加强推动产业转型升级工作的组织协调。各级各部门要把加快产业转型升级作为当前的一项重要而紧迫任务，深入厂矿企业调查研究，加强引导服务，积极推动科技创新和管理创新，优化布局，整合资源，提升集聚，集中力量破解转型升级中遇到的困难和问题，尽快使产业转型升级见到实效。

84. 实行环境保护、安全生产、食品药品安全党政领导负责制。各市、县（市、区）、乡（镇）党政一把手为第一责任人，分管领导为主要责任人。要切实负起责任，定期研究解决突出问题，把管用的措施抓到位，把关键的环节抓到点，把突出的问题抓到底，将区域内的环境保护、安全生产、食品药品安全的各项政策措施落实到位。要亲自组织、及时有效地处置突发事件（事故），确保国家和人民群众生命财产安全。

85. 实行严格的属地管理责任制。各市、县（市、区）、乡（镇）要依法切实履行对辖区环境质量、安全生产、食品药品安全负责的职责，加强组织领导，制定综合整治目标和措施，创新监管方式，不断提高管理水平，坚决消除风险和隐患，确保辖区内无重大环境污染、安全生产和食品药品安全事故发生。

86. 实行严格的部门责任制。各相关职能部门要各负其责、密切配合，建立协调机制，定期通报工作进展情况，分析环境保护、安全生产、食品药品安全的形势，解决存在问题。环保部门要对环境综合整治工作实施统一监督管理，加大监管力度，严格环保目标考核，依法查处违法排污企业。安全监管部门负责安全生产监管工作。食品安全办负责食品安全综合协调，药品监管部门负责药品安全监管工作。发展改革和工业和信息化部门要加大相关项目、企业污染治理等重点工程的审批、核准、备案工作力度。工业和信息化部门要加大依法淘汰落后产能工

作，加强对企业的行业管理。质监部门要督促企业严格按照国家标准组织生产。监察机关要对贯彻落实法规不力，造成严重后果，以及对违法违纪案件隐瞒不报、压案不查、处理不力，甚至充当违法企业保护伞、损害群众权益的行政主管部门及相关责任人进行查处。财政部门要及时、足额拨付环保基础设施建设、食品药品安全生产等专项资金。国土资源部门要配合相关部门做好被政府依法关闭矿山企业采矿许可证的吊销与注销工作，对被依法取缔关闭的企业和违法建设项目土地占用情况进行清理整顿。住房和城乡建设部门要督促加快环境综合整治涉及的新（改、扩）建污水处理厂配套管网、脱氮和污泥处理处置设施建设进度，加快对城镇备用水源建设。水利部门要加强饮用水源的建设和保护，对被依法关闭的企业，吊销取水许可证，停止供应生产用水。工商部门要对被依法关闭的企业，责令其限期变更、注销工商营业执照，或者由工商部门吊销其工商营业执照。电力部门要对被依法关闭（拆除）的企业（生产线）、停产治理企业、未按时完成治理任务的企业，依法督促供电企业停止供应生产用电。

87. 实行严格的企业主体责任制。企业是环境保护、安全生产和食品药品安全的责任主体，企业法人代表是环境保护和企业安全生产、产品质量安全第一责任人。企业负责人要对本企业的环境保护、安全生产和食品药品安全工作负全责，加大经费投入，健全规章制度，依法设置管理机制，依法组织教育培训，新建、改建、扩建工程项目严格实施环保、安全生产"三同时"，强化内部管理，加强以班组建设为重点的现场环境保护和安全管理，确保各项工作落实到位。

88. 实行严格的监管执法责任制。环保、安全监管、公安、农业、商务、工商、质监、卫生、食品药品监管、水产畜牧兽医、检验检疫等部门要高度重视和切实抓好行政执法责任制的落实，将行政执法责任制列入工作重要议事日程和部门工作目标责任制，规范执法程序，依法界定执法职责，量化考核目标，追究执法责任；加强执法监督，完善行政执法评议考核机制，强化行政执法责任追究，加快健全行政执法责任制配套制度。

89. 严格绩效目标管理和考评。自治区各相关责任部门要强化目标责任分解，把自治区党委、自治区人民政府的总体目标要求分解、量化到每个年度，细化落实到各责任主体，并制定具体的工作内容、考核方法和考评标准，作为年度绩效考评的重要依据。探索开展产业转型升级绩效管理工作，建立完善监测指标体系和工作体系，落实各级各部门监测责任。增强监督考评工作透明度。环保部门要研究建立环境污染责任追溯制度。财政、人力资源和社会保障部门要结合实际建立奖励制度，根据年度绩效考评结果，进行表彰和奖励。

90. 进一步完善协同运行机制。完善环境保护、安全生产、食品药品安全联席会议制度和协同运行机制，定期听取各行政主管部门及各专项联席会议工作汇报，研究运用环境倒逼机制推动产业转型升级相关工作，统筹应急处置工作，形成对突发环境事件和安全生产事故的联动应急处置合力。

十四 严格责任追究，坚决从严惩处环境保护、安全生产、食品药品安全违纪违法行为

91. 强化对行政主管部门日常监管工作的监督检查。各级监察机关要监督行政主管部门履行职责，牵头或配合有关部门加强对环境保护、安全生产、食品药品安全等工作的监督检查，确保调结构、转方式、促升级工作的贯彻落实。

92. 强化监督检查汇报签字负责制、通报批评制、挂牌督办制和领导约谈警示制。上级主管部门或联合检查组对于检查中发现的问题，要及时通报有关地方和部门，检查一次，通报一次，对问题较为严重的，实行挂牌督办。各级监察机关对于检查中发现的问题，要督促有关地方和部门进行整改。对发生重特大环境事件、重特大安全生产事故、重特大食品药品安全事故，或者生产安全事故严重超过进度控制指标，或存在其他严重安全生产隐患和问题的，由上一级政府（或委托本级安全生产、食品安全委员会）依照有关规定紧急约见下一级政府分管领导人以及负有安全监管或者管理职责的有关部门和相关企业负责人，责令消除事故隐患。建立"约谈"警示制度，对环境保护工作目标任务严重滞后、存在严重环境污染隐患、存在食品药品安全隐患的地区和企业的主要负责人进行"约谈"。

93. 严格责任追究。研究制定广西壮族自治区环境保护过错责任追究暂行办法等，对在环境保护、安全生产、食品药品安全等工作中不履行或者不适当履行职责，造成严重突发事件、事故的，视情况采取通报批评、责令辞职直至免职等处理措施，严肃追究属地党政一把手的重要领导责任，追究属地分管领导的主要领导责任，追究属地部门领导及承办人员的直接责任，凡属违反党纪政纪的，依纪依法给予党纪处分和政纪处分。

94. 依法追究违法企业及其相关责任人员的经济、行政和法律责任。对违规违法企业及主要负责人处以重罚，特别是对重大、特别重大事故负有主要责任的生产经营单位，对其主要负责人依法不予注册为本行业企业的法定代表人，触犯刑律的，依法追究企业实际控制人和上级企业负责人的法律责任。

95. 坚决严肃查处环境保护、安全生产、食品药品安全违纪违法行为和背后的腐败问题。各级纪检、监察机关要严格执纪，严肃查处环境保护、安全生产责任事故、食品药品安全等方面的失职渎职和背后的腐败问题，特别是在行政执法检查、行政审批、行政处罚和行政收费等管理活动中索贿受贿、徇私舞弊、失职渎职的案件，做到发现一起、查处一起，绝不姑息。涉嫌犯罪的，移送司法机关依法追究刑事责任。

96. 全面深入抓好落实。各地各部门和相关企业要根据本决定制定具体实施方案，切实做好组织落实工作，定期开展督察和评估，确保实施取得良好实效。

附录3　广西壮族自治区人民政府关于印发广西河池生态环保型有色金属产业示范基地规划的通知

（桂政发〔2012〕94号）

各市、县人民政府，自治区农垦局，自治区人民政府各组成部门、各直属机构：

现将《广西河池生态环保型有色金属产业示范基地规划》印发给你们，请认真贯彻执行。

广西壮族自治区人民政府

2012 年 12 月 11 日

广西河池生态环保型有色金属产业示范基地规划

为贯彻落实《中共广西壮族自治区委员会、广西壮族自治区人民政府关于开展以环境倒逼机制推动产业转型升级攻坚战的决定》（桂发〔2012〕9 号），推动河池有色金属产业健康发展，特制定本规划。规划期为 2012—2020 年。

一 规划背景

（一）发展基础

——资源特色突出。河池市是全国重要的有色金属富集区之一，资源品种齐全，特色明显，是世界著名的以锡为主的多金属共生矿区，锡、锑储量居全国前列，铟资源储量在世界占有重要地位，脆硫铅锑矿特色突出。河池市有色金属资源保有资源储量 755.6 万吨，其中锡 47.9 万吨，锌 584 万吨，铅 72.2 万吨，锑 36.1 万吨，铟 1979 吨。全市 80% 以上的有色金属矿产资源集中在南丹地区，其中大厂矿田是世界有名的多金属富矿，便于集中开采。在南丹、环江和罗城仍有较大的找矿空间，资源远景潜力广阔。得天独厚的资源条件使河池有色金属工业发展具有比较优势。

——产业基础较好。河池市是我国传统的有色金属生产基地，2011 年年底，采、选、冶年生产能力分别达到 512 万吨、530 万吨、110 万吨，有色金属矿产品金属量 15.7 万吨，冶炼产品金属量 45.3 万吨。锡锑产量约占全国产量的 1/10；锌产量约占全国 4%；综合回收铟产量约 70 吨，占全国产量的 1/5。全市形成以南丹、金城江、环江、罗城和宜州 5 个地域相对集中、发展重点各异的有色金属产业区，以华锡集团、河池南方公司为代表的、在行业内具有一定影响力的一批有色金属企业。

——水电资源丰富。河池市主要有红水河和龙江两条干流以及 635 条大小河流，河流总长度约 5130 公里。全市有可供开发利用的江河 40 多条，水能资源蕴藏量达 1200 多万千瓦，占广西水能资源的 60% 以上。国家规划在红水河建设的 10 座梯级大中型水电站中，龙滩、岩滩、大化、百龙滩 4 座在河池市境内，总发电能力 911 万千瓦，另有中小水电 101 万千瓦。2011 年总发电能力为 696.8 万千瓦；已建成中小型水电装机容量为 57.33 万千瓦。同时，河池市是广西主要无烟煤基地，全市保有可采无烟煤 1 亿吨，此外，还具有一定的风力资源，可适当发展风电。

——结构调整初见成效。河池市是全国工业固废综合利用基地建设试点，围绕有色金属尾矿资源综合利用，取得一定进展。其中，利用尾矿提取多金属的企业在 10 家以上，回收的金属元素包括铅、铟、银、锑、铋、镉、锗、冰铜等 10 余种，综合回收利用技术不断提高。华锡集团多金属选矿技术国内领先；金山铟锗公司拥有低品位氧化矿湿法冶炼综合回收技术，能够从低品位氧化矿中综合回收铟、锗、镓、银等有价金属；堂汉锌铟公司综合回收利用铅锑鼓风炉渣中的锌铟被列为科技部高新技术项目、烟化综合处理铅锑鼓风炉渣的工艺获得国家发明专利；河池南方公司被列为国家第二批循环经济试点企业，铟、镉、铋、银等稀贵金属回收率较高。河池市具备发展有色金属生态产业和循环经济的有利条件。

（二）问题挑战

——产业结构不合理，资源综合利用率低。河池市有色金属产业集中度低，发展模式粗放，以中小企业为主体的采、选、冶、加各环节相互割裂，纵向一体化程度低，下游延伸不足，产品深加工比例小，附加值不高。集约化、规模化的循环经济产业格局尚未形成，缺乏企业之间、园区之间以及地区之间的完整生态产业链。有色金属产业资源综合利用率仅为 45%—50%，远低于全国 69% 的平均水平。有色金属产业每年约产生 400 万吨尾矿和冶炼废渣，综合利用率仅为 12% 左右。

——资源与能源体制性矛盾突出，成为制约产业发展的瓶颈。河池有色金属矿产资源配置与后续冶炼加工不匹配。有色金属矿产资源主要集中在广西有色集团及其控股的矿山企业，主要有色金属矿产品未能就地冶炼加工。河池作为全国主要的水电基地，由于供电体制问题，工业用电长期得不到保障，企业因缺电严重开工不足。同时，企业用电成本过高，河池大工业平均用电价格 0.59 元/千瓦时，比水电平均上网电价高出 1 倍以上。

——技术装备落后，环境安全隐患突出。河池市现有的有色金属企业规模普遍较小，部分企业仍采用能耗高、资源回收率低、环境污染严重的落后工艺设备，清洁生产水平低下。在开展清洁生产审核的 23 家企业中，仅有 5 家完成第一轮清洁生产审核及通过环保部门验收。含重金属废水、废渣、尾矿等长期无序排放，刁江等河流部分河段重金属严重超标，部分农田土壤遭受重金属污染，历史遗留环境问题亟待解决。河池市地处喀斯特地貌大石山地区，生态环境脆弱，石漠化严重，粗放发展的有色金属产业对生态环境构成严重威胁。采选中小企业分散，监管难度大，安全隐患较多。

——行业高端人才匮乏，创新能力严重不足。河池市目前有色金属行业从业人员 2.5 万人，其中采选业 4500 余人，冶炼及压延加工业 2 万多人。庞大的行业从业人员队伍为产业发展提供了坚实的劳动力保障，但产业升级、技术革新需要高端研发队伍、技术创新骨干和现代化经营管理人才奇缺。

（三）面临形势

——贯彻落实科学发展观对河池市有色金属产业提出更高要求。"十二五"时期，必须坚持以科学发展观为指导，加快推进工业转型升级，在探索新型工业化道路上迈出实质性步伐。产业发展的转型升级，一方面要求河池市把提高产业发展的质量和效益作为中心任务，正确处理好产业增长与结构、质量、效益、环境保护和安全生产等方面的重大关系，推广应用先进节能减排技术，推进清洁生产，发展循环经济；另一方面要把自主创新和技术进步作为重要内容，促进产业由价值链低端向高端跃升，实现有色金属产业向资源节约型、环境友好型转变。

——建设生态文明示范区对河池市有色金属产业提出更高要求。自治区第十次党代会提出要加快建设生态文明示范区。河池市长期的有色金属生产活动导致河流、地下水、土壤等重金属污染严重，环境风险隐患较大，生态破坏严重。河池市发展生态环保型有色金属产业是创建全国生态文明示范区的重要内容。

——环境倒逼机制对河池市有色金属产业提出更高要求。近年来，河池市重金属环境污染事件频发。2012 年龙江河突发环境事件，造成重大社会经济损失，引起各界广泛关注。自治区强化环境倒逼机制，推动河池市有色金属产业转型升级，杜绝类似突发环境事件再次发生，走有色金属产业发展与生态文明、环境友好、社会和谐的发展道路。

——做大做强做优工业对河池有色金属产业提出更高要求。有色金属产业是自治区打造的千亿元产业之一，大力发展有色金属产业深加工和发展循环经济是实现千亿元产业的必由之路。河池有色金属产业占重要地位，但仍以粗放型的采、选、冶模式为主，精深加工和资源综合利用水平较低，亟须大力发展循环经济，调整产品结构，延长产业链，大力发展高水平深加工，提高产品附加值，提升企业和产业的竞争力。

二　总体要求

（一）指导思想

深入贯彻落实科学发展观，发挥河池有色金属资源优势和产业特色，发展绿色矿业，构建经济发展和环境保护相协调的区域有色金属产业发展模式。落实环境倒逼机制，创新体制机制，促进产业转型升级；优化产业布局，调整产业结构，构建生态产业链；加强污染防治，改善环境质量，防范环境风险，消除安全隐患，探索资源型城市可持续发展之路。

（二）基本原则

总体设计，立足现状，分步推进。坚持规划统领，依托现有产业基础，客观分析生态环境状况，采取分区、分类、分期推进的方式，有计划、有步骤地实现各项建设目标。

集聚发展，协调互促，生态优先。坚持集聚发展，以技术创新提升产业生态化水平，以环境倒逼机制优化产业发展和结构转型，建立产业发展与环境保护相互协调和良性互动机制，妥善处理开放与合作、市场调节与政府监管、市内资源与市外资源之间的关系。

综合治理，突出重点，全面升级。坚持统筹兼顾，按照示范基地建设任务的轻重缓急，集中资源和力量，着力突破影响范围大、程度深、全局性的难点问题，实现产业结构和环境治理全面升级，构建资源节约和环境友好社会局面。

（三）内涵和定位

1. 内涵

生态环保型有色金属产业示范基地要以资源配置为基础，以企业整合为手段，以产业集聚区为载体，以优化升级为主线，以发展循环经济为核心，以自主创新为动力，以提高竞争力和可持续发展能力为目标，实现资源、环境、效益、安全的最优化。

2. 定位

通过实施本规划，河池生态环保型有色金属产业基地要在采选冶一体化、多金属精深加工、循环经济建设、河道生态修复和矿山综合整治五个方面取得显著成效，在集约高效、产业升级、生态环保、循环经济和风险防控五个方面发挥引领和示范作用。

（四）主要目标

1. 总体目标

以资源整合和企业重组为突破口，促进有色金属产业升级；以产业耦合和发展循环经济为着力点，合理构建生态产业链；以防治污染、防范风险和安全生产为重点，全面提升环境质量和安全水平。通过5—10年的努力，有色金属资源配置优化，产业发展质量和效益大幅提高，生态工业模式普及推广，循环经济体系基本形成，生态环境和安全生产得到切实保障，可持续发展能力显著增强，把河池建设成为我国重要的生态环保型有色金属产业示范基地。

到2015年，严格执行国家相关法规和产业、环境标准，落实环境倒逼机制，完成淘汰落后产能，优化产业布局，建立规范的产业集聚区，努力建设国家生态工业示范园区，大幅提升环境监管水平，消除环境安全与风险隐患。初步形成生态环保型有色金属产业示范基地，在部分重点领域形成示范效应。

到2020年，以创新为动力，产业布局和规模结构进一步优化，主要生产工艺达到国内先进水平，建立完整的有色金属生态工业和循环经济体系，具备完备的环境监管和风险防控能力，环境质量得到明显改善，基本建成生态环保型有色金属产业示范基地，实现河池有色金属产业与生态环境的全面协调可持续发展。

2. 专项目标

产业发展目标。到2015年，淘汰铅锑综合冶炼、铅冶炼、锑冶炼、锌冶炼及锌焙砂等落后产能85万吨，冶炼产品产能总规模控制在100万吨，比2011年减少10万吨，有色金属工业产值达350亿元，深加工产值比重上升至25%；到2020年，有色金属冶炼规模基本保持不变，有色金属工业产值达到1000亿元，深加工产值比重上升至40%。

循环经济目标。到2015年，产值能耗、废水循环利用、废渣综合利用等主要循环经济指标全部符合行业的准入条件，铅锌冶炼单位产品综合能耗、废水循环利用率等部分指标达到国内先进水平。到2020年，主要循环经济指标达到国际先进水平。

生态环境目标。到 2015 年，重点防控区主要重金属污染物排放量比 2007 年下降 15%，地表水监测断面水质达标率达到 90%，实现河池市生态环境全面改善，环境质量状况显著好转。到 2020 年，重点防控区主要重金属污染物排放量比 2007 年下降 60%，地表水监测断面水质达标率达到 100%，全面实现产业与环境保护协调发展。

（五）总体布局

按照分区采矿、规模选矿、集中冶炼、就地加工、危废定点的基本思路，优化产业布局，形成以三大产业集聚区（简称集聚区）为依托，大型企业集团为龙头，两条河道生态修复为示范，一个创新中心为支撑，一个危废固废综合处理静脉产业园区为补链的生态环保型有色金属产业示范基地。

三大产业集聚区。整合资源优势，发挥资源的区域特色，形成各具特色的南丹有色金属工业集聚区、金城江有色金属工业集聚区和环江有色金属工业集聚区。产业集聚区涵盖采选矿区、工业园区。

大型企业集团。对现有民营企业进行兼并重组，支持广西有色集团对河池境内的控股企业进行整合升级，积极引进有实力的大企业，形成 3—5 家年产值超百亿元的大企业集团新格局。

两条河道生态修复。开展刁江和大环江流域环境综合整治，改善河流水质和生态环境，恢复刁江和大环江生态功能，实现两条河道的生态修复。

一个技术创新中心。在金城江与部委、高校、科研院所共建高新技术成果转化中心和有色金属清洁生产推广中心等，形成有色金属产业示范基地的技术研发和创新中心。

一个补链静脉园区。在金城江建设一个以固体废弃物综合利用为核心的静脉产业园区，通过引进"补链企业"，从多金属废料中提取有价金属，实现固体废弃物的资源化、减量化和无害化处理。

（六）实施步骤

规划分三步实施，2012 年，依据国家相关法规和产业标准，落实环境倒逼机制，以限制和约束为主要手段，尽快完成淘汰落后产能和工艺，转变区域有色产业畸形发展方式，缓解当前经济发展与环境保护的尖锐矛盾，消除环境安全与风险隐患，为资源整合、技术提升和优化布局铺平道路。2013—2015 年，以引导和扶持为主要举措，借力国家产业扶持和优惠政策，初步实现经济发展与环境保护的内在统一，基本形成生态环保型有色金属产业示范基地建设雏形。2016—2020年，以调控和共生为主要管理手段，以生态文明和绿色发展理念为指导，依托和发挥河池特色和优势资源潜力，打造以锡产业、锑产业、铟产业为纽带的有色金属产业示范基地，实现经济发展与环境保护的高度协调、深度融合。

三　重点任务

（一）依托资源特色，完善产业布局

1. 强化资源整合，优化资源配置

强化资源整合。按照"一个矿区一个开发主体"的原则，继续巩固和维护南丹大厂80平方公里国家规划矿区的整体格局，综合运用行政手段和必要的市场手段，引导强优企业整合现有矿山企业，关闭不符合安全环保要求和发展规划的矿山企业。严格矿业权管理，按照自治区人民政府关于加快矿业转型升级和矿产资源整合的有关规定，强力推进现有探矿权、采矿权的整合，逐步将现有探矿权、采矿权依法向强优企业转移配置。重点整合大厂、芒场、北山、五圩、宝坛等矿区。通过资源整合，有效解决一矿多开、资源浪费、矿地矛盾突出等问题，逐步形成以大型企业集团为主导的有色金属矿山集约化开发新格局。

优化资源配置。河池矿产资源开采以华锡集团为主体，加快整合形成华锡集团为统一法人的采矿企业集团，南丹大厂国家规划矿区外的空白区和新勘探矿区的矿产资源，通过行政及市场等手段逐步整合集中配置给有实力的大企业。金城江五圩矿区的矿产资源由华锡集团为主导，当地政府配合，进行兼并重组。环江、罗城、宜州的矿产资源通过政府主导，市场运作的方式配置给有实力的大型企业集团。通过行政划拨、收购、参股、兼并重组等配置方式实现矿产资源向资金、技术、管理优势明显的大型企业集团转移。矿产品要优先配置给当地企业深加工。

推进资源勘查。制定专项规划，加大现有矿山深部、边部找矿力度，增加现有有色金属探矿权和勘查空白区的资源勘查投入。实行资本与找矿技术相结合，加强国有地勘单位和河池强优企业联合勘查，按市场运作的方式积极争取矿产资源勘查成果。在河池市目前的矿业权空白区开展有色金属勘查的，由自治区人民政府或其授权企业出资组织勘查，矿业权由自治区人民政府统一配置。新发现矿产资源一律就地深加工，新进入企业必须采—选—冶—加一体化。通过政府为主导的勘探，提高河池有色金属产业资源保障能力。

2. 依托资源和产业基础，推进三大集聚区建设

——推进南丹有色金属工业集聚区建设。

以南丹现有的有色金属新材料工业园区为依托，整合南丹县境内相关矿区及深加工产业群。充分体现以锡为主的多金属资源特色，进一步扩大采选规模，对选矿和冶炼业进行整合和技术改造，控制冶炼总量，重点配套发展锌、锡、铟的下游深加工产品以及资源综合利用。

锌产业发展采选—冶炼—锌基合金产业链。锌基合金要和锌冶炼配套发展，保证低成本优势。重点加强废渣的综合利用和伴生稀贵金属的回收、低品位氧化矿和复杂物料的规模化高效处理。

锡产业重点提高资源供应，提升锡氧化矿、低度含锡物料利用率、扩大冶炼产能，着力发展锡焊料、锡粉、锡膏和锡箔等高附加值深加工产品。

锑产业维持1万吨冶炼规模，注重企业自主创新。

铅产业发展铅及伴生有价金属综合冶炼，充分回收银、铋、金、铟、碲等稀贵金属，生产的精铅可供应金城江集聚区，进入铅循环产业链。

铟产业近期以精铟生产为主，逐步发展氧化铟、氢氧化铟、高纯铟、铟靶材等深加工产品和废靶回收，最终形成密闭循环产业链。

2015年以前，重点对园区内冶炼厂进行技术升级改造，提高冶炼技术、工艺和装备水平，适度扩大冶炼规模；建设深加工生产线，实现锌基合金投产，锡焊料进一步扩大生产规模，新建锡粉项目，并布局锡膏、锡箔、高纯铟、铟靶材项目。2020年以前，实现锡膏、锡箔、高纯铟和铟靶材投产，回收废靶材，生产再生铟。

到2015年，南丹有色金属工业集聚区有色金属工业产值达214亿元，其中深加工产值40亿元，占有色金属工业产值的19%。到2020年，有色金属工业产值达到430亿元，深加工产值为150亿元，占总产值比重升至35%。

——推进金城江有色金属工业集聚区建设。

以金城江工业集中区为依托，涵盖金城江相关矿区及加工区，并向德胜宜州方向拓展，形成丹宜生态工业经济走廊。充分体现铅锑综合冶

炼、深加工和循环经济特色，对铅、锑采选、冶炼企业进行整治、重组和技术改造升级的同时，大力发展环保型铅酸蓄电池、氧化锑等下游深加工产品，形成铅锑采选—铅冶炼—蓄电池制造—废铅酸蓄电池回收—再生铅生产的铅密闭循环产业链和铅锑冶炼—锑深加工产业链。

2015 年以前，以广西华锡集团为主体，建设锑冶炼及其深加工项目。2020 年以前，广西华锡集团新建一批锑深加工项目；引进业主，分期新建环保型铅酸蓄电池项目和配套零部件项目，并建成再生铅厂。

到 2015 年，金城江有色金属工业集聚区有色金属工业产值达到 120 亿元，其中深加工产值 30 亿元，占有色金属工业产值的 25%，铅锑综合冶炼技术达到国内先进水平，成为全国重要的铅锑清洁、环保生产示范基地。2020 年，有色金属工业产值达 530 亿元，深加工比重上升至 44%。

——推进环江有色金属工业集聚区建设。

以环江工业园区为依托，涵盖环江、罗城等相关矿区和加工区。以分散采矿、规模选矿为原则，因地制宜对选厂和锌焙砂厂进行整合，配套建设高品级系列氧化锌和制酸生产系统。罗城以发展铜、镍、锡等采选业为主，不再向下游发展。

到 2015 年，环江有色金属集聚区实现有色金属工业产值 15 亿元，其中深加工产值达 5 亿元，占总产值的 33%；2020 年实现产值 40 亿元，深加工比重保持 36% 不变。

3. 完善园区建设，优化产业布局

推进基础设施建设。全力打造园区硬环境，加快基础设施建设，满足企业进驻需求。加快园区供电、供水、供气、供油、道路、环保、通信、消防等重要基础设施建设，推进信息化建设，提升基础设施整体水平，增强承载能力，确保入园企业建设、生产顺利进行。

优化园区空间布局。以地域资源特色和优势为基点，以产业培育和项目带动为抓手，推进产业布局进一步优化。对园区内企业，突出整合、集聚和提升效能，培育壮大竞争力强的主导产业；对园区外企业，加强相同产业的空间整合，积极引导符合入园标准的企业进入园区，形成以园区为基础，产业为支撑，优势产业相对集中，集聚发展的新格局。

强化园区整体管理。创新园区管理体制，建立统一高效的管理体系，形成良性发展的基础设施投融资体制，通过基础设施和公共服务设施的建设，提高整体运行效率。开展园区 ISO 14001 环境管理体系认证，建立事故应急系统。不断优化园区软环境，完善公共行政服务建设，制定配套政策，提高园区整体管理水平。吸引、组织和协调各类中介服务机构，为企业提供信息、人才、商务、金融、技术等方面的服务，打造便捷高效的服务体系。

（二）发展生态产业，促进循环经济

1. 积极延伸产业链，构建集聚区生态产业体系

南丹有色金属产业集聚区生态产业建设。以现有南丹有色金属新材料工业园区为依托，打造以铅锌锡锑铟多金属矿"采—选—冶—深加工"为基本框架的产业链。实施路径：提升现有铅锌锡锑铟冶炼技术，重点引进锌锡铟深加工生产线、铟回收和再生铟生产线；锌加工重点发展锌基合金；锡加工重点发展锡焊料、锡膏、锡粉、锡箔；铟加工重点发展铟靶材，构建"铟—ITO 靶材—回收—再生铟"的闭路循环；配套两转两吸烟气制酸系统，硫酸作为磷复肥原料；引进联合浮选工艺，对历史尾矿库尾砂进行浮选，精矿就地冶炼。

金城江有色金属产业集聚区生态产业建设。以金城江区工业集中区为依托，打造以铅锑"采—选—冶—深加工"为基本框架的产业链。实施路径：提升现有铅锑冶炼技术，引进锑深加工工艺、铅酸蓄电池制造和回收工艺；铅加工重点发展铅酸蓄电池及配套隔板和槽盖，构建"铅锑—铅酸蓄电池—回收、拆解—再生铅"的闭路循环；锑加工重点发展高纯金属锑、纳米级氧化锑、焦锑酸钠；配套两转两吸烟气制酸系统，硫酸作为磷复肥原料；引进联合浮选工艺，对历史尾矿库尾砂进行浮选，精矿就地冶炼。

环江有色金属产业集聚区生态产业建设。利用当地优质资源，生产高附加值产品，提高产业增值能力。从采选冶和粗炼为主的产业结构向简洁、优质、高效的模式转变。打造以铅锌"采—选—氧化锌"为基本框架的产业链。实施路径：以优势企业为主重点发展系列优质氧化锌；配套两转两吸烟气制酸系统，硫酸作为磷复肥原料；引进联合浮选工艺，对历史尾矿库尾砂进行浮选，精矿供企业冶炼。

2. 突出区域特色，建设金城江静脉产业园区

多金属复杂矿废料综合回收利用。将南丹、金城江和环江三个有色

金属工业园区中的冶炼渣进行集中回收，由广西华锡集团为主导，提高铟综合回收技术，引进铅、锑、银等稀贵金属综合回收新技术，形成有色金属废渣综合利用体系，将有色金属"吃干榨尽"，消除尾矿库的环境安全隐患，提高固体废物的综合利用水平。

砷综合回收利用。将综合回收利用后的含砷冶炼渣、废水中和渣以及历史遗留的废弃砒霜厂含砷废渣集中到金城江静脉产业园区，采取"防雨、防渗、防风"措施进行储存，并引进焙烧、湿法等成熟先进的技术集中提取三氧化二砷产品，实现含砷废料的无害化处理，从源头上消除砷污染，彻底解决历史遗留问题，确保土壤和水生态环境安全。

有色金属危险废物处置中心建设。通过科学论证选址，建设有色金属危险废物处置中心，引入专业环保管理企业负责日常运行，对列入国家危险废物名录或根据国家规定的危险废物鉴别标准和鉴别方法认定具有危险特性的有色金属废物，通过申报登记、转移联单制度和许可证制度等实施全过程管理，并最终按照《危险废物贮存污染控制标准》和《危险废物填埋污染控制标准》的规定分类进行临时贮存、焚烧或安全填埋，完成无害化和减量化处理。

3. 大力发展循环经济，提高资源能源利用率

——节约集约利用能源。

引导企业内部进行余热、余压回收综合利用；采用清洁能源，使用低氮燃烧等先进技术改造现有锅炉，提高锅炉的燃烧效率；引进热电联产项目，加强集聚区能源梯级利用，最大限度降低区域能源成本；引入市场化节能机制，鼓励引进合同能源管理模式，推进集聚区和企业节能改造。

协调解决电力供应体制问题，鼓励企业建设自备电厂，以河池优势能源水电为基础，加大天然气、液化石油气等清洁能源的使用比例，鼓励风能、太阳能、生物质能等可再生能源的利用。

——加大水资源循环利用力度。

开展集聚区用水需求分析，基于区域地表水、地下水资源分布与承载能力，合理调配使用水资源，避免过度开发、无序开发和低效利用，确保有色金属工业体系建设与水资源条件相适应。

按照"清污分流、分质回用、串级利用、综合利用"的原则，完善集聚区内企业废水处理站的建设和管理，加强废水在本企业内部的循

环利用；加强园区污废水集中处理工程的建设和管理，拓展园区废水处理站出水的综合利用途径，实现园区含重金属废水零排放。

——提高资源利用率。

优化采矿工艺，贫富兼采，减少采矿损失率和采矿贫化率；提升选矿工艺，提高选矿回收率；鼓励采用粉尘回收和烟气净化等措施回收利用含重金属烟（粉）尘，提高资源利用率；将精炼铅、锌等电解过程废电解液和残极返回电解车间和阳极生产系统循环使用，最大限度地提高资源综合利用效率、减少重金属污染物排放。

——推进工业固体废物综合利用基地试点。

提高工业固体废物综合利用水平，到 2015 年，达到年处理工业固体废物量 800 万吨，当年产生的工业固体废物综合利用率达 85% 以上；提高固体废物综合利用产业技术研发能力，2020 年以前，研发出一批具有原创性、前瞻性和自主知识产权的工业固废综合利用重大共性关键技术，在工业固废综合利用各重点领域建成一批具有带动效应的示范项目。

——促进集聚区间的物质循环。

按照减量化、资源化、无害化原则，采取就近、互补、分类、共生等多种方式，使上游企业的"废料"作为下游企业的原材料，实现资源循环利用。将三个集聚区的废水中和处理渣和冶炼废渣，统一运往金城江静脉产业园区集中综合回收，提取有价金属后，一般工业固体废物外售做建筑材料，含铁炉渣外售给钢厂，危险废物统一交由危险废物处置中心处理；金城江生产的硫酸运往环江有色金属集聚区加工磷复肥。南丹生产的硫酸就地加工磷复肥。

4. 依法推行清洁生产，强化环境综合管理

——落实清洁生产审核。

落实有色金属采选、冶炼、铅蓄电池产业两年一轮的强制性清洁生产审核制度，2013 年年底完成河池企业第一轮清洁生产审核和评估验收工作。

全面持续开展企业清洁生产审核，分析原料、生产过程、产品、服务、最终处置等环节中能耗、物耗、"三废"排放、总量控制、有毒物料使用等情况，重点关注工艺和装备要求、金属回收率、伴生元素回收率、综合利用、重金属污染物产生和排放等指标；改进设计，使用清洁

的能源和原料，采用推荐先进工艺，改善管理和综合利用措施，从源头削减污染，提高资源能源利用效率。2020年年底，企业清洁生产达到同行业国内、国际先进水平。

——强化环境综合管理。

开展企业和集聚区的环境管理体系（ISO 14000）系列认证工作。建立健康、安全和环境三位一体的管理体系（HSE），识别危害和控制风险。坚持工艺安全管理、行为安全管理和环境风险管理并重，积极引入先进的工艺安全和环境管理分析方法，建立并动态优化覆盖企业和集聚区的全过程安全危险源及环境风险源识别控制技术与管理体系。

促进集聚区内运输、供水、供电、管网、照明、通讯、建筑、污染治理等各类基础设施的共建共享、集成优化，降低基础设施建设和运行成本，提高运行效率。建立健全企业和集聚区环境应急预案体系，做好"车间、企业、流域"的环境应急三级防控体系建设。

（三）淘汰落后产能，推进兼并重组

1. 淘汰落后产能，改善产业秩序

取缔证照不全特别是未落实环境影响评价制度和"三同时"制度的企业；严格按照国家《产业结构调整指导目录》、《铅锌行业准入条件》、《锡行业准入条件》、《锑行业准入条件》，核对企业布局及规模和外部条件要求、工艺和装备、能源消耗、资源综合利用、环境保护等指标，坚决依法淘汰不符合国家产业政策的落后产能。

综合考虑河池有色金属矿山现有保有储量以及多金属共生、伴生特殊性，坚决关停单矿体日生产规模在100吨以下的铅锌矿及铅锌多金属矿；2012年年底前，关停年矿石生产能力在3万吨以下（不包括3万吨/年）的锡、锑、铜、镍等有色金属矿山。2015年年底前，河池市有色金属矿山开发主体保留在15家以内。2020年前，整合大厂、芒场、北山、五圩、宝坛等重点矿区，整合后开发主体保留在5家以内。

按照《铅锌行业准入条件》，采用浮选法选矿工艺的选矿企业处理矿量必须在1000吨/日以上，考虑河池有色金属资源的特殊性以及选矿企业基本为铅、锌、锡、锑等综合选洗，且均采用重力—浮选联合选矿方法。2012年年底前，关停日处理能力在800吨以下的选矿厂。

坚决淘汰不符合国家产业政策和行业准入条件的铜、镍、锰等金属冶炼能力。2012年年底前，全部淘汰采用烧结盘（烧结锅）—鼓风炉生产工艺的铅锑综合冶炼能力，淘汰不符合国家产业政策和行业准入条件的锌、锡、铟、锑等金属冶炼能力。2015 年年底前，淘汰烧结机—鼓风炉铅冶炼能力。

2. 加快企业兼并重组，提高产业集中度

河池市现有有色金属企业 154 家，通过治理整顿，到 2012 年年底，有色金属企业数控制在 30 家左右，到 2015 年控制在 20 家以内，到 2020 年整合为 3—5 家年产值超百亿元的企业集团。具体包括：一是广西有色金属集团要完成在河池市境内所有子公司和关联公司的重组工作，形成一个法人的企业集团，同时，华锡集团要积极采取强有力的措施兼并重组河池现有选矿冶炼企业，实现采、选、冶、深加工一体化；二是以河池南方公司等主要强优民营企业为主体，整合重组形成一定规模的企业集团；三是推动有实力、有技术、有管理水平和有矿产品深加工能力的大型企业，整合罗城、环江、宜州有色金属企业和矿产资源。

3. 引进吸收先进技术，推动产业转型升级

贯彻落实国家有色金属工业"十二五"发展规划，对未纳入淘汰的矿山、选矿厂以及锌、锡、铟、铅、锑及铅锑综合冶炼实施技改，进一步提高采矿、选矿、冶炼机械化、自动化、信息化、智能化水平。到 2020 年，冶炼综合回收率、废水循环利用率、总硫利用率、综合能耗、有价金属综合回收率达到或超过规划目标。

鼓励采用国内外先进适用技术，对入园企业进行包括生产系统、公辅系统、综合回收、三废处理等综合升级改造。采用富氧熔炼、液态高铅渣、奥斯麦特锡冶炼等技术分别对铅、锡冶炼系统进行技改。到 2015 年，园区企业主要装备水平和技术经济指标达到国内同行业先进水平，节能减排指标达到国内同行领先水平。

加快利用我国具有自主知识产权的漩涡柱熔炼技术和氧气底吹（侧吹）技术，开展河池脆硫铅锑矿和冶炼渣清洁利用的产业化攻关，解决其技术路径问题，提高铅锑产业技术和环保水平。

加强与国内外同行的交流与合作，进一步完善低品位氧化矿和复杂物料处理技术，形成资源适应性广、综合回收效果好、竞争优势强的特色技术，为河池大量该类资源的无害化、资源化和减量化处理提供有效的技术支持，在全国形成示范。

（四）推动技术创新，形成内生动力

1. 强化创新基础

与中科院和国家相关部委合作，在金城江建立中科院高新技术成果转化中心和有色金属清洁生产推广中心等，形成河池市有色金属产业示范基地的技术研发和创新中心。围绕锡、锑、铟等稀有金属深加工产品，依托广西有色集团建设国家级新材料研发、检测和检验中心。

以华锡集团、河池南方公司、金山铟锗公司、堂汉锌铟公司等骨干企业为依托，建设一批国家级、自治区级企业技术研发中心、工程研究中心，围绕锡、锑、铟等产业开展产业基础研究和前瞻性研究，不断开发新产品。重点支持金山铟锗公司研发低品位氧化矿湿法冶炼技术，堂汉锌铟公司研发铅锑鼓风炉渣中锌铟回收技术，华锡集团和河池南方公司研发铟、镉、铋、银等稀贵金属回收技术，确保每家骨干企业拥有2—3项自主知识产权专有技术和产品。到2020年，进入集聚区的企业都要有相应的科技研发机构，建成3—4家国家级企业技术研发中心，4—5家自治区级的企业技术研发中心，研究与试验发展经费占企业总产值比重达3%以上。

积极争取国家重大科研项目和战略性新兴产业项目，围绕锡基新材料、铟材料、系列光伏材料等开展产业化攻关，实现核心技术和关键技术的重点突破，增强企业创新能力。鼓励华锡集团、堂汉锌铟公司、河池南方公司等企业积极参与国家级重点课题研究、产业攻关和国家级示范项目建设。

鼓励企业引领国家产品标准和行业标准制定，打造国内外知名品牌，形成创新推动品牌，品牌促进创新的良性发展。

2. 推动产学研合作

鼓励和引导企业与高等院校、科研院所加强合作，及时掌握科研前沿动态和技术发展方向，围绕产业创新发展需要，共同开展科技攻关，突破关键技术和核心技术，促进成果转化，培养一批创新和产业化人才，为企业发展建立技术和人才储备。

3. 加强人才体系建设

构建管理、规划、策划、研发、营销、信息、技术等创新型人才体系。着重培养和引进产业规划、项目管理、科技攻关、企业经营等产业发展的急需人才。高度重视企业家队伍的建设、培养和教育。鼓励企业每年组织若干批创新型人才赴全国发达地区和发达国家学习进修；建设企业博士后流动站，针对性培养人才和扩大专家队伍。重奖突出贡献专家，设立创新人才贡献奖，激发团队创新能力。聘请国内外专家、企业家到河池市人民政府、管理部门、企业、技术研发中心等机构做顾问、兼职或不定期访问。强化职业教育，重点培养有色金属产业工人队伍，为示范基地发展提供人力资源保障。

（五）加强安全生产，防范安全事故

1. 矿山安全生产

以有效遏制有色金属矿山重特大事故的发生和继续降低事故总量为目标，以深化安全生产"三项行动"、"三项建设"为抓手，进一步完善措施，突出预防为主、加强监管、落实责任，大力推进矿山企业安全生产主体责任落实，大力推进打非治违、整顿关闭、资源整合、技术进步、强基固本等各项工作，大力推进安全生产长效机制建设。大中型有色金属矿山均要按标准化建设，要全部安装使用监测监控、人员定位、紧急避险、压风自救、供水施救和通信联络系统。矿山企业主要负责人、安全管理人员、特种作业人员持证上岗和从业人员先培训后上岗制度要全面落实。

2. 尾矿库安全生产

全面开展尾矿库安全评价工作，对危库、险库、病库等存在重大安全隐患的尾矿库进行集中治理。加快推进尾矿库应急救援工作机制的建立，制定和完善尾矿库应急救援预案。加大对尾矿库周边群众的宣传教育工作，引导群众充分认识尾矿库作为重大危险源的危害性，理解和支持企业采取的各项安全防范措施。金属、非金属矿山企业要加强对尾矿库安全管理人员的培训，特种作业人员必须持证上岗。

3. 冶炼企业安全生产

全市所有冶炼企业要把安全生产摆在与生产经营同等重要的位置，坚持不安全不生产。要建立健全安全隐患排查治理工作责任制。企业领导班子成员和安全管理人员须经与其生产经营活动相应的基础专业培训，并经安全管理培训考核取得资格后方能指挥生产；特种作业人员须经专门安全技术培训考试取得资格证后方能从业；企业所有人员须经安全培训合格后方能上岗。要全面推进企业安全标准化建设，要深入开展以岗位达标、专业达标和企业达标为主要内容的安全标准化建设，持续保持安全生产条件。

（六）提升环境质量，防控环境风险

以开采方式科学化、资源利用高效化、企业管理规范化、生产工艺清洁化、矿山环境生态化、政府监管严格化为基本要求，强化治理环境污染，全面提升环境质量，综合防控环境风险，整体推进生态恢复。

1. 强化污染源治理

加强保留企业污染深度治理，实现污染源的稳定达标排放。对于未被淘汰的现有企业，加强污染治理力度。对现有落后的生产技术和设备进行改造，采取奖励措施，对实施国家清洁生产重点技术改造项目的企业，给予一定的资金支持。加强冶炼废气深度净化处理，大幅度削减汞、铅、镉尘（烟）排放。涉重企业必须安装汞、铅、镉尘（烟）等在线监控系统。贯彻清污分流、分质处理、以废治废，加强矿井水和选矿废水的治理，开展采选企业废水资源化再利用和分质回用、冶炼企业冷却水完全循环利用工程。加大废渣的综合利用率，落实尾矿库环境保护和安全生产防范措施，防止滑坡和暴雨形成径流直接外排。属危险废物或列入《危险废物目录》的含重金属废物，产生单位须依法将危险废物移交具备危险废物处置资质的处置单位集中处置。

提高新上项目的环境准入门槛，控制新增污染源。严格企业环境准入条件，合格企业限期迁入集聚区集中发展。做好包括危险废物处置中心等新扩建项目的环境影响评价，加强新改扩项目的环境风险评价。对三大有色金属产业集聚区实施战略环评，对有色金属产业发展相关规划实施规划环评。严格限制新上高耗能、高排放项目，强化能源、环保、土地、安全等指标约束。

定期开展专项整治行动，强化企业环境监管力度。落实自治区人民政府"四个一批"工作部署，开展有色金属产业专项整治行动，加强企业环境监管。定期对示范基地内重点风险源、环境敏感区、排放有毒有害物质企业开展专项执法检查。加强现场环境监测执法，对污染防控区企业车间、排污口及厂界无组织排放进行现场监测，重点检查物料的管理、重金属污染物的处置以及应急处置设施情况等，促进企业规范化管理。

2. 妥善解决历史遗留问题

历史遗留矿区生态恢复。2013 年年底前，由河池市人民政府统一组织国土资源、环保、农业、林业、安全生产监管等部门联合组织开展大厂、芒场、车河、五圩、北山、都川、雅脉、宝坛等矿区废弃矿井本底调查和矿山森林植被恢复调查工作，摸清废弃矿井、废矿石、矿渣和地质灾害隐患点等基本情况，建立数据库并提出综合整治实施方案。2014年年底前，开展清理整治，对废弃矿井进行回填并封闭矿井口，对废矿石、矿渣进行集中统一处理。2015年，60%的废矿井得到妥善处置，80%的废矿石和矿渣得到清理和集中处置。2020年，通过废坑回填、矿地平整、植树造林和复垦还绿等，及时恢复新采矿区植被，做到开采一片恢复一片，不欠账、不遗留，实现历史遗留重金属污染矿区生态环境的根本改善。

尾矿库综合整治。2012年年底前，由安监和环保部门制定工作方案，对河池市所有尾矿库进行调查，掌握尾矿库数量、安全度、权属、位置、库容、坝高、主要污染因子、周边环境及尾矿库对下游人员和重要设施的安全威胁、敏感点分布情况等基本信息，建立尾矿库动态管理数据库，开展尾矿库安全等级和环境风险评价，实行安全生产和环境风险分级管理。2013年，全面开展尾矿库综合治理工程，重点整治病、险、危库，对无主尾矿库由政府统一组织处置。加强尾矿库建设项目安全设施设计审查、竣工验收和闭库工程安全设施验收。对未依法取得安全生产许可证的尾矿库，坚决予以关闭，完成闭库工作。经安全现状评价确定为危库、险库和病库的，要立即停用，并在限定时间内消除事故隐患。2015年，所有持证尾矿库生产经营单位全部应用在线监测技术，鼓励和推广应用尾矿充填、干式排尾、一次性筑坝等适用技术，无证尾矿库得到妥善处置。

重金属污染场地调查与修复。2012年年底前，由环保部门牵头制定污染场地修复治理方案。以金城江区为试点，2013年前开展修复示范工程，2015年以前，重点开展大环江流域北山、都川、雅脉矿区重金属污染场地修复工程，完成5—8个污染场地修复示范工程，2020年年底前完成金城江区所有污染场地修复工程，加快开展南丹、环江、罗城、宜州高风险污染场地的修复。

砒霜厂遗址调查与修复。由环保部门组织开展河池砒霜厂遗址调查，对健康和生态风险进行评估，设定安全警戒线，保障周边人畜安全。全面清理砒霜厂含砷废渣，安全运输至危险废物处理处置中心进行无害化处置。

重金属污染农田调查与修复。2012—2015 年，由自治区农业部门牵头开展农田重金属污染调查，制定农田污染修复方案。2013 年，加快开展污染农田修复示范工程。采用植物萃取、超富集植物—经济植物间作修复、植物阻隔修复、化学修复等多种先进技术手段修复受污染农田。2015 年以前，重点启动大环江、宝坛河、四堡河流域沿岸受污染农田治理工程。2020 年以前，开展刁江流域金城江、南丹段和都安段受污染农田修复工程。对于污染较为严重的农田土壤，采取合理手段调整土地类型，将其作为工业用地或林地。

3. 全面提升生态环境质量

河流污染面源治理，改善水环境质量。加大刁江（坡前段、八步段、长老段、平村段、金洞段、隘口段、板坡段、下考段、九圩段、保平段、都安段），大环江及其支流古宾河、才秀河，龙江、东小江及其支流宝坛河、四堡河等河流尾矿砂、采矿废石等沉积物清理力度，将含重金属沉积物进行集中收集、无害化处理和资源化利用，开展河道两岸边坡加固工程，在河道沉积物污染严重河段建防护堤、截污坝。

启动污染修复，逐步恢复水生生态系统服务功能。以刁江、大环江、龙江、东小江为工作重点，开展重金属污染水体理化修复，在水质得到改善的基础上，开展底栖生物、水生生物培育实验，筛选适宜推广的修复技术在部分受污染河段进行技术推广，逐步开展污染修复示范，实现刁江、大环江、龙江、东小江水生生态系统服务功能恢复。

建设河滨绿化带，实施河道生态恢复。以刁江、大环江流域为重点区域，建设具备经济和生态双重效益的河流沿岸景观绿化带，采取植树种果、种竹的绿化方式开展工程示范，结合河道及沿岸生态保护区域和现有生态环境景观，实施河道生态恢复。

4. 加强环境风险防范

——实施风险全过程管理，降低环境风险隐患。

开展环境风险评估，实施风险分类分级管理。明确企业环境风险防范主体责任，督促企业实施环境风险隐患自查自改。加强环境风险隐患排查治理，环保、安全生产监管等部门每年联合对辖区内有色金属企业实施隐患排查，督促企业整改。建立环境风险隐患申报、登记、整改和销号监管制度，对于重大环境风险隐患，实施公告公示、挂牌督办、跟踪治理和逐项整改销号制度。以环境保护部门为主导，对辖区内有色金属企业、集聚区实施环境风险评估，划分环境风险等级，并作为项目审批、日常监管的重要依据。建立环境风险评估评审备案制度。

完善监测预警，提高风险防控决策水平。以企业为主体，以环境风险源为单元，采取技术、管理综合措施，加强企业、集聚区突发环境事件监测预警。开发集聚区环境风险源监控预警平台，实现环境风险源状态信息存储、采集、预测、预警的自动化，在线监控环境风险源，及时发现环境风险源异常并做出预警，为事故应对提供决策支持。整合环保、安全生产监管、国土资源、水文、气象等部门的已有基础条件，建设区域（流域）突发环境事件监测预警体系，对区域（流域）环境风险与突发环境事件态势做出预测预警。重点加强饮用水水源地突发环境事件监测预警，加强重点区县以及刁江、大环江流域突发环境事件监测预警。逐步建立健全覆盖所有较高环境风险区域的突发环境事件监测预警体系，提高区域（流域）突发环境事件监测预警综合能力。

强化应急救援储备，推动多部门环境应急联动。修订市、县（区）级突发环境事件应急预案，增加环境风险识别与评估的内容。形成"政府储备—委托代储—协议储备—备案储备—承诺储备"的社会化物资储备联动机制。以金城江区、南丹县、环江县为重点，建设突发环境事件应急救援物资储备中心。针对突发水环境重金属污染事件，开展应急演练，储备应急药剂、防护装备、诊疗器械等物资。重点企业完善环境应急预案，根据预案要求进行相应的物资和技术储备。进一步完善环保、安监、消防、公安、交通、卫生等部门环境应急联动机制，加强联合演练，锻炼应急队伍，实现应急响应、救援、处置等各项工作高效联动，最大限度地降低突发环境事件造成的损害。

——完善重金属污染监测调查，防范环境健康风险。

加强重金属污染健康监测与诊疗。开展重金属污染高风险人群健康监测，科学构建健康监测网络，对金城江区、南丹县、环江县食品、饮用水进行重金属监测，对幼儿、中小学生和涉重企业一线职工等高风险人群进行生物监测。重金属污染高风险区域人群体检全覆盖，做好重金属相关职业病防治工作，健全职业病防治工作责任体系，加强职业危害防治机构建设、设置职业病防治监管体系。

加强饮用水水质保障。定期开展集中式饮用水水源保护区检查，对查出的问题进行专项整治并挂牌督办，加强保护区外上游污染源监管。加强未受重金属污染的饮用水水源地保护。切实推进农村安全饮用水工程建设，加强受污染区居民饮用水安全保障。加强备用水源建设，降低突发环境事件对居民饮用水的影响。

加强农产品质量安全保障。重点加强金城江区、南丹县、环江县等重污染区粮食、蔬菜、肉禽蛋奶的重金属监测评估，防止受污染农产品流入市场。开展农田土壤重金属污染普查，完善农田土壤重金属监测网络，对主要农产品产地、人群活动密集区土壤进行加密调查和定点监测，建立农产品产地安全档案。实施农产品产地安全分类分级管理。加强灌溉用水水质监测，防止灌溉用水对农产品造成二次污染。

——加强软硬件建设，提高环境监管水平。

加强重金属污染应急和执法能力建设。设立河池市环境应急救援指挥中心，下设应急救援大队。开展环境应急能力标准化建设，河池市及重点区县级环保部门以及集聚区配备必要的应急车辆、车载通讯、办公设备、应急防护设备以及应急监测设备；配置地理信息系统、全球定位系统和数据库。加大重金属污染环境执法能力建设力度，配备必要的执法车辆、车载样品保存设备以及现场执法取证设备。

完善重金属监测设备配置。河池市及各重点区县环保、农业等环境监测须配置重金属采样与前处理设备，重金属专项实验室设备，空气、地表水环境质量、农田土壤以及农作物重金属污染监测仪器；在饮用水水源地、龙江、刁江、大环江增设水环境监控断面和大气环境监控点；在重金属排放企业和集聚区安装重金属污染在线监测装置并联网。

提高重点区域重金属污染生物检测、健康体检和诊疗救治能力。河池市疾控中心配备生物监测实验室仪器；在金城江区、南丹县、环江县等重点区县确定定点诊疗机构，配备必要的检测人员、设备。

加强环境监管队伍建设，提高环境监管人员业务素质。科学设置岗位，按照岗位需求引进相关人才。通过专家授课、专题研讨、实地考察等方式，对各级环境监管人员以及其他相关工作人员分专业、分岗位、分批次进行培训。

四　保障措施

（一）加强组织领导，明确任务责任

成立由自治区人民政府领导担任组长的自治区生态环保型有色金属

产业示范基地建设领导小组。同时，各有关部门按照职责各司其职，河池市人民政府负责具体推进工作。自治区建立河池市有色金属产业转型升级工作联席会议制度。由自治区人民政府组织，河池市人民政府和自治区发展改革委、工信委、科技厅、民政厅、财政厅、人力资源社会保障厅、国土资源厅、环保厅、住房城乡建设厅、交通运输厅、水利厅、农业厅、卫生厅、林业厅、安全生产监管局以及广西电网公司等单位组成，定期召开联席会议，专题研究解决河池有色金属产业转型升级、生态环境治理等突出问题。河池市也要成立相应机构，建立相应制度，加强组织领导。

自治区加快出台《河池市建设生态环保型有色金属产业示范基地规划实施方案》，将规划确定的目标、重点任务与工程分解，纳入自治区各部门和河池市年度工作计划，并进行考核。基地建设涉及的南丹、金城江、环江、罗城、宜州等地政府以及相关企业要积极配合自治区和河池市落实好实施方案。河池市要加快制定和实施《河池市重金属污染综合防治规划》。

（二）完善评估考核，加强监督管理

按照建设成为生态环保型有色金属产业国家级示范基地的要求，自治区绩效办制定考核办法，编制考核指标，重点考核指标完成情况和重点工程进展。自治区将本规划的主要任务分解到自治区有关部门和河池市人民政府，以及重点骨干企业，实行责任制和绩效考核管理。自治区人民政府对各项工作的落实情况分年度进行督促检查。河池市也要制定相应的考核办法对县市区进行考核。

（三）创新体制机制，加大政策支持

自治区出台相关政策，将河池市上缴自治区的矿产资源补偿费、矿业权价款、耕地开垦费、新增建设用地有偿使用费、排污费、植被恢复费等，以扶持项目建设方式，按规定使用范围支持示范基地建设。出台扶持性财政政策，对政策性关停企业和地方财力损失进行适当补偿。积极研究制定资源开发和配置的税收分配政策。建立金融绿色通道，加大银行授信，简化信贷手续，增加固定资产和流动资金贷款。支持河池市有色金属企业通过融资租赁、上市融资、发行企业债券和中期票据等方式筹集资金推进结构调整。示范基地重大项目优先列入自治区层面统筹推进重大项目，优先审批，优先供地，优先用电。支持河池市重点有色金属企业依托有色冶炼及深加工项目配套建设动力车间，支持河池市有色金属企业利用广西水利电业集团的电网开展小水电直购试点。建立和完善矿业权优化配置制度措施。

（四）探索多元渠道，确保资金投入

自治区加大对河池财政支持力度。对关闭符合国家、自治区法律法规以及规划、规定等建设的涉重金属企业，自治区给予适当补助；自治区每年在千亿元产业发展资金中统筹安排资金，用于支持南丹、金城江五圩、环江工业园区基础设施建设；安排部分重金属污染防治专项资金支持河池市查清污染农田状况和污染农田治理修复；争取国家支持河池市将部分污染农田转为建设用地或林地，转换得到的土地收益部分用于污染农田修复；积极争取国家重大基础设施建设、自主创新和结构调整、节能减排、环境保护与生态建设等专项资金支持河池市项目建设，按要求需省级财政配套资金的，自治区财政给予优先安排。

（五）加大技术研发，提升创新能力

贯彻落实《中共广西壮族自治区委员会、广西壮族自治区人民政府关于提高自主创新能力建设创新型广西的若干意见》（桂发〔2012〕21号），积极争取国家专项资金，加大自治区科技专项资金支持力度，大力支持企业建设国家级、自治区级技术研发和创新中心，支持重点企业围绕新材料开展前沿性研究和产业化实验。发挥政府引导作用，推动企业与科研院校合作，实现产学研结合。

（六）完善基础设施，发展接替产业

加快河池有色金属示范基地基础设施建设。支持加快建设有色金属工业园区污水处理厂以及园区与高速公路、国省干线、铁路连接线。加快红水河航道复航、河池市无水港、河池至南宁铁路、南丹车河铁路货场、河池至百色高速公路建设。积极推进桂林至河池、巴马至贺州高速公路前期工作。

以新一轮区域发展和扶贫攻坚为契机，支持河池大力发展养生长寿健康、民族、红色、生态旅游、高端优质矿泉水、高档品牌白酒和保健酒、茧丝绸、特色种养、农产品深加工等特色优势产业，重点把养生健康和旅游业培育成为河池市新兴支柱产业，实现河池市有色金属产业生态环保，多业并举，协调可持续发展的新格局。

附录4　广西壮族自治区人民政府办公厅
关于印发建设百色生态型铝产业
示范基地行动方案的通知

（桂政办发〔2011〕233 号）

各市、县人民政府，自治区农垦局，自治区人民政府各组成部门、各直属机构：

　　《建设百色生态型铝产业示范基地行动方案》已经自治区人民政府同意，现印发你们，请认真组织实施。

广西壮族自治区人民政府办公厅

2011 年 12 月 30 日

建设百色生态型铝产业示范基地行动方案

　　2011 年 7 月 13 日，国家发展改革委批复《广西百色生态型铝产业示范基地实施方案》（以下简称实施方案），同意设立广西百色生态型铝产业示范基地（以下简称示范基地）。这是我区做大做强做优铝产业的重大机遇。为贯彻落实自治区党委、政府的部署，确保完成建设示范基地的各项目标任务，特制定以下行动方案。

一　总体要求

　　建设示范基地要以邓小平理论和"三个代表"重要思想为指导，深入贯彻落实科学发展观，以构建区域生态铝产业发展模式为基本目标，大力发展循环经济，切实保护生态环境，着力构建生态铝产业链，促进经济结构优化，探索资源型城市和铝产业可持续发展之路。要充分发挥百色铝土矿资源的特色优势和现有产业基础作用，以生态保护和发展循环经济为重点，合理建设生态铝产业链；以机制创新和技术进步为支撑，提升铝产业节能减排水平；以节约资源和合理利用境外资源为突破口，提高资源保障能力。努力把百色建设成为产业优势突出、协作配套完善、资源利用集约、生态环境优美、全面协调可持续发展的生态型铝产业示范基地。

二　发展目标

——生态目标。进一步强化生态环境保护、集约利用土地、节能降耗、资源综合利用，充分体现示范效应。到 2015 年，万元铝工业增加值新水消耗、万元铝工业增加值二氧化碳排放、万元铝工业增加值能源消耗等 30 个指标达到国家批复要求，实现铝产业可持续发展。

——产业目标。通过统筹规划，合理布局，以技术进步为支撑，优化结构，提高竞争力，使铝产业尽快成为千亿元产业。到 2015 年，示范基地氧化铝年产能 1000 万吨，铝水年产能 370 万吨，铝加工年产能 370 万吨，新增配套热电装机 415 万千瓦，赤泥综合利用年处理能力 1100 万吨，工业总产值 1800 亿元左右，工业增加值 650 亿元左右，达到或超过国家批复要求。

——社会目标。建设示范基地以"红色土地、银色产业、绿色家园、和谐发展"为总体导向，努力实现采垦种、选冶加、水电铝、物流运、公辅配、产学研六个一体化。

三　产业布局

按照实施方案要求，以中铝广西分公司、广西信发铝电公司、广西投资集团华银铝业和银海铝业公司等大型骨干企业为支撑，重点发展平果、德保、靖西铝产业基地，以铝水直供方式发展铝加工，延伸产业链；重点发展田东、百色、平果配套基地，提高铝产业配套能力；加快建设田阳新山铝产业园，形成布局合理的示范基地。

——平果铝基地。以中铝广西分公司为龙头，以平果江南工业园为载体，布局氧化铝、直供铝水及铝材加工等，到 2015 年，形成氧化铝年产能 320 万吨，铝水年产能 100 万吨，铝加工年产能 100 万吨，新增配套热电装机 175 万千瓦，赤泥综合利用年处理能力 500 万吨。

——德保铝基地。以广西投资集团华银铝业和银海铝业公司为龙头，以新山工业园等为载体，布局氧化铝、直供铝水及铝材加工等。到 2015 年，形成氧化铝年产能 360 万吨，铝水年产能 170 万吨（含田阳新山铝产业园 50 万吨，银海百色 20 万吨，银海来宾 50 万吨，德保 30 万吨，隆林 20 万吨），铝加工年产能 170 万吨，新增配套热电装机 120 万千瓦，赤泥综合利用年处理能力 300 万吨。

——靖西铝基地。以广西信发铝电公司为龙头，以靖西铝工业园为载体，布局氧化铝、直供铝水及铝材加工，以及碳素、烧碱、石灰、建材等相关配套产业。到 2015 年，形成氧化铝年产能 300 万吨，铝水年产能 100 万吨，铝加工年产能 100 万吨，新增配套热电装机 120 万千瓦，赤泥综合利用年处理能力 300 万吨。

——铝配套基地。以锦江集团为龙头，以百色工业园、田东石化工业园为载体，依托百色工业投资开发有限公司、百色铝工业新型材料研发中心，加强自主创新，加快新技术新产品开发，适度发展化学级氧化铝，配套建设烧碱、电石、PVC 等辅料产业及相关产业。到 2015 年，形成化学级氧化铝 20 万吨，碳素年产能 150 万吨，烧碱年产能 50 万吨，PVC 年产能 50 万吨，氟化盐年产能 15 万吨。

——氧化铝新增产能布局。综合考虑矿产资源、水资源、土地资源、交通运输、投资成本、利用海外矿产资源等因素，扩建增加氧化铝产能。主要是，在平果县由中铝广西分公司扩建氧化铝产能 40 万吨；由中铝广西分公司分厂扩建氧化铝产能 80 万吨；在崇左市由广西投资集团建设氧化铝产能 160 万吨；在田东县由锦江集团建设化学级氧化铝产能 20 万吨。为综合利用铝土矿资源，尽快开发崇左市低品位铝土矿，将那坡高品位铝土矿统一向崇左氧化铝项目和田东化学级氧化铝项目配置。

四　主要任务

总的任务是，探索实现资源型城市可持续发展的新路子，为我国其他地区铝产业基地发展循环经济、实现可持续发展提供借鉴，发挥示范带动作用。主要任务如下：

（一）大力发展循环经济

把"减量化、资源化、再利用"的基本原则贯穿于铝生产的各个环节。积极开发和引进国外先进的生产工艺及设备，降低铝工业生产能源消费量，坚持铝水 100% 直接进行铝材深加工，实现能源消耗减量化。优化铝土矿开采工艺，提高氧化铝回收率，降低赤泥中氧化铝含量，实现矿产资源利用减量化。最大限度地降低生产过程中产生的废气、废水、废渣，实现污染物排放减量化。充分回收和利用铝工业生产过程中产生的"三废"，实现废弃物资源化利用，提高企业经济效益。加强生态治理和综合利用，实现铝土矿区生态复垦、赤泥废弃资源和废铝资源再利用。

（二）切实保护生态环境

以保护植被生态，防治水土流失，复原地貌为重点，构建环保型矿山开发体系。以降低氧化铝生产综合能耗，电解铝电耗，提高赤泥综合利用率，减少碳氟化物排放为重点，构建低碳型铝冶炼体系。通过建设生态型铝产业链，带动百色市与铝产业相关的产业生态体系建设。

（三）加快形成生态铝产业链

调整优化铝产业结构，优化项目布局，按照产业链各节点有机联系、生产环节有效对接、物料互补平衡、效益最大化的方式配置资源，实现资源和能源利用率的最大化、土地集约化、生产清洁化、环境友好化，构建资源合理利用的铝产业链、热电联产的工业生态链和协作配套产业链。

（四）促进相关产业协调发展

在做大做强做优铝工业的同时，积极发展与铝工业相关的装备制造、冶金、化工、能源、建材等传统优势产业，加快发展商贸物流和旅游业，积极培育新材料、新能源等新兴产业，形成"一业为主、多业并举"的发展新格局。

（五）建设创新型资源城市

围绕建设示范基地，把提高自主创新能力、循环发展能力、可持续发展能力作为转变铝产业发展方式的中心环节，加快建立健全技术创新管理机制，明确技术创新定位，建立科技投入长效机制，深化产学研合作，发展转型接续产业，促进百色资源型城市可持续发展。

五　重大项目

重点围绕发展生态型铝产业链、配套产业、循环经济等，实施重大项目48项，总投资970亿元，新增总产值1528亿元。其中，氧化铝项目4项，新增产能300万吨，总投资152亿元，新增总产值87.8亿元；直供铝水项目7项，新增产能270.5万吨，总投资231亿元，新增总产值462亿元；铝加工项目24项，新增产能270万吨，总投资232亿元，新增总产值621.4亿元；自备热电装机项目3项，新增总装机415万千瓦，总投资228亿元，新增产值121亿元；配套产业项目10项，总投资127.7亿元，新增总产值236亿元。

与建设示范基地直接相关的供水、供电、公路、铁路、园区等基础设施项目，由百色市人民政府商自治区发展改革委研究提出。

六　重大政策措施

（一）高标准建设示范基地

百色生态型铝产业示范基地，是国家发展改革委批复设立的第一个国家级铝产业示范基地。高标准打造示范基地，不仅关系到我区做大做强做优千亿元铝产业，而且关系到为我国其他地区铝产业基地建设发挥示范带动作用。按照国家发展改革委批复和自治区党委、自治区人民政府的要求，示范基地铝企业的综合性指标、矿山系统指标、氧化铝系统指标、铝水系统指标、铝加工系统指标等，不仅要优于国家颁布的《铝行业准入条件》设定标准，而且要努力达到或超过世界先进水平指标。自治区支持铝企业通过自主创新和技术改造发展循环经济、推行清洁生产、提高节能降耗减排能力。大力引进高科技人才和先进技术，支持中铝公司等研发实力强的企业参与建设百色铝产业研发中心，提高技术、工艺和产品开发能力。对所有新建、扩建项目，一律按照实施方案设定的达标条件严格审查审批。开展自治区单独考核百色市铝产业节能减排、能源消耗量和电力消费量工作试点。强化矿山资源管理，禁止滥采乱挖，严格执行自治区统一配置铝土矿资源制度。制定管理措施，严格控制氧化铝大规模调运区外。（由自治区发展改革委、工信委、财政厅、国土资源厅、环保厅、科技厅、物价局，百色市人民政府具体落实）

（二）提高能源保障能力

按照实施方案和行动方案提出建设热电装机布局的要求，加快企业自备电厂扩建，电网企业配合做好与自备电源联网和保安。鼓励铝企业、煤炭企业与发电企业联合重组，支持中铝广西分公司与发电企业开展大用户直购电试点工作，争取国家尽快审批直购电方案；支持中铝广西分公司与华能集团、右江矿务局开展煤电铝合作；支持广西投资集团利用贵州兴义电厂和广西桥巩水电站电源直供百色、来宾市的铝企业，并与百色矿务局开展煤炭合作；加快推进南方电网与广西水利电业、百色电力等地方电网合资改造，构建统一规划、建设、经营、调度、管理和独立运营的百色专用局域电网。鼓励铝骨干企业与贵州省、云南省及周边国家企业开展多种形式的煤炭、铝土矿开发合作。尽快建立百色煤炭配送中心。鼓励铝企业利用天然气。（由自治区发展改革委、工信

委、国土资源厅、商务厅、物价局、水利厅，广西电网公司，百色、崇左、来宾市人民政府具体落实）

（三）强化用地保障

在符合国家和自治区土地管理法律法规政策的前提下，对示范基地建设用地实行特殊管理。严格执行国家用地定额标准，节约集约用地，对氧化铝、电解铝项目占地面积，严格按照实施方案提出的标准执行。矿山企业要做到规范开采与矿山复垦同步，对百色、崇左铝产业全面申请推行中铝广西分公司采矿临时用地试点方案，非耕地矿山和荒山荒坡等未利用地通过整理复垦成耕地，经自治区组织验收合格并确认，可作为耕地占补平衡指标使用。自治区支持百色生态铝产业项目用地实行征转分离政策，确保生态铝重大产业项目用地需求；积极支持百色、崇左市利用区位调整、先行用地和增减挂钩等政策，保障铝产业项目、配套产业项目和基础设施项目新增建设用地，并在分解下达年度用地指标时予以倾斜。（由自治区国土资源厅、林业厅、发展改革委，百色、崇左市人民政府具体落实）

（四）加强环境保护

严格执行实施方案提出的铝产业产品环保指标。自治区有关部门将结合百色铝产业发展的需要，统筹考虑百色市主要污染物总量控制指标，通过环保专项资金支持百色市环保工程治理技术改造和污染物减排工程项目。依法实施强制性清洁生产审核，促进铝企业清洁生产工艺的开发应用。（由自治区环保厅、工信委、发展改革委、财政厅，百色市人民政府具体落实）

（五）加快配套基础设施建设

多渠道筹措资金，加大财政投入，加快示范基地基础设施建设。自治区产业园区专项资金向百色市、崇左市铝产业重点园区基础设施项目倾斜。加强涉铝物流园区和市场建设。加快实施岜蒙水库扩建工程，推进多旁水库、庞凌河水库、那马水库等供水项目前期工作。加快建设百色—靖西—龙邦高速公路、靖西—那坡高速公路，力争尽快通车。支持国家批复实施方案和本行动方案中涉及的铝产业园区、物流园区连接高速公路、国省干线等的进出公路建设。加快在建云贵铁路、德靖铁路建设，确保按期建成投入使用。加快推进黄桶至百色、南宁至昆明新增二线，以及田东至来宾、百色经河池至桂林等铁路项目前期工作。把田阳新山工业园、田东石化工业园等园区的专用铁路、公路列入规划建设项目。加快推进右江老口、鱼梁航运枢纽建设，尽快开工建设百色水利枢纽通航设施。加快推进田东、德保、靖西500千伏变电站前期工作，力争尽早开工建设。（由自治区发展改革委、工信委、国土资源厅、交通运输厅、水利厅、财政厅、铁办，广西电网公司，百色、崇左市人民政府具体落实）

（六）完善项目审批手续

按照国家发展改革委批复意见，对实施方案和本行动方案所列已建、在建项目，手续不完备的，由自治区发展改革委、国土资源厅、环保厅等部门尽快办理完善项目行政许可手续；对实施方案和本行动方案所列属于扩建和技改性质的铝产业、铝配套产业、自备热电装机等项目，按照审批权限由自治区和百色市、县（区）主管部门办理相关行政许可手续。新建电解铝、氧化铝项目须报国家发展改革委核准。（由自治区发展改革委、工信委、国土资源厅、环保厅、水利厅、住建厅、林业厅，百色、崇左、来宾市、县（区）人民政府具体落实）

（七）探索资源型城市可持续发展新路

加快建设百色生态型铝产业示范基地，必须创新体制机制，研究可持续发展政策，谋划可持续发展路径。自治区有关部门要抓紧研究有利于加快发展循环经济、实现可持续发展的体制机制和政策；加大百色、崇左市及周边地区铝土矿资源勘探力度，增加自有资源储量；支持骨干企业到铝土矿和煤炭资源富集国家特别是周边国家探矿、采矿，以及开展资源运输、进口业务，在我区沿海港口相应建立氧化铝生产基地。鼓励发展铜、锰等其他矿产资源的精深加工，加快培育发展其他特色优势资源产业，实现产业转型接续。（由自治区发展改革委、工信委、财政厅、国土资源厅、环保厅、商务厅，百色、崇左市人民政府具体落实）

（八）加大财政金融支持

自治区制定支持百色生态型铝产业示范基地建设的财政金融措施。自治区财政性资金倾斜支持铝产业项目前期工作，以及科技研发、资源勘探、节能环保、生态建设、供水工程、重点园区基础设施等项目，积极探索征收氧化铝价格调节基金，专项用于设立铝产业发展专项资金，有关具体办法另行制定。按照中央投资的方向重点，对铝产业结构调整升级、技术改造、节能减排等项目，优先争取中央投资支持。整合资源，盘活存量，提高现有投融资平台的融资能力，重点投向铝产业。鼓励银行业金融机构加大对铝产业重点项目的信贷支持，鼓励重点铝企业上市融资、发行企业债券和短期融资券、中期票据。大力开展铝深加工及配套产业定向招商。积极推动设立广西生态型铝产业投资基金。（由自治区财政厅、物价局、发展改革委、工信委、国土资源厅、环保厅、科技厅、水利厅、金融办、投资促进局，人民银行南宁中心支行，百色、崇左、来宾市人民政府具体落实）

（九）加强组织领导

成立由自治区人民政府主要领导担任组长的自治区生态型铝产业示范基地建设领导小组。自治区发展改革委负责示范基地建设的统筹协调工作，自治区各有关部门按照职责各司其职，百色、崇左、来宾市人民政府负责具体推进工作。按照自治区人民政府把百色生态型铝产业建设成为工艺装备一流、循环经济一流、清洁生产一流、生态环保一流的国家级示范基地的要求，实施方案的主要任务将分解落实到自治区有关部门和百色、崇左、来宾市人民政府，以及重点骨干企业，实行责任制和绩效考核管理，自治区人民政府对各项工作的落实情况分年度进行督促检查。自治区各相关部门要按本行动方案要求制定具体的支持措施。

附录 5　中共百色市委　百色市人民政府关于再造一个工业百色的决定

（2013 年 7 月 15 日）

确立用三年时间实现工业经济翻番，再造一个工业百色发展目标，是市委、市人民政府贯彻落实党的十八大精神和自治区党委、政府的决策部署，是为百色能在 2020 年与全国、全区同步全面建成小康社会奠定坚实基础的重大决策，是在 2012 年全市工业经济总量跨上千亿元台阶基础上实现跨越追赶，促进百色经济和社会快速发展的重大举措。为确保到 2015 年实现工业经济比 2012 年翻一番的目标，经研究，作出如下决定。

一　充分认识再造一个工业百色的重要意义

工业是实体经济的主体，是转变经济发展方式的主战场，是拉动经济增长的主动力，是"四化"（工业化、信息化、城镇化、农业现代化）同步发展的主力军。工业快速发展，一方面可以创造就业机会，增加城镇就业，提高居民收入；另一方面可以提供装备和技术，加快农业产业化进程，提升农产品加工水平，消纳更多农产品，稳定农产品价格，提高农民收入。根据与全国、全区同步全面建成小康社会，城镇居民和农民收入实现翻番的目标要求，我市工业增加值占 GDP 比重达到 48.5%，工业增加值每增长 1.5 个百分点，就带动 GDP 增长 1 个百分点，在今后相当长的时期内，我市以工业为主导的经济格局不会改变，工业强则市强，工业兴则民富。因此，我市工业必将保持一个高于全市经济发展平均水平的"百色工业速度"，率先实现倍增，确保 2015 年工业总产值比 2012 年翻一番以上。

目前，我市工业经济存在着总量偏小、产业层次较低、创新能力滞后等问题，已进入必须以转型升级促进发展的新阶段。面对新形势、新任务，全面实施"工业强市"战略，再造一个工业百色既是主动参与产业竞争的客观需要，又是贯彻落实十八大精神的具体体现。我们唯有积极实施"工业强市"战略，大力推进工业转型升级，才能有效促进产业结构调整优化，迅速发展壮大实体经济，切实增强区域经济综合实力和竞争力，全面加快富裕幸福魅力生态和谐百色建设进程，推动百色发展实现争先进位、赶超跨越，确保"十二五"工业发展既定目标的实现。

全市各县（区）、各部门必须把工业经济发展摆在更加突出的战略位置，以强烈的紧迫感和责任感，抢抓机遇，攻坚克难，加快推进"工业强市"建设，促进工业经济跨越式发展，使之真正成为经济社会发展的有力支撑。

二　再造一个工业百色的总体思路和目标任务

（一）发展基础

"十二五"以来，市委、市政府坚持以科学发展观为指导，深入贯彻落实《自治区党委、自治区人民政府关于做大做强做优我区工业的决定》（桂发〔2009〕35 号）及 40 个配套文件精神，坚持走新型工业化道路，认真实施"工业强市"战略，产业结构不断优化，非公经济快速发展，发展后劲逐步增强。2012 年，全市工业总产值达到 1001.28 亿元，其中规模以上工业总产值达到 877.14 亿元，规模以上工业增加值达到 315.10 亿元。三次产业结构调整优化为 18.5∶55.5∶26，工业增加值占全市 GDP 的比重达到 48.5%，工业对全市经济增长的贡献率达到 50% 以上，工业化率达到 2.62%，工业化由初期阶段向中期阶段迈进，为我市实施再造一个工业百色奠定了坚实基础和良好发展环境。

（二）发展思路

深入贯彻党的十八大精神，以科学发展观为指导，紧抓实施广西百色生态型铝产业示范基地建设发展机遇，把握"科学发展、加快发展、跨越发展"工作基调，围绕再造一个工业百色发展目标，深入实施"抓大壮小扶微工程"，紧紧扭住"项目支撑、投资拉动"着力点，突出"做大园区、做强产业、做优企业"发展路径，进一步转变发展方式、优化产业结构、提高质量效益，全力推动工业经济实现跨越式发展，全面实现到"十二五"期末再造一个工业百色的目标任务。

（三）发展目标

——总体目标。到 2015 年，全市工业总产值完成 2000 亿元以上，年均增长 26%；全市工业增加值完成 800 亿元以上，年均增长 26%。

——产业目标。到 2015 年，铝产业产值超 1000 亿元，冶金产业产值超 200 亿元，石化产业产值超 300 亿元，电力产业产值超 200 亿元，农林产品加工业产值超 200 亿元，煤炭产业产值超 40 亿元，新兴产业产值超 60 亿元，机械产业产值超 50 亿元。

——投资目标。"十二五"时期，全市工业总投资累计达到 1500 亿元以上，其中工业技术改造投资累计达到 800 亿元以上。

——园区目标。到 2015 年，全市工业园区实现工业总产值 1600 亿元以上，其中，超 300 亿元的园区 2 个，超 250 亿元的园区 3 个，超 100 亿元的园区 1 个。

——企业发展。到 2015 年，培育销售收入超 100 亿元的企业 4 家，超 50 亿元的企业 5 家，超 30 亿元的企业 10 家，超 20 亿元的企业 10 家，超 10 亿元的企业 20 家，超 5 亿元的企业 30 家。全市规模以上企业达 300 家。

（四）任务分解

将 2013—2015 年全市工业总产值、工业增加值，规模以上工业总产值、工业增加值指标分解到 12 个县（区）；将 2013—2015 年工业投资、技术改造投资任务分解到 12 个县（区）；落实 2013—2015 年重点推进实施的产业项目责任领导和责任单位，作为年度考核的主要依据。

三　工作重点

（一）开展工业项目建设大会战

要把项目作为工业经济工作第一抓手，按照"大抓项目、抓大项目、快上项目"的要求，着力实施工业项目建设大会战。认真抓好项目谋划储备，全力推进项目建设，努力形成"谋划储备一批、招商引进一批、开工建设一批、竣工投产一批"的项目建设格局。做好项目跟踪服务工作，各部门要通力协作，加强服务，简化审批手续，开设工业项目绿色通道，限时办结制，为项目按时开工创造条件。

在项目建设过程中，凡投资总额超过 5000 万元的项目，要实行"一个项目、一名领导、一套班子、一个方案、一抓到底"的工作机制，及时协调解决问题。

要加大招商引资力度，大力营造亲商、爱商、安商、敬商的良好环境，动员社会力量参与招商引资，形成全民招商的格局。扩大招商引资途径，明确方向选择招商，规划项目重点招商，依托资源吸引招商，建设园区集中招商，围绕产业配套招商，发动企业以商招商。重点引进中央企业、世界 500 强企业、国内 100 强企业和东部沿海企业到我市投资兴业。

（二）实施千亿铝产业工程

按照国家发改委批复的《广西百色生态型铝产业示范基地建设实施方案》要求，"控制发展氧化铝，创造条件发展液态铝，跨越式发展铝加工，逐步完善铝产业链"的发展思路，进一步完善铝工业发展规划，加快产业链结构调整项目的实施。

通过"建"（建自备电厂）、"留"（争取西电东送留成电量）、"引"（争取引进云南贵州廉价电）、"供"（直供电）、"转"（把现有的火电由上网改为自配电厂供电）、"换"（以铝换电和煤）等措施，千方百计解决铝产业发展用电价格过高的问题，推进铝产业的发展。

科学规划，合理布局，加强与大专院校科研院所的合作，提高铝土矿的综合利用，开发低品位铝土矿的综合利用。有铝土矿资源的县（区）要有选择地发展非冶金化学铝产业，推进铝土矿资源的合理配置，促进非冶金化学铝产业的发展。

抓好非冶金化学铝企业生产的配矿协调，广西华银铝业有限公司、广西信发铝电有限公司、中铝股份广西分公司要按照10%左右的铝土矿年采选量，统筹调配资源，为所在县（区）的非冶金化学铝产业发展供矿。各县（区）尚未配置的铝土矿资源，由市工业投资公司与有铝土矿的县（区）组成开发公司，采取土地整理、坡地改造等方式，统一采矿，统一为县（区）境内的非冶金化学铝项目配矿。

（三）实施产业结构调整工程

用好国家"四个一批"（消化一批、转移一批、整合一批、淘汰一批）化解产能过剩的机遇，加快产业结构调整，通过市场倒逼机制、能源倒逼机制、环境倒逼机制推动铝产业、冶金、石化、煤电、农林产品深加工产业转型升级。

抓好百色生态型铝产业示范基地6大类30项指标的实施，落实到具体基地和企业，在铝土矿采选、氧化铝生产、电解铝生产、铝材加工中推广运用新技术、新工艺、新装备、新材料，推进信息化与工业化的深度融合，通过矿山复垦，集约用地、集中供热等方式提高铝产业发展的科技含量。

抓好赤泥的综合利用，按"变害为利、吃干榨尽"的原则对赤泥进行提铁、提镓、提钪、提碱、陶粒、建材等综合利用。

以延伸产业链为主线、发展循环经济为核心、铝电结合为途径、生态园区建设为载体、自主创新为动力，打造铝土矿生态链、煤电铝产业链、加工和配套产业链三链合一的铝产业集群。

整合锰冶炼企业，支持企业对电解金属锰进行深加工。重点发展金属锰粉、高品质四氧化三锰、中低碳锰、电解金属锰、电解二氧化锰、硅锰合金等产品。推进金精矿多元素综合回收利用项目。

依托氯碱、炼化、煤炭物流园区等现有骨干企业，加快氯碱一体化、炼化一体化和焦化一体化发展，延伸石化产业链，将石化产业发展壮大为生态型铝产业重要配套产业基地。

大力发展工业陶瓷、铝酸钙、聚合氯化铝等新产品，加大铝基、锰基等新材料的开发力度。

大力发展探水雷达、矿井无线通信设备生产线和矿山机械装备制造业，以及以百能车辆为基础的农用车制造业。

大力发展碳酸钙新材料产业，加快推进百色碳酸钙产业化基地建设，努力打造一个新的百亿元碳酸钙产业。

利用本地丰富的竹材资源，重点发展林—板—家具（装饰建材）产业，大力发展林（竹）—纸（板）—纤维产业，全力推进林（竹）板浆纸一体化，适时推进建设大型浆纸项目、板制品项目、家具生产展示销售中心，提高木材资源综合利用水平。

结合发展林下养殖，推动生物蛋白饲料和生物菌肥项目为代表的生物科技产业发展；推进肉禽、乳品等特色农产品加工产业的发展。

利用丰富的中草药资源优势，推进中药、新药的研发，促进生物科技、生物制药产业的发展。

（四）实施工业园区发展工程

按照"规划科学、定位明确、设施配套、产业集群、环境和谐"的要求，全市1个省级园区和5个A类产业园区要规划修编，完善园区的产业发展规划。A类以上产业园区每年分别引进累计投资额达60亿元以上的工业项目到园区发展，未列入A类产业园区每年分别引进累计投资额达到10亿元以上的工业项目入园发展。

抓好百色扩展园区—桂明、禄源工业园区，田东扩展园区—轻工业园区，平果扩展园区—综合园区，德保扩展园区—铝工业园区，靖西扩展园区—轻工业园区等"一园多区"建设。争取"十二五"期末新增2个省级园区、3个A类园区。

抓好田东石化工业园区申报国家级循环经济示范园区和百色新山铝产业示范园区申报自治区级循环经济示范园区工作。

没有工业园区的县要创造条件加快工业园区（或工业集中区）建设步伐，原则上每个县至少有1个工业园区（或工业集中区）。

加大对工业标准厂房建设的扶持力度，通过政府规划引导、市场运作、业主经营、社会参与等方式，推进标准厂房建设。

（五）实施抓大壮小扶微工程

深入实施"百十亿元企业工程"，重点选择一批优质企业，进一步加强项目资金、运行保障等扶持，促进企业发展壮大；鼓励龙头企业、优势企业对中小企业实施兼并重组，做大做强现有企业规模，着力推进年主营业务收入在10亿元以上的企业做大做强。对在百色市范围内生产的工业企业，以当年产品销售收入10亿元以上，税收同比增长（企业集团和所属企业不重复计算），当年实现盈利作为考核指标，由市、县人民政府分别予以通报分档奖励。

深入实施"企业上规模工程"，通过技术改造、拓展市场、企业联合、资产重组等方式，着力培育 2000 万元以下有潜质的企业进入规模以上企业行列。采取"走出去"、"引进来"的发展战略，引进和发展一批规模以上工业企业。每新增 1 家规模以上企业，市、县财政对有关单位和企业各奖励 1 万元。

（六）实施企业自主创新工程

全面实施科技创新计划，建立和完善以企业投入为主体，以金融信贷为依托，吸引民间资金参与的多元化科技投入机制。积极研发具有自主知识产权的核心技术，提高自主创新能力。鼓励、支持企业与高等院校、科研机构联合、共建企业技术中心，促进产品创优、产业升级。积极实施品牌战略，努力形成一批产品品牌化、经营规模化的品牌群体。

（七）实施工业人才培育工程

进一步优化人才成长和创业环境，完善和落实工业企业引进"高、专、尖"人才鼓励政策。健全和完善工业人才培养、交流和使用机制，打破行业和地域界限，建立企业、事业、行政间人才流动机制，大胆使用有魄力、有能力的工业人才。加大人才发展资金投入，在高层次人才培养、紧缺人才引进、杰出人才奖励和重点人才项目建设等方面建立人才发展专项资金。整合人社、教育、科技、农业等方面的人、财、物资源，建立产业工人培训机制，定点定向为工业企业培育产业工人。

四　保障措施

（一）加强组织领导

成立百色市实施再造一个工业百色战略领导小组，组长由市委、市政府主要领导担任，副组长由市委、市政府分管领导担任，成员由各有关部门主要领导和各县（区）党政主要领导组成。领导小组下设办公室，办公室设在市工信委，负责处理日常事务及督察再造一个工业百色战略各项措施的落实，提出相关政策建议以及工作措施。各县（区）、各工业园区也要成立相应机构，落实党政一把手亲自抓、负总责的工作机制。

（二）明确工作目标

由百色市实施再造一个工业百色战略领导小组办公室牵头，相关部门参与，认真制定年度工作目标任务分解方案，将工业发展的目标任务分解落实到各县（区）、各工业园区和各有关部门。各县（区）、各工业园区和各有关部门要确保按时限完成任务。

（三）加大扶持力度

加大市、县财政对工业发展的支持力度，设立市、县工业发展专项资金，最大限度发挥财政资金的引导作用。自 2013 年起，市财政每年在财政预算中，安排不少于 3000 万元的工业发展基金，以贴息和技改补助的方式，用于支持生态铝产业、重大工业项目建设和产业转型升级。各县（区）也要参照市里的做法，每年安排一定的企业挖潜技改扶持资金，用于支持企业的发展。

从 2013 年起，市科技研发经费增长不低于本级财政经常性收入的增长幅度，县（区）科技投入不低于同级财政经常性收入的增长幅度。

市县共同设立中小企业"助保贷"产业发展基金，逐年加大投入，壮大"助保贷"发展基金的规模，通过短期借贷方式，解决企业生产急需的流动资金，确实解决全市中小企业的融资难问题。

按照"政府引导、市场运作、多元投资"的原则，不断创新工业项目投融资机制，充分运用市场手段筹措项目建设和企业发展资金。市财政逐年增加百色市中小企业信用担保公司资本金，不断提升其融资担保能力。鼓励有条件的县（区）加快中小企业担保体系建设，共同构建市县两级联动的中小企业信用担保体系。

支持鼓励有条件的工业企业发行债券、上市，以及在银行债券市场发行短期融资券、中期票据、中小非金融企业集合票据，多渠道、多方式募集资金，加快发展。加大引银入百工作力度，加强政企银沟通，促进政企银合作。

市、县（区）财政每年安排专项资金用于奖励促进全市工业发展的先进单位和个人。

（四）加强协调服务

建立市领导和部门联系县（区）、园区、企业（项目）制度，做好经济运行和项目建设的协调服务，定期调研走访，及时做好在实施工业发展"倍增计划"再造一个工业百色中煤、电、油、运生产要素的协调服务工作，切实解决企业（或项目）遇到融资难、征地难、审批难、招工难的困难和问题。各县（区）作为实施"倍增计划"再造一个工业百色的责任主体，每年要制订年度工作方案，统筹安排，周密部署，认真实施。市直相关部门要按照"倍增计划"实施要求，有效落实各项扶持政策，切实改进服务方式，增强工作合力。

（五）加强督促检查

市委督察室、市政府督察室要定期或不定期地对各县（区）、各有关部门的工作落实情况开展督察，督察结果作为年度考核评价的重要参考。每年年中和年底，市直各责任部门、各县（区）人民政府、各工业园区管委会对目标任务完成情况进行汇总上报市实施再造一个工业百色战略领导小组办公室。

（六）强化考核评价

强化对各县（区）、各工业园区和市直有关部门领导班子的考核评价，将年度运行目标、千亿铝产业建设、园区发展、工业投资、招商引资、企业培育、节能降耗完成情况作为对各县（区）、各工业园区党政领导班子考核评价的重要内容，将工业发展扶持政策落实的情况作为对市直有关部门领导班子考核的重要内容，考核评价结果向社会公布，并与党政干部年度工作考核挂钩。实行奖惩机制，对做出突出贡献的单位和个人予以表彰奖励；对工作不力、不作为者，严肃查处。

附录6　崇左市人民政府办公室关于印发崇左市循环经济发展实施方案的通知

（崇政办发〔2014〕37号）

各县（市、区）人民政府，市人民政府各工作部门，各直属机构：

《崇左市循环经济发展实施方案》已经市人民政府同意，现予以印发，请认真贯彻执行。

崇左市人民政府办公室

2014年6月18日

崇左市循环经济发展实施方案

为贯彻落实《广西壮族自治区人民政府关于印发广西循环经济发展"十二五"规划的通知》（桂政发〔2013〕3 号）和《广西壮族自治区人民政府办公厅关于印发广西循环经济发展实施方案的通知》（桂政办发〔2014〕11 号）精神，统筹好我市循环经济发展各阶段重点任务和示范工程，进一步明确各地各部门职责，确保完成自治区和崇左市提出的发展循环经济各项目标任务，特制定本方案。

一　主要目标

近期目标：到 2015 年，能源产出率达到 0.92 万元/吨标煤以上，土地产出率达到 2.53 万元/公顷以上，工业固体废弃物综合利用率达到 75%以上，建成 1—2 个循环经济产业示范企业（园区）。

中长期目标：循环型生产方式广泛推行，绿色消费模式普及推广，覆盖全社会的资源循环利用体系初步建立，资源产出率大幅提高，可持续发展能力显著增强。

"十二五"时期崇左循环经济发展主要指标

指标名称	单位	2010 年	2015 年	2015 年比 2010 年提高（%）
能源产出率	万元/吨标煤	0.78	0.92	17.9
土地产出率	万元/公顷	2.26	2.53	11.95
主要金属矿产平均采选综合回收率	%	60	63	[3]
共伴生矿产资源综合利用率	%	40	43	[3]
工业固体废物综合利用率	%		75	
主要再生资源回收利用总量	万吨	12	18	50
主要再生资源回收率	%	30	50	[20]
农业灌溉水有效利用系数	—	0.411	0.447	8.76
工业用水重复利用率	%		75	
秸秆综合利用率	%	60	80	[20]
综合利用发电装机容量	万千瓦		6	

注：1. 能源产出率、水资源产出率按 2010 年可比价计算。

2. 主要再生资源包括废金属、废纸、废塑料、报废汽车、废轮胎、废弃电器电子产品、废玻璃、废铅酸电池等。

3. 综合利用发电指煤矸石、煤泥、油母页岩等低热值燃料发电。

4. 〔　〕内为提高的百分点。

二　重点任务

（一）构建循环型工业体系

在制糖、冶金、有色金属、石油石化、造纸及木材加工、建材、机械制造、电子信息等工业领域全面推行循环型生产方式，实施清洁生产，促进源头减量；推进企业间、行业间、产业间共生耦合，形成循环链接的产业体系；鼓励产业集聚发展，实施园区循环化改造，实现能源梯级利用、水资源循环利用、废物交换利用、土地节约集约利用，促进企业循环式生产、园区循环式发展、产业循环式组合，构建循环型工业体系。到 2015 年，单位工业增加值能耗、用水量分别比 2010 年降低25%、30%，工业固体废弃物综合利用率达到 75% 以上，全市 30% 以上的省级园区实施循环化改造。

（二）构建循环型农业体系

在种植、养殖等农业领域加快推动资源利用节约化、生产过程清洁化、产业链接循环化、废物处理资源化，形成农林牧渔多业共生的循环型农业生产方式；加快农业机械化，推进农业现代化；改善农村生态环境，提高农业综合效益，促进农业发展方式转变。到 2015 年，农业灌溉水有效利用系数达到 0.447，种植业有机肥利用率达到 60%，秸秆综合利用率达到 80%，列入国家"十二五"减排规划的规模养殖场固体粪污处理率达到 100%，其中深加工成有机肥料率达到 10%，养殖污水处理利用率达到 80%，林业"三剩余物"（即采伐剩余物、造材剩余物、加工剩余物）综合利用率达到 80%。

（三）构建循环型服务业体系

在商贸、餐饮住宿、通信、物流、旅游、信息等服务领域加快构建循环型服务业体系，推进服务主体绿色化、服务过程清洁化，促进服务业与工业、农业的融合发展，充分发挥服务业在引导人们树立绿色循环低碳理念，转变消费模式方面的积极作用。

（四）培育循环型社会

加快完善再生资源和垃圾分类回收体系，推动再生资源利用产业化，推进餐厨废弃物资源化利用，实施绿色建筑行动和绿色交通行动，推行绿色消费，促进社会层面循环经济发展。"十二五"期间，完成新建节能建筑 30 万平方米；到 2015 年，20% 的城镇新建建筑达到绿色建筑标准要求。

（五）构筑循环型城市

崇左中心城市、各县（市、区）要以新型工业化城镇化良性互动为契机，加强城市基础设施建设和环境综合治理，全面构建循环经济发展模式，努力建设循环经济示范城市（县）。

三　职责分工和时间安排

（一）职责分工

市发展改革委：负责全市循环经济发展综合协调工作；组织研究建立市级发展循环经济政策体系、考核评价与监督机制；组织贯彻实施自治区循环经济"十百千"示范行动〔即实施循环经济十大示范工程，创建百个循环经济示范城市（县），培育千家循环经济示范企业（园区）〕方案；对口争取上级资金支持；负责市发展循环经济工作领导小组日常工作。

市工业和信息化委：负责组织实施工业和信息化相关产业的能源节约、循环经济、清洁生产规划及促进政策、措施；组织实施工业和信息化领域循环经济示范工程以及新技术、新工艺、新设备、新材料的推广应用；制定工业和信息化相关产业的循环经济评价指标、技术标准与统计指标。

市教育局、广西民族师范学院：负责编制循环经济知识教材，组织实施循环经济专业教学计划等相关工作。

市科技局：负责建立循环经济技术支撑体系，组织循环经济关键技术的研究开发，参与制定循环经济指导目录、技术标准。

市财政局：负责设立市本级循环经济发展专项资金并制定崇左市循环经济发展专项资金管理办法；拨付中央、自治区及市本级财政资金，监督指导财政资金的规范使用；配合向中央、自治区申报循环经济示范项目等相关工作。

市人力资源社会保障局：负责制订并实施培训计划，加强对行政机关公务员、企事业单位管理人员和专业技术人员的循环经济知识培训。

市国土资源局：负责拟订循环经济产业示范园区建设项目用地保障机制，抓好节约土地工作。

市环境保护局：参与指导和推动循环经济与环保产业发展，负责清洁生产审核等相关工作。

市住房城乡建设委：负责拟订并组织实施绿色建筑行动、餐厨废弃物资源化利用和无害化处理方案；拟订并监督实施建筑垃圾回收利用方案；推广应用节能利废新型建筑材料。

市交通运输局：负责拟订并组织实施交通运输业循环经济方案，协调实施交通运输业循环经济示范工程。

市水利局：负责拟订并监督实施取水许可、水资源有偿使用政策，组织协调灌区、渠系、泵站等设施的节水节能工作。

市农业局：负责拟订并组织实施种植业循环经济方案，协调实施种植业循环经济示范工程。

市林业局：负责拟订并组织实施林业循环经济方案，协调实施林业循环经济示范工程。

市商务局：负责拟订并组织实施商贸流通业循环经济方案，协调实施再生资源回收网络等循环经济示范工程。

市国资委：负责制订并组织实施国有企业循环经济方案，协调实施循环经济示范企业创建活动。

市国税局、地税局：落实税收支持循环经济发展的各项优惠政策。

市质监局：会同循环经济领域各行业主管部门建立健全工业、农业、服务业等领域循环经济地方标准体系，监督实施循环经济地方标准。

市广电局、新闻出版局：负责拟订并组织实施发展循环经济宣传方案。

市统计局：负责在现有国家统计报表制度基础上，按照循环经济统计指标体系开展相关统计数据服务工作。

市旅游局：负责拟订并组织实施旅游业循环经济方案，协调实施旅游业循环经济示范工程。

市水产畜牧兽医局：负责拟订并组织实施畜牧业、渔业循环经济方案，协调实施畜牧业、渔业循环经济示范工程。

市物价局：负责拟订并监督实施促进循环经济发展的价格和收费政策。

市投资促进局：负责拟订并组织实施循环经济合作交流方案，协调实施循环经济产业和项目招商推介活动等相关工作。

市机关事务管理局：负责拟订并组织实施公共机构循环经济方案，协调实施公共机构循环经济示范工程。

市金融办：负责拟订并监督实施金融信贷支持循环经济发展的政策和方案。

市信息化办：负责拟订并组织实施电信行业循环经济方案，协调实施电信行业循环经济示范工程。

崇左供电局：负责落实阶梯电价、差别电价政策。

各县（市、区）人民政府：负责拟订并组织实施循环型城市（县）建设方案，协调实施工业、农业、服务业等产业循环经济示范园区（项目）建设。

（二）时间安排

1. 工作部署阶段（2014年上半年）。各级各部门按照本方案要求，制订工作计划，开展工作部署，落实目标责任。

2. 方案实施阶段（2014—2015年）。各级各部门按照责任分工和本方案工作目标、工作任务组织开展本级本部门本行业的循环经济发展工作，组织实施附件提出的重点园区、重点项目等。

3. 总结评价阶段（2016年上半年）。市发展改革委收集整理《崇左市循环经济发展"十二五"规划》和本方案的实施情况，编制形成"十二五"崇左循环经济发展总结评价报告，组织召开专家评估会议，对各级各部门推动循环经济发展情况进行评价。

四　保障措施

（一）加强组织领导

成立崇左市发展循环经济工作领导小组，统筹协调全市循环经济发展工作，研究解决循环经济发展中的重大事项和问题。领导小组办公室设在市发展改革委。市相关部门、各县（市、区）人民政府、各相关园区、企业也要建立相应的工作机制，明确任务分工；要根据本实施方案，编制本地区、行业、园区、企业的循环经济实施方案和年度推进计划，做到层层有责任，年年有重点。

（二）完善制度

研究制定餐厨废弃物回收处理管理办法等配套制度，建立完善节能、节水、资源综合利用产品标准和循环经济统计指标体系等。

（三）健全体制机制

各级发展改革、住房城乡建设、环境保护、国土资源、消防、水利等部门，要在符合国家产业政策和自治区、市有关规划情况下，优化简化循环经济项目的审批程序。要建立生产者责任延伸制度，落实生产者回收、处理废旧产品的责任。强化再生资源回收企业备案管理，对报废汽车、废弃电子产品拆解企业实施严格的资质管理。对资源消耗量和废物排放量大的重点企业实施动态跟踪管理。建立用地效率评价机制，规范推进农村建设用地和工矿废弃土地复垦利用。建立完善循环经济发展成效评价机制。

（四）强化技术支撑

加大对循环经济关键共性技术研发的支持力度，鼓励高等院校、科研机构和企业加强产学研用结合，共同研究解决在减量化、资源化、再利用、资源替代、共生链接和系统集成等方面的技术问题。实施循环经济技术产业化示范工程，引进、消化、吸收和再创新一批循环经济关键技术和装备，加快成熟、适用、先进技术工艺和装备的推广应用。

（五）加强协调配合

切实加强与上级部门的汇报衔接，争取对我市循环经济发展工作的重视、了解和支持。积极开展区域合作，建立循环经济发展交流协调机制。市直部门要在规划、方案编制和指标对接方面加强对各县（市、区）的分类指导，在项目实施、资金争取等方面予以大力支持。

（六）加强督促检查

建立季度上报、半年检查、年度总结的动态管理制度。各县（市、区）人民政府、市各相关部门要在每月初上报上月工作进展情况；不定期召开市发展循环经济工作领导小组会议，分析循环经济发展形势，协调解决重大问题；市发展循环经济工作领导小组办公室要会同市有关部门，每半年对本实施方案落实情况和全市发展循环经济工作进行监督检查；每年召开1次全市性会议，总结循环经济发展情况，部署下阶段工作任务。各县（市、区）人民政府也要建立相应的督促检查制度，加强对本地区循环经济发展推进工作的监督检查。

（七）严格考核评价

建立对各县（市、区）、部门、园区、企业四个层次的考核机制。由市发展循环经济工作领导小组制定《崇左市循环经济发展规划实施考核办法》，牵头组织评价考核。强化考核结果运用，将循环经济各项考核指标任务纳入政府目标责任管理体系和干部考核体系。对考核不合格的要进行通报批评，并采取核减补助资金、限批新上项目等约束性措施。

（八）加强宣传教育

通过广播电视、报纸杂志、互联网等新闻媒体，组织开展形式多样的宣传活动，普及循环经济知识，树立社会循环经济理念，宣传典型案例，推广示范经验。把循环经济知识纳入基础教育、职业教育、高等教育相关课程。制定循环经济培训纲要，编制循环经济培训教材，实施循环经济培训计划，开展对各级领导干部、政府及企业管理人员的循环经济培训。

参考文献

［1］安钧鉴、胡宝清、韩世静：《桂西资源富集区可持续开发利用模式及战略初探》，《大众科技》2011年第7期。

［2］包群、陈媛媛、宋立刚：《外商投资、污染排放与我国环境质量变化》，载宋立刚、胡永泰《经济增长、环境与气候变迁——中国的政策选择》，社会科学文献出版社2009年版。

［3］陈闻君、胡序勇：《论资源富集区资源开发的挤出效应——以新疆为例》，《山东经济》2011年第1期。

［4］陈祖海：《矿产资源税费制度与西部资源富集区支持政策选择》，《中南民族大学学报》（人文社会科学版）2012年第32卷第6期。

［5］崔雯、穆东：《资源枯竭型区域产业转型及转型模式的研究》，《资源与产业》2007年第9卷第5期。

［6］邓伟根：《20世纪的中国产业转型：经验与理论思考》，《学术研究》2006年第8期。

［7］丁菊红、王永钦、邓可斌：《中国经济发展存在资源诅咒吗》，《世界经济》2007年第9期。

［8］段利民：《资源诅咒与区域经济增长研究》，博士学位论文，西北大学，2009年。

［9］方颖、纪衍、赵扬：《中国是否存在"资源诅咒"》，《世界经济》2011年第4期。

［10］冯皓、陆铭、荣健欣：《集聚与减排——基于中国省级面板数据的实证分析》，第十一届中国经济学年会论文，2011年。

［11］付贵林：《欠发达资源富集区域产业集群的问题——兼论黔西南工业化发展的道路选择》，《中共贵州省委党校学报》2004年第3期。

［12］辜胜阻、郑凌云、张昭华：《区域经济文化对创新模式影响的比

较分析——以硅谷和温州为例》，《中国软科学》2006 年第 4 期。

［13］谷树忠等：《中国欠发达资源富集区的界定、特征与功能定位》，《资源科学》2011 年第 33 卷第 1 期。

［14］贺俊：《基于内生增长理论的可持续发展研究》，博士学位论文，中国科学技术大学，2007 年。

［15］胡春生、蒋永穆：《资源富集区产业转型困境：基于发展序的比较》，《资源科学》2011 年第 33 卷第 4 期。

［16］胡春生：《资源富集区产业转型促进模式选择及体系构建》，《经济问题探索》2011 年第 4 期。

［17］胡援成、肖德勇：《经济发展门槛与自然资源诅咒——基于我国省际层面的面板数据实证研究》，《管理世界》2007 年第 4 期。

［18］金煜、陈钊、陆铭：《中国的地区工业集聚：经济地理、新经济地理与经济政策》，《经济研究》2006 年第 4 期。

［19］靖学青：《自然资源开发与中国经济增长——"资源诅咒"假说的反证》，《经济问题》2012 年第 3 期。

［20］李达：《经济增长与环境质量——基于长三角的实证研究》，博士学位论文，复旦大学，2007 年。

［21］李飞、董锁成、李泽红：《中国经济增长与环境污染关系的再检验——基于全国省级数据的面板协整分析》，《自然资源学报》2009 年第 11 期。

［22］李天籽：《自然资源丰裕度对中国地区经济增长的影响及其传导机制研究》，《经济科学》2007 年第 6 期。

［23］李婷：《资源型地区产业转型内生增长机制研究——以山西省为例》，硕士学位论文，山西大学，2013 年。

［24］李玮、薛惠锋、杨栋：《资源富集区经济增长与环境质量相关性分析》，《西安工业大学学报》2010 年第 30 卷第 5 期。

［25］李雨潼：《我国资源型城市产业转型问题研究》，博士学位论文，吉林大学，2007 年。

［26］廖振民：《加快桂西资源富集区发展的对策研究》，《广西财经学院学报》2012 年第 4 期。

［27］凌文昌、邓伟根：《产业转型与中国经济增长》，《中国工业经济》2004 年第 12 期。

［28］刘海洋：《资源禀赋、干中学效应与经济增长》，《经济经纬》2008 年第 1 期。

［29］刘志彪、安同良：《中国产业结构演变与经济增长》，《南京社会科学》2002 年第 1 期。

［30］鲁金萍、董德坤、谷树忠、常近时：《基于"荷兰病"效应的欠发达资源富集区"资源诅咒"现象识别——以贵州省毕节地区为例》，《资源科学》2009 年第 31 卷第 2 期。

［31］陆大道：《区域发展与空间结构》，科学出版社 1995 年版。

［32］吕庆晨：《资源型城市的产业转型研究》，硕士学位论文，山东大学，2008 年。

［33］梅冠群：《我国资源诅咒形成的条件与路径研究》，博士学位论文，南开大学，2013 年。

［34］庞娟：《广西资源富集区资源型产业集群识别与培育》，《广西社会科学》2012 年第 10 期。

［35］彭健伯：《组合创新与资源富集区综合开发战略选择》，《科技进步与对策》2005 年第 1 期。

［36］钱勇：《资源型城市产业转型的路径与机制——企业组织与城市的互动演化》，博士学位论文，东北财经大学，2011 年。

［37］任歌、李治：《资源诅咒与富资源地区产业结构转型问题》，《财经论丛》2009 年第 5 期。

［38］邵帅、齐中英：《西部地区的能源开发与经济增长——基于"资源诅咒"假说的实证分析》，《经济研究》2008 年第 4 期。

［39］邵帅、齐中英：《自然资源开发、区域技术创新与经济增长——一个对"资源诅咒"的机理解释与实证检验》，《中南财经政法大学学报》2008 年第 4 期。

［40］邵帅、杨莉莉：《自然资源丰裕、资源产业依赖与中国区域经济增长》，《管理世界》2010 年第 9 期。

［41］沈镭：《欠发达资源富集山区的生态文明发展模式与对策建议——以黔东南为例》，《长江流域资源与环境》2011 年第 20 卷第 4 期。

［42］施祖麟、黄治华：《"资源诅咒"与资源型地区可持续发展》，《中国人口·资源与环境》2009 年第 19 卷第 5 期。

［43］史俊宏、赵立娟：《资源型区域产业转型与可持续发展研究》，《干旱区资源与环境》2008 年第 22 卷第 3 期。

［44］孙永平、叶初升：《自然资源丰裕与产业结构扭曲：影响机制与多维测度》，《南京社会科学》2012 年第 6 期。

［45］王建康：《资源富集区高速发展下的隐忧及其战略调整——以陕北为例》，《延安大学学报》（社会科学版）2009 年第 31 卷第 2 期。

［46］温其辉：《桂西资源富集区民族文化产业发展模式研究——基于灰色关联度的实证分析》，《广西财经学院学报》2014 年第 27 卷第 3 期。

［47］武健鹏：《资源型地区产业转型路径创新研究——基于政府作用的视角》，博士学位论文，山西财经大学，2012 年。

［48］谢波：《中国区域资源诅咒问题的研究——基于双轨制体制、人力资本异质与技术创新视角》，博士学位论文，重庆大学，2012 年。

［49］谢美娥、谷树忠：《资源税改革与我国欠发达资源富集区发展研究》，《生态经济》2006 年第 11 期。

［50］谢志刚：《河池市加快优势产业发展对策》，《广西经济》2009 年第 7 期。

［51］邢利民：《资源型地区经济转型的内生性增长研究》，博士学位论文，山西财经大学，2012 年。

［52］徐康宁、韩剑：《中国区域经济的"资源诅咒"效应：地区差距的另一种解释》，《经济学家》2005 年第 6 期。

［53］徐康宁、王剑：《自然资源丰裕程度与经济发展水平关系的研究》，《经济研究》2006 年第 1 期。

［54］徐蕾：《发达资源富集区农民贫困问题成因及对策研究》，《开发研究》2011 年第 1 期。

［55］徐秀丽：《环境规制对中国产业转型的影响》，硕士学位论文，大连理工大学，2010 年。

［56］闫美娜：《自然资源禀赋与经济增长关系的实证研究》，硕士学位论文，南京农业大学，2009 年。

［57］殷俐娟：《资源富集区"资源诅咒"效应解析及政策》，《铜业工程》2011 年第 1 期。

［58］岳利萍：《自然资源约束程度与经济增长的机制研究》，博士学位论文，西北大学，2007 年。

［59］张复明、景普秋：《资源型经济的形成：自强机制与个案研究》，《中国社会科学》2008 年第 5 期。

［60］张复明：《资源型经济：理论解释、内在机制与应用研究》，博士学位论文，山西大学，2007 年。

［61］张亮亮、张晖明：《比较优势和"资源诅咒"悖论与资源富集地区经济增长路径选择——基于对中国地区间经济增长差异原因的扩展分析》，《当代财经》2009 年第 1 期。

［62］张米尔、孔令伟：《资源型城市产业转型的模式选择》，《西安交通大学学报》（社会科学版）2003 年第 1 期。

［63］张米尔：《市场化进程中的资源型城市产业转型》，机械工业出版社 2004 年版。

［64］张米尔：《资源型城市产业转型研究》，博士学位论文，大连理工大学，2002 年。

［65］张伟琴：《基于资源禀赋视角的经济增长与环境质量可持续发展研究——以山西省为例》，硕士学位论文，陕西师范大学，2008 年。

［66］郑长德：《自然资源的"诅咒"与西部地区的经济发展》，《西南民族大学学报》（自然科学版）2006 年第 32 卷第 6 期。

［67］郑谦：《资源型区域技术创新与产业转型的耦合机理》，《资源开发与市场》2010 年第 26 卷第 1 期。

［68］钟赛香、谷树忠：《欠发达资源富集区产业结构演进及其目标取向与主体效应》，《资源科学》2009 年第 31 卷第 12 期。

［69］周亚：《环境约束下浙江省产业结构优化研究》，硕士学位论文，宁波大学，2011 年。

［70］周毅、明君：《中国产业转型与经济增长实证研究》，《学术研究》2006 年第 8 期。

［71］朱平辉、袁加军、曾五一：《中国工业环境库兹涅茨曲线分析——基于空间面板模型的经验研究》，《中国工业经济》2010 年第 6 期。

［72］Auty，R. M.，*Resource Abundance and Economic Development*，Oxford University Press，2001.

[73] Auty, R. M. , *Sustaining Development in Mineral Economics*: *The Resource Curse Thesis*, Rout Ledge, 1993.

[74] Auty, R. M. , *Resource - Based Industrialization*: *Sowing the Oil in Eight Developing Countries*, Oxford University Press, 1990.

[75] Beine, Bos, Serge, Does the Canadian Economy Suffer from Dutch Disease, Tinbergen Institute Working Paper, 2009.

[76] C. Cooke, Dose the Natural Resource Curse Apply to the United States?, Working Paper, University of Wyoming, 2006.

[77] Corden, W. Max and J. Peter Neary, Booming Sector and De - Industrialisation in a Small Open Economy, *The Economic Journal*, 1982 (368): 825 - 848.

[78] Ding, Field, Natural Resource Abundance and Economic Growth, *Land Economics*, 2005 (4): 496 - 502.

[79] Gelb, A. H. , *Windfall Gains*: *Blessing or Curse?*, Oxford University Press, 1988.

[80] Grossman G. , Krueger A. B. , Environmental Impact of a North American Free Trade Agreement, NBER Working Paper, 1991: 3914.

[81] Grossman G. , Krueger A. B. , Economic Growth and the Environment, *Quarterly Journal of Economics*, 1995, 110 (2): 353 - 377.

[82] Gylfason, Herbertsson, Zoega, A Mixed Blessing: Natural Resources and Economic Growth, *Macroeconomic Dynamics*, 1999(3):204 - 225.

[83] Gylfason, Theorvaldur, Natural Resources, Education and Economic Development, *European Economic Review*, 2001 (45): 847 - 869.

[84] Gylfason, Zoega, Natural Resources and Economic Growth: The Role of Investment, *The World Economy*, 2006 (10): 1091 - 1115.

[85] Hausman, R. , R. Rigobon, An Alternative Interpretation of the Resource Curse: Theory and Implications of Stabilization, Saving and Beyond, Paper Prepared for the Conference on Fiscal Policy Formulation and Implementation in Oil Producing Couniries, 2002.

[86] Hausmann, Rigobon, An Alternative Interpretation of the Resource Curse: Theory and Policy Implications, NBER Working Paper, 2003.

[87] Holder, Roland, The Curse of Natural Resources in Fractional Coun-

tries, *European Economic Review*, 2006 (12): 1367 – 1386.

[88] J. Lay, T. O. Mahmoud, Bananas, Oil and Development: Examining the Resource Curse and Its Transmission Channels by Resource Type, Kiel Working Paper, 2004.

[89] J. D. Sachs, A. M. Wamer, Natural Resources and Economic Development: The Curse of Natural Resources, *European Economic Review*, 2001 (45): 827 – 838.

[90] J. D. Sachs, A. M. Warner, Natural Resource Abundance and Economic Growth, NBER Working Paper, 1995.

[91] J. D. Sachs, A. M. Warner, The Big Push, Natural Resource Booms and Growth, *Journal of Development Economics*, 1999 (59): 43 – 76.

[92] J. D. Sachs, A. M. Warner, Sources of Slow Growth in African Economies, *Journal of African Economics*, 1997 (6): 335 – 376.

[93] Lederman, Maloney, In Search of the Missing Resource Curse, *Economica*, 2008 (9): 1 – 56.

[94] Manzano, Rigobon, Resource Curse or Debt Overhang?, NBER Working Paper, 2001.

[95] Matsuyama, K., Agrieultural Productivity, Comparative Advantage, and Economic Growth, *Journal of Economic Theory*, 1992 (58): 317 – 334.

[96] Mehlum, Moene, Torvik, Institutions and the Resource Curse, Working Paper, University of Oslo, 2002.

[97] Mikesell, Explaining the Resource Curse, with Special Reference to Mineral – Exporting Countries, *Resource Policy*, 1997 (23): 191 – 199.

[98] Murphy et al., The Allocation of Talent: Implications for Growth, *Quarterly Journal of Economics*, 1991 (106): 503 – 530.

[99] Panayotou T., Empirical Tests and Policy Analysis of Environmental Degradation at Different Stages of Economic Development, International Labour Office, Technology and Employment Programme, Working Paper, 1993.

[100] Papyrakis, Gerlagh, Resource Abundance and Economic Growth in

United States, *European Economic Review* , 2006 (4): 253 – 282.

[101] Papyrakis, Elisaios and Gerlagh, Reyer, The Resource Curse Hypothesis and Its Transmission Channels, *Journal of Comparative Economies* , 2004.

[102] Pebisch, The Economic Development of Latin America and Its Principal Problems, World Bank, 1950.

[103] Ross, M. L. , Does Oil Hinder Democracy?, World Politics, 2001, 53: 325 – 361.

[104] Stijns, J. Philippe, Natural Resource Abundance and Economic Growth Revisited, *Resources Policy*, 2005 (30): 107 – 130.

[105] Taylor L. , Structuralist Macroeconomics: Applicable Models for the Third World, Basic Books Publishers, 1983.

[106] Wright, Czelusta, Resource – Based Growth Past and Present, World Bank, 2001.

[107] Zhang et al. , Resource Abundance and Regional Development in China, *Economics of Transition*, 2008 (16): 7 – 29.